한국외국어대학교 EU 연구소
유럽학 총서 2021

유럽통합이론

Theories of
European
Integration

한국외국어대학교 EU 연구소
유럽학 총서 2021

유럽통합이론

Theories of
European
Integration

송병준 지음

머리말

60여 년간 지속되어 온 유럽통합 과정은 지대한 학문적 탐구의 대상이다. 유럽학(European studies), 유럽통합(European integration) 혹은 유럽연합 (European Union) 등으로 명칭은 달리하지만 다양한 사회과학 영역에서는 유럽에서 진행되고 있는 국가 간 통합에 많은 연구가 이루어져 왔다.

유럽학, 유럽통합 혹은 유럽연합에 대한 이해는 이론, 역사, 제도(법적 구조)·거버넌스, 행위자 및 정책에 대한 연구로 세분화할 수 있고 이러한 연구 영역은 유기적으로 연계되어 있다. 정책에 대한 연구는 제도적 이해 그리고 제도연구는 개별 정책의 분석을 토대로 이루어진다. 결속정책 (cohesion policy)에 대한 연구를 통해 다층적 거버넌스(multi-level governance)를 이해하며, 다층적 거버넌스 시각은 결속정책에 대한 사례연구를 통해 보다 명확히 설명된다. 이와 같이 유기적으로 연계된 연구 영역을 간과한 단순한 정책연구는 통합현상의 단면에 대한 기술에 불과할 수 있다. 이러한 배경에서 유럽통합이론에 대한 이해는 유럽학 연구의 시작이라고 할 수 있다.

본 책은 유럽통합이론에 대한 개괄적 이해를 도모하기 위해 집필하였으며, 이론적 평가와 적실성을 논한 것은 아니다. 따라서 1960년대 이후 통합현상을 분석하는 주요 이론에 대한 기존 논의를 정리하는 수준에서 내용이 구성되었다. 본 책은 연구자의 학문적 한계와 시간적 제약으로 2000년대 이후 본격적으로 제기된 구성주의, 비판이론 및 유럽연합의 규범적 권력 등 새로운 시각을 다루지 못하였다. 또한 유럽학의 학문적 범위와 정체성에 관한 새로운 논의들도 담지 못한 한계가 있다. 따라서 본 저작의 내용은 1990년대까지 주요한 이론들에 대한 설명과 요약으로 한정된다.

영국의 유럽연합 탈퇴, 대규모 난민유입에 따른 회원국 간 반목, 러시아의 크림반도 병합에 대한 무기력한 대응, 셍겐(Schengen)의 역설이라고 할 정도로 코로나 팬데믹으로 확인된 국경 없는 유럽의 맹점, 중국의 일대일로정책에 대한 무기력한 외교적 방관, 유럽 그린딜(Green Deal)을 둘러싼 중동부 유럽국가의 저항, 유럽 차원의 에너지 안보의 취약성, 그리고 향후 신규 회원국 가입이 요원한 절반의 통합 등 유럽연합에서 진행되는 정치적 상황은 부정적 내용이 주를 이룬다. 이에 따라 한국에서는 지역연구 대상으로서 유럽연합에 대한 학문적 관심도 이전보다 눈에 띄게 퇴조하였다.

　어느 정치학자는 '만약 노벨 정치학상이 있다면 첫 번째 수상자는 하스(Ernst Haas)가 되어야 한다.'고 말하였다. 이러한 언급은 국가 간 비대칭적 권력이 야기한 대립을 통합을 통해 해소하거나, 통합을 위해 억제할수 있다는 믿음에서 기능적 접근을 역설한 하스의 학문적 업적을 높이 평가한 것이다. 중요한 사실은 하스는 자신이 제기한 이론의 성립조건과 경험적 예를 유럽 이외의 지역에서는 찾지 못하였다는 것이다. 이러한 상황은 현재도 유효하다. 유럽연합은 초국가 제도화 혹은 주권협상을 통해 국가 간 통합을 진행하는 유일무이한 사례이다. 여전히 유럽통합, 유럽연합혹은 유럽학 연구는 국가 간 관계, 국가와 사회의 연계, 초국경적 사회와고도화된 경제적 결속 등 사회과학 영역의 학문적 보고이며 경험적 연구의 장으로 그 필요성은 퇴색하지 않았다.

목 차

I

통합이론의
발전과 쟁점

① 통합속성의 변화

■ 연방적 접근(1945-1949년)

제2차 세계대전 이후 서유럽에서는 여러 정치, 경제적 조치들을 담은 통합논의가 전개되었다. 이러한 논의는 개별 국가들의 주권을 초국적 중앙기구에 위임한다는 스피넬리(Altiero Spinelli)로 대표되는 연방주의자(federalist)의 사고에 기초하였다.[1] 그러나 현실에서 연방주의 통합방식이 구현된 것은 1949년에 결성된 유럽평의회(CoE)에 불과하였고, 이마저도 원래 의도한 통합수준을 낮추어 일종의 정부 간 협력기구로 한정되었다. 또한 급진적 연방주의 통합 성격을 갖는 유럽방위공동체(EDC)는 비현실적 계획과 미국의 반대로 논의과정에서부터 무산되었다.[2]

▶ 연방주의(functionalism)

전통적인 연방주의 통합논의는 엄밀한 이론적, 방법론적 틀을 통해 전개된 것은 아니며, 이상적인 통합의 지향점을 제공하는 이념이나 사상으로 존재하여 왔다. 따라서 연방주의(federalism)라는 용어는 연방정부(federal government) 혹은 연방(federation)을 지향하는 사상 및 이론 등으로 혼용되어 왔다. 이 결과 유럽연합 연구에 있어 연방주의는 기능주의나 신기능주의와 같이 명확한 이론체계로 발전하지 못하였다.[3]

유럽평의회(CoE)

유럽평의회(CoE)는 1949년 5월 런던조약(Treaty of London) 체결로 유럽 10개국(벨기에, 덴마크, 프랑스, 아일랜드, 이탈리아, 룩셈부르크, 네덜란드, 노르웨이, 스웨덴, 영국)을 회원국으로 프랑스의 스트라스부르에 설립된 범유럽 통합기구이다. 유럽평의회의 기원은 양차 세계대전 사이의 연방주의 유럽통합 운동이다. 그러나 실질적인 기구출범 동인은 제2차 세계대전 직후 유럽에서 평화구축을 위한 항구적인 통합기구를 의도한 영국 수상 처칠(Winston Churchill)의 구상이었다. 유럽평의회는 1980년대까지 13개 서유럽 국가가 추가로 가입하고, 냉전 이후 중동부와 코카서스 지역 국가들까지 가입하여 2021년 기준 회원국은 47개국으로 확대되었다.

유럽평의회는 1950년 5월 또 다른 통합기구 출범계획을 담은 슈만플랜(Schumann Plan)을 적극적으로 지지하였다. 유럽평의회는 1995년 10월에 유럽기(European Flag)를 제정하였고, 1985년 6월 밀라노 유럽이사회에서 유럽기를 유럽연합의 공식 앰블랜으로 채택하여 양 기구가 유럽기를 공유하였다. 유럽평의회는 이후 유럽연합과의 차별성을 위해 공식 앰블랜을 수정하였다.

유럽평의회는 출범 이후 인권, 고등교육, 환경, 민주주의와 법치 등 통합이 미진한 분야에서 유럽국가 간 협력을 진행하였다는 점에서 의미가 있다. 유럽평의회는 1950년 유럽인권협약(ECHR)을 제정하여 본 협약을 근거로 1959년 유럽인권재판소(ECHR)를 설립하여 터키를 위시한 비유럽연합 국가의 인권 개선에 큰 기여를 하였다. 유럽평의회는 또한 1997년 회원국 간 대학학위와 자격증에 관한 상호인증을 담은 리스본 인증협약(Lisbon Recognition Convention)을 체결하였다. 유럽평의회는 리스본 인증협약에 뒤이어 1999년 유럽고등교육지역(EHEA) 설립을 담은 볼로냐 프로세스(Bologna Process)를 출범하여 유럽의 고등교육기관 간 인적 교류에 전환점을 마련하였다.

유럽방위공동체(EDC)

1950년 6월 한국전쟁이 발발하자 미국은 독일의 재무장을 주장하였지만 프랑스와 영국은 이에 반대하였다. 대신 유럽 안보를 위한 대안으로 기능적 통합주의자인 모네(Jean Monnet)가 유럽석탄철강공동체와 연계한 유럽방위공동체(EDC)를 구상하였다. 이러한 프랑스의 의도에 따라 1950년 10월 유럽방위공동체 설립을 담은 플레방플랜(Pleven Plan)이 작성되어 프랑스 의회의 승인을 얻었다. 뒤이어 2년 뒤 1952년 5월 프랑스는 독일, 이탈리아 및 베네룩스 3국과 함께 유럽방위공동체설립조약(Treaty Establishing a European Defence Community)을 체결하였다.

유럽방위공동체는 북대서양조약기구(NATO)보다 급진적인 군사통합 계획을 담아 참여 6개국이 공동예산을 통해 단일 지휘체제하에 군사훈련과 군사적 대응을 취하는 시스템이었다. 그러나 당시 참여 6개국은 군사적 행동을 취할 능력이 결여되었고, 유럽방위공동체설립조약이 현실을 무시한 지나치게 급진적 내용을 담았다. 결국, 1954년 8월 유럽방위공동체 설립을 주창한 프랑스는 의회에서 본 계획이 거부되었다. 유럽방위공동체 설립 좌절로 프랑스의 정치적 입지가 위축되자, 영국은 1954년 10월 파리협정(Paris Agreement) 체결을 주도하여, 유럽국가 간 느슨한 안보협력체인 서유럽동맹(WEU)을 출범하였다.

■ 기능적 접근(1950-1968년)

다수의 학자들은 1958년부터 1967년까지 유럽위원회 위원장을 지낸 할슈타인(Walter Hallstein)이 재직한 10여 년간을 신기능주의 통합방식이 구현된 공동체의 황금기로 묘사한다. 물론 할슈타인 사임 이후 개최된 1969년의 헤이그회담(Hague Summit)을 통해 회원국 간 외교정책 협력과 정치통합 방향을 담은 다비뇽보고서(Davignon Report)가 논의되었고, 이 듬해에는 경제통화동맹(EMU) 계획을 담은 베르너보고서(Werner Report)도 발표되었다. 또한 1972년에 개최된 파리정상회담(Paris Summit)에서는 1970년대 말까지 유럽연합(European Union)으로 전환한다는 최종성명서(Final Communiqué, Art. Ⅶ)가 작성되었다.[4] 이와 같이 1970년대 초반 유럽공동체는 일련의 정치적 결정을 통해 연방주의 통합으로 방향을 설정한 것처럼 보였다. 그러나 회원국들의 야심찬 구상은 유럽공동체 밖의 여러 정치, 경제적 변수로 구현되지 못하였다.[5]

하스(Ernst Haas)에 따르면 통합은 새로운 초국가 기구와 제도를 통해 행위자 간 공동의 기대가 예측 가능토록 제도화한 결과이다.[6] 1950-60년 대는 이러한 하스의 통합에 대한 정의가 현실에서 구현된 시기였다. 연방 주의 통합방식의 실패 이후 기능적 통합론자들(founding fathers)은 각각 슈만플랜(Schuman Plan)과 메시냐회담(Messina Conference)을 통해 유럽 석탄철강공동체(ECSC)와 유럽경제공동체(EEC)를 출범하였다. 두 개의 초국가 공동체는 독일 경제를 유럽적 거버넌스에 편입시켜 전쟁을 억제 하고, 유럽 차원의 경제발전을 이끌었다.[7]

연방주의 통합방식의 불명확성과 한계를 인식한 통합론자들은 공동의 이해와 정체성을 지닌 서유럽 일부 국가로 한정된 점진적 통합을 의도하 였다. 프랑스 외무장관 슈만(Robert Schuman)은 1950년에 이전과 다른 기능적 통합방식을 담은 슈만플랜을 제시하여 1952년 유럽석탄철강공동체의 창설로 구체화되었다. 그러나 시간이 경과하면서 석탄철강이라는 특정 산업 영역에서의 통합은 제한된 효과만을 낳고, 산업 간 불균형을 초래하며, 유럽 차원의 거시경제정책 운영에 제약이 따랐다. 더욱이 석탄철강산업을 제외한 여타 부분에서는 회원국 간 높은 보호무역 장벽으로 규모의 경제가 제약되었고, 각국에서 물가상승이 동반되었다.[8]

이에 따라 석탄철강공동체에 참여한 회원국에서는 석탄철강 부분의 통합 경험을 활용하고, 높은 수준의 경제발전을 꾀하기 위해서는 국경을 넘은 시장통합이 급선무라는 인식이 확산되었다. 결국 석탄철강공동체 회원국은 석탄철강 부분의 통합방식을 모든 경제 영역에 적용키 위해 1957년 로마조약(Treaty of Rome)을 체결하여 이듬해 유럽경제공동체가 출범하였다. 유럽경제공동체는 예정을 앞당겨 관세동맹(customs union)을 완성하고, 공동농업정책(CAP)의 성공적인 도입으로 정치통합에 대한 낙관을 심어주었다.[9] 당시 독일 대표로 로마조약 체결에 참여하고 유럽경제공동체의 초대 위원장이 된 할슈타인의 회상은 당시의 상황을 잘 말해준다.

> "우리는 경제를 통합시키고 있는 것이 아니라 정치를 통합시키고 있다. 단지 우리들의 가구를 나누는 것이 아니라, 새롭고 더 큰 집을 함께 건설하고 있는 것이다."

이와 같이 1950년대 이후 서유럽에서는 두 개의 통합기구가 출범하여 관세동맹에서 공동시장(common market)으로 발전하였고, 회원국 간 사회경제적 격차 완화를 위한 지역발전기금(regional development funds)도 구성하였다. 더불어 초국가 기구와 회원국 간 인위적인 권한의 배분을 통해 통상, 경쟁 및 농업 부분에서 초국가정책도 실행되었다.[10]

▶ 기능주의와 신기능주의(functionalism and neofunctionalism)

국제정치 맥락에서 유럽통합 논의는 신기능주의(neofunctionalism)와 정부간주의 혹은 정부간협상 이론(intergovernmentalism)이라는 양대 이론과 여기서 파생된 절충적 시각을 통해 전개되어 왔다. 시기적으로는 1980년대 말까지 하스(Ernst Haas)를 중심으로 한 신기능주의 시각과 호프만(Stanley Hoffmann)을 위시한 현실주의 학자들이 제시하는 정부간협상 이론으로 대비되었다.11) 양 시각에서는 통합은 '연속적인 일련의 과정(continuous series of process)'이라는 인식을 공유한다.12) 그러나 로자몬드(Ben Rosamond)가 제기한 바와 같이 통합이론은 한 축에서 초국가 기구로의 권력집중과 여하간의 경우에도 국가 중심성이 유지된다는 상반된 시각이 대립되어 왔다.13)

신기능주의 통합방식은 제2차 세계대전 이후 국민국가 단위의 경제를 통합하여 연방적 유럽(federal Europe)을 건설하는 가장 타당성 있는 추진 방식이었다. 이러한 점에서 신기능주의는 제2차 세계대전 이후 모네와 슈만과 같은 통합론자들의 전략에 대한 지적인 묘사라고도 할 수 있다.14) 통합이론의 발전에 있어 1990년대에 초국가 제도발전을 제기하는 초국가주의(supranationalism), 다층적 거버넌스(multi-level governance)와 역사적 제도주의(historical institutionalism)는 모두 신기능주의의 적실성을 비판하면서 제기되었다. 이러한 점에서 역설적으로 신기능주의에서 말하는 통합 목적과 방식은 여전히 유효하다.15)

한편으로 신기능주의는 사회과학이론과는 별개로 여러 통합론자들에게 일종의 당위적 사고로 존재하여 왔다. 실제로 유럽석탄철강공동체와 공동시장 창설은 경제통합이 정치통합을 가져온다는 믿음에서 비롯된 것이다. 유럽석탄철강공동체 창설에 중추적 역할을 한 슈만과 모네는 이를 초국적 통합의 원형으로 생각하였다. 이들은 석탄철강공동체가 산업단위의 기능적 조직체로서 관련 산업 간 파급효과를 거쳐 궁극적으로 더 높은 정치통합을 가져온다고 믿었다. 즉, 석탄철강공동체가 의도한 목적을 달성한다면 이는 경제공동체와 정치공동체 형성을 위한 압력요소로 작용할 것으로 예상하였다.

　기능적 접근은 통합이론의 원형으로서 오랜 생명력을 이어 오면서 여러 이론적 파생을 야기하였고, 극단의 시각에 선 국가 중심 통합이론가에게는 반박의 논거를 제공하여 왔다. 신기능주의는 1990년대 이후 샌드홀즈(Wayne Sandholtz)와 스위트(Alex Stone Sweet)의 초국가주의와 폴락(Mark A. Pollack)이 제기한 주인-대리인모델(principle and agent)의 이론적 기반이 되었다. 더불어 국가 중심성을 견지하는 모랍칙(Andrew Moravcsik)의 자유주의 정부간협상 이론(liberal intergovernmentalism)은 기능적 접근이 간과한 통합 양상을 설명하기 위해 제기되었다.[16]

메시냐회담(Messina Conference)과 스파크(Paul-Henri Spaak)

메시냐회담(Messina Conference)은 1955년 6월 유럽석탄철강공동체 6개 회원국 외무장관 간 새로운 경제공동체 논의를 위한 회합이다. 메시냐회담에 참석한 외무장관들은 벨기에 외무장관 스파크(Paul-Henri Spaak)에게 구체적인 경제통합 방안을 의뢰하였다. 스파크는 모네(Jean Monnet)와 유사하게 부분 간 통합을 통해 정치통합을 이루어야 한다는 생각을 갖고 있던 전통적인 통합론자였다.

스파크는 1945년 이후 벨기에의 외무장관으로 재직하면서 유럽통합에 깊숙이 관여하여 미스터 유럽(Mr. Europe)이라는 명칭을 얻었다. 그는 메시냐회담 이듬해인 1956년 스파크위원회(Spaak Committee)를 구성하여 관세동맹과 공동시장 계획을 담은 스파크보고서(Spaak Report)를 작성하여 로마조약의 기틀을 완성하였다. 한편 메시냐회담은 유럽통합 역사에서 최초로 개최된 정부간회담(IGC)이라는 의미도 갖는다.

헤이그회담(Hague Summit)

1969년 12월 양일간 개최된 헤이그 정상회담(Hague Summit)은 로마조약 체결 이후 3번째로 개최된 유럽공동체 회원국 정상들 간 회합이었다. 헤이그 정상회담은 룩셈부르크 타협(Luxemburg compromise)으로 침체된 통합을 타개하고 새로운 방향을 모색하기 위한 회담이었다. 본 회담을 통해 외교안보 부분에서 회원국 간 수평적 협력, 경제통합 심화를 위한 통화정책 그리고 영국, 아일랜드, 덴마크 및 노르웨이의 회원국 가입 등이 논의되었다. 헤이

그 정상회담에서 외교안보정책이 언급되면서 이후 이를 다룬 다비뇽보고서(Davignon Report)가 작성되어 회원국 외무장관 간 정례회합인 유럽정치협력(EPC)이 출범하였다.
헤이그회담은 통합이론가들에게 다양한 해석을 낳게 하였다. 신기능주의자들은 헤이그회담을 통해 통합과정에서 최초로 외교안보 부분에서 협력이 논의되었다는 사실을 들어 기능적 분기의 대표적 사례로 고려하였다. 그러나 정부간주의자들은 헤이그회담을 통해 제기된 외교안보정책이 회원국 간 수평적인 정부 간 협력으로 진행되었다는 점에서, 국가 중심 통합의 전환점으로 인식하였다.

■ 국가 중심 통합(1969-1985년)

1966년 룩셈부르크 타협(Luxemburg compromise)으로 유럽공동체는 주권국가 간 정치적 프로젝트로 변화하였다. 1963년 프랑스의 드골(Charles de Gaulle) 대통령은 영국의 유럽공동체 가입에 거부권을 행사하고, 유럽공동체를 일종의 정부간협상에 의해 유지되는 동맹의 성격으로 묶어 프랑스의 입김을 강화하려 하였다. 결정적으로 그는 1965년에 유럽공동체에서 가장 초국가화 된 공동농업정책(CAP)의 예산문제를 들어 이사회에서 프랑스 대표를 철수시키는 이른바 공석위기(empty chair crisis)를 야기하였다. 위기를 타개하기 위해 이듬해 개최된 룩셈부르크 회담에서는 프랑스의 입장이 상당 부분 수용되어, 유럽위원회의 초국적 권한을 제한하고 회원국들의 비토권을 인정한 만장일치 표결을 상설화하였다. 이 결과 신기능주의 통합과정은 종식되고 유럽공동체는 국가 간 정치적 프로젝트로 변화되었다.[17]

룩셈부르크 타협체제는 유럽위원회가 깊숙이 개입하는 초국가 수준에서의 합의를 배제하고, 회원국 간 집단적 책임하에 문제 해결을 꾀한 것이다. 이러한 합의기제가 정상적으로 작동하려면 회원국의 사려 깊은 비토권 행사와 이를 인정하는 암묵적 합의가 존재해야 한다. 본 체제의 핵심은 회원국의 국익에 심각한 영향을 미치는 사안에 비토권 행사 권리를 부여한 것이다.

　그러나 시간이 경과하면서 룩셈부르크 타협체제에서 상설화된 만장일치 표결은 통합을 가로막는 가장 큰 장애요인이 되었다. 특별히 프랑스와 같이 초국가적 통합을 완강히 거부하는 국가들이 표결과정에서 비토권을 남발할 경우 정책결정 기능은 무력화된다. 경우에 따라서는 비토권이 회원국 상호 간 통제와 특정 회원국의 정치적 의지를 제어하기 위한 수단으로 변질되어 유럽공동체의 입법이 제약되었다. 결국, 룩셈부르크 타협체제는 복잡한 국가이익의 조정을 위한 다자간 합의를 전제하므로 항시적으로 이슈와 무관한 비효율적인 정치적 대립의 여지를 내재하여 왔다.[18]

　이와 같이 국가 간 복잡한 정치적 조정과정을 내재한 룩셈부르크 타협체제 기간에는 로마조약을 통해 의도한 정치통합은 요원하였다. 이 결과 룩셈부르크 타협 이후 20여 년간의 유럽통합 과정은 국가이익을 관철하려는 주요 강대국의 집단적 결정에 지배되었다. 그러나 룩셈부르크 타협체제 기간에도 공동농업정책(CAP) 시행과 조약에 명기된 일정을 앞당겨 완성된 관세동맹(customs union)에서 볼 수 있듯, 경제통합에서 정치적 협력이라는 진화론적 통합과정이 종식된 것은 아니다.

　한편 1970년대 초반의 오일쇼크와 각국의 스태그플레이션 등 일련의 경제적 악재로 회원국들은 정치통합이 가져올 미래의 이익보다 가시적인 경제적 어려움을 해결하는 데 몰두하였다. 1970년대 전반에 걸쳐 유럽공동체는 이사회와 정례화된 유럽이사회를 통해 정치, 경제 현안을 논의하는 정부 간 협력체에 불과하였다. 회원국들은 단기적인 국가이익에 집착하면서 양보와 용인이라는 전통적인 협력논리는 퇴색하였다. 회원국의 관심은 누가 보다 많이 유럽공동체에 기여하고, 누가 보다 많은 통합의 이익을 가져가는가에 집중되었다. 단적으로, 친통합 국가인 독일에서도 1974년에 취임한 슈미트(Helmut Schmidt) 총리는 전임자인 브란트(Willy Brandt)와 달리, 유럽공동체에 대한 주도적 기여와 친통합 노선에서 벗어

나 자국의 이익에 우선한 유럽정책을 취하였다.[19]

물론 유럽위원회는 사회정책이나 기업법 등 시장통합에 동반되는 여러 초국가 정책을 꾀하였지만 번번이 회원국의 반대로 무산되었다. 하스의 표현대로 1970년대 초를 기점으로 유럽공동체에서 거시적인 경제정책은 회원국의 선호에 의존하였다. 또한 미시적 수준의 결정은 기업들의 시장 전략에 지배되면서 점진적인 통합은 종말을 고하였다.[20]

1980년대 들어 회원국들은 공동체 예산의 과잉기여를 문제 삼은 영국의 빈번한 비토권을 통제하고 공동시장 기능 활성화 방안을 모색하였다. 유럽공동체에서는 서로 무관한 이슈와 이해관계가 존재할 수 없다. 유럽공동체의 이익이란 곧 회원국의 이익이다. 따라서 초국가 행정부이며 입법부인 유럽위원회의 기능이 위축된다면 결과적으로 회원국의 이익 역시 구현되기 어렵다.

결국 룩셈부르크 타협체제의 비효율성을 인식한 회원국들은 로마조약에 명기된 공동체의 목적을 구현하기 위한 제도개혁을 논의하였다. 1983년에 발표된 엄숙한 선언(Solemn Declaration on European Union)에 뒤이어 이듬해 작성된 유럽연합 조약안(Draft Treaty on European Union)은 회원국의 전환적 사고에 기인한다. 이와 같이 1980년대 중반 이후 변화된 상황으로 유럽공동체는 다시 한번 초국가 통합을 추진하였다.

▶ 정부간협상이론(intergovernmentalism)

국제정치 이론은 두 가지 문제 제기를 통해 국가 간 통합을 이해한다. 첫째, 왜 국가나 시민들은 그들이 누리고 있는 권리와 충성심을 새로운 정치단위로 양도하는가? 혹은 이러한 일이 왜 제약받는가? 둘째, 어떠한 절차와 합의를 통해 새로운 정치단위를 만들어 가는가? 이와 같이 국제정치 시각에서 다루는 국가 간 통합은 새로운 정치단위의 구성동인과 그 과정을 규명하는 것이다.

이러한 문제 인식에서 출발한 통합이론은 통합의 과정을 설명하는 데 있어 두 가지의 상반된 시각으로 구분된다. 자유주의 맥락에서는 국가 간 공동의 가치와 문제 해결을 위한 보편적인 합의시스템 구축과정으로 통합을 파악한다. 따라서 보다 공고한 절차가 구축되고 행위자 간 합의의 폭이 클수록 통합은 심화된다.[21]

반면에 현실주의에서 말하는 국가 간 통합은 홉스식의 세계관에서 힘의 우위를 갖는 특정 국가의 헤게모니 구현이다. 즉 국제관계는 경제적 힘과 외교력을 바탕으로 한 국가들 간 상호작용을 통해 국제적인 정치, 경제구조를 확립하고 국가이익을 실현하는 것이다. 현실주의 학자들은 국가 간 통합 역시 국제관계의 전통적 인식모형인 당구공 모델(billiard ball approach)을 적용한다. 그러므로 세계정부는 곧 특정 강대국이 국제적 수준에서 권력을 독점하여 전쟁이나 폭력을 제어한 것이다.[22]

이러한 기본적 시각으로 1960년대 이후 호프만(Stanley Hoffmann)을 위시한 몇몇 학자를 제외하고 대부분의 현실주의 학자들은 국가 간 통합이 현실주의 기본 가정에서 벗어난 일탈적 사례로 큰 관심을 기울이지 않았다. 1980년대 말 이후 변화된 현실에서도 현실주의 시각에서 출발한 정부간협상 이론에서는 국가만이 합리적인 행위자이며, 국가이익의 조합과 구현에 대한 가정으로 일관하였다. 따라서 유럽통합은 주로 자유주의 맥락에서 제기된 신기능주의를 통해 국제적 레짐의 고도화된 형태로 고려되어 왔다.[23]

■ 유럽적 거버넌스와 공동정책의 발전(1986-2000년)

1986년 단일유럽의정서 체결을 기점으로 유럽연합은 브뤼셀로 수렴화
되는 권한과 새로운 국민국가의 기능적 요구 및 다양한 국내 행위자의 유
럽적 이해관계 확대가 동시 병행적으로 진행되었다. 또한 시장통합계획으
로 국민국가 단위의 경제적 영역은 의미를 잃고 국내정치와 국제정치가 혼
재된 다층화된 유럽적 거버넌스가 생성되었다. 또한 이 시기에는 결속, 환
경, 연구개발, 시장통합 및 경쟁 등 경제통합정책은 물론이고 내무사법과
외교안보 등 주권 영역에 위치한 정책에서도 유럽적 해결이 모색되었다.

1980년대 이후 유럽국가들은 경제의 글로벌화로 일국 차원에서 재정통
화정책이 억제되면서 이전보다 거시경제 조정 능력이 제약되었다. 또한

노동시장의 유연화와 탈규제화로 국가의 시장개입이 심각하게 제약되면서 일국 내 조합주의 합의기제는 위기를 맞게 되었다. 특히 외부 의존적인 경제구조를 갖는 중소 규모의 회원국들에서는 이러한 현상이 보다 심화되었다. 이에 회원국들은 국내에서는 새로운 정책 패러다임을 강구하고 더불어 유럽 차원의 공동대응을 모색하였다. 환경정책 및 노동시장정책 등에서 이러한 양상은 더욱 표면화되었다.

결국 1980년대 말 이후 회원국들은 이전과 달리 유럽통합에 대한 기대수준이 높아지면서 주권이나 초국적 규범과 같은 논쟁적 사안을 뒤로하고, 1950년대와 같은 초국가 차원의 공동정책 확장을 꾀하였다. 이러한 목적이 구현된 것이 단일시장계획이다. 나아가 회원국은 단일시장계획을 효과적으로 진행하기 위해 유럽위원회의 초국적 기능을 강화하였다. 또한 이사회 내에서 만장일치 표결을 축소하고 가중다수결 표결(QMV)을 도입하여 신속한 합의를 도모하였다.

단일시장계획의 목적은 국가의 통제를 벗어난 탈정치화된 시장을 통해 규모의 경제와 자유로운 경제적 교환을 실현하는 것이다. 이러한 계획이 효과적으로 진행되려면 유럽위원회가 회원국의 간섭을 배제하고 유럽연합 차원에서 규제적 조치를 확장해야 한다. 회원국은 이러한 문제를 시장창출 단계에서 소극적 통합(negative integration)의 확대로 해결하였다. 회원국은 설립조약에 유럽연합의 규제적 권한을 명기하고, 공동체의 유산(acquis communautaire)을 모든 회원국에게 일괄적으로 부과하였다.24) 나아가 회원국은 커미톨로지(comitology)로 대표되는 유럽위원회와 회원국 기술관료 간 기능적인 의사결정방식을 확대하여 국가장벽 제거에 주력하였다.25)

문제는 소극적 통합방식이 본격화되면 국가 내부에서는 사회적 덤핑(social dumping)과 노동시장의 해체와 같은 부정적인 파급을 낳는다는 것이다. 실제로 시장통합이 완성되면서 각국의 고유한 노동환경이나 복지정책이 시장경쟁에 노출되어 일부 국가에서는 정치적 저항이 뒤따랐다. 이에 따라 시장기제를 완화하거나 시장실패 보완을 위한 회원국 간 조화와 재규제(re-regulation) 조치라는 긍정적 통합(positive integration) 역시 동반되었다. 극단적인 경우 유럽연합은 시장통합으로 야기된 사회적 문제 대응을 위해 회원국이 시행하는 사회정책의 일부를 초국적 정책으로 흡수하였다.26)

유럽연합은 시장기제의 복원을 위해 국경통제, 기술장벽 철폐, 표준화, 국가 보조금, 경쟁정책, 기업법, 자본의 자유이동 등 시장기능조정 정책을 확대하였다. 동시에 시장기제 보완을 위해 농업, 환경 및 지역정책을 개혁하였다. 이러한 다중적 목적을 구현하기 위해 유럽연합의 법적, 제도적 개혁이 요구되었다. 이에 따라 유럽연합은 시장통합에 뒤이어 마스트리히트조약(Treaty of Maastricht) 체결을 통해 통화통합과 사회정책의 유럽화를 확대하였다.

이러한 변화에 맞추어 유럽위원회는 유럽 내 여러 사회적 세력과 사회적 동반자관계(social partnership)를 설정하여 이들을 정책과정에 참여시켰다. 마스트리히트조약 체결 시 회원국이 서명한 사회정책의정서(Protocol on Social Policy)는 범유럽 이익집단과 사회적 동반자관계를 제도화한 것이다.27)

이와 같이 1980년대 중반 이후 유럽연합은 브뤼셀로 수렴화되는 권한과 국민국가의 기능적 요구 및 국내 행위자의 유럽적 권한 확장이 동시에 진행되면서 초국적 통치나 국가 간 연합으로 규명할 수 없는 복잡한 수준의 제도화 단계에 진입하였다. 특별히 시장통합계획에 따른 일련의 통합 과정을 통해 전통적인 국민국가 영역을 넘어 기업, 지방정부, NGO 등이 참여하는 다행위자 시스템이 구축되었다.28) 이러한 현상은 유럽연합이 국가 간 정치적 연합을 넘어 높은 수준의 제도화를 통한 수직, 수평적으로 통합된 정치시스템으로 전환되었다는 것을 말한다. 즉, 1990년대에 이르러 유럽연합은 행위자 간 분권화된 권한을 통해 서유럽을 경계로 하는 자기완결적인 정치적 단위인 정체(polity)로 진화하였다.

▶ 1990년대 통합이론의 발전

1980년대 말 이후 통합과정은 이전과 비교할 수 없을 정도로 복잡하게 전개되었다. 이러한 현실에 조응하여 학자들은 단일유럽의정서(SEA), 암스테르담조약(Treaty of Amsterdam) 및 유럽헌법설립조약(Treaty Establishing a Constitution for Europe) 체결을 분기점으로 통합 양식의 변화를 구분 짓고 상응한 이론논의를 전개하였다.

1990년대 유럽통합 연구에서 이론적 진척은 지역연구를 벗어나 비교정치 및 공공행정 영역으로의 학문적 확장이다.[29] 방법론 측면에서도 분석수준과 분석대상이 유럽연합과 국가 간 관계를 설명하는 초국가 수준(supranational level), 미시적 단위(meso)에서의 제도적 변화 그리고 통합과정에서 국가 내부 하위정부의 권한과 선호 등으로 다변화되었다.[30] 이러한 변화는 1980년대 중반을 기점으로 전통적인 통합이론에서 가정한 국내정치와 국제관계라는 2분법이 유효성을 상실했다는 사실을 말해 준다. 또한 일부 학자들은 유럽연합의 실제적인 운영과 정책결정과정으로 학문적 관심을 전환하였다. 국가이익과 준만장일치 시스템에 따른 차선에서의 정책산출을 제기한 샤르프(Fritz Scharpf)의 공동결정의 함정(joint-decision trap) 논리는 대표적 예이다.[31]

▶ 초국가주의(supranationalism)

초국가주의(supranationalism)는 신기능주의 연장선에서 회원국의 정책결정 권한이 유럽연합으로 이관되어 초국가 정치로 발전하는 맥락을 제시한다. 초국가주의에서는 이러한 맥락을 정부간협상에서 초국가 정치로의 이행과 초국가 정부 및 제도화라는 가정을 통해 설명하였다. 신기능주의 시각과 달리 초국가주의에서는 국내 관료를 정부간협상 영역에서 국내 행위자와 초국가 기구를 중개하는 행위자로 파악한다.

그러나 유럽연합이 초국가 정치로 이행할수록 정책과정에는 이익집단, 기업인 및 사회 분야의 엘리트와 같은 초국경적 행위자의 영향력이 확대된다. 특별히 산업계를 위시한 경제적 주체는 유럽연합의 미시적 의사과정은 물론이고 조약수정과 같은 역사적 전환단계(history-making phases)에서도 이해를 개진한다. 결국 통합이 심화될수록 유럽적 정책과정에서 회원국, 초국경적 행위자 및 초국가 기구 간 상호작용은 심화된다.[32) 이와 같이 초국가주의 학자들은 신기능주의가 제기한 초국가 통합과정을 수용하되, 그 동인과 경로를 경험적인 사례연구를 통해 정교화하였다. 더불어 초국가주의 시각에서는 행위자들이 이슈에 따라 수평적으로 상호작용하는 정책과정을 구체적으로 제기하였다.

신제도주의는 비교연구와 사회과학의 일반적 방법론을 통해 초국가 제도를 이해한다. 다층적 거버넌스 시각 역시 분산된 권한구조의 유럽적 정책과정을 제기한다. 또한 제도주의와 다층적 거버넌스 시각은 해석의 차이는 있지만 초국가 제도발전에 의미를 부여한다. 이러한 맥락에서 초국가주의에서 제기하는 초국가 제도, 정책과정 그리고 초국경적 행위자에 대한 설명은 여타 이론과 이해를 공유한다. 그러나 초국가주의 시각의 설명적 유용성과는 별개로 본 이론은 변화된 통합과정에 조응하여, 기존의 기능적 시각에 설명변수만을 더한 이론으로 평가되었다. 이에 독창성이 결여된 진부한 이론의 재생산이라는 비판을 피할 수 없었다.

▶ 자유주의 정부간협상이론(liberal intergovernmentalism)

1990년대 중반 이후 정부간협상이론에서는 합리적 선택(rational choice)을 원용하여 국가의 선호와 배치되는 정책산출에 주목하였다. 정부간협상

이론에 따르면 국가만이 국내의 다양한 이익집단의 이해를 취합하고 대외적으로 단일화된 외교노선을 표명한다. 문제는 회원국의 대외선호 내용이 유사하므로 정부간협상은 일종의 제로섬 게임의 논리가 적용된다는 것이다. 이러한 과정을 설명하기 위해 정부간협상 이론가들은 게임이론과 경제학의 조직원리 등을 차용하여 이사회와 정부간회담(IGC)을 통해 진행되는 국가간협상을 분석하였다.[33]

1990년대 국가 중심 시각을 대표하는 모랍칙(Andrew Moravcsik)의 자유주의 정부간협상이론(liberal intergovernmentalism)은 이러한 사회과학 연구방법에 기반을 둔다. 모랍칙은 구조적 차원에서 사회와 국가는 서로 다른 기제로 운영된다는 가정하에 국가라는 행위자만이 합리적 선택을 통해 사회적 요구를 취합한다고 파악하였다.[34]

나아가 모랍칙은 국가들은 어떻게 정부간협상에서 이익을 조정하고, 어떻게 국가 간 합의보장을 위한 제도를 구축하는가에 분석을 집중하였다. 모랍칙에 따르면 개별 이슈의 속성을 분석하면 대외협상에서 국가가 행할 수 있는 옵션이 제약된다는 것을 알 수 있다. 그러나 정부간협상은 장기적 견지에서 이슈 간 연계(issue linkages)와 부가적 보상(side payments)의 여지를 갖고 있어 거래비용이 낮다. 다만 개별 이슈들은 연계보다는 분절화되어 있다는 점에서 일괄타협(package deals)과 정책 간 연계는 국가간협상이 난항에 봉착할 때 나오는 최후의 수단이다.

이러한 논리로 유럽연합의 정책과정에서는 일괄타협과 약소국에 대한 부가적 보상을 통해 행위자의 선호가 완화된 형태로 구현된다. 1960년대 공동농업정책(CAP)과 여타 경제정책을 한데 묶은 일괄타협 방식과 1980년대 말 단일시장계획과 병행하여 경제적으로 뒤처진 회원국을 위한 결속정책(cohesion policy)의 확장은 단적인 예이다.[35]

자유주의 정부간협상이론은 국가 간 대협상(grand bargaining)인 정부간회담과 외교안보 및 내무사법 등 정부 간 조정에 위치한 정책과정에서 적실성 있는 설명력을 제공한다. 특히 모랍칙이 제시한 정부간협상 논리는 일괄타협이 일상화되고, 국가간협상력(bargaining power)이 노골화된 정부 간회담에서 높은 설명력을 갖는다. 이 외에도 모랍칙은 국가이익을 경제 적 관점으로 환원하여 공동농업정책 및 구조기금정책 등 재분배적 성격 을 갖는 정책의 협상과정을 설득력 있게 설명하였다. 그러나 자유주의 정 부간협상 이론은 단선적이며 명확한 분석틀은 높게 평가되었지만, 유럽연 합의 복잡한 구조를 간과하고 제 변수들의 과도한 단순화로 여러 부분에 서 적실성이 결여된다는 비판을 받았다.

▶ 다층적 거버넌스와 정책네트워크
　 (multi level governance / policy network)

다층적 거버넌스(multi level governance) 시각에 따르면 1980년대 말 이후 유럽연합은 고도의 권한 분화 과정을 통해 자기완결적인 정치적 단 위, 즉 정체(polity)로 발전하였다. 1990년대 이후 유럽연합은 국가 간 협 력을 넘어 초국가 기구와 회원국 정부뿐 아니라 사회적 행위자들을 망라 하여 유럽정체(European polity)라는 통합된 공간 내에서 상호작용하는 통 치형태가 되었다.[36) 이러한 거버넌스 구조는 희소자원을 둘러싼 경쟁이 아니라, 각각의 정부가 갖는 자원의 최적화된 활용을 위해 상호의존 관계 를 형성한 것이다.

유럽연합은 초국적 통치나 국가 간 연합으로 규명할 수 없는 매우 복잡 한 수준의 제도화 단계에 진입하였다. 또한 유럽연합은 중앙 집중화된 권 위가 부재하며, 초국가 기구로부터 지방정부까지 각각의 독립적인 정치, 행정적 기능을 갖는 정부들이 다양한 형태의 정책네트워크로 연결된 기 능적 구조이다. 이는 유럽연합이 국가 간 정치적 연합을 넘어, 높은 수준 의 제도화와 정책 영역에 따라 다양한 행위자에게 권한이 분산된 거버넌 스 구조로 변화하였다는 사실을 시사한다.[37)

다층적 거버넌스 시각을 제시한 막스(Gary Marks)와 호흐(Liesbet Hooghe)에 따르면 유럽연합은 국제정치와 국내정치의 구분이 희석된 네트워크를 통해 공동정책의 결정과 실행이 이루어진다. 이러한 다층화된 거버넌스 구조 내에서는 중앙의 권위가 부재해도 여러 공적, 사적 행위자들이 이슈에 따라 분화된 정책네트워크를 통해 자원을 동원하며 정보유통과 공동정책을 실행한다. 막스와 호흐는 특별히 유럽연합, 국가 및 지방정부가 권한의 분화를 통해 수평적으로 연계되어 정책을 실행하는 지역정책을 다층적 거버넌스의 전형적 예로 파악하였다.[38]

다층적 거버넌스에서는 자원과 정보유통의 핵심에 위치한 유럽위원회가 사회적 행위자와 동반자 관계(partnership)를 형성하여 공동입법과 정책실행을 행하는 정책네트워크의 허브이다. 또한 유럽위원회는 몇몇 정책분야에서는 입법위임을 통해 정책네트워크보다 공고한 결속력을 갖는 정책공동체(policy community)를 형성하였다. 기술입법 제정에 있어 유럽표준화기구(ESO)와의 긴밀한 관계는 단적인 예이다. 이 외에도 유럽위원회와 유럽의회는 노동시장, 환경, 교육 및 소비자 보호 등 여러 사회정책에서 사적 행위자와의 비공식적 네트워크를 형성하여 다양한 이해관계를 취합한다.[39]

이와 같이 다층적 거버넌스는 유럽연합의 분화된 구조와 정책과정에 대한 적실성 있는 설명을 제공한다. 그러나 본 시각은 기구성된 거버넌스에 대한 기술과 설명으로 한정되며, 이론적 가정과 예측을 통해 통합현상을 분석하는 대이론으로서는 명확한 한계를 갖는다.

▶ 신제도주의(new institutionalism)

유럽연합은 일련의 조약수정, 점증하는 2차 입법(secondary legislation) 그리고 공동체의 유산(Community Acquis) 확장을 통해 초국가주의와 정부간협상이 병행되는 복잡한 제도적 구조로 변화하였다.[40] 1990년대 이후 유럽연합 연구에 활발히 적용되고 있는 신제도주의(new institutionalism)는 유럽연합의 정책 및 정책과정의 경로의존적 진화 그리고 현존하는 제도적 규범 속에서 행위자의 선택을 통한 정책산출을 분석하는 중범위 수준(middle range theory)의 이론이다. 유럽통합 연구에서 신제도주의는 역사적 제도주의(historical institutionalism)와 합리적 선택에 따른 제도주의(rational choice institutionalism)가 널리 원용된다.

통합연구에서 역사적 제도주의는 초국가 제도와 공동정책의 경로의존적(path-dependency) 발전과정을 이해하는 유용한 시각이다. 정부간협상이론이 국가간협상 동인과 내용을 파악한다면, 역사적 제도주의는 이러한 국가간협상이 반복되면서 왜 협상 초기에 제기된 국가의 선호가 현재의 초국가 제도에 전적으로 반영되지 않는가에 대한 해답을 제시한다. 즉, 역사적 제도주의에서는 국가간협상의 결과가 시간이 경과하면서 초기의 목적을 벗어나 의도치 않은 결과를 야기한 동인을 경로의존적인 제도발전에서 찾는다.[41]

한편 합리적 선택에 따른 제도주의는 고도로 제도화된 공동결정절차(codecision procedure) 혹은 일반입법절차(OLP)에서 유럽위원회의 의제제안 동인과 유럽의회와 이사회의 의사결정을 이해하는 데 유용하다. 합리적 선택에 따른 제도주의 시각에 따르면 일반입법절차에서 유럽위원회의 의제 독점권은 조건적 의제제안(conditional agenda setting)이다. 여기서 조건적(conditional)이라는 의미는 유럽위원회가 제기한 의제에 대한 유럽의회와 이사회의 수정 및 결정을 고려한 상황을 말한다. 즉, 유럽위원회가 의제제안 기능을 독점하지만 본 의제는 유럽의회에서 수정안으로 재구성된다. 경우에 따라 의제는 유럽위원회의 견해 제기와 이사회의 표결로 수용 혹은 거부될 수 있다.[42]

한편, 이사회의 최종 결정 권한 역시 조건적 권한이다. 이사회는 일반입법절차 2단계에서 유럽의회의 수정안을 재수정할 수 있는 권리를 갖고 있다. 그러나 이러한 권한은 반드시 만장일치 표결에 의해서만 가능하다. 즉 이사회가 유럽의회의 수정안을 그대로 수용할 경우는 가중다수결 표결(QMV)을 행하지만, 수정 시는 반드시 만장일치 표결을 요한다는 조건적 상황이 전개된다. 이와 같이 정책과정에서 합리적 선택에 따른 제도주의는 고도로 제도화된 정책과정에서 행위자의 선호, 선호구현을 위한 전략 및 상호협력에 대한 미시적 설명을 의도한다.

거버넌스와 제도 분석은 모두 유럽연합 연구에 있어 초국가 제도의 변화에 따른 초국가 기구의 자율성과 행위자 간 권한의 균형을 전제한다. 다층적 거버넌스에서는 국가의 권한제약에 상응한 유럽위원회의 독립적 권한을 강조한다. 역사적 제도주의와 합리적 선택에 따른 제도주의 역시 초국가 제도발전에 기인한 국가의 영향력 축소와 유럽위원회와 사법재판소의 확대된 기능을 전제한다.[43]

이와 같이 다층적 거버넌스와 신제도주의 시각은 초국가 제도화라는 환경에서 독립적 이해와 자율성을 갖는 초국가 기구 간 상호작용을 분석하는 유용한 시각이다. 이러한 맥락에서 다층적 거버넌스와 신제도주의는 초국가주의가 제시한 초국가 정치로의 이행 이후 다수준의 행위자 간 권한의 균형을 통해 전개되는 일상화된 정책산출을 이해하는 중범위 이론으로 위치한다.[44]

소극적 통합(negative integration)과 적극적 통합(positive integration)

소극적 통합(negative integration)은 유럽연합 차원에서 회원국에 단일화된 정책과 규제를 일괄적으로 부과하여 국내정책을 대치하는 통합방식이다. 소극적 통합의 대표적 예는 시장과 국가에 대한 탈규제 조치와 단일화된 표준화 및 안전규정 부과이다. 한편으로 소극적 통합은 통합 목적 달성을 위해 국내정책과 조치를 금하는 것으로, 공동시장에서 자유이동을 저해하는 수량제한 및 비관세 장벽철폐 등을 포함한다.

반면에 적극적 통합(positive integration)은 회원국이 실행하는 기존 국내정책 간 조화에 목적을 두며 대부분 정부간협상에 의해 이루어진다. 회원국 간 세율조정 그리고 노동시장 규정과 복지정책 등 자유경쟁에 영향을 미치는 상이한 사회안전망 조정은 대표적 예이다.

■ 유럽적 헌정구축과 정체성의 심화(2001-현재)

유럽연합은 1997년 암스테르담조약과 2001년 니스조약 체결 이후 외교안보정책의 강화 및 중동유럽 국가의 가입을 전제한 제도개혁을 통해 보다 심화된 통합단계에 진입하였다. 가장 두드러진 변화는 전통적인 정부 간 조정 영역에 위치한 외교안보 부분에서 회원국 간 제도화된 협력강화이다. 공동외교안보정책(CFSP)과 별개로 유럽안보방위정책(ESDP)이 출범하고 곧이어 공동안보방위정책(CSDP)으로 발전하면서 안보 부분에서도 일정 부분 제도적 협력구조가 구축되었다. 이에 따라 외교안보 부분에서도 제한된 이슈이지만 회원국 정부 이외에 새로운 제도적 행위자가 참여하는 초국가 거버넌스 구조가 생성되었다.[45]

한편 내무사법협력(JHA)의 제도적 근거는 일련의 조약수정을 통해 유럽연합조약(TEU)에서 유럽연합운영조약(TFEU)으로 이관되어 여타 공동정책과 동일한 법적 근거가 마련되었다. 이와 같이 외교안보와 내무사법 부분에서 초국가 제도화가 진척되면서 공동정책 전 영역에 걸쳐 유럽위원회의 조정기능이 이전보다 확대되었다.

2004년 이후 5, 6차 회원국 확대를 통해 유럽연합은 15개 국가의 3억 8천만의 인구에서 2021년 기준 27개국 약 4억 5천만의 인구를 포괄한 정치경제 통합체가 되었다. 2016년 6월 국민투표를 통해 유럽연합 탈퇴를 결정한 브릭시트(Brixit)에도 불구하고, 유럽연합은 여전히 지구상에서 가장 큰 통합기구로 존속한다. 이에 따라 유럽연합은 1980년대 이전과 비교할 수 없을 정도로 복잡하고 정교하게 분화된 구조로 발전하였다.[46]

2004년에 제정된 유럽헌법(European Constitution)은 회원국과 유럽연합이 어떻게 관계를 설정하고, 유럽연합은 어떻게 혹은 어느 수준까지 국가를 대표하여 대외적 대표성을 가질 것인가? 나아가 유럽시민의 기본권과 의무는 어디까지 설정할 것인가? 등과 같이 확대된 유럽연합이 추구하는 가치와 지향에 대한 해결책을 강구한 것이다. 이론적 측면에서도 유럽 헌법 제정논의는 기능적 접근이 시장효율을 넘어 정치적 결집과 사회적 결속이 요구되는 통합과정에서도 여전히 유효한가에 논쟁을 안겨준 계기가 되었다.[47]

물론 2005년 통합의 중심 국가인 네덜란드와 프랑스에서 유럽헌법 부결로 조약비준 중지라는 초유의 사태가 야기되었다. 그러나 본 헌법의 내용은 이후 리스본조약(Treaty of Lisbon)에 대부분 반영되었다.[48] 따라서 예정보다 다소 늦게 2009년 12월에 발효된 리스본조약은 통합과정의 또 다른 분기점이라 할 수 있다.

리스본조약 체결로 정책과정은 마스트리히트조약 이후 가장 큰 폭으로 개편되었다. 공동체 방식(Community method)은 일반입법절차(OLP)와 특별입법절차(SLP)로 분화되고, 정책결정의 전 과정에 유럽의회의 참여가 제도화되어 이사회와 동등한 정책결정기구로 위치하게 되었다. 또한 리스본조약에는 중소 규모 국가의 대거 가입으로 이사회 내에서 입법지체와 표결 가중치 왜곡 시정을 위해 이중다수결(double majority) 도입이 명기되었다.[49] 이러한 변화는 1990년대 이후 주요한 논쟁 중 하나인 정책과정의 적법성(legitimacy)을 강구하면서 동시에 정책산출의 효율성(efficiency)을 꾀한 결과이다.

이 외에도 유럽이사회의 상임의장직 및 외교안보정책고위대표(HR)의 신설로 외교안보 부분에 새로운 정책공동체가 태동하였다. 기존에 모호한 법적 상태로 남아 있던 유럽연합기본권헌장(Chapter of Fundamental Rights of the European Union)은 유럽연합의 법체계로 편입되었다. 이에 따라 회원국 내 인권과 기본권 침해에 대해 유럽적 조치를 취할 수 있는 제도적 구조가 마련되었다. 이러한 대폭적인 초국가 제도 변화로 단일유럽의 정서 이후 다시 한번 변화된 통합과정을 설명하는 이론적 시각이 제기되었다.[50]

이론적 맥락에서 이미 1990년대 말 이후 비교연구를 통해 사회과학의 일반화를 추구하는 전통적 연구방법이 통합과정에 적용되었다. 학자들의 관심은 하스에 의해 서유럽이라는 지정학적 경계로 축소된 통합현상을 어떻게 일반적 사회과학 시각을 통해 설명할 것인가로 집약되었다.

1990년대 말 중동유럽 국가의 가입이 기정사실화되고 유럽헌법 논의가 진행되면서 변화된 유럽연합의 규범, 제도 및 정체성을 규명하려는 시각들이 대두되었다. 단적으로 국제관계의 지배적 이론인 구성주의(social constructivism) 그리고 구성주의와 유사한 이론적 전제를 갖는 사회적 제도주의 시각(sociological institutionalism)에서는 유럽연합의 공식, 비공식적 제도, 유럽적 헌정구조 및 유럽화에 대한 정체성 등을 다루어 연구주제의 확장을 가져왔다.[51] 주인-대리인(principle-agent) 모델을 통한 초국가 기구와 회원국 간 관계 양식 변화 설명 그리고 연방주의의 현대적 해석 등도 심화된 통합과정을 설명하기 위한 이론적 논의이다.

한편으로 1999년 유로존 출범으로 회원국 간 경제적 의존이 심화되었지만, 거시경제와 재정정책을 포함한 이른바 경제거버넌스(Economic Governance)에서는 회원국 간 정책조정과 협력은 여전히 중요성을 갖는다. 이러한 점에서 학자들은 사려 깊은 정부간주의(deliberative intergovernmentalism)에 대한 논의를 전개하였다.[52] 또한 일부 학자들은 완화된 국가 중심 시각으로서 이탈리아와 베네룩스 국가에서 기원한 협의주의(consociationalism) 개념을 제기하였다. 이와 같이 2000년대 이후 변화된 통합과정에서도 전통적인 국가 중심 시각은 그 형상을 변형하며 여전히 건재하다.

▶ 주인-대리인 모델(principle and agent model)

주인-대리인 모델(principle and agent model)은 1990년대 말 이후 폴락(Mark Polack)을 필두로 체벨리스(George Tsebelis)와 가렛(Geoffrey Garrett) 등 합리적 선택에 따른 제도주의 시각을 제기한 학자들에 의해 원용되었다. 주인-대리인 모델은 모든 행위자들이 합리적 선택(rational choice)에 따라 이익과 선호를 고려한다는 전제에서 주인으로서 회원국 정부 그리고 대리인인 유럽연합 기구 간 상호작용을 분석하는 시각이다. 대표적 학자인 폴락은 본 시각을 통해 시간이 경과하면서 유럽위원회의 자율성이 확대되는 요인과 과정을 제시하였다.

　주인-대리인 모델은 거래비용을 고려한 행위자의 선택과 상호작용을 전제하고, 제도는 행위자의 합리적 선택을 제약하거나 가능케 하는 독립 변수로 고려한다는 점에서 합리적 선택에 따른 제도주의 범주에 위치한다.[53] 다만 양 시각을 원용한 학자들은 연구 영역을 달리한다. 주인-대리인 모델을 원용한 연구는 정책과정에서 초국가 기구의 자율성 확대에 대한 논리적 설명에 집중하였다. 일단의 학자들은 유럽연합사법재판소(ECJ)와 유럽중앙은행(ECB)은 물론이고, 유럽식품안전기구(EFSA)와 같은 유럽연합 규제기구(regulatory agencies)의 자율성 확대과정에도 본 시각을 원용하였다. 반면, 합리적 선택에 따른 제도주의 시각에서는 초국가 기구 간 상호작용 및 이사회 내에서 표결 가결을 위한 국가 간 연대에 분석 초점을 맞추었다.[54]

　주인-대리인 모델에 따르면 대리인인 초국가 기구는 회원국의 선호 변화, 네트워크 형성을 통한 정보와 자원의 통제 그리고 새로운 입법과정 채택 등을 통해 주인인 회원국으로부터 자율성을 확대해 나간다. 또한 초국가 기구는 위임된 권한을 배경으로 조약실행, 의제설정, 규제부과 및 정책시행 모니터링 등 독립적인 권한행사를 통해 회원국에 영향을 미친다.[55] 물론 이슈에 따라 주인인 회원국의 엄격한 통제로 유럽위원회의 기능이 위축될 수 있다. 그러나 이 경우 대리인에 대한 주인의 모니터링과 제재 시 야기되는 비용으로 대리인을 전적으로 통제하기 어렵다.[56] 이와 같이 주인-대리인 모델은 어떻게 초국가 기구가 다양한 정책 영역에 걸쳐 회원국의 통제에서 벗어나 자율성을 확대해 가는가를 이해하는 시각이다.

▶ 법적 통합(legal integration)

2000년대 초반 유럽헌법(European Constitution) 제정과정에서 법적 통합(legal integration) 논의가 일부 법학자들을 중심으로 전개되었다. 유럽통합은 엄격한 제도적, 헌정적 적법성에 근거하여 진행되고 있다. 유럽연합과 회원국은 각각이 헌정질서를 갖고 고유한 이해를 표명한다는 점에서 통합 속에 다양성이 구현되고 있다. 동시에 회원국은 유럽연합에서 결정한 법률과 결정을 국내의 헌정질서에 준해 수용함으로써 단일화된 유럽적 법적 질서를 존중하면서도 다원주의를 구현한다.[57]

벌리(Anne-Marie Burley), 마틀리(Walter Mattli), 슬러터(Anne-Marie Slaughter) 및 윌러(Joseph Weiler) 등 유럽법을 연구하는 일단의 학자들은 여러 공동연구를 통해 통합과정에서 공동체법을 다루는 행위자의 역할을 강조하였다. 법적 통합은 정치적 통합을 조정하는 사법재판소의 권위에서 비롯된 것이다. 사법재판소는 유럽연합법의 최고성(supremacy)과 직접효력(direct effects)을 담은 일반원칙을 통해 국내법원을 직접적으로 구속하는 친통합 행위자이다.[58]

제도적 발전 맥락에서 볼 때 사법재판소는 조약의 해석을 통해 유럽연합을 독립적인 헌정질서로 구조화한 행위자이다. 회원국 법원 역시 사법재판소와 협력적 관계를 통해 선결적 판단(preliminary ruling)을 이끌어내어 통합에 결정적 기여를 하였다.[59] 이러한 배경에서 일단의 학자들은 유럽통합이 사법재판소의 기능 확장에서도 영향 받았다는 사실을 적시하였다.

▶ 협의주의(consociationalism)

협의주의(consociationalism)는 15세기와 17세기 이탈리아 도시국가와 베네룩스 국가 간 느슨한 연합을 통한 정치적 결속형태를 말하며, 20세기 이후 서유럽 국가의 정치적 결합형태에 원용된 시각이다. 본 시각을 견지하는 학자들에 따르면 유럽연합의 정책과정에는 협의주의적 성격이 극대화되어 있다. 협의주의 통합과정에서 정책결정은 참여국의 인구에 비례한 대표성을 갖되 소국들은 비토권을 보유하므로 대국의 일방적 이해관계 투입을 제어할 수 있다. 유럽연합 역시 이사회 내에서 다수의 인구를 점하는 몇몇 국가에 보다 큰 권한을 부여하되, 특정 국가의 지배적 지위를 억제하기 위해 가중다수결 표결(QMV) 가중치를 인위적으로 조정한다. 동시에 소국들에는 인구규모에 비해 상대적으로 과도한 표결권을 배정한다.[60]

협의주의 통합 형태에서 정책결정은 각 정치단위 대표들로 구성된 일종의 포럼을 통해 이루어진다. 여기에서는 모든 참여자가 동등한 권한을 갖고 합의에 기반한 다수결 표결로 결정이 이루어진다. 이 과정에서 모든 참여국은 비토권을 보유하며, 민감한 의제는 표결 이전에 정치적 타협을 선행한다. 이러한 정책과정 속성에 기인하여 급진적 내용을 담은 정책산출은 기대하기 어렵다. 이와 같이 협의주의 통합방식은 국가 간 연합이 고도화되어도 주권제약을 동반하지 않는다는 점에서 신기능주의 혹은 연방주의와 차별화된 통합 형태이다.[61]

나아가 협의주의적 민주주의(consociational democracy) 측면에서 볼 때 민주적 정당성은 각국의 시민사회 혹은 정당대표의 참여에 기인하지 않는다. 대신 철저하게 각국의 정치 엘리트 간 합의에 기인한다. 유럽연합 역시 민주적 정체를 갖는 국가들로 구성되지만 회원국 의회와 정당의 개입은 제한되고, 유럽이사회와 이사회가 중심적인 정책결정 기능을 갖는다. 따라서 유럽연합은 민주적 헌정질서나 절차가 간과되어 민주적 결핍(democratic deficit) 문제를 안고 있다.[62]

이와 같이 협의주의는 유럽연합에 내재한 사려 깊은 정부간주의 속성을 이해하는 유용한 시각이다. 그러나 복잡한 유럽적 통합과정과 이슈에 따라 행위자의 기능이 차별화된 정책과정을 고전적인 협의주의 시각으로 설명하기는 무리가 따른다. 따라서 협의주의는 정부간주의와 초국가주의가 혼재된 유럽연합의 특정 단면을 이해하는 시각으로 한정된다.

▶ 현대적 연방주의

리스본조약 체결로 유럽연합에서는 연방주의(federalism)에서 제기하는 통합방식이 상당 부분 구현되었다. 유럽연합은 직접선거로 구성된 유럽의회의 정책기능 확장과 리스본조약으로 유럽이사회의 상임의장직이 도입되었다. 이에 따라 유럽연합은 시민사회의 대표와 연방을 구성하는 정부에서 임명하는 정치적 대표가 공존하는 시스템이 되었다.[63]

1950년대 이래로 이사회는 유럽연합을 구성하는 국가로부터 권한을 위임받아 지역적 이해를 관철히는 의회 혹은 상원의 기능을 수행하여 왔다. 또한 이사회 내에서는 가중다수결 표결로 대표되는 제도화된 합의기제가 정착되었다.[64] 유럽이사회 역시 1970년대 이래로 회원국 간 정치적 합의기구로 발전하였고, 리스본조약으로 최고 정점의 국가 간 합의기구로 제도화되었다. 결정적으로 리스본조약 체결로 일반입법절차(OLP)와 특별입법절차(SLP) 내 합의절차(consent procedure)의 적용이 확대되었다. 이에 따라 유럽의회는 모든 정책과정에서 이사회와 동등한 권한을 갖게 되었다. 이러한 제도발전을 고려할 때 유럽통합은 연방적 성격을 함유한 초국가 제도의 구축과정이라 할 수 있다.[65]

이와 같이 1990년대 이후에도 유럽연합의 연방적 성격에 대한 논의는 소멸하지 않았다. 그럼에도 새롭게 제기된 연방주의 시각은 대이론으로서 통합에 대한 이론적 설명보다는 다층적 통치구조 및 유럽적 정체에서 연방적 요소에 대한 논의 이상으로 발전하지는 못하였다.[66]

<표 1> 통합이론의 발전

통합 성격	지배적 시각	연구내용
연방적 접근 (1945-1950)	연방주의	• 지식인과 노동자가 주축이 된 미국식 연방시스템과 유사한 유럽연방(European Federation) 구축
기능적 통합 (1951-1968)	기능주의 / 신기능주의	• 부분 간 통합을 통한 평화 달성 • 기술합리성과 사회적 행위자 간 연대를 통한 기능적 분기와 파급에 따른 정치적 협력시스템
	커뮤니케이션 이론	• 다자간안보공동체 논의: 국가 간 가치관의 상호양립성
국가 중심 통합 (1969-1985)	정부간협상	• 지역수준에서 국가 간 권력게임을 통한 국가이익 실현 • 유럽통합은 거래비용 축소를 위한 지역수준에서 제도화된 국가 간 연합
유럽적 거버넌스 / 공동정책의 발전 (1986-2000)	초국가주의	• 초국가 및 연방적 성격의 정책과정 확대 • 초국가 정치로의 이행과 초국가 정부 및 제도화
	자유주의 정부간협상	• 국가이익 형성과 국가의 대외적 선호를 구현하는 정부간회담(IGC)을 통한 통합의 진척
	다층적 거버넌스	• 다층화된 유럽적 거버넌스에서 다양한 행위자 간 선호구현과 상호작용 • 정책과정은 정부간협상에서 다층화된 거버넌스 내 공적, 사적 행위자 간 수평적 상호작용으로 변화
	정책네트워크	• 유럽위원회와 지방정부 및 사회적 행위자 간 정책네트워크를 통한 자원의 교환과 정책실행
	신제도주의: 역사적 제도주의 / - 합리적 선택	• 초국가 제도와 정책의 경로의존적 발전과정 • 기성립된 초국가 제도 내에서 일상화된 정책과정에 대한 미시적 분석
유럽적 헌정 / 정체성의 심화 (2001-현재)	사회적 제도주의 / 구성주의	• 유럽연합에 내재한 다양하고 복잡한 제도와 제도화에 대한 해석: 통합의 정치, 사회적 결과
	대리인 모델	• 주인으로서 국가의 권한 위임과 통제 • 대리인으로서 유럽위원회의 정책결정과 실행 자율성
	법적 통합	• 유럽통합은 제도적 통합과정으로 정치적 통합은 제도, 즉 공동체법에 의해 가능 • 사법재판소의 독립적 기능
	협의주의	• 합의를 존중하는 정치문화를 배경으로 비대칭적 능력을 갖는 국가 간 자발적 협력
	연방주의 재해석	• 유럽의회의 권한 확대를 통한 정책과정의 유사연방(confederation)적 성격 제시

출처: 필자 구성.

2 이론, 방법론 및 연구 영역

■ **통합의 정의**

하스(Ernst B. Haas)에 따르면 통합은 국가라는 정치적 행위자들이 그들의 기대와 충성 그리고 정치적 행위를 새로운 중앙기구에 이전하거나, 기존재하는 국가를 넘어 새로운 법적 정당성을 꾀한 것이다. 신기능주의 시각에서 제기하는 통합은 가치를 공유하는 국가 간에 징치적 합의를 통해 기존에 없었던 정치적 체제를 창출해 가는 일련의 정치적 조건(condition)과 과정(process)이다. 동시에 통합은 행위자 간 공동의 기대가 예측 가능토록 초국가 기구를 형성하고 제도화한 결과(results)이다.[67]

한편으로 통합은 국가 간 협력에 따른 보상과 기대수준에 대한 확증이라 할 수 있다. 푸찰라(Donald J. Puchala)에 따르면 통합은 국제적 수준에서 합의시스템을 만들고 유지해 가는 과정이다. 이러한 국제적 시스템에서 행위자들은 서로 차이점을 인정하면서 이익을 조화시켜 나갈 수 있는 가능성을 찾고, 상호작용을 통해 공고한 보상체계를 강구한다.[68]

도이취(Karl W. Deutsch) 역시 정치통합은 일단의 정치적 집단이 특정의 지정학적 경계 내에서 오랜 시간에 걸쳐 공동체, 제도 및 상호작용을 확증할 만한 수준까지 끌어올리는 것으로 이해한다. 도이취에 있어 통합이란 실증적인 문제이지 시간이 경과하면서 해결되는 문제가 아니다. 따라서 통합은 평화적인 방법을 통해 상호 간 의지할 수 있을 정도로 기대수준을 높이는 것이다.[69]

이 외에도 많은 학자들이 정치통합에 대한 나름의 정의를 내렸다. 대표적으로 카포라소(James Caporaso)와 펠로위스키(Alan L. Pelowski)는 이전에 존재한 지정학적 혹은 기능적 차원의 정치단위보다 더욱 효과적인 구조와 기능을 만들어 가는 과정으로 통합을 해석하였다. 이러한 정치단위는 기존에 존재한 정치단위나 기능을 반드시 대치하는 것은 아니며, 서로 중첩될 수도 있다.70) 또한 모든 통합이론에서는 기능적 측면에서 통합의 당위성을 제기한다. 즉, 통합을 통한 규모의 경제로 보다 저렴하고 원활한 공공재의 공급이 가능하고, 경제적 교환과 인적 이동, 공동의 연구개발과 대외적 선호구현 등 기능적 유용성을 갖는다는 것이다.71)

나이(Joseph S. Nye)는 이러한 다양한 통합논의들을 집산하여 다음과 같이 정리하였다.

'통합은 부분(parts)이 전체(whole)를 형성하거나 새로운 상호의존적 관계를 만드는 것이다. 이러한 통합은 국경을 넘어 이루어진 경제통합과 사회통합 그리고 국경을 넘어 정치적으로 상호 의존이 심화된 정치통합으로 나눌 수 있다.'72)

이와 같이 전통적인 통합에 대한 정의에 따르면 국가 간 통합은 정치 엘리트와 사적 행위자들이 충성심과 기대를 새로운 초국가 기구로 전환하여 공동의 보상과 제재 시스템을 강구한 것이다. 여기서 관건은 통합에 참여하는 구성원들의 기대와 능력의 내면화이다. 정치적 통합을 예시한 학자들은 이러한 경험적 예를 유럽공동체에서 확인하였다.

한편 신기능주의 시각에서는 통합을 과정(process)으로 파악하여 통합의 조건(condition)에 주목하였다. 이에 따라 통합의 결과로 야기된 정치적 시스템에 대한 분석은 상대적으로 미약하였다. 이에 반하여 1990년대 이후 제기된 여러 시각에서는 통합의 결과로 야기된 유럽연합의 운영과 분권화된 권한구조를 설명하였다. 대표적으로 다층적 거버넌스 시각은 유럽연합을 일종의 정체(polity)로 파악하여, 정체 내에서 진행되는 정책과 정책

과정을 분석하여 분권화된 권한구조를 제기하였다.[73)]

이와 같이 신기능주의와 거버넌스 시각은 통합에 대한 이해를 달리한
다. 그럼에도 양 시각은 얼마나 많은 국가의 기능이 유럽연합으로 이전되
고, 얼마나 많은 이슈가 유럽연합에서 다루어지는가로 통합의 정도를 평
가한다는 공통점을 갖는다. 한편 제도적 접근에서는 초국가 수준에서 제
도 간 연계 정도와 초국가 정책과정에서 얼마나 다양한 이익과 정체성이
융합되는가로 통합의 질적 수준을 평가한다.[74)]

■ 통합이론의 의미와 분화

▶ 이론의 의미

이론은 현상에 대한 설명(explanation)과 이해(understanding)를 목적으
로 한다. 이론은 어떠한 연유로 이러한 현상이 일어나는가? 이러한 현상
을 어떻게 이해할 것인가에 대한 해답을 찾는 것이다. 여기서 전통적인
통합이론은 설명을 의도한다면, 구성주의 시각은 현상에 대한 이해를 목
적으로 한다. 이론은 서술(description)과 분석(analysis)을 목적으로 정의
(definitions)와 개념(concept)을 설정하여 특별한 현상과 시스템을 파악하
는 것이다. 즉 서술과 분석적 접근을 통해 개념이 형성되고 이러한 과정
을 통해 현상에 대한 설명과 이해가 가능하다.[75)]

사회과학에서 연구자가 갖는 문제 인식에 대한 규명을 위해서는 논리
적인 관찰을 위한 도구로 특정의 이론적 시각이 요구된다. 학자들은 이론
과 개념을 통해 현상을 논리적으로 구성하고 설명하며, 사례연구는 이론
구성을 위한 경험적 근거를 제공한다.

현상을 분석하는 도구로서 통합이론은 통합과정의 복잡성과 심화로, 여
타의 사회과학 이론과 동일한 맥락에서 설명력의 한계가 있는데, 이는 이

론 자체가 모순을 갖는 것은 아니다. 또한 통합이 진척되어도 전통적인 대이론(grand theory)은 여전히 부분적 적실성을 갖고, 개념적 확장을 통한 이론발전의 여지가 있다. 일례로 1990년대 이후 심화된 통합과정은 신기능주의에서 제시하는 기능적 파급이 아니라, 회원국 확대가 가져온 제도변화에 따른 새로운 형태의 파급효과로 이해할 수도 있다.76)

따라서 지배적 이론의 설명력 결여는 또 다른 이론적 시각을 야기하는 동인으로 새로운 지식창출 과정이라 할 수 있다. 로자몬드(Ben Rosamond)에 따르면 이론적 논쟁은 서로 다른 방식의 지식습득 혹은 지식창출에 대한 차이에 기인한다. 이러한 논쟁은 차별화된 이론적 전망과 또 다른 유형의 지식을 재생산한다는 점에서 의미가 있다.77) 로자몬드의 언명과 같이 이론은 끊임없이 재구성되며, 유럽통합 과정은 이러한 이론적 진화를 촉발하는 실증적 혹은 경험적 보고이다.

▶ 분석 목적과 분석 수준에 따른 분화

1990년대 이후 다수의 학자들은 통합과정에 조응하여 전통적 이론을 현대적으로 재구성하거나, 유럽적 거버넌스 규명을 위해 중범위(middle range) 수준의 분석에 주력하였는데, 크게 3가지 맥락에서 연구가 이루어졌다.78)

첫째, 초국가주의는 신기능주의가 제기한 초국가 사회 및 제도화 개념을 수용하여 초국가 기구의 권한과 초국가 규범의 확장 동인과 과정 그리고 변화된 정책과정을 설명하는 시각이다. 따라서 본 시각에서는 유럽위원회 중심의 협력시스템을 통한 정책산출에 주목하였다.

둘째, 국가 중심 시각은 국제적 레짐을 창출하는 동인과 과정을 경제적 변수로 환원한 자유주의 정부간협상 이론으로 발전하였다. 대표적 학자인 모랍칙은 1980년대 중반 이후 연이어 개최된 정부간협상(IGC)을 중심으로 통합과정을 설명하였다. 본 시각에서는 유럽연합을 국가 간 거래비용 완화를 위한 국제적 레짐으로 고려하고, 국가이익의 집단적 실현 시스템으로 정책과정을 파악하였다. 따라서 유럽위원회와 사법재판소는 국가 간 거래비용 축소를 위해 일부 권한을 위임받은 대리인(delegation of authority)에 불과하다는 논리를 전개하였다.[79]

셋째, 일단의 학자들은 공공행정과 행정학에서 널리 활용하는 중범위 이론을 통해 유럽연합의 일상화된 통치과정을 분석하였다.[80] 다층적 거버넌스, 정책네트워크 및 신제도주의 시각이 이러한 예이다.[81] 물론 중범위 이론 간에도 국가주권, 초국적 통합, 초국적 규범과 다중적 정체성의 공존 및 국가와 시장과의 관계 등에서 시각차를 갖는다.[82]

중요한 사실은 1900년대 이후 변화된 유럽통합 과정을 설명하는 여러 이론이 제기되었지만 어느 한 시각이 지배적 이론으로 인정받지는 못하였다는 점이다. 이러한 이유는 1950-60년대와 비교할 수 없을 정도로 통합이 심화되었기 때문이다. 뉴전트(Neill Nugent)는 유럽연합을 특정의 정치적 조직이나 시스템으로 규정키 어려운 이유를 집약하였다.

첫째, 설립조약(Founding Treaties)에는 유럽연합의 정치적 성격이 명확히 명기되지 않았다. 다만 유럽연합조약(TEU)에 '유럽시민들 간 보다 긴밀한 연합(ever closer union among peoples of Europe)' 혹은 '유럽연합은 인간의 존엄성, 자유, 민주주의, 평등, 법치 및 인권 존중의 가치에 근거한다.'는 당위적이며 포괄적인 성격만이 제시되어 있다.

둘째, 유럽연합은 시간이 경과하면서 보다 심화되고 확대된 통합 방향으로 진화하고 있다. 유럽연합은 1980년대 중반 이후 이사회에서 가중다수결 표결을 확대하고, 유럽의회의 권한을 현실화하여 이전보다 초국가화되어 가고 있다.

셋째, 유럽연합은 매우 복잡하고 다면화된 시스템(multifaced system)이다. 따라서 다양한 시각으로 성격을 규명할 수 있고, 이러한 분석들이 일정 부분 타당성을 갖는다.

넷째, 유럽연합은 초국가와 정부 간 성격이 융합되어 어떠한 유형의 정치시스템과도 비교될 수 없는 독창적이고 유일무이(sui generis)한 시스템이 되었다.[83)

마스트리히트조약 이후 유럽연합은 초국가주의와 정부간주의라는 상이한 통합진행 방식과 제도적 구조가 병존한다. 단일시장정책은 초국가주의가 적용되는 정책과정과 실행구조를 갖는다. 그러나 단일시장정책 내에서도 재정과 거시경제정책은 이사회를 통한 정치적 결정에 지배된다는 점에서 정부간주의 성격을 내포한다. 외교안보정책은 철저하게 회원국 간 정치적 조정 영역에 위치하므로 정부간협상 이론의 설명력이 높다.[84)

▶ 이론의 분화와 쟁점

1990년대는 통합의 속성이 변화하고 복잡성이 증가하면서 여러 이론들이 병존하면서 상호 간 보완적인 설명이 제기되었다. 스미스(Mitchell P. Smith)는 신기능주의와 정부간협상이론 이후 지배적 시각은 초국가주의, 다층적 거버넌스 및 신제도주의 시각이라고 하였다. 이러한 3가지 관점은 분석 목적과 분석 수준을 달리한다. 단적으로 초국가주의는 유럽위원회와 유럽의회의 독립적 권한 확장을 설득력 있게 설명한다. 다층적 거버넌스 시각에서는 초국가 영역의 정책과정에서 국가 이외의 또 다른 행위자의 출현에 주목하였다. 나아가 역사적 제도주의 시각으로는 회원국 간 축적된 의사결정 경험을 통해 유럽적 정책과정과 공동정책 실행을 분석할 수 있다.[85)

뉴전트(Neill Nugent) 역시 유럽연합 연구는 전통적인 대이론(grand theory)을 통한 통합과정 연구, 거버넌스 및 정책연구 그리고 유럽연합을 일종의 정치적 시스템(political system)으로 파악하여 그 속성을 분석하는 연구로 분화되었다고 파악하였다.[86)

첫째, 신기능주의와 정부간협상 이론으로 대표되는 전통적인 대이론은 통합의 일반적 성격을 제기하는 시각이다. 대이론을 통한 연구는 1960년 대 이후 하스와 나이 등 주로 미국의 정치학자들이 주도하였으며, 1990년 대 이후에는 모랍칙에 의해 이어졌다. 대이론은 국가 중심성에 대한 해석 의 차이에도 불구하고 국제정치 관점에서 통합과정의 특징적인 양상을 분석한다는 공통점을 갖는다.

둘째, 1990년대 이후에는 새로운 연구 경향으로 유럽연합의 특정 단면 을 중범위(middle range) 혹은 미시적 수준(meso level)에서 접근한 시각이 존재한다. 정책과정과 공공정책 연구에 원용된 정책네트워크 시각은 대표 적 예이다.87) 한편 거버넌스 시각은 중범위 수준의 이론이면서 동시에 유 럽연합을 자기 완결적 정체(polity)로 고려한다는 점에서 복합적 관점을 함유한다.

셋째, 1990년대 중반 이후에는 유럽연합을 단일의 정치 시스템으로 파 악하여 그 성격을 분석하는 시각이 제기되었다. 유럽연합을 특징짓는 초 국가적 성격은 전통적인 국제관계에서 확인할 수 있는 국제적 조직 혹은 연방국가와는 목적과 형태를 달리한다. 그렇다면 유럽연합의 성격을 어떻 게 이해할 것인가? 이에 대한 해답으로 유럽연합은 유일무이한 거버넌스 시스템이므로 기존 사회과학에서 규정하는 국가관 관계를 넘는 결합방식 에 대한 새로운 시각이 요구된다. 물론 이러한 주장은 학자들 간 논쟁을 불러왔고 명확한 타협점을 찾은 것은 아니다.88)

유럽연합을 단일의 정치시스템으로 파악하는 관점은 이미 1960년대 말 일부 연방주의 학자들이 제기한 바 있다. 이들은 유럽공동체가 미국, 독일 및 스위스와 같은 연방 혹은 유사연방 시스템과 속성을 같이한다고 주장 하였다. 1970년대에도 유럽공동체를 정치적 요구에 따른 공공정책 산출 을 위한 정치시스템으로 고려하는 시각이 존재하였다. 1990년대 중반 이 후 힉스(Simon Hix)를 위시한 여러 학자들은 유럽연합을 독립적인 정치 시스템으로 간주하여 국내정치 분석을 위한 이론의 적용이 가능하다고 주장하였다. 물론 유럽연합은 적법한 물리적 폭력을 독점할 권위는 제약되어 있다. 그럼에도 유럽연합은 입법, 행정 및 법률적 해석에서 일정 정도 가치의 할당(authoritative allocation of value)을 꾀한다는 점에서 본 논의는 부분적인 타당성이 있다.[89]

유럽연합을 단일 정치시스템으로 파악한 것은 여타의 정부 및 거버넌스와의 비교연구 가능성을 고려한 것이다. 만약 유럽연합을 정치적 시스템으로 파악한다면 정책과정에서 행위자의 선호구현 분석에 게임이론적 가정 적용이 가능하다. 실제로 체벨리스(George Tsebelis) 등 일부 학자들은 이사회 내 가중다수결 표결 분석에 이러한 접근방법을 시도하였다. 무엇보다도 유럽연합의 독립적인 정치적 성격 논쟁은 통합연구가 비교정치 영역으로 확대되는 토양이 되었다는 점에서 의미가 있다. 결국 1990년대 이후 여러 이론의 병존은 단일 시각으로 통합과정을 전적으로 설명할 수 없다는 사실을 반증한다. 동시에 통합의 복잡성은 적실성 있는 설명을 위해 이론적 분화와 분석수준의 다양화를 가져왔다.[90]

그러므로 제도주의가 유럽연합의 구조적 조건에 기인한 행위자들의 상호작용을 분석한다면, 신기능주의는 거시적 차원에서 통합의 진화에 대한 인식틀을 제공한다고 할 수 있다. 또한 초국가적 통치과정의 일상적 묘사에서는 제도주의 시각이 유용성을 갖지만, 통합과정에서 수차례 노정되었던 정치적 전환점에 대해서는 정부간협상 이론이 보다 현실적인 설명을 제공한다. 나아가 정부간협상 이론을 통해 국가이익이 깊숙이 개입되는 구조기금과 외교안보 등 특정의 정책을 이해할 수 있다.[91]

■ 통합이론의 한계

단일한 현상에 여러 시각이 존재한다는 것은, 특정의 이론체계가 전적인 설명력을 담지 못한다는 사실을 반증한다.

첫째, 이론적 맥락에서 기존 통합이론은 자기 완결적 시각에서 특정한 경험적 예를 들어 과도한 단순화를 지향하였다. 폴락(Mark A. Pollack)의 지적과 같이 신기능주의와 정부간협상 이론 모두 서유럽의 시공간에서 경험적 발전에 상응하는 이론화에 과도하게 집착하여 왔다. 이 결과 국제관계 연구에 미약한 기여와 함께 유럽적 맥락에서도 일반화가 결여된 결과를 낳았다.[92] 결국 전통적인 통합이론은 현상에 대한 기술에 집중하여 통합과정에 조응한 사후적인 이론이라는 한계를 갖는다. 표면상 이러한 한계는 유럽연합의 복잡성과 유일무이한 성격에서 비롯된 것일 수도 있다. 그러나 기존 통합이론가들이 설명력 제고에 주력하면서, 이론적인 정교성과 방법론적 엄밀성이 결여된 것은 부인할 수 없는 사실이다.[93]

둘째, 1990년대 이후 유럽통합을 설명하는 이론들은 통합의 사회경제적 맥락과 초국가 제도가 어떻게 사회적 목적을 달성하는가에 대한 이해가 결여되어 있다.[94] 국가 중심 시각과 초국가주의는 유럽적 정책과정에서 국가와 초국가 기구 간 상대적인 권한의 정도에 관심을 집중하였다. 다층적 거버넌스와 신제도주의는 초국가 제도의 생성과 발전 그리고 여러 수준의 제도가 융합되는 과정에 주목하였다. 그러나 유럽통합은 모든 회원국과 사회에 다양한 파급효과를 미치고 있다. 그럼에도 여러 이론적 시각은 초국가로의 수렴과 동시에 국가, 지방 및 다양한 사회적 영역이 분화되어 가는 역설적 상황을 추적하거나 개념화하지 못하였다. 이 결과 중요한 화두인 통합의 사회경제적 맥락에 대한 설명이 간과되었다는 공통점을 갖는다.

셋째, 통합이론가들이 적실성 있는 방법론을 강구한 것은 아니다. 물론 자유주의 정부간협상 이론은 사회과학의 일반이론으로의 설명과 방법론에 대한 고민을 담았지만 이는 예외적인 경우이다. 유럽연합이 기존의 정치적 단위체와 전혀 다른 특징을 갖는다면 이러한 역동성을 어떻게 일반화할 수 있는가? 나아가 어떠한 이론적 접근이 적실성을 갖는가에 대한 명확한 합의는 존재하지 않는다. 즉, 유럽통합 연구에서 일반화된 사회과학 방법론과 이론적용이 요구된다 하여도, 유럽적 발전에 대한 특징적 제 요소를 어떻게 개념화할 수 있는가에 학자들 간 통일된 시각이 존재치 않는다. 이와 같이 기존 통합이론에서는 사회과학의 일반화에 도달할 수 있는 방법론에 대한 고민이 결여되었다는 공통점을 안고 있다.

넷째, 무엇보다도 기존 통합이론의 명확한 한계는 일반화된 설명력의 결여라고 할 수 있다. 이론의 목적은 경험적 사례에 대한 해석(interpretation)과 설명(explanation)을 통해 정교한 개념을 구축하는 데 있다. 많은 경험적 사례를 통해 보다 명료한 가정을 설정하고, 설득력 있는 개념을 제시할 수 있다. 같은 논리로 보다 많은 경험적 연구를 통해 이론을 검증하고 재구성해 가면서 일반이론으로 설명력을 강화할 수 있다.[95]

자유주의 정부간협상 이론은 회원국 간 대협상(grand bargaining)을 추출해 통합과정을 설명하였다. 다층적 거버넌스 시각에서는 유럽적 정책과정에서 분권화된 권한배분 구조를 제기하였고, 제도적 접근은 초국가 제도화와 제도적 구조 내에서 행위자들의 상호작용 행태를 설명하였다.[96] 그러나 이러한 시각들이 통합과정에서 야기된 경험적 사례를 모두 설명한 것은 아니다. 자유주의 정부간협상 이론은 사법재판소의 경로의존적 발전을 포착하지 못하였고, 다층적 거버넌스는 외교안보 등 특정 공동정책의 정책과정에서는 설명력이 제약되었다. 제도적 접근 역시 비공식적 제도발전을 간과한다는 한계를 갖는다. 이 결과 유럽연합 연구에 있어 여러 이론은 각기 보완적 시각으로 존재한다.

유럽통합에 대한 연구과제는 복잡한 구조적 조건과 운영과정 그리고 이질적인 사고와 정체성이 존재하는 다원주의적 통합 양상을 규명하는 것이다. 대부분의 학자들은 정치, 경제 및 사회적 요인들이 개입하는 통합과정의 복잡성을 인정한다. 그러나 이러한 통합의 복잡성이 어떻게 구조화되고 어떠한 과정으로 전개되는가에 대한 명확한 합의는 없다. 따라서 국가와 초국가 기구 간 쌍방향의 상호작용인 유럽화(Europeanization)에 대한 이론적 설명은 더더욱 취약하다.[97]

이러한 맥락에서 유럽통합에 대한 연구 목적은 어떻게 연구할 것인가로부터 무엇을 연구할 것인가에서 찾아야 한다. 전통적인 통합이론은 복잡한 통합 양식을 총체적으로 포착하지 못하였다는 비판은 새로운 것이 아니다. 따라서 현재의 유럽통합 연구는 분석방법과 수준에 대한 논의를 넘어 복잡한 통합 양상의 단면을 규명할 연구 영역에 대한 인식에서부터 출발해야 한다.

■ 유럽연합 연구: 방법론

이론은 현상을 설명하기 위한 정의와 개념의 설정이라면, 방법론은 정의와 개념에 대한 논리적 구조와 과학적 물음에 대한 절차이고, 경험적 연구는 사회과학 방법론의 기본적인 과정이다. 이러한 이론과 방법론의 관계를 볼 때 기존에 유럽연합 연구의 취약성은 이론과 상응한 경험적 연구의 축적이 미약하다는 점이다. 유럽연합 연구에서 경험적 사례와 1차 자료를 통해 이론적 구성을 꾀한 흔치 않은 예는 1988년 모랍칙(Andrew Moravcsik)의 저작[The Choice for Europe: Social Purpose and State Power from Messina to Maastricht]에서 찾아볼 수 있다. 이 외에 실증적 사례를 통해 이론화를 꾀하거나, 이론적 설명을 위해 사례연구를 취한 경우는 대부분 공동정책에서 정책결정과정을 다룬 저작으로 한정된다.[98]

한편 유럽통합 연구에서 방법적 적실성 역시 주요한 학문적 화두이다. 분과학문으로서 유럽연합을 유일한 사례로 가정할 경우 방법론상의 문제점을 야기할 수 있다. 유럽연합을 고도로 제도화된 유일한 초국가 기구로 가정하면 논리적으로 이에 대한 분석을 위해서는 독립적인 사회과학 방법론이 요구된다. 그러나 기존 사회과학 분과학문 영역에서 독립적 방법론이 제기된 선례는 없다. 그러므로 대부분의 연구는 유럽연합에서 관찰되는 독립적 제 요소를 저수준의 비교단위로 개념화하여, 일반적인 사회과학 영역의 방법론을 통한 비교연구가 주를 이룬다.

이러한 비교연구 방법론은 다음과 같은 전제를 통해 이루어진다. 현재의 유럽연합은 분석단위로서는 그 규모와 역사적 축적으로 매우 다양하고 복잡한 레짐의 성격을 갖는다. 따라서 여타의 정치적 레짐과 동일한 분석수준과 단위로 상정할 경우 비교연구의 적실성이 결여된다. 그러므로 유럽연합은 각각이 독립적인 현상을 내재한 정치단위들로 구성되었다고 정의 내린다. 이를 통해 유럽연합의 독립적 제 요소를 저수준의 비교단위로 다양하게 개념화하여 그 특징을 여러 정치단위와 비교연구를 진행하는 것이다. 유럽연합을 사회적 이동, 정치적 참여, 이해관계 집단, 정치적 영역과 네트워크, 입법과정과 결정 등으로 분석단위를 세분화할 경우 독립적인 정치단위와 비교연구가 가능하다.

그러나 이러한 방법론 역시 완전한 것은 아니다. 사회과학적 개념화를 위해 저수준의 분석단위를 통한 여타 정치적 단위체와의 비교연구는 유럽연합만이 갖는 특징적 요소에 의해 제한된다. 표면상 유럽연합의 다층화된 구조는 독일, 스위스, 캐나다 등 분산된 권한구조의 연방주의 국가와 유사성을 갖는다. 하지만 유럽연합의 다층적 성격은 국가와 사회와의 관계에서 야기된 것이 아니다. 이는 오히려 여러 수준에서 이루어지는 정책 결정과정에서 비롯된 것이다. 따라서 분석단위의 태생과 속성이 상이하므로 비교연구에 의미를 두기 어렵다.

한편으로 유럽연합을 단순한 경제통합의 한 형태로 상정할 수도 있다. 이 경우 국제적 차원에서 경제통합을 목적으로 한 지역적 레짐의 성격을 함유하여 논리적으로 북미자유무역협정(NAFTA)과 동남아시아국가연합

(ASEAN)과의 비교연구가 가능하다. 문제는 유럽연합이 지닌 초국가성 (supranationality)과 정치적 성격으로 여타 경제통합체와의 비교연구가 개념적으로 적절치 않다는 것이다. 물론 북미자유무역협정 및 국제무역기구 (WTO) 등에서도 초국가적 권한과 결정이 행해진다. 그러나 이러한 초국가성은 경제통합이 정치적 통합을 추동하는 압력으로 작동하지 않는다는 점에서 그 정도와 파급에 있어서 유럽연합과는 명확히 대비된다.

나아가 유럽연합을 유일한 사례로 상정할 경우 여타 정치적 시스템과의 비교연구에서 분석수준의 문제를 야기할 수 있다. 즉 두 개의 사례에 대한 비교연구에 있어 동일한 문제에 있어서도 서로 다른 비교단위와 분석수준을 적용하여 결과를 왜곡할 소지가 있다. 단적으로 정책네트워크는 일국 내에서 이익집단의 동원을 가능케 하는 비공식화된 제도이다. 반면에 유럽연합에서 정책네트워크는 초국가, 국가, 지방정부 및 여러 수준에 분포하는 사회적 행위자 간 연계를 가능케 하는 공식, 비공식적 제도이다. 이러한 배경에서 여러 수준에 위치한 행위자의 유럽적 정책과정 개입과 국가 내부의 이익집단 정치와 비교연구를 할 경우 어떠한 비교단위와 분석수준을 설정할 것인가? 하는 문제가 제기된다.

하스, 도이취(Karl W. Deutsch) 그리고 슈미터(Philippe Schmitter) 등 여러 학자들은 비교연구를 위해 분석단위에 대한 고민을 하였으나 명쾌한 해답은 얻어내지 못하였다.[99] 이와 같이 유럽연합 연구에서 방법론상의 문제는 사회과학 영역에서 해결하기 어려운 난제이다.

■ 1990년대 이후 유럽통합 연구 영역

국제정치에서 제기된 통합이론에서는 국가 간 주권협상 및 회원국과 초국가 기구 간 상호작용 등 정치(politics) 영역을 다루었다. 한편 1990년대 이후 제기된 여러 통합이론은 유럽연합의 제도, 기능 및 국가의 변화 등 통합과정에 대한 기술과 분석적 이해를 도모하였다. 대표적으로 거버넌스 시각에서는 비교정치 및 공공행정 등의 시각과 결합하여 유럽적 정체(polity)의 성격을 연구하였다.[100] 더불어 신제도주의 시각에서는 유럽연합의 공동정책 발전과 정책과정을 다루며 이는 정책결정과정을 포함한 유럽연합의 정책(policy)에 대한 연구이다. 이러한 연구 경향을 종합하면 유럽연합 연구는 정치, 정체 및 정책을 포괄하는 광의의 학문적 영역이라 할 수 있다.

▶ 국제관계 시각을 통한 초국가 기구와 국가 간 상호작용

1990년대 이후에도 국제관계 맥락에서 유럽통합을 설명하는 시각은 유효하다. 1950-60년대 기능주의와 신기능주의 시각에서는 전통적인 국가의 권한과 기능이 초국가 기구로 이전되는 동인과 과정을 연구하였다. 1980년대 말 이후에도 신기능주의는 통합의 파급에 대한 원인과 과정 그리고 초국가 기구의 권한 확대에 대한 이해를 도모하였다. 나아가 신기능주의 전통을 이어받은 초국가주의에서는 정부간협상 이론이 포착하지 못한 유럽위원회의 기업가형 리더십과 사회적 행위자의 기능을 설명하였다.

1990년대 이후 국가 중심 시각에서는 정치경제의 글로벌화에 대응한 회원국 간 협력과 국가이익 실현을 제기하였다. 이러한 연구는 주로 미국 정치학계에서 현실주의 시각을 견지하는 학자들을 중심으로 이루어졌다. 학자 간에 이론의 여지는 있지만 현실주의 국제정치 학자들은 유럽통합을 전례가 없는 높은 수준의 제도적 구축이 이루어진 사례로 파악한다.[101] 여기서 현실주의 국제정치 학자들의 물음은 유럽연합에서 구현하려는 국가의 선호는 무엇이며, 국가의 선호는 어떠한 과정으로 결정되는가이다.

이러한 시각의 중심에는 유럽연합을 국가 간 고도화된 협력관계로 파

악하는 모랍칙(Andrew Moravcsik)과 가렛(Geoffrey Garrett)이 있다. 특히 모랍칙의 경우 과거로부터 진행된 경험적 사례를 연역적으로 분석하여 국가이익의 실체와 정부간협상의 결과를 상세히 제기하였다. 이들에 따르면 유럽연합은 국가간협상을 위한 일종의 제도화된 포럼이며, 국가는 통합과정을 지배하는 중심적 행위자이다. 물론 통합과정에는 사회적 행위자가 개입하지만 이들은 국가라는 지정학적 경계 내에서 중앙정부를 통해 유럽적 이해를 관철할 뿐이다.

한편 1990년대 초부터 제기된 구성주의 시각은 합리적 사고를 갖는 행위자들이 어떻게 국제적 규범을 수용하면서 사회화되는가를 제기하였다. 구성주의 시각에서는 정부간협상 이론과 유사한 맥락에서 지배적 행위자로서 국가와 국제적 시스템을 전제하고, 이 안에서 국가의 합리적 행위와 국제적 규범을 분석하였다.102)

그러나 1990년대 이후 유럽연합은 국제정치에서 제기하는 국가 간 통합에 머물지 않고, 국가와 사회적 행위자가 연계된 복잡한 성격의 거버넌스 혹은 정책공동체로 변화하였다.103) 따라서 국제관계라는 분석단위를 상정한 연구는 국가와 초국가 간 경계가 희석된 유럽적 거버넌스 구조를 간과한다는 한계를 갖는다.

▶ 유럽적 거버넌스로서 유럽정체에 대한 연구

1990년대 이후 일단의 학자들은 유럽연합을 국가간협상만으로 포착할 수 없는 보다 복잡하고 다원화된 정치적 구조로 파악하였다. 여러 수준의 정책과정을 예시한 샤르프(Fritz W. Scharpf), 초국가 규제에 영향 받는 국내의 제도변화에 관심을 기울인 마요네(Giandomenico Majone)와 카짐(Hussein Kassim)의 연구는 대표적 예이다. 이들은 높은 수준의 분권적 정책 영역과 통합된 정치과정이 공존하는 제도적 구조와 일상화된 정치과정에 주목하였다. 주로 유럽계 학자들이 중심이 된 본 시각에서는 미국의

국제정치학자들과 달리 통합과정에서 특정 변수만을 추출해 이론화하는데 큰 관심을 갖지 않았다.[104]

일단의 학자들은 비교정치와 공공행정학에서 제기된 거버넌스 시각을 통합과정에 적용하였다. 거버넌스 시각에서는 분권화된 통치형태, 다층적 통치 양식, 다원주의적 정치형태 나아가 이러한 통치형태가 야기하는 유럽적 규제구조 및 유럽 차원의 민주주의와 적법성 문제 등 다양한 연구대상을 포괄하였다. 거버넌스 연구에서 출발한 다층적 거버넌스 시각에서는 여러 수준에 위치한 행위자들이 다양한 정책과정에 개입하는 유럽적 거버넌스의 독창성을 강조하였다. 본 시각을 통해 연구자들은 브뤼셀로 수렴되는 유럽적 거버넌스의 구조와 운영에 연구를 집중하였다. 유럽위원회와 유럽의회에 대한 지방정부와 사회적 행위자의 로비동인과 경로를 분석해 네트워크 거버넌스의 구성과 성격을 제시한 연구는 대표적 성과이다.[105]

1990년대 이후 비교정치 영역에서도 막스(Gary Marks)와 피어슨(Paul Pierson) 등을 중심으로 유럽연합에 대한 심화된 연구가 이루어졌다. 유럽연합 연구에 비교정치 시각의 도입은 광범위한 유럽연합의 공동정책에서 비롯된다. 1990년대 이후에는 초국가 정책에 대한 이해가 결여된다면 유럽국가의 정치체제, 사회적 구조와 공공정책을 이해할 수 없을 정도로 국내정책의 유럽적 조화와 조정이 진척되었다.[106]

결국 이러한 현상은 유럽이라는 지정학적 공간에서 국내정치의 초국가화 혹은 국제정치의 국내 정치화이다. 지역, 산업, 환경 및 경제사회적 규제 등에서 이러한 현상이 보다 심화되었다. 이러한 맥락에서 일단의 학자들은 유럽연합을 유사연방시스템(quasi-federal system)으로 파악하고 초국가와 국가 간 다층화된 권한 분산과 양자 간 복잡한 상호작용을 분석하였다. 이러한 유럽적 거버넌스 연구는 유럽통합 연구의 큰 진척이다. 그러나 본 시각은 분석보다는 기술과 설명에 집중한다는 점에서 통합의 동인과 과정을 제시하는 전통적인 대이론을 대치할 수 없다는 한계를 갖는다.

▶ 제도적 접근을 통한 유럽정체와 정책발전 연구

1990년대에는 제도적 접근(institutional approach)이 통합성격을 규명하는 이론으로 위치를 점하였다. 신제도주의 시각에서는 국가와 초국가 기구로 한정된 연구대상을 넘어 유럽에서의 정치사회적 제도화 과정에 주목하였다. 여러 신제도주의 시각은 제도적 구조와 과정을 독립변수로 놓고 행위자의 선호와 제도발전 과정을 이해한다는 공통점을 갖지만, 연구 디자인은 다양하게 전개되었다. 일단의 학자들은 게임이론 가정을 통해 초국가 기구 내에서 정책결성 원리를 설명한 반면, 또 다른 제도적 관점에서는 경로의존적 제도발전을 통해 공동정책과 통합의 역사적 맥락을 기술하였다.

문제는 제도적 접근을 통한 연구는 대부분 단일사례 분석을 통해 유럽연합의 특정 단면만을 설명한다는 것이다. 이러한 이유는 제도적 접근이 통합의 동인과 과정을 분석하는 전통적 통합이론과 달리 통합이 낳은 정치, 사회적 결과를 설명하는 중범위 이론의 성격을 갖기 때문이다. 따라서 제도적 접근은 전통적 통합이론의 보완적 시각에 머물고, 통합에 대한 총체적 이해를 도모하는 시각은 여전히 대이론인 신기능주의와 정부간협상 이론으로 한정된다.

II

초국가 시각:
연방 및
기능적 통합

① 연방주의(federalism)

■ 이론적 배경

▶ 역사적 맥락

제2차 세계대전을 계기로 논의된 전통적인 연방주의(federalism)에서는 권력이 중심적 개념으로 작용하여 통합은 기존의 정치단위 간 권력의 이동과 배분을 의미한다. 연방주의 통합은 독립적인 정부들 간 권력 분할과 정부와 시민 간 자유로운 의사소통이라는 민주적 구조를 갖는 통합된 정치단위를 생성하는 것이다. 통합은 흩어져 있던 지정학적 단위가 권력과 책임을 공유하면서 정치적 협력을 꾀하는 것으로, 통합된 정치단위는 법치와 평화적인 갈등해결 방식에 기반한다.[107] 이러한 맥락에서 연방주의 유럽통합은 새로운 통일체의 형성에 제 단위가 정체성을 유지한 가운데 자발적인 합의를 통해 공동의 목표와 이해를 추구하는 통합방식으로 인식되었다.

현실에서 이러한 이상의 구현은 헌법적 기구를 만들어 새로운 중앙권력을 구축하는 것이다. 유럽적 맥락에서 연방적 유럽(federal Europe)은 유럽국가와 시민들이 고유한 정체성을 유지한 가운데 자발적 참여를 통해 복지와 안보 및 경제적 번영을 위해 협력을 꾀하는 시스템으로 통용되어 왔다. 따라서 연방주의자들은 설립조약에 명기된 '다양성 속의 통합(unity in diversity)'이라는 언명은 유럽통합의 지향이 연방적 유럽이라는 사실을 함축한 것이라고 말한다. 즉, 조약에 명기된 다양성 속의 통합이란 회원국들이 독립성을 유지하면서 자발적인 정치적 합의와 법적 기반을 통해 통

합을 꾀한다는 의미라는 것이다.108)

이러한 통합방식은 다원주의적 정체성(pluralistic identity)을 유지하되 조화를 통해 동질성을 강조하는 것이다. 역사적 맥락에서 스위스, 독일, 벨기에, 그리고 오스트리아의 경험적 예와 근접하다. 이들 국가에서의 연방주의는 보충성 원칙(principle of subsidiarity)을 배제한 가운데 설명할 수 없다. 그러므로 유럽통합 과정에서 연방주의는 다양성의 존중, 요컨대 연방을 구성하는 세력들의 사회, 문화적 차이를 인정하고, 동시에 공동의 정체성 형성에 있어 제 세력의 비대칭적 규모와 힘을 고려하여 차별적 조치들을 동반한다는 의미로 이해해야 한다.109)

따라서 제2차 세계대전 이전 유럽에서 연방주의 논의의 핵심은 개별국가의 주권을 자발적으로 공동의 중앙기구에 위임하는 것이지만, 분권화된 권력구조에 기초하여 새로운 정치단위의 창출을 의도한 중앙 집권주의(centralization)와는 명확히 구별된다.110)

제2차 세계대전 이전 연방주의 통합 사상가들은 원활한 통합 진행을 위해 소수의 유력한 정치 단위가 주도권을 행사해야 한다는 사고가 지배적이었다. 물론 여기서 유력한 정치 단위란 곧 프랑스와 영국을 비롯한 강대국을 말한다. 그러나 같은 시기 활동한 또 다른 연방주의자인 스피넬리(Altiero Spinelli)는 새로운 통일적 체계를 구성하는 하위체계의 상대적 자주성과 통합과정에서 여러 임의성을 전제하고 사회적 행위자의 역할을 강조하였다.111) 제2차 세계대전 이후 서유럽에서 연방주의적 통합운동은 연방적 성격의 제도 구축을 통한 지역통합 촉진으로 그 실행 방안이 다소 변화하였다.

이와 같이 기존에 전통적인 연방주의자들이 말하는 유럽통합은 국가주권(state sovereignty)을 통제하여 높은 수준의 정치적 조직을 강구한 것이다. 이는 곧 연방적 헌정질서의 구축이다. 그러나 연방주의자들이 사회과학이론으로서 헌정질서 구축을 위한 정치과정을 제시한 것은 아니다. 따라서 기존에 사회과학 영역에서는 고전적인 연방주의를 엄밀한 이론체계가 아닌 유럽통합의 궁극적 지향이라는 사고 정도로 인식하여 왔다.[112]

이후 1980년대 말부터 대이론을 지향하는 전통적인 통합이론의 개념적 확장에 자극받아 여러 학자들이 유럽적 연방시스템을 다시 거론하였다. 결정적으로 2003년 유럽헌법(European Constitution) 제정에 따라 연방주의 성격의 헌정질서 논의가 본격화되면서 연방주의 이론이 새롭게 주목받게 되었다.[113] 2000년대 이후 유럽에서의 연방주의 통합은 연방주의 국가로 향한다는 목적론적 시각과 연방주의 지향점의 비현실성에 대한 설명으로 나뉘는 경향이 있다. 한편에서 일부 학자들은 이러한 담론을 배제하고, 유럽연합에서 연방적 성격이 무엇인가를 제시하고, 왜 이러한 연방적 성격이 통합과정에 함유되는가에 초점을 맞추어 논의를 전개하였다. 이와 같이 유럽에서의 연방주의 논의는 여전히 진행되는 현재형이다.[114]

▶ 유럽연방운동(European Movement)

유럽에서 연방주의 통합의 구체적 움직임은 제2차 세계대전 이후 유럽연방운동(European Movement)으로부터 시작되었다. 그러나 이러한 전통적인 연방주의 통합방식은 유럽(Europe)이라는 지정학적 공간에서 이상적이며 동질적인 사상을 통합의 조건으로 규정하였다는 맹점을 내포하였다. 연방주의자들이 제기한 유럽주의(Europeanism)는 모호한 개념과 이상적 목표만을 담아 통합의 독트린으로 작용할 만큼 구체적이고 유용한 지침이 되지 못하였다. 하스는 연방주의자들이 내건 유럽 혹은 유럽주의는 지정학적 개념에 불과한 공허한 가설에 불과하다고 비판하였는데, 제2차 세계대전 이후 유럽에서 일었던 유럽연방운동은 이러한 현실을 보여주었다.

1947년 5월 결성된 유럽연방운동은 유럽대륙에서 연방주의 통합을 지향한 구체적인 움직임이었다. 뒤이어 1948년 5월 헤이그에서 유럽 각지와 옵서버로 참석한 캐나다 대표 등 약 800여 명의 연방주의자들이 참여한 가운데 최초로 유럽각의(Congress of Europe)가 개최되어 구체적인 통합 목표가 설정되었다. 첫째, 유럽은 문화적, 사상적으로 단일화되어 있다. 둘째, 유럽의 정치는 유럽헌장(European Charter)과 법원을 통해 기본적 인권을 보장한다. 셋째, 경제통합은 언급한 수단에 의해 달성된다. 넷째, 국가주권은 사회, 경제적 향상을 위해 제한될 수 있다. 연방주의자들은 이러한 헤이그에서의 결의에 따라 1949년 5월 웨스트민스터조약(Treaty of Westminster)을 체결하여 유럽평의회(CoE)를 결성하고, 뒤이어 유럽인권협약(ECHR)을 체결하여 유럽인권재판소(ECHR)를 설립하였다.[115]

그러나 유럽연방운동은 참여한 연방주의자들을 한데 묶을 구체적인 독트린이 결여된 채 유럽주의라는 이상적인 목적만을 내세운 통합운동이었다. 이에 따라 연방주의자들 간 의견 대립으로 유럽평의회는 결국 외교안보와 같이 주요한 사안은 제외된 가운데 인권 및 교육과 같은 비정치적 이슈에 한정된 느슨한 국가 간 협력체가 되었다. 이와 같이 제2차 세계대전 직후 연방주의자들은 유럽연방운동을 통해 연방적 통합을 시도하였지만, 서로 다른 이상과 주장을 내세워 연방주의 이상과 동떨어진 제한적 수준의 정부 간 협력기구만을 출범하였다.[116]

■ 스피넬리(Altiero Spinelli)의 연방주의: 기능주의 비판

모네식의 통합방식(Monnet method)은 국가주권에 직접적으로 영향을 미치지 않는 기능적 부분에서부터 통합을 진행하면 점진적으로 유럽연방으로 접근한다는 사고를 담고 있다. 즉, 모네식의 기능적 접근은 비정치적 이슈에서 양적(quantity) 통합을 진행하면, 궁극적으로 보다 높은 수준의 질적(quality)인 통합으로 진화한다는 점진주의 성격을 내포한다. 1951년에 출범한 유럽석탄철강공동체는 이러한 모네의 구상인 기능적 연계

(functional links)의 출발점이었다.[117]

이탈리아의 좌파지식인 스피넬리(Altiero Spinelli)는 모네의 점진주의적 통합방식에 반기를 든 대표적 연방주의자이다. 스피넬리는 로마조약(Treaty of Rome) 체결 시 기능주의자들을 비판하면서 미국의 연방시스템과 같은 유럽통합 방안을 강구하였다. 이후 스피넬리는 1980년대에 이르기까지 유럽에서 가장 영향력 있는 연방주의 사상가이며 이론가로 유럽통합과정에 지대한 영향을 미쳤다. 동시에 그는 유럽위원회와 유럽의회에 직간접적으로 관여하면서 현실정치에서도 기능주의자들에 맞서 유럽연방을 향한 정치적 프로젝트를 끊임없이 시도하였다.[118]

스피넬리는 반파시스트 저항운동가인 로시(Ernesto Rossi)와 함께 1941년에 벤토테네 선언서(Ventotene Manifesto)를 통해 연방주의 유럽통합을 본격적으로 제창하였다. 스피넬리가 작성한 벤토테네 선언서는 당시 유럽에 팽배한 전체주의를 비난하면서 지식인과 노동자를 중심으로 사회적 안정과 정의를 위해 유럽연방(European Federation) 구축을 촉구한 것이다. 벤토테네 선언서는 전후 유럽연방운동에 지대한 영향을 미쳤다.[119]

벤토테네 선언서는 이후 1943년에 유럽연방운동의 정치적 강령으로 채택되어 '전후임무: 유럽통합(Post-war Duties: European Unity)'이라는 제목으로 세상에 알려지게 되었다. 본 선언서에서 스피넬리는 독일의 패전 이후 이미 역사적으로 유효성을 다한 국민국가를 대체하여 연방적 유럽을 건설하여, 유럽대륙에서 영구적인 평화를 가져와야 한다고 주장하였다.[120]

제2차 세계대전은 유럽인들에게 국민국가 단위의 국제관계 시스템이 얼마나 큰 폐해를 가져오는가를 깊이 각인시켜 주었다. 이에 따라 제2차 세계대전 이후 많은 사상가와 정치가들은 국가 간 통합만이 전쟁을 억제하고 다시 한번 유럽의 번영을 가져올 유일한 방법이라고 생각하였다. 벤토테네 선언서는 당시 유럽에 팽배한 전체주의를 강력하게 비난하면서,

지식인과 노동자가 주축이 되어 사회적 안정과 정의를 위한 유럽연방 구축방안을 담았다. 본 선언서를 통해 스피넬리와 로시는 유럽대륙에서 일어나는 여러 정치경제적 문제들을 풀기 위한 가장 적절한 방안은 유럽연방을 구성하여 군사적 위협을 제어하고, 경제적 번영과 사회적 안전을 확보하는 것이라고 역설하였다.[121)

스피넬리가 제시한 연방주의 통합방식은 기능주의에 대한 비판에서부터 출발한다. 스피넬리는 독립적인 정치적 기구 설립을 배제한 모네식의 통합은 시작은 용이하지만, 결국 유럽 차원에서 정치세력의 조직화에 한계를 갖고 실패로 귀착된다고 생각하였다.[122) 스피넬리에 따르면 기능적 접근은 통합에 대해 모순적인 사고를 갖는 국가들의 전략에 불과하다. 초국가적 통합만이 국가들이 처한 여러 문제를 효과적으로 해결할 수 있다.

이러한 사실은 대부분의 정치가들도 인식하고 있다. 그럼에도 이들은 국가주권에 대한 맹목적 집착으로 주권에 위협이 되지 않는 기능적 접근을 선호한 것이다. 그러므로 경제 부문에서 정치 부문으로 통합의 점진적 확대라는 접근방식은 실상 초국가 기구의 권한이나 초국가적 헌정질서를 보류한 것에 불과하다. 이러한 논리로 스피넬리는 기능주의가 주장한 점진적 통합방식으로는 주요한 정치적 문제를 해결하거나, 시민들의 의사를 반영한 강력한 중앙기구를 만들 수 없다고 판단하였다.

나아가 그는 외교적 협력을 통한 유럽통합 방식 역시 국가들이 처한 문제를 효과적으로 시정할 수 없다고 주장하였다. 외교적 협상은 본질적으로 각 국가의 이익을 조정하는 행위이므로, 상호 간 양보를 통해 통합을 달성한다는 것은 원천적으로 불가능하다. 따라서 기능주의 혹은 외교적 교섭을 통해 통합이 진행된다면 국가주권을 억제하고 국가 간 보편적 이익을 보장할 제도적 능력은 제한될 수밖에 없다. 더욱이 상호의존적인 경제적 영역을 관리할 초국적 권한이 부재하다면 혼란과 비효율만 야기하게 된다.[123) 이 외에도 스피넬리는 히틀러가 시도한 무력통일이나 제2차 세계대전 사이에 활발하게 논의된 레지스탕스(Resistance) 운동가들의 급진적인 연방주의 통합방식 역시 거부하였다.

한편 스피넬리는 행위자 차원에서 지식인과 노동자 대신 정치인들이 주도하는 연방주의 통합방식이 현실정치에서의 구현될 수 없는 이유를 두 가지 맥락으로 함축하였다.

첫째, 정부관료, 정치인 군부 및 외교관들은 통합의 당위성을 주장한다. 그럼에도 이들은 통합을 위해 국가권력을 새로운 초국가적 기구에 양도해야 한다는 사실에 강한 거부감을 갖고 있다. 이러한 모순된 현실로 국민국가의 주요 권한이 초국가 기구로 양도되는 과정에서 여러 정치적 저항이 뒤따를 수밖에 없다.

둘째, 통합을 달성하고 유지하기 위해서는 여론을 이끌고 중앙 집중화된 의사결정을 통해 여러 정치적 조치가 동반되어야 한다. 그러나 유럽에서는 국가 간 이해를 넘어 유럽 차원에서 공공선을 구현할 중앙 집중화된 권력이 존재하지 않는다. 따라서 통합을 주도하는 각국의 정치가들은 언제든지 그들의 권력을 다시 되돌릴 수 있고, 이 결과 통합 목적이 완화되거나 왜곡될 수 있다.[124]

결국 스피넬리에 따르면 국민국가의 폐해를 극복할 유일한 방안은 미국과 같이 유럽합중국(United State of Europe)의 구성이다. 따라서 통합은 독립적이며 강력한 권한을 갖는 중앙의 정치기구 설립부터 시작되어야 한다. 이와 같이 스피넬리가 주장한 연방주의 통합은 기능주의 통합방식이 갖는 비민주성과 정치통합의 한계에서 출발하여, 민주적 방식으로 유럽합중국이라는 정치적 통합을 꾀한 것이다.[125]

■ 스피넬리(Altiero Spinelli)의 연방주의: 연방주의 유럽통합 방안

스피넬리는 기존 정치가들과 사상가들이 제기한 연방주의 통합은 방법상의 문제로 목적을 달성치 못하였다고 비판하고 새로운 전략적 방편을 제시하였다. 먼저, 유럽에서 연방주의 통합을 달성하기 위해서는 각 국가의 이해관계와 절연된 독립적인 사회적 운동세력이 요구된다. 그러나 이러한 사회적 운동세력이 결집된다고 하여도 연방주의 유럽통합운동이 즉각적으로 일어나는 것은 아니다.

연방주의 운동이 호응을 얻으려면 일국 차원에서 문제 해결 능력이 제약된다는 명백한 상황이 필요하다. 만약 국내정치시스템이 효과적으로 작동하여 정치, 경제적 문제를 원활히 해결한다면 연방주의 운동은 시민들로부터 지지를 받지 못할 것이다. 그러나 국내정치시스템이 항상 적절히 작동하는 것은 아니다. 역사를 거슬러 살펴보면 국가 내부에서 문제 해결이 제약되는 사례가 빈번히 일어났다는 사실을 알 수 있다. 당연히 이러한 시기가 연방적 통합운동이 활발히 전개될 호기이다.[126]

나아가 통합실현을 위해 시민들의 의사를 반영할 수 있는 초국가 수준에서의 의회(constituent assembly)가 요구된다. 스피넬리는 이러한 의회의 원형을 1787년에 결집된 미국의 필라델피아 제헌의회(Philadelphia Convention)에서 찾았다.[127] 실제로 그가 주장한 개별 국가 혹은 주정부 차원에서의 헌정질서 유지나 다수결 의사결정 절차와 같은 시스템은 미국의 연방헌법에서 차용한 것이다.

스피넬리가 제안한 의회는 단일의 초국가적인 헌법에 따라 보통선거를 통해 구성되며, 다수의 여론을 취합하고 역으로 여론에 대해 정치적 책임을 갖는다. 이러한 정치적 분위기에서 의회를 구성한 정당이나 정치적 세력은 일관된 정치적 신념을 통해 편협한 국가이익을 넘어 보편적인 국제적 이익을 추구할 수 있다. 특별히 국경을 넘어 연대하는 정치적 세력은 자연스럽게 친통합적인 성격을 갖는다. 나아가 의회에서 제기되는 의견들은 국가 중심적 이해를 표출하는 외교적 협상과 달리 국가주권에 연연하지 않는다. 이와 같이 초국가적 의회는 그 구성원칙과 제 특징에 의해 국가 중심성을 벗어나 유럽시민의 의사를 취합하는 통합의 중심 행위자로 위치한다.[128]

스피넬리는 유럽통합이 성공적으로 이루어지려면 무엇보다도 경제적 이슈를 다룰 강력한 권한을 갖는 초국가 기구가 필요하다고 생각하였다. 이러한 사고는 다분히 기능주의적 통합방식과 유사하다. 그러나 스피넬리가 특별히 경제 부문에서 초국가 기구의 권한을 강조한 것은 제2차 세계내전 직후의 시대저 상황에 기인한다. 전후 외교안보 부문은 미국의 영향력하에 있었기 때문이다. 따라서 스피넬리는 외교안보 부문에서는 현실적 이유로 초국가 기구의 영향력 행사를 잠시 보류한 것이지 기능주의 통합방식을 따른 것은 아니다. 그가 제시한 연방주의는 경제 부문에서 외교안보까지 초국가 기구가 일관된 권한을 갖는 것이다.[129]

한편 스피넬리는 독립적인 유럽연방주의 운동의 임무를 3가지 맥락으로 제기하였다.

첫째, 유럽연방을 위한 사회적 운동은 특정의 정치적 이념을 추구하는 정당과 같은 정치적 행위자가 주도해서는 안 된다. 정치적 이념을 추구하는 정당은 국내정치에서 권력 획득이 궁극적 목적이다. 따라서 이들이 통합을 주도한다면 초국가 기구 혹은 조직으로의 권력이전이 제약되고, 초국가 기구와 조직은 단지 회원국들 간 경쟁적인 정치적 협상 공간으로 전락한다.

둘째, 초국가 기구로 충성심을 집약하여 유럽수준에서 정치적 행위를 가능케 하기 위해서는 국적을 떠나 모든 연방주의자들이 초국가 기구에 참여해야 한다.

셋째, 전략적 측면에서 연방주의 통합을 위해서는 회원국 내의 여론형성 과정과 선거에 직접적인 영향을 미쳐야 한다.

이와 같이 벤토테네 선언서를 모태로 제기된 스피넬리의 연방주의 통합내용은 이후 모네(Jean Monnet)와 같은 신기능주의 통합방식을 취한 통합론자(founding fathers)들에게 사상적, 이념적 토대가 되었다. 실제로 신기능주의가 상정한 정치공동체는 연방주의와 그 생성 및 실천적 전략에서 차이점을 갖지만 통합의 최종 귀착은 유사하다.

기능주의 통합이론가인 미트라니(David Mitrany)의 경우에도 모네와 같은 통합론자들과 교류하면서 연방적 초국가 기구 건설이라는 목적을 공유하였다. 다만 미트라니는 연방주의와 유사한 목적을 달성하기 위한 수단으로 기능적 접근이라는 상반된 경로와 방식을 채택한 것이다. 이와 같이 유럽적 맥락에서 볼 때 기능적 접근 역시 연방주의가 제시한 통합 목적을 내재하였다. 이러한 점을 들어 일부 학자들은 기능주의와 신기능주의 이론가와 통합론자들의 노선을 연방적 기능주의(federal functionalism)로 지칭하기도 한다.130)

■ 연방주의 이론의 진화

▶ 고전적 연방주의

모네(Jean Monnet)는 제2차 세계대전 이후 연방주의 통합에 거부감을 갖는 서유럽의 분위기를 고려하여 신기능주의식의 부분 간 점진적인 접근(sectoral and incremental approach)을 통한 통합방식을 취하였다. 그러나 1950년대 초 많은 통합론자들은 슈만플랜은 표면상 기능주의 통합방식을 내세웠지만 궁극적으로 연방주의 통합을 지향하는 첫걸음으로 생각했다. 실제로 모네는 고등관청(High Authority)의 초국가적 권한을 원하였지만, 베네룩스국가의 반대로 회원국의 통제에 위치하는 기구로 기능이 제한되었다.[131] 슈만플랜이 유럽 각국에서 정치적 호응을 얻자 뒤이어 연방주의 사상을 내재한 유럽방위공동체(EDC)와 유럽정치공동체(EPC) 논의가 일었다는 사실에서 점진적 접근전략에 가려진 연방주의 통합 목적을 확인할 수 있다.

그러나 1957년 로마조약이 체결되고 유럽경제공동체가 산업 부분에서 괄목할 성과를 거두면서 연방주의 통합논의는 자취를 감추었다. 당시 유럽통합 과정은 정치적 목적을 배제하고 기능적 필요에 따라 이루어지는 일종의 과정(process)으로서 연방주의 사고가 개입할 여지가 없었다. 더욱이 통합의 진척에 따라 기능적 복잡성이 증대하면서 연방주의의 이상은 현실의 통합과정에서 더욱 멀어져 갔다.[132] 단적으로 공동체 방식(Community method)을 통한 유럽공동체의 운영과정에서 연방주의적 이상은 찾아볼 수 없게 되었다.

이와 같이 연방주의 운동의 실패에도 불구하고 본 사상과 이론은 슈만플랜에서 로마조약 그리고 단일유럽의정서에서 마스트리히트조약을 거쳐 유럽헌법의 제정과 같이 괄목할 변혁기에 미래에 대한 지향점을 제공하였다. 물론 이러한 제도변화 과정에서 연방주의라는 명시적 목표가 조약에 명기되지는 않았다. 그러나 유럽석탄철강공동체 이후 유럽공동체는 전례가 없는 독특한 기능적 방식과 구조를 통해 발전하여 왔지만, 그 과정에서 연방주의라는 지향점이 완전히 배제된 것은 아니다.

단적으로 슈만플랜에 참여한 국가들은 원대한 유럽통합의 이상을 생각하였다. 그러나 유럽통합이 단일의 계획을 통해 단숨에 이루어질 수 있는 문제가 아니라는 점도 인식하였다. 따라서 회원국은 연대를 통해 견고한 성과를 만들어 갈 때 통합이 성취된다는 점에 의견을 같이하고, 기능적 접근방식을 취한 것이다.[133]

이와 같이 연방주의 통합이라는 이상은 기능적 접근에 가려진 것일 뿐 소멸한 것은 아니다. 초대 유럽위원회 위원장 할슈타인(Walter Hallstein)

은 유럽공동체는 연방적 성격을 갖는 새로운 형태의 국가 간 연합이라고 주장하였다. 할슈타인은 유럽공동체가 회원 각국에 직접효력(direct effects)을 미치는 입법권한을 보유한다는 점에서 유사연방 시스템(confederation)보다 결속력이 높다고 평가하였다. 그럼에도 유럽공동체가 국가가 아니라는 점에서 연방시스템이라고는 할 수 없다고 말하였다. 이러한 점에서 할슈타인은 유럽공동체는 전통적인 연방시스템이 아니라, 국가연합(union of states)이라는 공동체(community)로 칭하는 것이 타당하다고 주장하였다. 이러한 국가연합은 초국가성(supranationality)을 특징으로 하는데 이는 국민국가 위에 위치한 헌정질서의 의미가 아니라, 높은 수준의 거버넌스 구축을 위한 제도적 조건이다.[134]

1960년대 대표적인 통합론자인 스파크(Paul-Henri Spaak) 역시 스파크 보고서(Spaak Report)에서 견고한 실행계획을 통해 통합이 진행되면 이후 거대한 변화를 야기할 수 있다고 언급하였다. 이는 곧 부분 간 통합을 통해 연방적 통합이 달성될 수 있다는 내용을 간접적으로 시사한 것이다.[135]

연방주의자들은 1970년대 전반에 걸쳐 회원국 지도자들의 정치적 결정을 통해 진행되는 기능적 통합의 비민주성을 비판하여 왔다. 상황은 변화하여 연방주의 통합사상은 1980년대 중반 이후 통합의 궁극적 지향으로 다시 한번 주목받게 되었다. 마스트리히트조약 체결을 위해 개최된 1991년의 정부간회담(IGC)에서 각국 대표는 새롭게 출범하는 연합(union)은 점진적으로 연방적 방향(federal direction)으로 나아간다는 데 뜻을 같이하였다. 물론 당시 연방주의 통합을 반대하는 영국의 반발로 '연방적 목적(federal goal)'이라는 문구는 '회원국 시민 간보다 긴밀한 연합(ever closer union among the Peoples of Europe)'이라는 다소 모호한 표현으로 바뀌어 조약 서문(preamble)에 명기되었다.[136]

이와 같이 회원국 간 논란 속에서도 연방적 유럽(federal Europe)은 오랜 기간 암묵적으로 내재하는 통합의 지향점이 되어 왔다.

공동체 방식(Community method)

공동체 방식(Community method)은 매우 오래된 연원을 가지고 있다. 공동체 방식은 1951년 유럽석탄철강동체(ESCE) 출범 시 모네(Jean Monnet)가 정부 간 방식과 대비되는 의사결정 시스템으로 최초로 언급하였다. 모네를 위시한 통합론자들은 공동체 방식에 따라 당시 유럽경제공동체가 운영되어야 한다고 역설하였다. 넓은 의미에서 공동체 방식은 초국가주의(supranationalism)와 정부간주의(intergovernmentalism)가 융합된 유럽연합의 독특한 구조와 운영과정을 총칭한다.

공동체 방식이란 유럽연합과 국가 간 대립이 아니라, 상호 간에 타협을 통해 합의를 이끌어내는 유럽연합의 독특한 정책과정이다. 한편으로 공동체 방식은 공동외교안보정책(CFSP)과 같이 이사회가 정부간협상 원칙에 의해 정책을 결정하는 방식에 대비되는 개념으로 이해할 수도 있다. 오랫동안 공동체 방식은 정부 간 방식과 대비되는 유럽적 정책과정이라는 의미로 통용되었는데, 이에 대한 구체적인 절차가 합의된 것은 아니다. 1990년대 이후 공동체 방식은 유럽위원회, 유럽의회 및 이사회가 동등한 권한을 가지고 상호견제와 협력을 통해 의사를 결정하는 의사결정방식으로 통칭되었다. 공동체 방식은 또한 3개의 초국가 기구가 권력의 균형 속에서 의사를 결정한다는 점에서 민주적 적법성을 고양하는 정책과정으로 인식되어 왔다.

유럽통합 초기 관세동맹의 완성을 위한 제 조치와 공동농업정책(CAP)의 정책과정은 선형직인 공동체 방식으로 인식되어 왔다. 이후 공동체 방식은 1986년 단일유럽의정서(SEA) 체결로 도입된 협력절차(cooperation procedure) 그리고 1992년 마스트리히트조약 체결로 도입된 공동결정절차(codecision procedure)를 지칭하게 되었다. 리스본조약 이후에는 공동결정절차에 공식적으로 명칭이 부여된 일반입법절차(OLP)를 공동체 방식으로 통칭한다.

▶ **현대적 연방주의**

연방주의는 제도적으로 다원화된 정부로 구성되며 각각의 정부가 공적 권한을 갖고 최종적인 정책결정 권한을 행사한다. 연방은 지정학적 단위를 경계로 직접선거를 통해 선출된 시민사회의 대표와 연방을 구성하는 정부에서 임명한 정치적 대표로 이원화된 인적 구성으로 이루어진다. 이 외에도 연방수준의 최고법원이 존재하며 본 법원은 각 정부 간 분쟁을 조정할 권한을 보유한다.[137]

1940년대 스피넬리가 주장한 연방주의 통합은 1951년 기능주의 통합 방식을 취한 유럽석탄철강공동체의 출범으로 현실에서 구현되지 못하였다. 그러나 1986년 단일유럽의정서 체결 이후 일련의 조약 수정을 통해 유럽적 헌정질서와 공공정책의 확대과정에서 다시 한번 연방적 성격이 제기되었다. 결정적으로 2001년 유럽헌법(European Constitution) 제정을 위해 구성된 유럽미래회의(Convention on the Future of Europe)는 1787년에 개최된 필라델피아 제헌회의(Philadelphia Convention)를 상기시키며 유럽적 연방에 대한 학문적 관심이 고조되었다.[138]

연방주의 시각을 견지하는 학자들은 1990년대 이후 변화된 현실을 반영하여 새로운 연방주의 논의를 전개하였다.[139] 대표적 학자인 폴시(Murray Forsyth)에 따르면 유럽연합은 공동의 이해를 담은 새로운 법적 질서를 통한 국가들의 자발적인 결합(voluntary association)이다.[140] 폴시는 유럽통합이 1957년 로마조약을 통해 부분 간 기능적 통합으로부터 시작되었지만, 통합과정에서 연방적 요소가 배제된 것은 아니라고 주장한다. 이러한 주장의 근거는 세 가지로 요약할 수 있다.

첫째, 유럽연합은 공동시장(common market)과 내부국경 철폐를 통해 형성된 단일화된 연합(union)이며, 마스트리히트조약을 통해 만들어진 통화동맹과 유럽시민권(European Citizenship)은 단일의 헌정구조에 기반한다.

둘째, 유럽연합은 로마조약에 명기된 바와 같이 영속적(for an unlimited period)으로 존재한다.

셋째, 유럽연합은 여러 부분에서 법치에 의해 국가와 사회적 행위자를 직접 통제할 수 있는 권한을 보유하고 있다. 유럽연합사법재판소는 1964년의 코스타엔넬(Costa v. ENEL [1964]) 판례를 통하여 국내법에 대한 공동체법의 최고성(supremacy)을 확인하였다. 또한 유럽사법재판소는 1963년 반겐루스(Van Gend and Loos [1963]) 판례를 통하여 공동체법의 직접효력(direct effects) 원칙을 만들어 회원국 법원보다 우월적인 법적 위치를 확립하였다.[141]

유럽연합은 여러 공동정책이 여전히 국민국가 패러다임이 존속하지만, 통상, 농업 및 단일시장 운영 등 경제 부분의 공동정책에서는 유럽연합이 지배적인 권한을 행사한다. 이 외에 환경, 지역 및 산업정책 등에서도 유럽연합이 깊숙이 개입한다. 단일통화와 독립적인 유럽중앙은행(ECB)의 기능, 유럽연합의 자체예산(own resources) 구조, 단일시장 및 유럽시민권 (European Citizenship) 등은 연방적 유럽의 성격을 함유한다.

제도적 맥락에서도 유럽연합은 연방적 성격을 내포한다. 유럽연합과 회원국의 이해가 투입되는 이원화된 의사결정, 조약과 사법재판소의 권위는 그 예이다.[142] 더불어 지역정책에서 확인할 수 있듯 유럽연합의 정책과정은 초국가 기구, 중앙정부, 지방정부 및 사회적 행위자 간 수평적 협력과 경쟁구조인 다층적 거버넌스 구조로 보충성(subisidiarity)을 충족하는 시스템이다.[143]

폴시를 위시한 여러 학자들이 제기한 현대적 연방시스템은 1940년대의 고전적 연방주의 방식과 달리 유럽연합이 여타의 국제기구와 차별화된 연방적 성격을 갖는 연합(federal-type union)이라는 점에 주목한 것이다.[144] 즉, 유럽연합은 회원국의 헌정, 정치 및 자원에 의존하는 준연방 혹은 유사연방 시스템(quasi-federal system)으로 공공정책 결정과 운영에서는 연방적 성격의 정치적 관계가 제도화되어 있다는 것이다.[145]

■ 유사연방 시스템(confederation)

▶ 개념

모든 연방시스템은 결속의 정도와 범위가 천차만별이다. 유럽에서는 칸트(Immanuel Kant)의 영구평화론(perpetual peace)과 같이 전쟁방지를 위한 연방시스템에서부터 루소(Jean-Jacques Rousseau)가 말하는 민주주의 원칙에 따른 국가 간 느슨한 구조의 유사연방(confederal)까지 다양한 연방시스템이 제기되어 왔다. 그러나 유럽통합과정에서 논의되는 연방시스템의 직접적 연원은 독립된 정치단위 간 새로운 헌정질서를 꾀한 1787년 미국헌법(American Constitution)이다. 현대에 이르러서도 여러 학자들이 미국의 경험을 유럽통합 과정에 대입하고 활용할 수 있는 방안을 연구하였다.[146)

　19세기 이래로 유럽에서 제기되어 온 연방시스템은 결속력의 정도에 따라 유사연방(confederation)과 연방(federation)으로 구분할 수 있다. 이 중 전자가 보다 느슨한 국가 간 연합이라는 점에서 유럽통합 과정에 많이 원용되었다. 유럽연합은 일종의 유사연방으로 일부는 초국가와 국제적 조직이 융합되어 있고, 또 다른 부분은 완전한 연방과 유사연방이 혼용된 구조로 국가연합(Staatenbund)과 연방(Bundesstaat)의 중간에 위치한다고 할 수 있다. 물론 유사연방 시스템이 현재의 유럽연합에 명확히 부합하는가에 대해서는 의견이 엇갈린다.[147)

　유사연방(confederation)은 연방(federation) 혹은 연방주의(federalism)와 함께 거론되는 통합 형태이다. 그러나 유럽통합 연구에서 연방주의 시각이 불분명하고 다의적인 관점을 함유하듯 유사연방 역시 이론적 맥락에서 명확히 정의된 것은 아니다. 일반적으로 유사연방은 연방 혹은 연방주의 통합보다 완화된 수준의 국가들 간 결합형태를 지칭한다.

　연방은 단일의 정부구조 내에서 중앙과 지방 간 권한이 이원화되어 있으며, 이는 시민들의 합의에 따른 정치시스템이다. 반면, 유사연방은 주권국가 간 결합으로 일정 부분에서 중앙 집중화된 제도를 갖추고, 각국 정치 엘리트들의 합의에 따른 결합이다. 따라서 유사연방 구조에서는 시민들이 초국가 기구에 직접적으로 구속되는 것은 아니다. 이 점은 연방과 유사연방의 결정적 차이이다. 이 외에도 유사연방에서는 초국가 기구와 제도를 갖추고 있지만, 주요한 정치적 결정과 공동정책 운영은 정부간협상에 의해 이루어진다.[148)

　멕코믹(John McCormick)에 따르면 유럽연합의 구조와 운영과정에서 유사연방 시스템을 상당 부분 확인할 수 있다. 일례로 초국가 기구인 유럽의회는 회원국 시민들의 직접선거를 통해 구성된다는 점에서 연방적 요소를 갖는다. 반면에 조약수정과 회원국 확대 등 주요한 제도변화를 야기하는 결정은 회원국 간 합의에 의해 이루어진다. 또한 유럽연합은 국가들의 자발적 합의에 의해 구성되며 가입과 탈퇴는 회원국의 정치적 결정에 따른다는 점에서 유사연방적 성격을 갖고 있다.[149) 테일러(Paul Taylor) 역시 유사연방을 언급한 바 있는데 이는 1970년대 국가 중심 및 신기능주의 통합방식과 상이한 당시의 통합과정을 설명한 것으로, 현재의 협의주의(consociationalism) 모델과 상당히 유사한 맥락이다.[150)

이와 같이 멕코믹과 테일러가 언급한 유사연방은 연방보다 완화된 수준의 국가 간 결합형태를 지칭한다. 그러나 유럽연합이 유사연방 시스템에 가까운 특징을 갖는다고 하여도 유사연방 역시 연방주의 통합과 같은 맥락에서 그 개념이 불명확하다. 이러한 점에서 유사연방은 특정의 이론적 시각이라기보다는 유럽연합의 복합적 성격에 대한 포괄적 기술이라고 할 수 있다.

▶ 1970년대 유사연방 시스템

유사연방 시스템은 여러 설명이 존재하지만 일반적으로 연방(federation)보다 느슨한 형태로 개별 헌정단위 간 연합의 성격을 갖는 구조를 말한다. 이러한 유사연방 시스템은 1990년대 이후 회원국의 독립성과 초국가제도가 공존한다는 협의주의 시각의 배경이 되었다.[151)

테일러에 따르면 유사연방은 연방적 통합보다 낮은 수준의 통합단계로 회원국 정부가 궁극적인 권한을 보유한다. 그러나 일상적인 정책과정에서는 회원국과 유럽연합이 제도화된 절차를 통하여 분권화된 권한과 높은 수준의 상호의존 관계를 형성한다. 한편 유사연방 시스템에서는 유럽연합과 국가 간 긴밀한 상호의존 관계가 형성되므로, 유럽적 정책과정에서 특정 회원국의 이해가 과도하게 관철되기 어렵다. 더불어 회원국 내에서도

위계적으로 배열된 국가이익이 점차 경쟁적 관계로 변화하여 수평적으로 재조정된다.[152]

테일러는 1970년대 유럽공동체의 성격은 국가 중심 통합과정 속에서도 유사연방 시스템에 가깝다고 보았다. 테일러에 따르면 유럽공동체는 주권과 독립적인 권한을 유지하는 국가들이 상호의존적 관계 속에서 시스템 안정과 협력을 꾀한 것이다. 이러한 관계는 신기능주의와 연방주의자들이 말하는 공동체의 이익(Community interest)에 따른 것이 아니라, 국가 간 낮은 수준의 합의(consensus)에 기인한다. 따라서 공동체는 회원국의 주권에 대한 도전이 아니라, 상호의존적인 국가들 간 이해를 충족하는 구조이다.[153]

구체적으로 테일러는 유럽통합 과정을 시기별로 구분하여 1950년부터 1954년까지를 스피넬리가 제창한 연방주의 통합운동이 고조되었던 시기로 평가하였다. 이후 1955년부터 1969년까지는 하스가 주장한 신기능주의 통합시기로 규정하였다. 또한 1969년 이후부터는 신기능주의 통합과정을 벗어나 점차 유사연방(confederation)적 단계로 접어들었다고 파악하였다.[154]

1970년대 들어 유럽공동체는 국제통화기금(IMF)과 경제협력개발기구(OECD)와 같은 국제적 기구와 전혀 다른 속성을 갖게 되었고, 경제, 사회 및 문화적 상호의존이 점차 국가주권에 영향을 미치게 되었다. 이와 같이 1970년대에는 국가 간 기능적 의존이 심화되어, 특정 회원국이 전적으로 영향력을 행사할 수 없는 구조가 되었다. 더불어 회원국은 외부의 정치, 경제적 영향으로 국내정치에서도 제약이 뒤따르게 되었다.[155]

한편 1970년대에는 기능적 접근 역시 명백한 한계를 보인 시기이다. 기능적 접근은 이미 통합 초기부터 유용성에 의문이 제기되어 왔다. 이러한 이유는 회원국들이 통합 초기부터 정치적 이슈에 매우 민감하게 반응하였기 때문이다. 따라서 테일러는 신기능주의 통합은 특별한 조건에 한해

적용될 수 있는 통합방식에 불과하다고 평가하였다.[156]

1970년대에는 통합과정이 제약된 가운데 회원국들은 국제통화와 석유 파동과 같은 외부적 충격에 대응하기 위해 독립적인 대외정책을 추구하였다. 그럼에도 회원국들은 통화통합 논의를 진행하면서 향후 밀접한 통합에 대한 기대를 갖고 있었다. 즉 회원국은 다음 단계의 통합에서는 국가의 기능을 제약하면서 유럽공동체로 수렴되는 정치, 경제통합을 염두에 두었다.[157]

1970년대 이후 유럽공동체가 유사연방 시스템으로 전환될 수 있었던 동인은 신기능주의 맥락과 유사하게 유럽위원회의 중심적 역할에서 기인한다. 1969년 헤이그 회담(Hague Summit) 이후 유럽위원회는 1950-60년대와 달리 독단적인 초국가 권한의 확장보다는 회원국 및 사회적 행위자 간 조정자로서 기능을 강화하였다. 이러한 전략에 따라 유럽위원회는 유럽공동체 내에서 여러 수준에 걸쳐 산재하는 이익집단과 사회적 동반자(social partners) 관계를 확대하였다.[158]

또한 1970년대 이후 초국가 입법과정이 점차 제도화되고 유럽위원회의 가이드라인에 따라 회원국 정부와 국내법원의 2차 입법(secondary legislation) 수용이 점진적으로 표준화되었다. 회원국 간 표준화된 수용이 요구되는 2차 입법은 지침(directive)이다. 규정(regulation)은 유럽공동체가 회원국에 공통적으로 부과하지만, 지침은 각 회원국 정부가 국내 수용을 위해 나름의 제도적 조정을 거치기 때문이다. 여기서 유럽위원회는 조약의 수호자로서 지침 부과 시 적절한 유럽적 표준화(adequate European standards)를 제시하고 이의 수용을 엄격히 감독하였다.[159]

결국 이러한 요인들로 인해 어느 시기보다도 국가 중심 통합이 두드러진 1970년대에도 유럽공동체는 유사연방적 성격을 내포하게 되었다.

■ 이론적 의미와 한계

고전적 연방주의에서는 도이취(Karl Deutsch)가 주장한 바와 같이 지리적으로 인접한 국가 간 공동의 이해가 증가하면 통합이 이루어진다고 보았다. 연방주의자들은 중앙 집중화 및 다층적 시스템을 통해 국가 간에 임무와 권한을 최적화된 수준에서 배분할 수 있다고 주장하였다. 그러나 통합과정에서는 초국가 기구와 회원국 간 권한의 중첩과 서로 다른 헌정질서 간 경쟁적 관계 등 다양한 제약조건으로 이러한 이상이 구현되지는 않았다.160)

현대에 이르러 연방주의는 통합방식이 아니라 국가 중심 통합과는 다른 맥락에서 유럽연합의 다층화된 거버넌스 구조와 기능을 이해하는 일단의 인식틀로 이해할 필요가 있다.161) 통합이 심화되면서 유럽연합은 국가의 연합(union of states)에서 연방적 성격을 내포한 유럽적 의회주의(parliamentarisation)로 변화하였다. 따라서 연방주의 시각은 초국가 기구의 입법과 실행기능의 확대를 이해하는 시각으로 의미를 갖는다고 할 수 있다.162)

고전적 연방주의와는 별개로 유럽연합은 출범부터 연방적 속성을 함유하고 시간이 경과하면서 이러한 성격은 더욱 표면화되었다. 1990년대 통합이 심화되면서 유럽연합은 기존의 연방시스템과 차별화된 연방적 헌정구조(federal-type construction)로 발전하였다. 연방적 헌정구조라는 인식은 시민과 국가의 연합(a union of peoples and states)이라는 기존에 모호한 유럽연합에 대한 설명보다는 진일보한 기술이라고 할 수 있다.163)

유럽연합의 연방적 헌정구조는 중앙 집권주의(centralism)와는 다른 개념이다.164) 유럽연합의 정책과정에서 이러한 분권적 성격을 확인할 수 있다. 유럽연합의 정책과정은 지정학적 이해를 추구하는 이사회와 유럽적 목표를 추구하는 유럽위원회와 유럽의회 간 제도화된 협의 시스템이다.

또 다른 하위입법 혹은 하위 정책과정에서는 회원국의 이해와 유럽적 목표를 함께 고려하는 커미톨로지(comitology) 시스템이 작동한다. 따라서 정책과정은 중앙 집권주의 혹은 초국가주의로 단정할 수 없으며, 국가이익과 유럽적 목표가 융합된다는 점에서 연방적 성격을 내포한다고 할 수 있다.165)

이러한 유럽연합의 연방적 성격은 고전적 연방주의자들이 제기하는 유럽연방은 아니다. 2007년 리스본조약 체결 시 독일연방법원(Federal Constitutional Court)은 통합과 이에 따른 조약체결의 필요성을 인정하되, 유럽의회를 비롯한 정책결정기구는 유럽시민의 대표성이 결여된다는 점을 들어 현재의 유럽연합은 주권국가의 헌정질서와 달리 민주적 발전을 요하지 않는다는 점을 주지하였다. 즉, 유럽연합은 민주적 헌정질서가 결여된다는 것이다. 이러한 독일연방법원의 해석은 유럽연합이 연방적 성격을 내포하여도, 전통적인 연방주의자들이 제기한 연방적 헌정질서는 아니라는 점을 확인한 것이다.166)

한편 현대적 연방주의를 주장하는 학자들은 조약에 명기된 보충성 원칙(principle of subsidiarity)을 들어 유럽연합과 회원국 간 권한의 배분을 통한 연방적 법적 구조라는 점을 강조하였다. 그러나 현실에서 보충성 원칙은 일종의 불완전한 계약(incomplete contracts)으로 적용의 범위와 해석을 놓고 회원국과 유럽연합 간 지속적인 대립이 이어져 왔다. 또한 정치적 맥락에서 보충성은 회원국이 유럽연합의 권한을 억제하는 제도적 근거로 활용한다는 점도 상기할 필요가 있다.167)

정치과정 측면에서 연방국가의 연방정부는 자원과 부의 재할당과 시장규제 권한을 갖는다. 그러나 유럽연합은 이러한 기능이 제약된다. 유럽연합의 예산은 회원국 GNI의 1.23%를 초과할 수 없다. 따라서 재원의 제약으로 재분배정책(redistribution policy)을 통한 지역과 계층 간 부의 재분배 기능은 제약된다. 다만 유럽연합은 규제국가(regulatory state)의 성격을 내포하여 국경을 넘어 통합된 시장에서 초국가 규제를 부과하고, 시장 통합 부분에서 회원국 간 규제적 조화를 강제할 수 있다. 유럽연합은 이러한 규제적 조치를 통해 상품, 노동, 자본 및 서비스의 자유이동을 꾀하여 간접적으로 부의 분배와 재분배 기능을 행한다.[168]

유럽연합은 헌정질서와 구조적 측면에서 일부 연방적 성격을 함유한 통합기구인 것은 자명하다. 그러나 이론적 맥락에서 연방주의는 통합의 이상적 지향점이되 통합이론으로서는 가정과 정의마저도 구축되지 않는 일종의 기술과 설명틀로 한정된다고 할 수 있다.

② 커뮤니케이션 이론(communication theory)

■ 이론적 배경

　도이취(Karl W. Deutsch)는 여러 역사적 경험을 들어 기능적 접근을 통한 정치공동체 구성의 불확실성을 역설하면서 하스와 또 다른 맥락에서 통합의 조건과 과정을 제시한 학자이다. 도이취는 서유럽뿐 아니라 북미 등 여러 지역의 역사적 경험을 토대로 통합의 조건을 연구하면서 기능주의와 연방주의 시각에서 제기하는 초국가 구조(supra-state structure)에 깊은 회의를 품었다. 도이취는 정치적 결합이 국가 간 통합이나 영향력 있는 국제적 조직의 창출로 이루어지는 것은 아니라고 생각하였다. 도이취는 또한 베스트팔렌식의 국제관계 시스템 역시 시대에 뒤떨어진 유산으로 평화를 위한 최선의 방안은 국가 간 다자간 안보공동체(pluralistic security communities)라고 주장하였다.[169]

　도이취의 연구 목적은 과거의 경험을 토대로 성공적인 통합의 제 조건(conditions)을 도출하는 것이다. 이러한 점에서 도이취는 통합을 과정(process)으로 인식한 하스와 린드버그(Leon N. Lindberg)와 그 정의를 달리한다. 도이취의 주된 관심은 전쟁을 일소하고, 현재의 상황에 적용할 수 있으며 항구적으로 평화를 보장할 조건을 창출하는 것이다. 구체적으로 도이취는 통합의 지향으로 안보공동체를 제기하고, 그 실증적 사례로 대서양 안보공동체의 성립과 발전을 연구하였다.[170]

　도이취는 먼저 기능주의와 연방주의 통합의 불완전성을 지적하였다. 역사적으로 기능적 방식이나 단계적인 접근을 통해 통합을 달성한 경우는 독일의 관세동맹(Zollverein)을 위시하여 스위스 연방이나 잉글랜드를 중심으로 한 대영제국 등 여러 경우에서 찾아볼 수 있다. 그러나 이러한 방식은 19세기 이탈리아의 통합과정에서는 적용되지 않았다. 나아가 기능적 방식을 적용하였지만 통합이 실패한 사례도 관찰된다. 1526년 이래로 유지되어 온 오스트리아, 보헤미아 그리고 헝가리를 포함한 연합왕국(Austro-Hungarian Dual Empire), 1814년 노르웨이와 스웨덴 간 통합, 그리고 1801년 전 여러 형태로 부분적으로 진행되어 온 잉글랜드와 아일랜드 간 통합 등이 그 예이다.171)

이와 같이 기능적 접근이 성공과 실패를 모두 야기한 것은 공동의 보상이나 박탈이라는 변수에 영향 받은 것이지, 기능적 방식의 정도에 의해 좌우된 것은 아니다. 이러한 역사적 사실을 돌이켜 볼 때 기능주의 통합방식의 유용성이 과장되었고, 전적으로 신뢰할 수 없다는 결론을 내릴 수밖에 없다. 그럼에도 도이취는 기능주의 통합방식은 급격한 정치통합보다 온건하고 위험성이 적은 방법이라는 사실은 인정하였다.172)

도이취는 연방주의 사상에 대해서도 여러 역사적 사실을 들어 그 동인과 과정의 오류를 지적하였다.

첫째, 과거에 비해 국가 간 거래가 점증하면서 초국가 기구의 설립 가능성이 높아진 것은 사실이다. 그럼에도 다수의 국가들이 주권을 양도하여 초국가 기구를 설립한 예를 찾아볼 수 없다. 또한 경제사회적 발전이 자연스럽게 세계주의나 세계공동체를 가져오지도 않았다. 이는 엄연한 역사적 사실이다.

둘째, 국가가 성장하고 영토가 확장되면서 정치공동체 역시 확장된다는 논리는 허구이다. 정치단위가 확장될수록 점차 평화구축을 위한 기술적 능력 역시 뒤따라야 하나 이러한 예를 역사에서 찾아볼 수 없다. 영국의 경우 잉글랜드가 웨일즈와 스코틀랜드를 위시한 여러 왕국을 합병하였지만 이 과정에서 1776년 영국령인 미국이 대영제국에서 이탈하였고, 20세기 초에는 아일랜드가 독립을 하였다. 20세기 합스부르크 제국의 몰락도 잉글랜드의 분열과 유사한 맥락에서 이해할 수 있다.

셋째, 많은 사람들이 정치통합의 목적을 혼란과 전쟁의 공포를 방지한 다는 데서 찾는다. 따라서 전쟁방지를 위한 최선의 수단은 상호 간에 침략적 행위를 제어할 수 있도록, 자체에 강력한 법과 물리적 힘을 보유한 연방적 성격의 안보공동체를 결성하는 것이다. 안보공동체 내에서 특정 강대국이 여타 약소국을 지배하거나 위협할 수 있다는 가정은 기우에 지나지 않는다. 대영제국이나 프러시아 그리고 이탈리아의 통일과정에서 확인할 수 있듯이, 연방에 참여한 정치단위 간 세력균형 원리가 적용되지 않아도 성공적으로 공동체가 운영된 사실을 상기할 필요가 있다.

■ 이론적 설명: 커뮤니케이션과 거래

도이취는 사람들 간 의사소통이 조직을 만들고 집단적 정체성을 형성하며, 공동의 행위를 가능케 하는 수단이라고 보았다. 도이취는 행위자 간 상호신뢰를 배경으로 '우리는 인지한다(we feeing)'는 정체성과 공동체에 대한 감정(sense of community)을 통합의 조건으로 파악하였다.[173] 국가라는 공동체는 언어, 문화, 종교와 지역을 공유하지만, 국제사회는 이러한 요인만으로 정치, 사회적 통합의 충분조건이 될 수 없다. 현대사회에서는 물리적 공간의 의미가 희박해지고 국경을 넘어서도 정치인과 시민들 간 의사소통이 이루어진다. 이 결과 새로운 경제적, 사회적 공동체를 형성하게 되었고, 이 안에서 상징과 공동의 지향점을 공유하고 공감(we feeling)이 형성될 수 있다.[174]

이러한 맥락에서 정치시스템은 다양한 정보를 적절한 상징으로 외연화하고 축적하여, 필요한 경우 이를 되살리거나 재구성하여 다시 시스템에 투입되는 과정이다. 이러한 정치단위는 내부와 외부세계와의 커뮤니케이션을 통해 구성된다. 그러므로 정치시스템은 상징에 대한 코드 부여와 정보의 가공과 같은 요소의 투입과 흐름에 의존한다. 이러한 전제를 통해 커뮤니케이션 이론(communication theory)은 행위자 간 공유된 사고와 인식을 규명하고 이를 통해 통합의 조건을 추출하는 것이다. 이와 같이 도이취는 국제질서의 기본 동력을 권력중심론으로 설명하는 현실주의와 근본적으로 인식을 달리하였다.[175]

도이취에 따르면 성공적인 통합이란 참여자 간 공통의 가치를 공유하고, 오랫동안 다양한 방식의 상호작용을 통해, 접촉의 빈도를 높이고 상호 간 여러 제재방안이 확장될 때 가능하다. 즉, 통합은 상호 간 신뢰와 동질의식을 바탕으로 평화적인 변화를 추구하는 정서적 공동체(sense of community) 구성을 통해 달성된다.[176]

이러한 도이취의 논리는 서유럽에서 수세기 동안 지속되어 온 스웨덴과 노르웨이를 중심으로 한 북유럽의 한자동맹(Hansetic League), 독일, 이탈리아 및 스위스에서 지방 간 연합과 상호작용 등 여러 경험적 예에서 도출한 것이다. 현실에서 도이취가 국가 간 정서적 일체감과 상호작용의 정도를 측정하는 도구는 엘리트들의 사고와 언론 내용을 통한 여론의 향방이다. 실제로 그는 독일과 프랑스 정치 엘리트와 인터뷰를 행하고 신문기사를 추적하여 유럽통합의 정도와 그 향방을 예측하였다.[177]

도이취는 이러한 가정을 통해 정치통합의 형성과 쇠퇴 조건을 제시하였다. 통합은 특정의 사건이나 정치적 결단에 의해 이루어지는 것은 아니다. 이는 사회 전반의 변화와 함께 때로는 여러 세대에 걸쳐 국가 간 지속적인 상호교류를 통해 이루어진다. 통합은 오랜 시간을 요하므로 이 과정에서 참여국 간 물리적 충돌과 같은 불확실성이 내재한다. 이에 따라 통합과정에서는 참여국들이 잠재적인 위협에 대비하거나 상호 간 적대적 행위를 제어하기 위해 군사력을 유지할 수밖에 없다.[178]

구체적으로 통합과정을 규명하면 국가 간 정보와 거래가 증대하면서 상호의존성이 증대하고 거래 당사자 간 자발적 책임과 보상에 대한 기대 심리가 커진다. 동시에 거래관계를 맺은 국민들 간 자연스럽게 사회적 학습과정을 가져와 가치와 정서적 일체감이 형성된다. 그러나 국가 간 거래가 증대한다고 해서 자연스럽게 정치통합을 가져오는 것은 아니다. 여기에는 물리적 자원이나 정책결정능력과 같은 통합과정에서 요구되는 권력과 이에 대한 응답능력(capabilities for responsiveness)의 증진이 있어야만 한다.179)

따라서 통합에 참여하는 정치단위는 두 가지의 주요한 능력이 요구된다. 먼저, 통합에 참여하는 정치단위의 물리적 규모와 정치적 권한, 경제력 및 행정의 효율성과 같이 정치단위를 운영할 수 있는 권력(power)이 요구된다. 또 다른 조건은 통합에 참여하는 타 정치단위와의 거래에 능동적으로 대응할 수 있도록 정치단위를 통제하고 관심을 전환할 수 있는 응답(responsiveness) 능력이다. 이러한 응답 능력은 단순히 응답의 빈도만을 말하는 것은 아니다. 단적인 경우로 당시 소련과 미국은 상호불신을 갖고 있으면서도 양국 간 거래가 증가하였다. 그러나 이는 단순한 요구(demand)와 응답(respond)의 빈도 증가에 불과하다.180) 따라서 정치적 통합이 가능하려면 거래의 빈도뿐 아니라 정치적 동화과정이 동반되어야 한다.

■ 다자간 안보공동체(pluralistic security communities)

일단의 통합이론으로서 도이취의 커뮤니케이션 이론이 주목받는 것은 통합과정에 대한 실증적 분석보다, 일반적인 안보공동체(security community)의 성립과 발전에 대한 연구에 기인한다. 도이취는 통합의 최우선 조건을 '주요한 가치관의 상호양립성'에 두고 이러한 실례를 다자간 안보공동체

(pluralistic security communities)에서 찾았다. 도이취가 말하는 안보공동체는 집단이 평화적인 변혁과정을 통해 공동의 사회적 문제를 해결하는 것이다.[181]

무엇보다도 도이취가 통합의 지향으로 안보공동체를 제시한 것은 정치 공동체의 취약성에 기인한다. 도이취에 따르면 정치공동체는 통합된 지정학적 경계 내에서 행해지는 시민전쟁과 같은 전쟁방지 기능을 갖지 않는다. 물론 몇몇 정치공동체는 공동체 내에서 전쟁을 방지할 능력이 있지만 참여국은 때론 필요하다면 상대 국가와 전쟁을 고려하기도 한다. 그러므로 정치공동체는 전쟁의 방지와 항구적 평화구축이라는 정치통합의 목적에 부합하지 않는다. 이러한 맥락에서 도이취는 평화를 보장할 최선의 수단은 연방주의자들이 주장하는 세계정부라는 사실을 인정하지만, 여기에는 시민들 간 혹은 국가 간 전쟁을 막을 방안이 반드시 필요하다고 주장하였다.[182]

안보공동체에서는 구성원 간 분쟁 시 물리적 충돌 대신에 여타 다른 제도적 해결방안이 존재한다. 따라서 안보공동체가 결성된다면 전쟁은 자동적으로 일소된다. 이와 같은 통합 형태에서는 구성원 간에 일종의 정서적 공동체(sense of community)가 형성되어, 문제 해결은 물리적 대립 대신 제도화된 절차로 해결된다. 결국 도이취의 주장에 따르면 통합은 국가들이 하나의 정치단위로 결합한 것뿐 아니라, 구성원 간에 전쟁에 대한 두려움이 없고 전쟁을 대비하지 않는 상태를 말한다.[183]

나아가 도이취는 국가들 간 거래가 일정 수준에 달하고, 정치 엘리트들 간 일체감이 증대할 때 형성되는 두 가지 유형의 안보공동체를 제시하였다. 이러한 안보공동체는 융합 안보공동체(amalgamated security communities)와 다자간 안보공동체(pluralistic security communities)로 구분된다. 융합 안보공동체는 두 개 이상의 독립적인 정치단위가 단일의 정치단위로 통합되어 연방제나 단일국가로 변화된 것으로, 위계적 구조의 정점에 단일

의 정책결정 기구가 존재한다. 미국과 1914년 이전의 합스부르크제국이 이에 해당된다.[184]

반면에 다자간 안보공동체는 각 국가들이 법적 독립성을 유지하면서 하나의 안보단위로 연합한 것으로 북대서양조약기구(NATO)가 대표적 예이다. 다자간 안보공동체는 융합 안보공동체에 비해 제한된 이슈를 다루며 공동체 내에서의 의사결정은 참여국 간 공동결정으로 이루어진다. 이러한 특징상 다자간 안보공동체가 유럽통합 과정에 보다 부합된다.

도이취는 12가지에 달하는 융합 안보공동체와 다자간 안보공동체의 성립조건을 제기하였는데, 이 중에서도 주요한 가치관의 양립, 비폭력적 방법으로 요구와 의사를 만족시킬 수 있는 능력 그리고 상호 간 예측 가능한 행위 등 세 가지 사안이 반드시 충족되어야 안보공동체가 성립될 수 있다고 강조하였다.[185]

- 주요한 가치관(value)의 상호양립이다. 가치는 목표를 추구하는 방식 이나 정치적 행위를 서로 인정하여 궁극적으로 새로운 정치적 제도 를 창출하는 동인이다.
- 제도, 가치 및 습관과 같은 특유의 삶의 방식(way of life)이 유사해야 한다.
- 참여를 통해 보상을 얻는다는 기대(expectation)가 있어야 하며 이는 주로 견고한 경제적 협력과 이에 따른 이익을 말한다.
- 통합에 참여하는 행위자의 정치, 행정적 능력이 요구된다. 이 경우 통합에 참여하는 모든 행위자가 능력을 갖추어야 하는 것은 아니다. 1806년 프러시아가 이러한 능력을 갖추었고 바바리아를 위시한 여타 독일 제후국들이 이에 대한 응답 능력을 확장하여 통합이 가능하였다.
- 통합에 참여하는 행위자들의 괄목할 경제적 성장이 요구된다. 이 경우에도 정치, 행정 능력과 동일하게 통합을 이끄는 주요 행위자만이

라도 이러한 기반을 갖추어야 한다.

- 서로 다른 사회 간에 효과적인 채널을 구축하여 지속적인 사회적 상호작용이 이루어져야 한다.
- 사회 전반에 걸쳐 정치 엘리트를 포함한 엘리트들이 광범위하게 분포하고 이들 간 지속적인 연계가 이루어져야 한다.
- 최소한 정치적으로 관련된 행위자들만이라도 자유로운 인적 교류가 보장되어야 한다.
- 상호 간 거래와 제재가 가능토록 여러 기능과 서비스의 다양성이 요구된다.
- 상호 간 거래에 따른 보상이 이루어져야 한다.
- 상호작용 관계 양식이 지속적으로 이루어져야 한다.
- 상호예측 가능한 행위가 이루어져야 한다. 즉, 통합에 참여하는 행위자들은 상호 간 친밀성을 통해 상대방의 행위를 예측할 수 있어야 한다.

도이취는 역사적 사례를 들어 두 개의 안보공동체 중에서 다자간 안보공동체가 현실에서 보다 용이하게 구현되며 전쟁방지에도 효과적이라고 생각하였다. 융합 안보공동체의 경우 전쟁방지를 위해 결성되어도 시간이 경과하면서 초기의 목적에 한정되지 않고 정치공동체를 지향한다. 이러한 측면에서 융합 안보공동체는 여타 다른 목적을 신속하고 효과적으로 추진할 수 있는 장점을 갖는다. 그럼에도 융합 안보공동체는 종종 보다 높은 목적을 달성하기 위해 내부에서 시민전쟁과 같이 물리적 폭력을 정당화하는 경우가 있다. 더욱이 고도로 발달한 과학기술과 핵무기가 존재하는 현대에서 이러한 융합 안보공동체는 위험한 결과를 초래할 수 있다.

반면에 다자간 안보공동체가 참가국 간 물리적 충돌에 의해 파기된 경우는 1815년 오스트리아와 프로이센의 경우를 제외하고 찾아볼 수 없다.

따라서 다자간 안보공동체가 보다 온건한 방법으로 목적을 달성한다는 점에서 바람직한 형태이다.[186]

문제는 다자간 안보공동체가 성립되려면 정책결정자 간 가치 양립성과 예상 가능한 상호행위 그리고 물리적 폭력이 배제되고 원활한 커뮤니케이션을 통한 신속한 대응 등 여러 충족조건이 요구된다는 것이다. 도이취는 이러한 다자간 안보공동체 성립조건을 들어 기존에 유럽에서 존재하였던 정치공동체의 태생적 한계를 지적하였다. 근대 이후 유럽에서는 오스트리아-헝가리제국, 영국-아일랜드 그리고 노르웨이-스웨덴 간 정치공동체 수준의 국가 간 긴밀한 협력이 있었다. 이러한 다자간 협력이 가능힌 것은 참여국 간 커뮤니케이션 및 제재의 증가와 함께 상호 간 보상에 대한 기대심리가 높았기 때문이다. 그러나 이러한 공동체들은 종교와 언어적 갈등이나 정치 엘리트 간 폐쇄성 그리고 통합반대 세력의 저항 등으로 실질적인 정치통합을 가져오지 못했다.[187]

구체적으로 도이취는 노르웨이-스웨덴을 비롯한 여러 다자간 안보공동체의 경험을 근거로 공동체의 실패 원인 일곱 가지를 제기하였다.

- 군사적 방법의 확장
- 통합에 소극적인 사고를 갖는 행위자의 증대
- 민족적, 언어적 이질성의 증대
- 경제침체의 장기화
- 정치 엘리트의 폐쇄성
- 사회, 경제 및 정치개혁의 지체
- 기득권 세력의 지배적 권한 상실

도이취는 이러한 안보공동체 연구를 통해 북대서양에서는 북대서양조약기구(NATO)와 같은 군사적 조직을 넘어 경제협력개발기구(OECD)와 같은 경제사회적인 통합체가 생성되었고, 유럽공동체와 같은 기능적 기구가 초국적 통합을 꾀하였다고 말한다. 그러나 도이취는 북대서양에서 정치공동체의 성립 가능성을 타진하기 위해 프랑스와 독일 정치가들과 인터뷰를 행하고 주요 신문의 기사내용과 국가 간 상호제재와 여론의 흐름을 분석한 결과, 유럽통합은 1957-58년을 기점으로 정체되었다는 사실을 확인하였다. 따라서 도이취는 1970년대 이후에는 새로운 통합동력이 나오지는 않을 것이라고 결론 내렸다.[188]

■ 이론적 의미와 한계

도이취는 정치공동체의 성립은 비권력적이며 기능적 관계에서 비롯된다는 자유주의 맥락을 답습하였지만, 통합의 동인을 구조적 조건에서 찾는 기능주의와 차별화되는 독립적인 이론적 시각을 제기하였다.[189]

도이취가 유럽통합 연구에 직간접으로 미친 학문적 영향력은 두 가지로 집산할 수 있다.

첫째, 그는 시스템이론(system theory)과 사이버네틱이론(cybernetic theory)과 같은 사회과학 이론을 적용하여 행위자 간 공유된 사고와 발전에 대한 신념과 같은 무형의 상징과 무역거래를 비롯한 물리적 거래의 빈도를 측정하여 통합의 조건을 규명하였다. 도이취는 실제로 서유럽에서 안보공동체 성립조건을 연구하기 위해 프랑스와 독일의 정치, 경제 엘리트에 대한 인터뷰와 서유럽 4개국에서 언론 기사에 대한 양적 분석을 수행하였다. 이와 같이 도이취는 정치학 이론에 양적 데이터를 적용하여 국가와 국제적 수준에서 정치공동체 형성조건을 제시한 선례를 남겼다.[190]

둘째, 도이취는 국제관계가 국가들만의 상호작용으로 한정된다는 시각을 벗어나 사이버네틱 접근을 통해 개인, 집단 그리고 사회 간 거래와 교류까지 포함하였다. 즉, 통합은 국가 간 관계 이외에도 사회적 차원에서의 상호작용과 교류를 배경으로 이루어진다는 것이다.[191]

이러한 학문적 업적에도 불구하고 도이취가 자신의 이론체계를 통해 유럽통합 과정을 실증적으로 분석한 것은 아니다. 따라서 그의 시각은 신기능주의에 영향을 미친 선행연구로 간주되어 유럽통합 연구에서 지배적인 이론으로 고려되지 않았다. 그러나 시간이 흘러 2000년 이후 도이취가 제시한 통합의 조건들은 동유럽으로 확장되는 유럽연합의 정체성 등 새롭게 제기되는 이슈를 이해하는 데 함의를 던져준다는 점에서 의미를 찾을 수 있다.

힌편으로 도이취의 시각은 하스(Ernst Haas)와 나이(Joseph Nye)로 대표되는 신기능주의 학자들과 함께 자유주의 전통에서 국가 간 통합을 제기한 선구적 연구라는 점에서 의미를 찾을 수 있다. 1990년대 말 모랍칙(Andrew Moravcsik)이 지적한 바와 같이 도이취 등 자유주의 전통에 있는 학자들은 모두 경제적 발전과 민주적 정부 간 긍정적 상호작용을 언급하였다. 또한 이들은 경제적 상호작용이 초국경적 커뮤니케이션과 지식 확산을 고무하여 이상적인 변화를 고무한다는 논리를 제기하였다. 이러한 점에서 도이취는 유럽통합의 성격을 놓고 진행되는 자유주의(liberal theory)와 현실주의(realism)에 뿌리를 둔 이론적 논쟁의 태동을 가져왔다는 점도 상기할 필요가 있다.[192]

③ 기능주의(functionalism)

■ **이론적 배경**

자유주의(liberalism) 국제정치이론은 그 형상의 변화에도 불구하고 인간의 이성과 제도발전을 확신한다. 그러므로 자유주의 이론은 기능주의로부터 레짐이론까지 끊임없이 자기수정과 변혁을 거치면서, 무정부적 세계에서 주권국가 간 권력정치라는 현실주의 세계관에 대항하는 논리를 전개하여 왔다. 자유주의 시각에서 국가는 정치적 진공상태에서 외딴 존재가 아니라 대화와 거래를 통해 상호이익을 찾는 적극적인 사회적 존재이다.[193]

자유주의 시각에 따르면 국제관계에서의 행위자는 국가 내 하위정부 그리고 국경을 넘어 거래하는 다국적 기업, NGO 및 초국적 조직 등 다양한 사회적 행위자들이 망라된다. 이들 사회적 행위자들은 다층적 사고와 접근방식을 통해 국제적 네트워크와 시장을 확장하면서 결과적으로 현실주의가 가정한 권력자원의 양상을 다변화하였다. 이와 같이 자유주의 시각에서 제기하는 국제관계는 국가와 사회적 행위자들 간 거미줄처럼 연계된 다층적 상호작용이다. 여기서 네트워크와 기술적 진보는 국제정치를 특정 짓는 주요한 개념이다. 이러한 이론적 태생으로 자유주의 맥락에서 제기하는 국제적 통합에서는 국가 중심성의 탈피, 초국가 기구와 사회적 행위자의 중요성 그리고 경제 영역에서 비롯된 기술합리성을 전제한다.

유럽적 맥락에서 국가 간 통합은 자유주의 국제정치 이론의 가정을 배경으로 근대 이후 사상적 맥락에서 존재하였던 연방주의 논의를 비판하면서 제기된 기능주의(functionalism)로부터 비롯되었다. 대표적 학자인 미트라니(David Mitrany)는 제2차 세계대전이 막바지에 이른 1943년 [A Working Peace System]을 출판하여 전쟁을 방지하고 평화를 보장할 수 있는 항구적인 국제관계 시스템을 제시하였다.

미트라니가 제기한 기능주의 통합방식은 양차 세계대전을 겪은 유럽의 현실에서 비롯되었지만, 그의 목적은 유럽대륙을 벗어나 모든 국가 간 관계에 적용할 수 있는 보편적 통합방식을 강구하는 것이다. 미트라니는 문화와 이상이 달라도 기능적으로 연계된 세계에서는 함께할 수 있는 평화적 시스템(Working Peace System)을 구축할 수 있다고 보았다.194)

이 점에서 기능주의는 유럽이라는 지정학적 공간으로 한정된 국가 간 통합을 다룬 하스의 신기능주의와 분석 및 적용 영역에서 차별화된다. 그럼에도 기능주의는 신기능주의 이론과 함께 권력정치에서 사회적 행위자의 기능적 요구를 제기한 자유주의 이론의 기본 가정을 내포하였다. 미트라니 역시 하스와 유사하게 권력은 지정학적 기반 위에 성립된 국가 혹은 국가 간 조직만이 향유하는 것은 아니라는 점을 직시하였다.195)

미트라니는 기능적 요구로 생성된 국제적 기구의 네트워크가 어떻게 국가의 기능을 제약하면서 전쟁을 억제할 수 있는가를 설명하였다. 미트라니의 이러한 주장은 국제적 차원에서 평화정착을 의도한 것이다. 따라서 그는 지역통합을 국제적 수준에서 기능적 연계를 저해하는 요소로 파악하여 유럽통합에 대한 구체적 언급은 제시하지 않았다.196)

대신 미트라니는 20세기 초부터 국제적 차원에서 이루어진 사회, 경제적 영역에서의 기능적 관계망을 들어 항구적인 평화구축 방안을 제시하였다. 미트라니는 국가가 개별적으로 평화를 지키는 것이 아니라 평화를 지키기 위해 어떻게 함께 협력할 것인가에 주목해야 한다고 생각하였다. 평화는 조약이나 협정에 서명하여 달성되는 것이 아니라 기능적인 수단을 통해 점진적으로 협력을 확대할 때 성취된다. 즉, 평화는 전통적인 국민국가 단위로 구분된 지정학적 경계와 권한이 기능적 영역으로 분산될 때 이루어진다. 따라서 평화는 지키는 것이 아니라 함께 만들어 가는 것이다.[197]

미트라니가 제시한 기능적 수단은 보다 용이하게 목적이 달성될 수 있는 기능적 영역에서부터 통합이 시작된다는 점에서 부분 간 혹은 점진적 진화를 통한 평화(peace by peace)라고 할 수 있다. 여기서 기능적 영역은 희소자원의 공동이용, 실업, 상품가격통제, 노동기준 혹은 공공보건과 같이 비정치적이며 사회적 차원에서 중요한 공공재적 성격을 갖는 영역을 말한다. 이러한 기능적 영역에서 협력이 이루어지면 기능적 파급에 의해 정치적 협력이 달성될 수 있다. 이와 같이 미트라니는 권력과 복지, 정치와 경제를 서로 다른 속성으로 분리하여 양자를 기능적 파급으로 연계하였다.[198]

■ 기존이론 비판

▶ 국가 간 수평적 협력의 한계: 국제연맹(League of Nations)의 취약성

미트라니는 유럽에서 뿌리내린 국수주의와 이데올로기가 지배하는 정치현실을 타개하고 평화를 구축할 해결책을 국가 간 통합에서 찾았다. 그럼에도 그는 국제연맹(League of Nations)으로 대표되는 국가 간 정치적 협력의 한계를 절감하였다. 미트라니는 양차 세계대전을 거치면서 피폐해진 유럽의 현실을 상기하면서 국제연맹과 같이 국가들 간 수평적인 협력 시스템이 얼마나 무력한가를 인식하였다.

미트라니에 따르면 전쟁의 원인은 국수주의(nationalism)에 기인한다. 따라서 국제적 기구가 민족주의를 완화하고 국가 간 협력을 도모할 수 있는 새로운 유형의 국제관계 시스템을 구성하여 평화를 보장해야 한다. 그러나 미트라니는 20세기 들어 국가 간 협력의 가장 대표적 사례인 국제연맹은 오래된 국가 간 결합형태를 답습하여 제 기능을 갖지 못하였다고 지적하였다. 구체적으로 미트라니는 국제연맹의 한계를 국가 간 관계를 제어할 초국적 권한의 결여와 미비한 사회적 연대에서 찾았다. 미트라니에 따르면 국제연맹은 전쟁을 막고 평화를 구축한다는 원대한 목적을 갖고 출범하였다. 그러나 본 기구는 조직과 운영원칙에 있어 철저하게 국가 간 합의를 고수하여 국가 중심성이 팽배한 국제사회에서 실효를 거두지 못하였다.[199]

결국 국제연맹의 실패는 국가 간 공동의 조치를 강제할 초국적 권한의 결여에서 찾을 수 있다. 미트라니에 따르면 여러 정부가 중첩된 국제시스템에서는 관여된 모든 행위자가 참여하며 각자의 이익을 주장하고 중앙집중화된 통제가 취약하다.[200] 물론 국제연맹은 표면상 성문화된 규약을 통해 참여 국가들의 일탈적 행위를 규제한다. 과거를 거슬러 올라가면 19세기 이후 헌법이나 권리선언과 같은 성문화된 규범들이 시민들의 권리를 제도적으로 보장하여 민주주의를 꽃피웠다. 동일한 논리로 국경을 넘어 무역과 문화적 교류가 확대되면서 국제사회에서도 국가의 성문헌법과 같이 공적 구속력을 갖는 조약과 협정이 증가하였다. 이러한 조약과 협정은 점차 헌정적 권위를 갖는 국제법의 형태로 발전하면서 국가 간 관계를 공식적으로 정한 제도가 되었다.

이러한 맥락에서 국제연맹은 여러 금지조항이나 의무 등을 들어 회원국 간 공식적 관계를 규약 한다는 점에서 19세기 이래의 국제관계의 전통을 잇는다. 그러나 국제연맹의 규약은 성문화된 규약의 특징상 국가관 관계에서 포괄적인 일반원칙만을 담을 수밖에 없다. 또한 이러한 금지조항과 의무와 같은 규약은 국가와 시민 간 교류 촉진보다는 혼란을 막는다는 최소한의 의도만을 담은 것이다.[201]

나아가 미트라니는 국제연맹을 위시한 국가 간 협력기구의 미약한 정책실행 능력을 비판하였다. 국제연맹은 국제질서의 평화적 변화를 강조하면서도 실제 이를 가능케 할 사회적 연대와 효과적인 정책실행이 결여된 가운데 여러 수사적 언명들로 포장된 기구에 불과하였다.[202] 미트라니는 이러한 국제연맹의 한계를 지적하면서 국제사회에서의 전통적인 국가 간 관계의 한계를 인식하고 사회적 진보와 평화구축을 위해서는 이전과 다른 국가 간 협력 방식이 필요하다고 보았다.

▶ 연방적 통합의 한계

미트라니는 국가들로 구성된 국제적 연방시스템만이 국제사회의 평화를 가져오는 유일한 방안이라는 연방주의자들의 주장 역시 일축하고, 기술합리성을 전제한 통합방식을 강구하였다. 미트라니에 따르면 단일의 세계정부 구성이라는 연방주의 사상은 결과적으로 개인의 자유를 제약한다. 또한 지역적 연방(regional federation) 역시 지역 내에서 국가 간 분쟁을 억제한다고 하여도 결국 지역과 지역 간 갈등이라는 더욱 확대된 갈등구조를 야기하게 된다.[203]

이러한 사고에 기인하여 미트라니는 국가들이 모인 국제적인 연방시스템과 지방정부들로 구성된 연방주의 국가는 개연성 없는 별개의 시스템으로 간주하였다. 국제적인 연방시스템은 연방국가에서 관찰되는 밀접한 지리적 인접성, 동질의식이나 역사적 경험의 공유 등이 결여되거나 그 정도가 훨씬 미약하다. 이러한 제 요인들만이 국제적 연방시스템의 불가능성을 말해 주는 것은 아니다. 보다 중요한 사실은 과연 국가들이 통합 목적을 공유하는가이다. 물론 영연방과 같은 연방시스템이 존재하지만 이는 각국의 자발적 참여로 형성된 것은 아니다. 이와 같이 국제사회에서는 연방시스템으로 국가들을 한데 묶을 수 있는 요인이 결여되어 있다.[204]

이러한 맥락에서 미트라니는 양차 세계대전 사이에 범유럽운동(Pan-European movement)을 전개하였던 칼레르기(Richard Coudenhove-Kalergi)의 주장을 비판하였다. 칼레르기와 같은 연방주의자들이 말하는 연합(union)은 19세기 독일, 이탈리아와 같이 국민국가 수준에서 내연화(inward)를 통한 평화구축에는 유용하다. 그러나 그는 칼레르기식의 통합이 과연 국제사회로의 외연화(outward)가 가능한가에는 회의적 시각을 가졌다.[205] 또한 미트라니는 연방주의자들이 이상적 통합형태로 고려하는 미국과 캐나다와 같은 연방시스템은 유럽과는 다른 역사적 맥락에서 생성되었기 때문에 그대로 원용하기에는 무리가 따른다는 점도 지적하였다.[206]

결정적으로 국제적 수준의 연방질서만으로 변화하는 사회적 요구를 만족시킬 수는 없다. 그러므로 미트라니가 제시한 기능적 접근은 기능적 방식이 손쉬워서가 아니라, 연방적 통합이 어렵다는 데서 출발한다. 물론 캐나다와 호주 그리고 미국의 경우에서 볼 수 있듯이 중앙과 지방 간 권한분산은 이를 명기한 성문화된 헌법에 의해 가능하였다. 당연히 국제사회에서도 국제적 기구는 제도화된 규범을 통해 참여자 간 권한과 의무가 배분되어 통합을 실현할 수 있다. 그러나 이러한 방식은 국가 중심적 사고가 팽배한 현실에서 결코 용이하지 않다.[207]

▶ 국가 중심 통합 비판

미트라니는 제2차 세계대전 이후 유럽통합 과정에서 국가는 오히려 기능적 관점에서의 국제적인 상호작용을 저해하는 조직이 되었다고 비판하였다.[208] 이러한 관점에서 미트라니가 기술합리성에 초점을 맞춘 것은 기능적 통합을 저해하는 지배적 행위자인 국가를 통제할 방안이 없기 때문이다. 국가는 어떠한 경우에도 새로이 구성되는 초국가 기구로 권한을 이전하지 않을 것이다. 만약 국가가 초국가 기구로 권한을 이전해야 하는 상황이 발생해도, 최소한의 수준으로 주권제약을 감수할 것이다.[209]

이러한 현실로 국가주권의 손상 없이 국가들 간 통합이 이루어지려면 그 방법은 두 가지뿐이다. 첫째, 분할된 국제정치 시스템을 물리적 힘으로 일소하고, 새로운 시스템을 통해 통합을 달성하는 것이다. 그러나 이러한 방법은 양차 세계대전을 경험한 20세기의 문명국가에서는 적용될 수 없다. 둘째, 또 하나의 방법은 전문가와 기업인같이 사회적 행위자들이 국제적인 활동과 연계를 통해 국가들의 이익을 점차 수렴화하여 자연스럽게 통합을 달성하는 것이다.

국제사회에서의 평화는 개별 국가만의 노력으로 이루어지지 않으며, 고위정치 영역에서 군사적, 정치적 연합만으로 해결되지도 않는다. 여하간의 국가 간 정치적 합의라고 하여도 경제적 경쟁이 격화되는 환경에서 이러한 합의가 오래 존속될 수 없다. 이러한 논리로 국가 간에 경제적 통합이 선행된다면 정치적 합의가 실효를 거둘 수 있다.210)

결국 통합이란 사회적 행위자들이 기능적 목적을 달성하는 과정에서 이루어진다. 따라서 국제적 평화는 복지와 경제와 같은 기능적 부분에서 사회적 행위자 간 집단적 협력에서부터 시작되어야 한다. 만약 국가 간 합의가 성립되어 중앙권력을 만들어 정치적 통합을 꾀한다 하여도, 사회적 행위자 간 기능적 관계가 존재하지 않는다면 이는 빈껍데기에 불과하다. 나아가 국가 간 전통적인 외교행태와 세력균형 원칙은 국제사회에서 평화구축에 부정적인 결과만을 야기한다.211)

■ 이론구성

▶ 기능적, 점진적 통합

미트라니가 말하는 기능적 통합이란 합리적이며, 실용적이며 기술적인 접근 방식이다. 동시에 이는 국가의 지배적 권한을 제어하면서 다양한 사회적 행위자들이 참여하는 유연한 통합방식이다.212) 미트라니는 이러한 통합방식의 진행을 다음의 4단계로 구분하여 설명하였다.213)

첫째, 통합의 첫 단계는 기능적으로 동일한 집단이 기술적 목적을 구현하기 위한 조정과정이다. 예를 들어 운송과 통신 부분에서 상호 간 기술적 조정을 위한 공동협력이 이루어지면, 이후 승객과 운송규정과 같은 경제적 이슈까지 조정이 뒤따르면서 보다 폭넓은 기능적 협력이 이루어진다. 이에 따라 초기 단순한 기술적 협력을 꾀하기 위해 결성된 국제기구는 관련 기능적 영역을 포괄하며 확대된다. 효율성과 협력을 중시하는 국제적 차원의 기능적 기구의 등장으로 국가의 경제주권 일부는 본 기구로 이전된다.[214]

둘째, 본 단계에서는 여러 기능적 목적을 갖는 집단 간 조정과 협력이 이루어진다. 여기에서는 먼저 국제적 협력이 용이한 운송 및 통신과 같은 기능적 부분에서 공동의 규범이 만들어진다. 이어서 자원과 생산을 통제하거나 사회적 행위자 간 중재권한을 갖는 기구들이 만들어지고 활동에 들어간다. 그러나 이러한 과정에서 특정의 협력형태가 인위적으로 구성되는 것은 아니다. 단지 한 부분에서 성공적인 협력이 이루어지면 다른 부분에서도 유사한 형태의 협력형태가 뒤따른 것이다.

셋째, 본 단계에서는 기존의 기능적 목적을 취하는 기구들과 함께 국제적 차원에서 경제사회적 개발을 위한 기구가 형성된다. 이러한 기구는 국제적 투자와 개발을 위한 일종의 자문기구 형태를 갖고 여러 국제적 기구들과 채널을 형성하여 자문과 정보를 제공한다. 나아가 국제적인 자문기구는 기능적 목적을 취하는 국제기구와 지역적 이해를 추구하는 여러 지역기구들 간에 중재자 역할을 수행한다.

넷째, 국제적인 거래와 상호작용이 심화되면서 국제적 기구들이 종국에 이르러 정치적 권한을 갖게 된다. 정치적 권한은 기능적 통합과정에서 볼 때 최우선 과제나 긴급한 목적은 아니다. 그럼에도 각국 정부는 그들의 권한과 자원을 몇몇 주요한 기능적 기구에 기꺼이 양도하면서 본 기구들은 자연스럽게 초국적 권한을 갖게 된다. 물론 이러한 초국적 권한을 갖는 기구가 국제적 정부라고는 할 수는 없지만, 점차 많은 권한을 보유하게 되면서 연방시스템과 같이 내부에서는 견제와 균형원리가 자연스럽게 형성된다.

이와 같이 권한이 확장된 기능적 시스템이 새로운 이슈에 대응하기 위한 구조변화가 요구될 때 각국 정부가 개입한 일종의 위원회 혹은 이사회가 결성된다. 이러한 국제적 기구 내 위원회에서 정책결정을 통해 국가들 간 이해가 조정되고 공공의 선호를 대변한다. 실제로 국제노동기구(ILO)의 예에서 확인할 수 있듯이 내부에서는 국가 간 인적 할당 원칙에 의해 구성된 의회와 위원회를 통해 회원국 간 이해관계가 조정된다.

▶ 기술합리성과 기능적 분기

미트라니에 따르면 현대사회는 국경을 넘어 사회적 행위자 간 거래가 점증하면서 상호의존적 관계가 구축되어 가고 있다. 이에 따라 국제관계의 핵심적 이슈는 정치적 이슈에서 기술적이며 기능적인 이슈로 전환되었으며, 각국 정부는 점차 복잡해지는 비정치적인 과업에 직면하게 되었다. 이러한 비정치적 과업은 전통적인 국가 중심의 외교채널을 통해 효과적으로 수행할 수 없다. 국제적 거래와 활동이 증가하면 공적, 사적 행위자 간 복잡한 그물망 구조로 이해관계가 얽히게 된다. 이에 따라 점진적으로 국가의 지배적 권한이 감소할 수밖에 없다. 결국 변화된 국제관계에서는 정치 엘리트 간 협력만으로 만족할 성과를 얻을 수 없으며, 고도로 전문적인 지식을 보유한 전문가들이 참여하는 국제적 수준의 기능적 기구 혹은 조직이 요구된다.215)

이와 같이 기능적 접근에 따르면 사회경제적 행위자들은 중앙 집중화된 권한이나 성문화된 합의가 없어도 국경을 넘어 원활한 거래가 가능하다.216) 중요한 사실은 전문가와 기업인들 간에 기능적 분야에서 국경을 넘어 국제적 협력이 이루어지면, 또 다른 기능적 분야에서도 협력이 유발된다는 것이다. 이와 같이 미트라니는 시대변화에 조응하여 사회적 문제를 다루는 데 있어 국수주의 혹은 시대에 뒤떨어진 국가 중심 사고를 벗어나 기술적 측면을 우선하여 고려하였다. 이는 미트라니가 변화된 국제관계 현실에 비추어 통합의 당위성과 동인을 보편적 현상으로 설정하고 기술합리성 구현에 초점을 맞춘 것이다.[217]

기술합리성은 기능적 분기(functional ramification)에 의해 이루어진다. 미트라니에 따르면 특정 분야에서 기술적 문제 해결을 위해 기술자와 전문가가 국가 간 협력을 주도한다. 이후 반자동적으로 또 다른 기능적 분야에서도 국가 간 협력이 고무된다. 예를 들어 공동시장(common market)이 만들어지면 각국 간 상품 및 서비스 가격시스템, 투자 및 운송 분야와 같은 경제 분야는 물론이고 사회안전시스템이나 통화정책 등에서도 통합 압력이 점증한다.

나아가 기술적 분야에서 협력이 활성화되면 전통적으로 정치 엘리트들의 정치적 해결 영역인 복지와 인권과 같은 사회적 이슈에서도 국경을 넘어 협력시스템이 공고화된다. 미트라니는 이러한 기능적 분기를 가져올 대표적인 국제적 조직으로 국제노동기구(ILO)를 거론하였다. 중요한 점은 미트라니가 제기하는 기능적 분기는 국제적 기구 내부의 역동성이라는 내적 요인이 아니라, 기술의 속성과 이의 해결이라는 외적 요인에 기인한다는 점이다.[218]

▶ 사회적 행위자 간 연계

기능적 분기에 따른 기술합리성은 현실에서 사회적 행위자들 간 연계를 통해 구현된다. 다양한 사회적 행위자의 요구를 만족시킬 수 있는 유일한 민주적 방안은 중앙의 권력이 공공선을 위한 여러 기능적 활동을 최대한 보장하는 것이다. 그러나 중앙권력은 필요한 시기에 필요한 곳에서 공공선을 위한 일반적 조치만으로 한정해야 한다. 이 외의 사회적 요구는 사회적 행위자 간 자발적인 선택과 협력에 맡겨 두어야 한다. 이러한 논리는 국제사회에서도 동일하게 적용되어, 기능적 목적 실현을 위한 사회적 행위자 간 연계가 이루어지려면 공적 권력이 제한되어야 한다.

한편 모든 개별 이익이 사회로부터 지지를 받을 수는 없다. 마찬가지로 국제사회에서 모든 국가가 찬성하는 공동의 이익은 존재하기 어렵다. 공동의 이익이란 사회적 행위자들이 추구하는 각각의 이익이 집산될 때만 가능하다. 이러한 논리로 국제사회에서 다양한 이익을 만족시킬 수 있는 방안은 여러 행위자들이 자유의지에 따라 고유한 이익을 추구하고, 이 과정에서 각각의 기능적 요구를 만족시킬 국제적 기구가 만들어질 때 가능하다.[219] 따라서 기능주의가 제기하는 기술 합리성은 결국 사회적 이익을 지닌 비정치적 기구와 경제적 이해를 갖는 기업인들로부터 유래한다. 이러한 경제적 행위자들은 시간이 경과하면서 개별 국가의 이익을 희석시켜 보다 보편적인 이익을 창출하는 통합의 중심 세력이다.

미트라니는 다양한 사회적 행위자 간 기능적 연계가 연방적 기구보다 오히려 견고하고 그 실효성이 높다고 생각하였다. 이러한 이유는 사회적 행위자 간 기능적 관계는 연방적 성격의 초국가 기구 혹은 국제연맹과 같은 정부 간 기구에 비해 상대적으로 저비용으로 결성이 가능하고 효과 또한 높기 때문이다. 국제연맹의 경우 공적 권한을 갖고 분명한 정치적 임무가 있지만 실제 긴급을 요하는 사안에 효과적으로 대처하지 못하고, 국제사회의 재구성을 위한 개혁에도 무력하였다.[220]

반면에 기능적 기구는 변화하는 상황에 맞추어 요구되는 기능적 임무에만 충실하므로 참여자들을 분열시킬 만큼의 민감한 정치적 이슈를 다루지 않는다. 물론 기능적 기구가 정치적 이슈와 절연된 것은 아니다. 특정 계층이나 사회집단의 복지를 위해 구성된 기구는 기능적 임무를 수행하면서 점차 국가 간 협력을 유도한다.[221] 이 결과 종국에 이르러 국제적 기구는 정치적 분야를 흡수해 재조정해 나간다. 이와 같이 기능주의 통합

방식을 통해 국제적 통합을 달성하려면 국가의 지배적 권위를 제어하면서, 기술합리성을 배경으로 통합을 이끄는 사회적 행위자 간 연계가 선행되어야 한다.

▶ 국제적 기구

만약 통합과정에서 국제적 활동을 고무할 초국적 기구가 존재한다면 기능적 통합은 보다 원활하게 진행될 것이다. 단 여기서 말한 국제적 기구란 국제연맹과 같은 느슨한 국가 간 연합이 아니며 정치적 협상을 배제한 순수한 기능적 목적을 취하는 국제기구를 말한다.[222] 국제사회에서 요구되는 기능적 기구는 그 목적과 사회경제적 환경에 맞추어 각각이 독립적인 구성원칙과 운영방법을 택한다. 또한 이러한 기구는 변화하는 사회적 요구를 구현하기 위하여 기능과 조직이 유연하게 변화될 수 있어야 한다. 그러므로 국제적 수준의 기능적 기구는 조직화 원리나 상호관계 양식 및 범위가 규정된 것은 아니다.[223]

미트라니는 다양한 사회적 선호와 배경을 바탕으로 기능적 임무를 수행하는 국제기구의 조직화와 그 운영원리를 차별화하여 제시하였다. 대표적으로 철도시스템은 유럽적 차원에서 공동기구 설립이 적절하고, 항공이나 방송 분야는 국제적 수준에서의 조직화가 효과적이다.

대륙 간 연합보다 유럽 차원에서 조직화가 보다 효과적인 분야는 철도시스템이다. 철도시스템은 특성상 북미와 유럽 간에 노조의 영향력이나 운영방식이 차별화되어 공동조정보다는 대륙별로 특화된 기능적 기구가 적합하다. 이러한 차별성은 유럽대륙과 영국의 경우도 마찬가지이다. 반면에 해운산업에서 기능적 목적을 달성하기 위해서는 미국을 중심으로 한 국제적 수준에서의 조직화가 보다 적절하다. 여기서 국제적 수준에서의 조직화란 전 세계적인 보편적 조직화는 아니며 주로 미국과 유럽 양 대륙을 대상으로 한 조직이다.

반면에 항공이나 방송산업은 특성상 전 세계적인 조직화가 효과적이다. 또한 생산과 무역은 참여하는 행위자 간 경쟁적 관계를 고려한다면 보다 복잡한 조직화가 요구된다. 그러나 이전의 국제적인 카르텔 결성이나 영국이 주도한 범세계적 네트워크의 사례를 볼 때 경제 부분에서 국제적인 기능적 기구가 불가능한 것은 아니다.

물론 모든 분야에서 사회적 행위자 간 연계가 자연스럽게 이루어지는 것은 아니다. 미트라니가 말하는 국제적인 기능적 조직은 경제, 사회 및 문화와 같은 하위정치 영역에 국한된다. 이러한 이유는 안보와 정치 분야의 사활적 중요성 때문이다. 안보 분야에서는 물리적 충돌을 예방하고 제재권한을 행사하기 위해 지정학 배경의 공식화된 규범을 통한 조직이 이상적이다. 또한 법률 분야는 엄격한 위계에 따라 조직화되어야 효과를 거둘 수 있다. 다만 보건, 마약과 범죄예방 등 사회적 안보 분야에서는 상황이 달라진다. 그럼에도 각국 간 사법협력은 주권에 영향을 미치지 않는 가운데 국경을 넘은 기능적 협력으로 한정해야 한다.[224]

중요한 사실은 경제발전과 사회적 안정을 위한 기능적 협력은 궁극적으로 안보와 정치질서에도 영향을 미친다는 것이다. 표면상 기능적 접근이 고위정치 영역에 즉각적 영향을 미치지는 않는다. 그러나 다양한 사회경제적 분야에서 국경을 넘어 연계와 거래가 이루어지면 결국 안보와 정치 분야는 이에 영향을 받아 변화한다. 단적으로 철도운송의 통제, 철강 및 곡물생산의 조정과 같은 기능적 협력은 관련 국가의 군사안보 분야에 영향을 미친다. 따라서 기능적 협력이 고도화되면 국가 간 군사적 충돌 위험을 사전에 통제할 수 있다.[225]

이러한 논리로 미트라니는 이미 국가들은 국제적 수준에서 기능적 협력이 보다 효과적이라는 사실을 인식하여, 보건, 철도운송 등 몇몇 기능적 분야에서는 국제적 기구에 권한을 위임하고 있다고 판단하였다. 이러한 미트라니의 설명에는 현대의 복지국가는 국민 위에서 군림하며 통제하는 국가(order state)에서, 시민의 기능적 욕구를 충족시켜 주는 서비스 국가 (service state)로 성격이 변화하고 있다는 전제를 내포한다.226)

■ 이론적 유용성과 한계

미트라니는 1950-60년대 유럽대륙에서 석탄철강공동체로부터 시작된 기능적 접근의 모태가 된 이론과 전략을 최초로 제시한 학자이다. 현실주의 이론가인 모겐소(Hans J. Morgenthau)에 따르면 신기능주의는 미트라니의 연구를 반영한 이론이라고 할 정도로 기능주의는 신기능주의의 모태가 되어 하스와 도이쉬(Karl Deutsch)의 통합이론에 지대한 영향을 미쳤다. 국제관계 이론의 발전 측면에서 1970년대 상호의존론(interdependence theory)을 제기한 커헤인(Robert Keohane)과 나이(Joseph Nye) 역시 이후 자신들의 시각은 기능주의와 신기능주의에 뿌리를 둔다고 언급하였다. 이와 같이 미트라니가 제기한 기능주의는 통합이론을 넘어 자유주의 국제정치 이론의 모태가 되었다.227)

그러나 기능주의는 이론이며 전략으로서 미래의 평화구축을 위한 기술과 전망이 결합된 시각으로 의미가 깊지만 사회과학이론으로서는 여러 허점을 내포한다. 미트라니의 기능적 접근은 국제관계에서 평화정착이라는 목적에서 제기된 것이다. 따라서 기능주의는 국가 간 통합을 목표로한 엄밀한 사회과학 이론체계라기보다는 당위성에 입각한 보편적 설명이라고 할 수 있다.228) 미트라니는 국가 간 평화적인 공존을 이룩해야 한다는 당위성을 말하지만 어떠한 방법으로 시스템을 구축하고, 어떻게 시스템이 작동하는가에 대한 이론적 혹은 현실적인 방안에 대해서는 침묵하였다. 결정적으로 미트라니의 주장에는 과연 기술적 방법이 국가이익이 첨예하게 대립하는 고위정치 영역에서도 적응될 수 있는가에 대한 경험적 예시가 결여되었다.

펜틀랜드(Charles Pentland)는 제2차 세계대전 이후 서유럽에서 통합의 동력은 정치적 압력과 영향에서 비롯되었으며 비정치적 분야에서 자연스럽게 통합을 야기한 사례가 없다고 지적하였다. 물론 관세동맹 형성과정에서 기능주의 이론이 적용되었다. 그러나 이러한 현상은 연방주의적 정치통합을 꾀한다는 통합의 근본 목적에 비추어볼 때 제한적인 전략이다. 그러므로 펜틀랜드는 기능주의 이론은 이상적이며 규범적인 사고에 불과하며, 정치적 환경을 변화시키는 전제조건이 될 수 없다고 주장하였다.[229]

이와 같이 기능주의에 대한 비판은 이론적 가정의 비적실성과 경험적 연구의 취약성에 집중되어 있다.

첫째, 기능주의 이론에서 제기하듯이 경제와 사회적 임무를 분리한다는 것이 가능하다고 해도 현실에서 양자 간 명확한 경계를 설정하고 이를 구분 짓는 것은 결코 쉬운 일이 아니다. 또한 경제와 사회적 임무가 정치 영역으로 자연스럽게 분기되거나 파급되지도 않는다. 여기에는 정치 엘리트들의 정치적 판단과 의지라는 개입요인이 있어야만 가능하다. 나아가 경제통합에서 정치통합으로 이행하면서 국가가 초국가 기구에 권위를 이전한다는 논리는 국가의 속성을 간과한 것이다. 여하간의 국가라도 정치적 권한을 자발적으로 초국가에 이전하지는 않는다. 현실에서 정치적 통합은 경제와 사회 영역 간 기능적 파급을 통해 이루어지는 것이 아니라, 정치적 행위자의 의지에 기인한다.[230]

둘째, 기능주의는 통합 목적에 대한 가정에서부터 오류를 갖는다. 만약 미트라니의 주장과 같이 통합의 궁극적 목적이 평화를 구축하는 것이라면, 왜 제2차 세계대전의 폐해를 경험한 유럽국가들 중 일부만 로마조약에 서명하였는가? 뒤늦게 1973년에 영국, 덴마크 그리고 아일랜드가 유럽공동체에 가입하였는데 과연 이들 국가의 가입 목적이 국가안보와 평화구축이라는 이유 때문이었는가? 왜 노르웨이는 21세기 들어서도 평화적 공존이라는 통합 목적을 거부하고 유럽연합에 가입하지 않는가? 이러한 질문에 기능주의 통합이론은 명쾌한 답을 내릴 수 없다.[231]

셋째, 결정적으로 기능주의 시각에서는 유럽연방을 향한 점진주의적 통합 방식을 강조하면서 실제 명확한 단계와 최종 귀착을 확정한 것은 아니다. 이에 본 시각에서는 특정 시점에서 다음 단계의 통합 목표를 결정하고 이를 추진하는 실제적 예를 제시하지 못하였다.[232] 이 결과 기능주의 통합이론은 통합에 대한 일반적 당위론만을 설정하였고, 엄밀한 이론화와 이를 통한 경험적 사례연구가 취약하다는 한계를 갖는다. 이러한 이유는 미트라니가 통합에 영향을 미치는 정책결정자들과 기술관료를 배제함으로써 정치적 맥락에서 거론할 수 있는 경험적 연구과제를 생산하지 못하였기 때문이다.[233]

신기능주의(neofunctionalism)

■ 이론적 배경

신기능주의는 하스의 1958년 저작 [The Uniting of Europe: Political, Social, and Economic Force 1950-1957] 그리고 1964년 저작 [Beyond the Nation-State: Functionalism and International Organization]을 통해 제기되었다. 하스가 제기한 이론체계는 1960년대 전반에 걸쳐 슈미터(Philippe Schmitter), 린드버그(Leon N. Lindberg) 및 나이(Joseph Nye) 등 자유주의 국제정치 학자들에 의해 계승되어 1950-60년대 유럽통합을 이해하는 지배적인 이론으로 자리 잡았다.

1970년대 이후 신기능주의 이론은 나이를 거쳐 대표적인 자유주의 국제정치 학자인 커헤인(Robert Keohane)에 계승되었으며, 1980년대 말 이후 통합속성 변화에 따라 초국가주의로 다시 한번 이론적 변혁을 꾀하면서 사회과학 이론으로서 오랜 생명력을 유지하여 왔다. 로자몬드(Ben Rosamond)에 따르면 하스의 1958년 저작은 유럽통합 과정을 설명하는 신기능주의 이론의 태동을 넘어 1990년대 이후 이른바 유럽학(European Studies)의 기원이 되었다. 이러한 언명에서 확인할 수 있듯 하스는 유럽통합 연구에 있어 이론체계 이상의 학문적 유산을 남겼다.[234]

하스는 어떠한 방법으로 혹은 어떠한 이유에서 국가는 주권을 포기하고 자발적으로 협력하고 통합을 꾀하는가? 국가들은 국제사회에서 어떠한 기술적 방식을 통해 갈등 해결을 꾀하는가라는 질문을 통해 시장자유화를 모태로 기능적 정책을 가능케 할 정치공동체(political community)의 성립조건을 연구하였다.235) 하스는 슈미터와의 공동연구를 통해 정치통합의 조건을 제시하였고, 그의 학문적 유산은 린드버그와 나이로 이어져 개념적 확장을 가져왔다.

신기능주의는 기능주의 통합방식을 비판적으로 수용하여 보다 정교한 사회과학 이론으로 출발하였다. 미트라니(David Mitrany)가 제기한 기능주의에 따르면 특정의 경제 영역에서는 국가보다 전문가와 초국가 기구가 보다 효과적으로 기능을 수행할 수 있다. 따라서 기능주의 관점에서는 경제 영역에서 기술적 문제를 효과적으로 해결할 수 있는 초국가 기구가 통합의 핵심적 행위자로 위치한다.236) 하스 역시 기능주의와 동일하게 경제 부분에서의 기술합리성과 정치통합으로의 전환을 가정하였다. 그럼에도 하스는 통합의 주체를 초국가 기구로 한정치 않고, 국가의 자발적 의지와 사회적 행위자의 초국가 기구로의 충성심의 전환과 같은 사회화 과정을 인식하였다.237)

이와 같이 하스의 시각은 분석적 방법을 정교화하고, 통합에 대한 사고를 재조정하여 초국가 제도와 행위자의 사회화 과정에 대한 다양한 가정을 전제하였다.238) 한편 미트라니는 국제적 수준에서 항구적이며 보편타당한 평화구축 방안을 연구하였다. 반면, 하스는 다원화된 사회구조, 경제 발전 정도와 공동의 이상과 정체성의 결여를 들어 국가 간 통합수준을 서유럽으로 한정하였다는 점도 기능주의와의 차별점이다.239)

이후 슈미터는 하스가 제기한 파급효과(spill-over) 개념에 더하여 파생효과(spill-around)와 퇴보(spill-back)와 같은 변수를 들어 보다 현실적인 통합과정을 설명하였다. 나이는 하스와 슈미터의 주장에서 한 걸음 더 나아가 이슈 간 기능적 연계가 반드시 파급효과를 가져오는 것은 아니라는 점을 실증하고, 국가 간 일괄타협(package deals)과 같은 전략적 방안의 효용성을 제시하였다.240) 이와 같이 1960년대 신기능주의 학자들 간에는 다소의 이견이 존재하지만 하스가 제시하는 이론적 개념에서 크게 벗어나지 않았다.

물론 1965년에 발생한 공석사태(empty chair crisis)는 신기능주의 학자들의 예측을 벗어나 국가 중심 통합과정으로의 전환점이 되었다. 그럼에도 1960년대 전반에 걸쳐 유럽공동체는 예정을 앞당겨 관세동맹(customs union)을 실시하고 공동농업정책(CAP) 및 경쟁정책 같은 공동정책을 성공적으로 도입하였다. 이와 같이 1960년대에는 국가 중심성과 기능적 통합과정이 충돌하는 현실에서도 신기능주의는 지배적 통합이론으로 생명력을 유지하였다.

그러나 1970년대 들어 유럽통합과정이 침체기에 접어들면서 신기능주의 시각은 설득력을 상실하였고, 급기야 1975년 하스는 자신의 이론이 더이상 설명력을 제고하지 못한다고 자인하였다. 이후 통합이론가들은 상호의존론(interdependence)과 레짐이론으로 방향을 선회하였다. 시간이 흘러 1980년대 말 단일유럽의정서 체결로 유럽통합이 재점화되면서 샌드홀츠(Wayne Sandholtz)와 스위트(Alex Stone Sweet) 등 하스의 전통을 계승한 학자들은 여러 설명변수를 더하여 초국가주의를 제기하면서 신기능주의 이론이 재조명되었다.

신기능주의는 사회과학 이론이면서 1950년대 이후 통합의 당위적 맥락을 담은 기술이다. 모네(Jean Monnet)를 비롯한 다수의 통합론자들(founding fathers)에게 통합은 곧 기능적 접근으로 인식되었고 현재에도 이러한 사고는 유효하다. 심지어 기능적 접근은 드골(Charles de Gaulle)과 대처(Margaret Thatcher) 등 초국가 통합을 경계하는 정치 엘리트들에게도 제한된 이슈에서 효율성을 이유로 정당화되기도 하였다.241)

나아가 기능적 접근은 유럽위원회를 비롯한 초국가 행위자에게는 일종의 이데올로기로 자리 잡았고 현재에도 깊은 영향을 미치고 있다. 한편으로 기능적 통합방식을 이끌어 가는 주체인 유럽위원회의 기술관료는 1990년대 들어 통합의 심화와 함께 경직되고 폐쇄적인 관료사회로 변화하였다. 이러한 점에서 1990년대 이후 제기된 유럽회의론(Euroceptic)은 신기능주의식 통합과 깊은 관련을 갖고, 한편으로 이에 대한 반발이라고 할 수 있다.242)

<표 2> 1950-70년대 기능적 접근 논의

구분	연구배경	통합조건과 과정	유럽통합 평가
도이취 (K. W. Deutsch)	· 과거의 경험에서 통합 조건(conditions) 도출 · 집단적 안보공동체 결성과정 및 유형 제시	· 정책결정자 간 가치 양립성 · 예상 가능한 상호행위 · 원활한 커뮤니케이션	· 1970년대 이후 통합동력소멸
미트라니 (D. Mitrany)	· 국제적 차원에서 기능적 관계망을 통한 항구적 평화구축 방안 제시	· 기술합리성과 기능적 분기 · 사회적 행위자 간 연계	· 1950년대 기능적 접근의 모태가 된 이론과 전략 최초로 제시
하스 (E. B. Haas) / 슈미터(P. Schmitter)	· 정치공동체의 성립 과정(process) 규명	· 경제 부분의 연동 · 정치적 채널(이익집단 등) · 기능적 파급, 자동적 정치화 · 통합세력의 사회화 과정	· 1960년대는 유럽위원회를 중심으로 초국가 통합진전 · 1970년대 이후 기능적 접근 제약
린드버그 (L. N. Lindgerg)	· 초국가 수준에서 집단적 의사결정시스템의 성립조건 제시	· 중앙의 제도와 정책 · 중앙기구가 중요한 사회경제 임무수행 · 국가와 기업 간 이익 양립	· 1957-68년 기간 통합과정의 제도화 및 구조적 발전
나이 (J. Nye)	· 국제적 수준에서 보편적 통합조건 탐색	· 다원주의 · 정치 엘리트 간 일체감	· 서유럽 이외의 지역에서 정치통합 조건 미미

출처: 필자 구성.

■ 기존이론 비판

하스는 기능적 접근의 본질을 인정하면서도 기능주의가 갖는 논리적 허점에 대한 비판적 재구성을 통해 새로운 이론적 지평을 제시하였다. 하스의 신기능주의는 미트라니의 유산인 탈국가화 된 제도(post-national institution) 구축에서부터 시작한다.[243] 하스는 통합이론의 중심적 과제는 공동의 임무를 위하여 독립적인 규범을 담은 제도발전을 파악하고 예측하는 데 있다고 보았다. 하스에 따르면 기능주의와 신기능주의는 모두 점진적인 통합과정을 전제한다. 동시에 양 이론에서는 탈중앙 집중화된 지역협력만으로는 외부의 환경변화와 압력에 대응한 공동임무가 불가능하다고 파악한다. 따라서 양 시각에서는 다양한 목적을 담은 초국가 제도발전을 꾀하고, 역시 초국가 수준에서의 집단적이며 중앙 집중적인 의사결정 구축을 주장하였다.[244]

하스는 유럽석탄철강공동체(ECSC)의 사례를 들어 기능주의 통합방식이 유럽에서 구현되었다는 사실을 인정하였다. 문제는 기능주의 이론에서는 사적 행위자를 통합의 주체로 설정하여, 국가의 정책결정자들이 어떠한 연유로 석탄철강이라는 특정 부분에서 통합을 계획하였는가를 설명하지 못한다는 것이다. 석탄철강공동체의 예에서 확인할 수 있듯 국제적 통합은 목표를 같이한 국가들에 의해 이루어졌지만 기능주의자들은 이에 대해서는 침묵하였다.[245]

이러한 비판적 시각에서 하스는 주권국가들이 어떠한 경로를 거쳐 초국적 공동체를 형성하는가에 주목하였다. 하스는 해답을 찾기 위해 기능주의를 사회과학 이론으로 재구성하였다. 또한 방법론 차원에서는 통합을 이끄는 정치적 집단을 선별하여 그들의 사고와 정치적 지향의 변화를 추적하였다.[246] 하스는 이러한 연구 목적과 방법론을 통해 기능주의의 연장선에서 통합의 중심적 행위자를 재설정하고, 기능적 분기(functional ramification)의 한계를 극복할 새로운 개념을 제기하였다.

먼저, 하스는 미트라니가 제시한 전문가들의 역할을 인정하되 그 한계 역시 인식하였다. 전문가들 스스로 자신들이 행하는 과업의 정치적 의미를 인지하고, 공적, 사적 영역에서 동질적이며 균형 잡힌 사회적 대표성을 관철할 때 국제적 통합이 신속히 달성된다. 그럼에도 하스는 전문가들의 의지와 역량만으로 기능적 분기가 이루어지지 않는다는 사실을 국제보건기구(WHO) 등 몇몇 실증적 사례를 통해 반박하였다. 이와 같이 하스는 기능주의가 국가 간 통합의 출발점이라는 의미는 갖지만, 여기서 제기한 설명을 전적으로 수용할 수 없다는 점에서 새로운 이론적 모색을 꾀한 것이다.247)

하스는 국제적 수준의 환경보호단체와 산업 및 농업기구 내 과학자 146명과 면담을 실시하여 기능적 통합의 한계를 절감하였다. 당시 하스가 면담을 행한 과학자들의 소속기관은 유럽공동체(EC), 경제개발협력기구(OECD), 세계은행(World Bank), 국제보건기구(WHO), 국제식량기구(FAO) 및 국제연합(UN) 내 환경프로그램 담당자로 주요 국제적 기구가 망라되었다. 하스는 인터뷰 결과 국제기구 내부 구성원들은 기능적인 임무(tasks)에만 집중한다는 사실을 확인하였다. 따라서 이들은 기능적 임무를 넘어 지역적, 국가적 수준에서 수용 가능한 정치통합에 대한 인식은 미비하였다.248)

이에 하스는 과학적 이슈를 다루기 위한 다자간 기구나 포럼이 많이 생성되었지만, 현실에서 이러한 국제적 기구들이 정치적 변화를 가져올 정도의 영향력은 제약된다고 결론 내린다. 전문가와 경제적 행위자들의 역할이 극대화되기 위해서는 다음의 두 가지 조건이 충족되어야 한다.

첫째, 국제적 수준에서의 전문가그룹의 대표성과 이들 간 연계는 정치통합 요구가 비등한 유럽에 한해 의도한 효과를 얻을 수 있다. 이러한 사고로 미트라니가 국제적 수준에서 국가 간 평화공존 시스템을 강구한 반

면, 하스는 유럽적 맥락에서 통합의 조건을 제시하였다.[249)]

둘째, 전문가그룹은 국내에서 정치적 책임을 지지 않으므로 이들의 주장은 쉽게 간과된다. 따라서 효과적으로 통합을 달성하기 위해서는 정부 내 기술관료들의 참여가 요구된다. 하스는 국내관료들이 중요한 기능적 임무를 담당할 때 새로운 중앙기구로 충성심이 전이된다고 생각하였다.[250)]

나아가 하스는 기술합리성의 구현이라는 미트라니의 접근방식을 서유럽의 경험적 사례를 통해 검증하여 기능적 분기의 맹점을 지적하였다. 통합의 동인은 독일-프랑스 간 평화 혹은 통합된 유럽이라는 이상에 따른 것이 아니다. 통합은 참여하는 정치 엘리트와 사적 행위자가 갖는 보상과 손실에 대한 기대라는 실용적인 목적에서 비롯된 것이다.[251)] 특별히 하스의 시각에서 국가는 지역기구 창설 주체이며 이러한 과업을 성사시키기 위해 공식적으로 조약을 체결하는 당사자라는 점에서 각별한 중요성을 갖는다.

통합은 공식적인 권위를 지닌 정부 내 관료조직 및 엘리트의 정치적 책임과 이들의 권력에서 비롯될 수밖에 없다. 정치적 책임을 동반한 관료가 복지 지향적 통합 목적을 설정하고 이러한 과정을 이끌어야 자신들의 현실적 이익 역시 실현되므로, 실행의 밀도가 높아진다. 즉, 통합은 초국가기구로부터 이익을 얻을 수 있다는 기대를 품은 정치 엘리트들이 국경을 넘어 연계할 때 원활하게 진행된다.[252)]

이러한 하스의 주장은 기능주의와 차별화된 권력에 대한 이해에서 비롯된다. 권력은 복지와 분리될 수 없다. 물론 일부 사람들은 권력 그 자체를 지향하지만, 실제 권력이란 복지 목표를 구현하기 위한 수단이다. 권력을 지향하는 정치 엘리트들은 점차 국경을 넘어 조직된 국제적 기구가 자신들이 추구하는 목적을 보다 효과적으로 달성한다는 사실을 인지하면서 통합을 추진하게 된다.

한편으로 하스는 유사한 시기에 제기된 연방주의 통합론과 도이취의 안보공동체(security community) 논의에 대해서도 비판적 입장을 견지하였다. 하스는 연방주의가 내재한 유럽주의(Europeanism)라는 사고는 국가의 자의식을 완화하는 정도의 미약하고 불분명한 개념에 불과하다고 비판하였다.[253]

나아가 하스는 도이취가 비폭력적인 안보공동체를 강구하였지만 구체적인 제도적 구조를 담지는 않았다고 보았다.[254] 하스에 따르면 도이취가 개념화한 정치통합 조건은 통합에 영향을 미치는 일반적인 환경적 요인만을 거론한 것이다. 도이취는 통합을 가져오는 환경과 통합과정에서 야기되는 환경변화를 구분하지 않아 결과적으로 통합이 가져오는 사회적 변화를 명확히 포착하지 못하였다. 이러한 이유를 들어 하스는 정치적 통합은 결국 이를 가능케 하는 조건(conditions)이 이니라 과정(process)의 문제라고 주장하였다. 다시 말해, 통합은 정치적 행위자들이 충성심, 기대 및 정치적 행위를 새로운 초국가 기구로 수렴화하는 과정이다.[255]

■ 이론구성

▶ 통합조건과 개념

하스가 제기하는 통합과정에는 두 가지의 징후 혹은 조건이 충족되어야 한다.

첫째, 사회적 요구라는 당위적 믿음과 신념이 존재해야 한다. 이는 통합에 참여하는 행위자들의 감정적인 애착과 정체성 그리고 기대와 전망을 말한다.[256] 이러한 조건은 모네(Jean Monnet)가 제시한 이른바 '사회적 차원의 광범위한 합의(unité des faits)'와 같은 무형의 사회적 지지와 유사한 개념이다.

둘째, 사회적 요구를 수용하여 실행하며, 행위자들의 선호를 조정할 협상능력을 지닌 초국가 기구가 요구된다. 초국가 기구의 주요 임무는 다양한 행위자들 간 정치적 조정과 기술관료적 능력을 통해 의제설정 및 정책집행을 행하는 것이다. 여기서 사회적 요구와 실행능력은 동시에 존재해야 한다. 만약 초국적 사회가 성숙되지 않거나, 초국가 기구 및 기술관료의 권한이 미약하다면 원활한 통합은 담보할 수 없다.257)

하스는 슈미터와 공동연구를 통해 이러한 통합의 충족조건을 세분화하여 열거하였다.

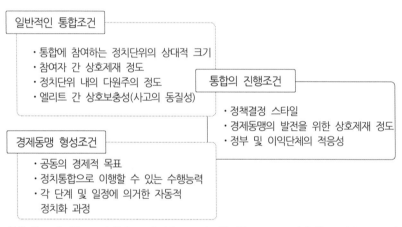

출처: Ernst B. Haas and Philippe C. Schmitter (1964), "Economics and Differential Patterns of Political Integration: Projections About Unity in Latin America", International Organization, Vol. 18, No. 4, pp. 711-719 종합.

<그림 1> 하스와 슈미터가 제기한 통합의 조건

▶ 초국가 기구와 국가의 역할

통합과정에서 가장 중요한 행위자인 초국가 기구가 출범한다면 역동적 현상이 일어난다. 하스는 이 단계에서 초국가 제도화 논리를 전개한다. 초국가 기구는 사회적 기대에 부응하여 정책결정을 행하고, 이 결과 사회적 기대와 행위가 변화하며 이는 다시 피드백 되어 초국가 결정에 영향을 미친다. 이와 같이 초국가 기구는 친통합주의자들의 이해를 충족한 협력적 해결책을 제시하면서 초국가 수준에서 새로운 정치 패턴을 만들어 간다.[258]

신기능주의 시각에 있어 초국가 기구는 통합을 추진하는 일종의 사무국(secretariat)으로 정치적 리더십과 행정적 능력을 보유하고 통합의 공급 측면을 담당하는 행위자이다.[259] 유럽위원회의 예에서 확인할 수 있듯이 초국가 기구는 공동정책을 확대하고 상호결탁(logrolling)과 일괄타협(package deals) 등 다양한 전략을 동원하여 국가 간 중재자 역할도 수행한다.[260]

사회적 행위자들은 초국가 수준에서 기대와 이익을 관철하면서 점차 초국가 기구와 정치적 채널을 형성한다. 초국가 기구 역시 사회적 행위자와의 협력으로 정책과정에서 적법성과 필요한 기능적 정보를 획득한다. 시간이 경과하면서 초국가 기구와 사회적 행위자 간 교류가 증대하면서 초국가 기구의 권한과 공동정책의 확장을 가져와 기능적 파급효과가 야기된다.[261]

한편 하스는 미트라니와 달리 국가 역시 통합과정에서 일단의 주요한 행위자로 상정하였다. 신기능주의 이론에서 설정한 국가는 창조적인 반응(creatively responsive)을 하는 행위자이다. 국가는 여전히 최종적인 정치적 권위의 소유자이며 통합을 받아들이거나 방관하거나 혹은 이에 반대할 수 있는 권한을 가지고 있다.[262] 중요한 사실은 국가의 선호는 이슈에 따라 상이하므로, 모든 국가가 초국가와 국내 이익집단의 압력에 동일하게 반응을 하는 것은 아니다. 이러한 사실에서 모든 회원국에 긍정적 효과를 야기할 수 있는 기능적 영역에서부터 통합이 시작되어야 한다.

이와 같이 하스는 초국가 기구와 사회적 행위자 이외에도 전통적인 행위자인 국민국가 역시 통합의 중심적 행위자로 파악하였다. 따라서 하스의 관점은 기존 체제의 파기와 새로운 정치체제로의 대치(replacing)가 아니라, 또 다른 정치적 구조의 중첩(superimposed over)이라 할 수 있다. 이러한 점에서 하스의 주장은 여러 층의 정부 간 상호작용을 제시한 다층적 거버넌스 시각에 개념적 단초를 제공했다고 할 수 있다.263)

▶ 경제와 정치

통합은 국민국가 단위로 설정된 지정학적 정치를 희석하는 일련의 과정이다.264) 이러한 통합은 정치적 선택이나 협상을 통해 이루어지는 것은 아니며, 경제적 영역에서부터 단계적 과정을 통해서 달성된다. 다시 말해 논쟁적인 정치적 사안을 뒤로하고 공통의 이해가 얽힌 경제와 복지 부문에서 국가 간 상호작용이 이루어지면, 종국에 이르러 정치통합을 야기한다. 경제는 역사발전을 이끄는 구심점으로 참여국에서 GNP 증가나 복지의 개선은 또 다른 부분으로 파급을 야기하는 필요조건으로 작용한다. 이와 같이 하스는 통합의 목적은 사회적 행위자와 정치 엘리트의 이익실현으로 파악하였다. 따라서 통합이 유럽적 이상을 구현하여 좋은 유럽인(Good Europeans)을 만든다는 이상주의를 배격하였다.265)

통합이 경제적 행위자로부터 시작되는 이유는 노조와 사용자 집단을 위시한 산업계는 정치인과 달리 국경을 넘어 공동의 이익을 취하기가 용이하기 때문이다. 물론 이들이 모두 초국적 통합에 긍정적 시각을 갖는 것은 아니다. 그러나 기술적 조정을 요하는 부분에서 공동대응이 효과를 나타낸다면 뒤이어 또 다른 산업 부분에서도 통합의 압력이 점증한다. 이는 곧 기능적 파급이다.266) 하스가 제기한 신기능주의에서는 경제 부문에서 초국가 기구의 설립은 정치 영역에 대한 경제의 승리로 인식된다. 하스는 이러한 과정을 당시 유럽공동체에 적용하여 공동시장(common market)에서 경제동맹(economic union)을 거쳐 최종적으로 정치동맹(political union)이 이루어진다고 보았다.

사회적 행위자들은 부분 간 통합을 통해 야기되는 이익을 확인하고 점차 그들의 요구, 기대 및 충성심을 국가에서 새로운 초국가 기구로 전환한다. 여기서 하스가 제기한 초국가(supranational)는 기존의 국경, 이해관계 및 권력을 뛰어넘어 정치적 조정을 가능케 하는 수단이다.[267] 하지만 역설적으로 경제의 승리를 꾀하는 중심 행위자는 전문가와 경제인이 아니라 국가의 정치 엘리트와 기술관료이다. 그러므로 통합은 정치 엘리트와 같은 핵심 세력에 의해 주도되고 일반시민 대다수의 지지를 요하거나, 통합에 참여한 국가들 간 공동의 정체성을 전제하는 것은 아니다.

서로 다른 목적을 갖는 다양한 사회적 행위자들을 효과적으로 연계하여 공동체를 결성한 유럽석탄철강공동체(ECSC)의 경험은 이러한 논리를 실증한다. 통합의 중심 행위자는 국가라는 또 다른 실증적 사례는 공동농업정책(CAP)의 성사이다. 공동체에 막대한 재정 부담을 안겨주는 공동농업정책의 실행은 본 정책으로 경제적 이익을 얻는 프랑스와 같은 일부 회원국과 농민의 절대적 지지에 따른 것이다.[268]

■ 이론적 설명: 점진적 통합과정

신기능주의 이론에 따르면 통합은 단계를 거쳐 점진적으로 진행되는 장기적 프로젝트로 단시간에 구현되지 않는다. 이러한 사고는 1990년대 모랍칙(Andrew Moravcsik)이 제기한 자유주의 정부간협상 이론과 극단에 위치한다. 모랍칙은 통합의 가장 중요한 변수인 정부 간 대협상을 통해

극적인 통합의 진척을 제기하였다. 그러나 신기능주의 시각에서는 특정의 변수가 급진적 변화를 야기한다는 가정은 고려되지 않는다.[269]

하스를 위시한 이후의 신기능주의 학자들이 제기하는 통합과정은 4단계를 통해 이루어진다. 첫째, 유럽에서 산업 부분으로부터 기능적 파급(functional spill-over)과 자동적 정치화(automatic politicalization)가 야기된다. 둘째, 의도적으로 만들어진 파급효과(cultivated spill-over)에 의해 사회적 행위자와 회원 각국의 관료를 중심으로 연합이 이루어진다. 셋째, 각국의 정치 엘리트 간에 사회화 과정(socializing)이 진행되어 국가 간 협력은 비정치화(depoliticizaion)된다. 끝으로, 유럽 차원에서 이익집단 간 연합이 이루어지면서 국내정치와 국제정치의 경계는 희석된다.

▶ 기능적 파급(functional spill-over)과 자동적 정치화(automatic politicalization)

파급효과와 자동적 정치화는 정치적 목적을 내재한 기능적 협력과 통합에 참여하는 행위자들 간 사회화 과정을 가져오는 전제조건이다. 파급효과는 경제적 협력이 궁극적으로 정치공동체로 발전하며, 자동적 정치화는 경제적 협력이 질적으로 상이한 정치적 차원의 협력으로 확산된다는 논리를 담는다.[270] 이와 같이 특정 부분에서의 기능적 성공이 여타 분야로 확산되면서 점차 국제정치를 대체한다. 그러므로 통합이란 비논쟁적이며 기능적인 문제를 해결하려는 행위자의 목적이 점진적으로 정치화되는 것이다.[271] 이러한 파급효과를 통해 다양한 경제주체와 이슈 영역이 어떻게 상호연계되는가, 그리고 어떻게 초국적 제도가 발전해 가는가를 이해할 수 있다.

하스는 1951년에 창설된 유럽석탄철강공동체의 발전과정을 통해 파급효과 개념을 설명하였다. 당시 사회복지와 경제민주화 노선을 견지한 사회주의자(Socialist)와 기독민주당(Christian Democratic Parties) 등 일부 정치 엘리트들은 초국가 조직을 통한 규모의 경제를 이해하고 유럽석탄철강공동체 창설을 지지하였다. 수년이 경과한 뒤 다수의 노조지도자들과 정치가들도 이에 합류하였다. 이들은 곧이어 유럽석탄철강공동체의 경험을 토대로 공동시장(common market) 창설의 주역이 되었다. 이와 같이 특정 부분에서 성공적인 초국가 통합의 경험은 또 다른 부분에서 파급을 야기하였다.[272]

여기서 하스와 미트라니가 각각 제시하는 파급효과와 기능적 분기의 차이가 있다. 기능주의에서 제기한 기능적 분기는 경제와 정치를 분리하여 양자 간 자동적인 이행과정으로 연계한다. 반면에 신기능주의는 경제, 사회, 기술적 요인과 같은 비정치적 이슈들과 정치적 이해의 내재적 연계를 가정한다. 하스의 시각에서 경제와 정치 영역은 각각의 속성에 따라 구분할 수 있지만, 이러한 구분이 양자 간 분리나 단절을 말하는 것은 아니다. 따라서 경제적이며 기술적 문제라고 하여도 그 결정에는 항상 정치적 목적이 개입한다.

물론 비정치적 이슈에서 파급효과가 상대적으로 쉽게 이루어지는 것은 정치적 이슈에 비해 통합의 효과가 보다 가시적이기 때문이다. 또한 비정치적 부분에서는 보편적인 공동이익을 창출하기가 용이하기 때문이다. 이러한 이유로 비정치적 이슈에서부터 통합이 시작되어야 하지만 그 결정과정에는 정치적 이해가 개입할 수밖에 없다.[273]

중요한 사실은 파급효과는 자동적으로 진행되는 것이 아니며 통합에 참여하는 행위자들이 가시적 이익을 얻을 수 있다는 확증이 있을 때에만 이루어진다. 즉, 파급효과는 기술합리성을 통해 통합에 참여하는 행위자의 이익이 구현될 때 이루어진다. 이 점이 기능주의와 신기능주의의 차별성이다. 기능주의는 어떠한 경우에라도 통합은 합목적적인 방향으로 진화한다고 말한다. 그러나 하스의 이론에서는 행위자의 이익이 구현되거나, 구현될 여지가 있을 때에만 통합이 진척된다는 전제를 내포한다. 따라서 하스의 시각에서는 의도적 파급을 야기할 정치 엘리트들의 역할이 통합의 필수조건으로 작용한다. 이러한 점에서 하스의 시각에서 통합은 엘리트 주도의 프로젝트라고 할 수 있다.[274]

통합에 참여한 행위자들은 지속적인 정치적 조정을 통해 기능적 파급을 확대해 간다. 이러한 점에서 파급효과는 고도의 기술적 행위이면서 동시에 정치적 행위이다.[275] 파급효과가 기술적, 정치적 행위라는 사실은 각각 기능적 파급(functional spill-over)과 정치적 파급(political spill-over)에서 연유한다. 현대의 경제는 부분 간 상호연관되어 있다. 따라서 제한된 부분에서의 경제적 통합만으로 한정될 수 없으며, 특정 부분에서 통합에 대한 압력이 점증하면 자연스럽게 연관된 부분에서도 동일한 현상이 일어난다. 즉, 기능적 파급이 야기된다. 뒤이어 경제통합은 정치적 파급을 야기한다. 경제통합이 진척되면 정치 엘리트들은 초국가 수준의 활동과 정책결정에 관심을 갖게 되고 종국에는 국가 간 공동의 이해가 확대된다.[276]

한편 부분 간 통합이 전체의 통합을 가져온다는 논리는 기능주의와 신기능주의 모두 동일하다. 그러나 하스는 미트라니의 설명과 달리 통합이 진척될수록 파생되는 문제를 해결하기 위해 국내 관료들 간에 기술적 조정이 확대된다고 말한다. 이러한 이유는 통합이 확장될수록 보다 높은 수준의 국가이익 구현을 위해 기술관료들의 참여가 불가피하기 때문이다.[277]

구체적으로 파급효과는 2가지 경로에 의해 생성된다.

첫째, 정치 엘리트와 사적 경제주체들이 정치적 채널을 생성해 의도적으로 기술과 정보를 교환하거나 기능적 의존을 심화한다. 이 경우 기능적 관점에서 통합에 참여하는 행위자들 간 상호의존이 비대칭적일 때 파급효과가 극대화된다.

둘째, 특정 정책이 통합되려면 기능적으로 연관이 있는 또 다른 분야에서도 통합이 이루어져야 한다. 전략적 측면에서도 특정 분야에서 통합이 미진할 때 기능적으로 연관이 있는 또 다른 분야에서 의도적으로 통합을 추진하면 상호 간 긍정적 효과를 꾀할 수 있다.

나아가 통합과정에서는 필연적으로 위기와 갈등이 촉발되지만 이러한 과정을 거치면서 종국에 이르러 더 높은 수준의 초국적 결정이 확대된다. 단적인 사례로 하스는 드골(Charles de Gaulle)이 룩셈부르크 타협 (Luxemburg Compromise)에서 보여준 반 공동체 입장은 참여국 간 타협을 유도하여 결국 초국적 제도를 심화하고 초국가 기구의 기능 강화를 가져왔다고 해석하였다.[278]

▶ 의도된 파급효과(cultivated spill-over)

통합과정에서는 의도된 파급을 통해 질적으로 상이한 통합단계에 진입한다. 하스는 기능적 협력과 정치적 논의의 불가분성에 주목하여, 의식적으로 제기된 기능적 목적이 이와 무관한 또 다른 기능을 생산해 종국에 이르러 시스템을 전환시킨다는 논리를 전개하였다. 여기서 국내 정치 엘리트 간 국경을 넘은 상호작용은 국제적 시스템의 투입조건이다. 즉, 회원국 정치 엘리트 간 집단적 결정이 결과적으로 국제적 환경을 변화시킨다.

만약 국제적 시스템이 취약하다면 국가 간 집단적 결정이 제약되고, 국가라는 행위자에게 임무를 적절히 부여하고 통제할 수 없다. 그러나 공고한 국제적 시스템하에서는 회원국의 각기 다른 이해가 공동의 임무로 전환된다. 국제적 시스템 내에서 공동 목적 성취를 위한 학습구조가 생성되고, 국가들은 상호 간 학습을 통해 목적을 재조정 혹은 재평가한다. 이 결과 종국에 이르러 국가라는 행위자의 원래 의도와 무관한 새로운 국제적 기능이 창출된다.[279]

이러한 배경에서 통합에 참여하는 행위자들은 정치적 목적을 위해 의도적으로 의제를 연계시킨다. 이 경우 의도된 이슈 간 연계전략에 의해 특정 이슈에 이해관계를 갖는 행위자는 자신의 이익 관철을 위해 기능적으로 무관한 여타 이슈도 고려할 수밖에 없다. 이 결과 다양한 영역으로 파급효과가 야기된다. 하스에 따르면 유럽석탄철강공동체는 의도된 파급의 단적인 예로 산업단위의 기능적 조직을 넘어 보다 높은 정치적 통합을 가져왔다고 보았다. 하스의 시각을 답습한 나이 역시 기능적 과제와 정치적 이슈가 일괄타협(package deals)으로 묶여지는 것은 기술적 문제가 아니라 정치적 합의를 진전시키는 방법으로 보았다.[280]

이후의 연구에서 하스는 이슈 간 연계를 통한 파급효과의 제약에 대해서도 설명하였다. 하스는 분절화된 이슈 간 연계(fragmented issue linkage)라는 개념을 통해 기존 목표에 회의가 일어 새로운 목표가 제기되고, 과거의 행위가 미래의 발전을 위한 적절한 가이드라인으로 작용치 않을 경우, 이슈 간 연계는 분절화된다는 사실을 추가하였다.[281]

▶ 사회화 과정

하스가 말하는 통합이란 정치적 행위자들이 그들의 충성심과 기대 그리고 정치적 활동을 새로운 정치단위에게 위임하는 일종의 사회화 과정(process)이며 국가 간 비정치화된 협력과정이다. 여러 국가에 산재한 정치적 행위자들은 그들의 충성심과 경험 및 정치적 활동을 새로운 중앙기구로 전환하고, 이러한 기구는 기존에 국민국가를 넘어 새로운 적법성을 갖추어 간다. 더불어 하스는 초국가 관료들 간에도 사회화 과정이 진행되므로 초국가 기구 역시 독립적인 이익을 추구하는 일단의 정치적 행위자로 파악하였다.[282]

하스는 초국가 및 국내 정치 엘리트들이 반복된 상호작용을 통해 점차 그들의 사고와 인식이 비정치화되어 가는 사회화 과정을 가정하였다. 국내의 정치가와 관료들은 초국가 기구 내에서 국가이익 조정을 위한 상호작용을 반복하면서 공공선과 협력의 중요성을 습득하게 된다. 이 결과 공동체 운영과 정책은 점진적으로 제도화되고 비정치화된다. 하스는 본 과정을 두 단계로 구분하여 국익을 표출하는 정치적 엘리트들의 주권수호

의지와 친통합 인식 간 갈등 및 조화과정을 설명하였다.

첫째, 회원국 정치 엘리트 간에 문제 해결을 위한 범유럽적 시각이 형성되면서 점차 초국가적 사고와 규범이 형성된다.

둘째, 초국가 수준에서 제도화가 진척되면서 국내 정치 엘리트 간 협상은 비정치화되어 합의성사를 위한 기회의 폭이 넓어진다.[283]

한편 하스는 초국가 기구 내에서는 회원국 엘리트와 초국적 행위자들 간 사회화 과정을 통해 통합이 이루어진다고 결론지었다. 물론 이러한 과정에서는 사회경제적 차원에서 여러 충분조건이 요구된다.[284]

첫째, 경제 부분에서 국제적 무역이나 금융이 깊숙이 연동되어야 한다.

둘째, 사회 내에서 대중들의 정치적 의사가 관철될 수 있는 항구적인 이익집단이나 정당과 같은 채널이 존재해야 한다.

셋째, 정체성을 공유할 수 있는 엘리트들이 사회적 집단을 이끌어야 한다. 물론 이러한 엘리트들은 때로는 상호경쟁하거나 다양한 가치에 대해 서로 다른 사고를 가질 수도 있다.

넷째, 오래된 정치적 전통과 의회민주주의와 같은 민주적 헌정에 의해 운영되는 사회가 서로 관계를 맺어야 한다.

이와 같이 하스가 통합의 조건으로 제기한 다원화된 정당시스템과 사회 분야에서 강력한 이익집단이 존재하기 위해서는 높은 수준의 사회적, 정치적 다원주의(pluralism) 구조가 성숙해야 한다.[285] 하스는 이러한 충분조건이 1960년대 유럽에서 성립되었기 때문에 통합이 가능했다고 파악하였다. 역으로, 하스는 유럽 이외의 지역에서는 본 조건들이 제약된다는 사실에서 국가 간 통합을 유럽이라는 지역수준으로 한정하였다.

▶ 국내정치와 국제정치의 희석

정치적 통합의 최종 단계에서는 각국의 국내정치가 국경을 넘어 연계된다. 또한 국내정치와 국제적 기구 간 접촉이 증가하면서 양자 간 경계가 희석된다. 유럽에서는 이러한 과정이 사회적 행위자들 간 연합을 통해 가속화되었다. 정당, 산업계 혹은 노조를 대표하는 엘리트들은 특정 사안이 일국 차원에서 효과적 해결이 제약된다면, 국경을 넘어 유사한 이해관계를 갖는 세력과 연합하여 초국가 수준에서 해결책을 강구한다. 이와 같이 사회적 행위자들이 국제적 수준에서 공동의 이익을 추구하면서 공식, 비공식적 지역연합이 활성화된다.[286]

여기서 하스는 초국가 기구로의 권한 이전으로 이익과 불이익을 얻는 행위자가 병존한다고 가정한다. 이러한 이유로 하스는 통합의 초기 단계에서 반대에 선 행위자를 강제할 수 있는 공적 권한을 보유한 정치 엘리트와 산업계의 노조대표 등을 통합의 중심 행위자로 상정하였다. 이들 정치 엘리트가 일국 차원의 문제 해결이 제약된다는 사실을 들어 통합 반대세력을 설득하거나 제어한다면 초국가 기구로의 권한 이전은 용이하게 진행된다.[287]

결론적으로 하스는 국가수준에서의 자의식과 초국가 기구로의 충성심의 전환은 연방(federal) 혹은 중앙 집중화(central) 과정이 아니라, 초국가화(supranational) 과정으로 이해하였다. 단적으로 유럽석탄철강공동체의 운영은 연방적 통합이나 권력구조의 중앙 집중화가 아니라, 기능적 효율성을 위해 의사결정과 실행이 초국가화 된 것이다.[288]

이와 같이 신기능주의는 이슈 간 연계(issue linkage) 전략에 따른 기능적 파급을 통해 국내정치와 국제정치가 희석되어 가는 점진주의(incrementalism) 통합방식을 취하여, 정부 간 대협상(grand bargains)에 따른 통합의 분기점을 강조하는 국가 중심 시각과 대척점에 위치한다.

> • 기능적 파급(functional spill-over)
> • 자동적 정치화(automatic politicalization)

> • 의도된 파급효과(cultivated spill-over)
> • 국내 정치 엘리트와 관료 간 연합

> • 국내 정치 엘리트와 초국가 관료의 사회화(socializing) 과정
> • 국가 간 협력의 비정치화(depoliticizaion) 및 제도화

> • 유럽 차원에서 사회적 행위자의 연합과 조직화
> • 국내정치 간 연계 / 국내정치와 국제적 시스템과의 경계 희석

출처: Ernst B. Haas (1958), The Uniting of Europe: Political, Social, and Economic
Force 1950-1957, Stanford, Stanford University Press, p. ⅹⅳ - 9를 재구성.

<그림 2> 신기능주의 통합과정

한편 하스는 점진적 통합의 단계를 구조, 조직 및 정책으로도 구분하여
제시하였다.

첫째, 국가 간에 공동의 구조(common framework)를 구축하여 정보를
교환하고 공동규범을 만들어 특정의 목적을 정한다.

둘째, 통합된 조직(joint facility)은 회원국 간 조정을 통해 초국가 차원에
서 표준화된 행위를 만들어 간다. 본 과정에서 생성된 공동정책(common
policy)은 초국가 수준에서 집단적인 규범과 행위 패턴을 구현한 것이다.

셋째, 공동체의 단일정책(single policy) 실행은 국내정책이 초국가 규범
과 목적에 구속되는 최종적인 단계이다.[289] 다만 이러한 정책의 점진적인
발전은 정책 영역에 따라 차별화되므로 유럽공동체는 이슈 영역에 따라

유사연방시스템(confederation)에서 국가 간 상호의존까지 다양한 구조를 갖는다.

<표 3> 유럽공동체의 제도발전 과정: 1969-1975년

제도발전 단계 / 초국가 수준의 권한	권한의 확장	권한의 효과적 활용	후속 조치
공동의 구조	• 에너지정책 • 산업정책		
통합된 조직	• 환경정책	• 통화협력 • 경기변동 대응	• 개도국 지원 (야운데협정) • 보건안전
공동정책	• 지역개발 • 경제통화동맹 (바르플랜 / 베르너보고서) • 자본의 자유이동 • 에너지정책(1974년 계획) • 환경정책(1973년 계획) • 산업정책(1973년 계획)	• 노동/서비스의 자유이동 • 역내무역: 기술장벽 철폐 • 통상정책 • R&D계획	• 개도국 지원 (로메협정)
단일정책		• 관세동맹 • 공동농업정책 • 노동 및 투자	• 경쟁정책 • 재정정책 조화 • 공동농업정책 개혁 • R&D계획 (스피넬리 계획)

출처: Ernst B. Haas (1976), "Turbulent Fields and the Theory of Regional Integration", International Organization, Vol. 30, No. 2, p. 202.

■ 이론의 파기

1970년대 하스는 자신의 이론이 더 이상 유럽에서 적용되지 않는다는 사실을 인정하고, 지역통합이론을 상호의존론(Interdependence theory)이라는 보다 일반화된 국제정치 이론의 하나로 의미를 축소하였다.[290] 신기능주의 이론의 파기는 1970년대에 전개된 유럽통합 과정에서 비롯되었다. 로마조약에 따르면 1970년대에 관세동맹과 공동농업정책(CAP) 이후에 공동통화정책(Common Monetary Policy) 도입이 예정되었는데 이러한 징후는 나타나지 않았다. 결국 하스는 1970년대 들어 유럽공동체에서는 통화 및 재정정책에서부터 공동농업정책의 개혁과 사회정책의 실현 등 예상하였던 일련의 정책 간 파급효과는 일어나지 않았다는 점을 시인하였다.

1960년대 말 이후 유럽에서는 점진주의(incrementalism) 통합을 가져올 초국가 제도발전이 지체되고, 통합에 참여하는 회원국 간 결속력이 약화되었다. 물론 이 과정에서도 관세동맹과 공동농업정책에서는 신기능주의 통합방식이 관철되었으나, 관세동맹에서 공동통화정책으로 진척되지는 않았다. 당시 유럽에서는 경제협력개발기구(OECD)에서의 합의가 더욱 널리 통용되면서 고전적인 파급효과는 야기되지 않았다.[291]

이슈 간 연계는 기존의 목표가 의문시되고 새로운 목표가 제기되어, 과거의 경험이 미래의 행동에 적절한 가이드가 될 때 이루어진다. 특히 탈산업사회(post-industrial society)에서는 이러한 상황이 더욱 표면화된다.[292] 그러나 하스에 따르면 1968년을 기점으로 기대했던 상황은 전개되지 않았고 이 결과 이슈 간 연계는 제약되었다.

기술발전과 함께 다양한 사회적 요구가 일면서 이슈는 갈수록 분화되고, 여러 목적을 동시에 취해야 할 필요성이 제기되었다. 1960년대부터 유럽공동체에서는 환경정책, 에너지정책과 R&D 프로그램과 같은 이전에 통합론자들이 생각지 못했던 새로운 이슈들이 증가하였다. 새롭게 제기된 이슈들은 통합 초기에 구상한 경제통합 목표에서 벗어난 정책들로 유럽공동체가 의도한 시장통합과는 또 다른 실행동인을 갖는다. 이 결과 유럽공동체에서는 생성시기를 달리하는 공동정책 간 연계가 제약되는 문제를 낳았다.[293]

물론 위기 타개를 위해 유럽위원회는 새로운 이슈를 한데 묶어 패키지 형태로 타협을 꾀하는 전략을 취했다. 그러나 회원국의 차별적 선호와 정책 간 상이한 속성으로 인위적인 이슈 간 연계는 실패하였다. 이러한 실패의 보다 큰 이유는 1970년대 들어 회원국들이 집단적 협력시스템보다는 일국 차원에서의 문제 해결을 선호하였기 때문이다. 독일, 프랑스와 영국 등 주요 회원국은 내외부의 압력에 따른 대응전략을 유럽공동체보다는 일국 차원에서 찾았다. 당시 회원국의 합리적 전략이란 국내정책의 성공을 위해 최소한의 수준에서 지역적 협력을 취하는 것이었다.294)

한편으로 유럽에서 점진주의 통합방식과 이슈 간 연계가 제약된 것은 기존의 통합방식에 대한 회원국의 재평가(reassessment)와 증대된 외부성(externalization)에서 비롯된 것이다. 하스에 따르면 1960년대 유럽공동체가 만든 공동시장은 국방, 외교 및 교육과 같은 국민국가의 민감한 정책 영역을 침범하지 않으려는 실용적 목적에 따른 것이다. 그러나 1960년대 중반부터 드골의 반통합 정서가 노골화되면서 경제적 복지라는 실용적 목적이 제약되고, 유럽위원회의 권한은 위축되었다. 이와 같이 기능적 목적에서 출발한 통합은 상황 변화에 따라 구조적, 정치적 취약성을 드러내었다.295)

한편 공동시장 내에서 교역과 노동이동이 증가하면서 회원국의 산업과 노동계에 미치는 통합의 영향은 갈수록 커졌다. 회원국에서는 이슈에 대한 민감성(sensitivities)이 커지면서 기회비용 역시 상승하였고, 이에 각국 정부는 통합을 재고려하게 되었다. 유럽공동체는 1968년과 1970년에 각각 바르플랜(Barre Plan)과 베르너보고서(Werner Report)를 통해 1980년대 말까지 경제통화동맹(EMU)을 완성키로 하였다. 당시 회원국들은 급격한 환율변동을 억제할 통화정책이 마련되지 않으면 관세동맹이 제 기능을 갖지 못한다는 사실을 인식하고 있었다. 그럼에도 경제통화동맹을 거부하는 영국과 통화정책에 회의를 품은 프랑스와 독일의 방관으로 당초 계획은 수포로 돌아간다.296) 이에 따라 회원국은 유럽공동체를 통한 문제 해결보다는 역외 국가 및 국제기구와의 협력에 주력하였다.

결국 하스는 1968년부터 1970년대 초를 기점으로 유럽공동체에서 거시적인 경제정책은 회원국의 선호에 종속되었고, 미시적 수준의 결정은 기업들의 시장전략에 지배되면서 정치통합으로의 발전 징후는 발견되지 않았다고 결론지었다.[297)

■ 하스 이후의 신기능주의: 슈미터(Philippe Schmitter)

슈미터(Philippe Schmitter)는 하스보다 유연한 시각에서 유럽통합을 이해한 학자이다. 슈미터에 따르면 국가 간 통합은 정지빌진과 유시히게 단일의 대이론이나 패러다임이 아니라, 경쟁적 관계에 있는 여러 논리들이 적용되어야 수렴과 분화의 다양한 양상을 이해할 수 있다.[298)

슈미터는 1960년대 하스와의 공동연구 이외에도 2000년대까지 변화된 통합과정에서 신기능주의 이론의 적실성을 탐구한 학자이다. 하스는 통합의 중심적 행위자로 초국가 관료조직인 유럽위원회를 집중적으로 거론한 반면 슈미터는 이후의 연구에서 사법재판소의 역할에도 주목하였다.[299) 그럼에도 슈미터는 1970년대 이후 신기능주의의 쇠퇴를 목격하면서 거버넌스의 전환(transformation of governance)이라는 커다란 변화에 지나친 낙관주의로 일관했다는 자성을 토로하기도 하였다.[300)

슈미터는 1960년대 당시 유럽통합에 참여한 행위자들의 전략적 선택을 들어 하스가 제시한 파급효과와 연관된 여러 파생적 개념을 제기하여 설명변수를 확대하였다. 그는 초국가 기구의 권한확장을 동반하지 않는 가운데 야기된 단순한 기능적 임무의 증대를 파생효과(spill-around)로 정의 내렸다. 또한 새로운 이슈의 증가 없이 이루어진 통합기구의 정책결정 독립성과 권한의 증가는 강화(build-up)로 설명하였다. 이 외에 초국가 기구의 권한을 축소하여 공동조정 수준을 낮춘 것은 축소(retrenchment) 그리고 통합기구의 기능적 영역과 권한이 이전보다 제약된 것은 퇴보(spill-back)로 이해하였다. 슈미터는 이러한 가정을 통해 정치적 통합으로의 진척요인은 파생효과 대신 성공적인 파급효과와 일괄타협(package deals)의 진행 그리고 새로운 이슈의 등장으로 지목하였다.[301)

슈미터가 언급한 통합과정에서 야기되는 여러 파생적 개념은 2000년대 이후 이전과 비교할 수 없을 정도로 복잡하고 정교한 통합과정에서도 설명력을 잃지 않는다는 점에서 의미가 깊다. 2008년 유로존 금융위기에 뒤따른 유럽이사회와 이사회를 중심으로 한 문제 해결 과정에서 정부간협상과 자유주의 정부간협상 이론이 설득력을 가졌다. 당시 유로존 금융위기로 2010-2015년 기간 41회에 걸쳐 유럽이사회(European Council)가 개최되었는데, 이는 정상들이 평균 50일에 한 번씩 회동을 한 것이다.[302)

그러나 한편으로 빈번한 정상회담과 함께 유럽위원회 역시 금융위기 해결을 위한 여러 전략을 내놓고, 유럽중앙은행(ECB)의 기능이 재정의되어 초국가 기구의 기능적 영역이 확장되는 결과를 가져왔다. 이는 곧 슈미터가 제기한 초국가 기구의 기능적 임무의 증대인 파생효과로 2000년대 들어서도 기능적 관점에서 통합을 이해할 수 있다.[303)

슈미터는 2000년대 이후에도 신기능주의 이론의 적용을 탐색하였다. 반통합주의자들은 유로존의 위기와 영국의 유럽연합 탈퇴(Brexit)를 들어 통합의 퇴보(spill-back)를 거론하였다. 이러한 상황에 대해 슈미터는 신기능주의 시각을 통해 비통합(disintegration)의 원인과 통합의 붕괴도 설명할 수 있다는 논리를 전개하였다. 이와 같이 슈미터는 오랜 시간에 걸쳐 신기능주의의 이론적 적실성에 집착하였다.[304)

■ 하스 이후의 신기능주의: 린드버그(Lean N. Lindberg)

▶ 통합의 조건

하스의 신기능주의를 계승한 린드버그(Lean N. Lindberg)는 정치통합을 야기하는 정치적 수단을 제시하였다. 하스는 국가에서 초국가 기구로 충성심 혹은 정치적 행위가 전환되는 과정으로 정치통합을 정의 내렸다. 이와 같이 린드버그는 하스가 제기한 통합의 정의를 수용하면서도 충성심이 전환되는 구조적 조건을 파악하는 데 주력하였다.

린드버그에 따르면 기존 통합이론은 정치적 통합이 가능한 여러 조건을 열거하지만 실제 왜 통합이 이루어지는가에 해답을 제기하지 않는다고 평가하였다. 도이취가 제기한 상호양립 가능한 시스템, 엘리트 상호 간 응답 및 적절한 커뮤니케이션 채널 등은 통합의 조건이지 통합을 가져오는 원인이라 할 수 없다. 동일한 맥락에서 하스가 제시하는 다원적 사회구조, 높은 수준의 경제발전 및 이데올로기의 공유 같은 개념 역시 통합을 이끄는 원인으로서는 불충분하다.

한편 린드버그는 기존에 정치통합 연구가 정치공동체(political integration)의 성립조건과 통합이 야기한 결과에 주목하면서, 다원적인 정치구조 형성에 대한 예측이 결여되었다고 생각하였다. 다원화된 정치구조에서는 국가들이 고유한 정체성을 유지하면서 참여하며 궁극적으로 국가성을 넘어 발전한다. 이러한 다원적 정치구조의 발전은 참여한 회원국 간 집단적 의사결정에 기인한다.[305] 이와 같이 린드버그는 초국가 수준에서의 집단적 의사결정시스템을 통합의 가시적 결과로 보았다.

린드버그는 정치통합이 어떻게 야기되는가를 분석하기 위해 하스가 제기한 통합조건에 서유럽의 통합 경험에서 도출한 요인들을 부연하였다.[306]

첫째, 새로운 중앙기구와 공동정책이 발전해야 한다.

둘째, 이러한 중앙기구는 경제사회적 구조에서 중요한 역할을 수행해야 하며 임무가 지속적으로 확대되어야 한다.

셋째, 회원국들은 그들의 이익이 기업과 조화를 이루도록 노력해야 한다.

한편 린드버그는 유럽경제공동체의 예를 들어 초국가성(supranationality)의 확대라는 모호한 언명 대신, 이슈에 직접 개입하여 취하는 능력으로 중앙기구의 기능을 구체화하였다.[307]

첫째, 유럽경제공동체의 예를 볼 때 중앙기구는 이슈에 대한 이해관계에서 절연되어 공동의 이익을 확인하면서 단일성을 꾀하는 역할을 수행한다.

둘째, 통합은 중앙기구가 어떻게 능력을 발휘하고 역할을 수행하는가에 좌우된다. 이러한 중앙기구의 능력과 역할은 합리적인 정책결정 패턴을 만들고 제도화를 이루며 조직화된 행동을 통한 임무수행에 달려 있다.

셋째, 중앙기구가 정책결정에 영향을 미칠 능력이 없다면, 정책결정자들에게 영향을 미칠 여론을 이끌어내야 한다.

넷째, 중앙기구는 전체 시스템에 영향을 미쳐 정치통합의 잠재적 효과를 이끌어내야 한다.

▶ 파급효과의 정교화

린드버그는 하스가 제기한 파급효과 개념을 정치적 맥락에서 보다 상세하게 적시하였다. 각 국가는 정책에 따른 선호가 다르고, 통합을 위해 불가피하게 감수해야 하는 불이익의 정도 역시 차별적이다. 따라서 특정 단계에서 다음 단계로 자동적으로 통합이 전환되지는 않는다. 결국 파급효과는 회원국들의 의지에 달려 있으며, 몇몇 회원국들이 저항한다면 더 큰 의무가 부과되는 높은 통합단계로 진입할 수 없다. 이러한 맥락에서 모든 회원국의 이해가 일치해야 목적을 성취할 수 있다. 이는 곧 파급효과의 진행이다.[308]

린드버그는 통합과정에서 필연적으로 나타나는 국가 간 갈등이 공동의 이해로 변화될 때 진정한 통합(true integration)이 달성된다고 보았다. 물론 국가 간 갈등은 외교적 협상 혹은 실무자 간 최소한의 수준에서 상호 양보로 해결될 수 있다. 그러나 보다 심화된 정치통합이 진전되려면 행위자를 구속하는 초국가 제도와 규범이 필요하다. 이러한 제도적 구조에서 회원국 간 조정이 극대화되면, 중앙기구와 회원국의 의사를 대표하는 초국가 기구의 권한도 확장된다. 이 결과 정책과정에서 파급이 야기되는데 본 과정이 진정한 통합이다.309)

나아가 린드버그는 통합과정에서 나타날 수 있는 일련의 파급과정을 구체적으로 설명하였다. 파급효과는 국가들의 목표와 기대를 수렴해 가는 과정에서 비롯된다. 중앙기구에서 국가 간 합의가 어려운 문제를 해결한다면 회원국의 정치 엘리트들은 점차 중앙기구에 기대와 요구를 표명하게 된다. 다만 중앙기구는 초국가 제도의 심화 및 새로운 초국가정책 창출을 제외한 여타 조건을 능동적으로 다루기는 어렵다. 한편 유럽경제공동체와 같이 경제 전반의 통합을 의도한 통합기구에서는 정책 간 파급이 용이하다. 이 과정에서 정책 영역마다 회원국 간 선호 불일치에 따른 갈등조정이 이루어진다. 또한 관세동맹에서 확인할 수 있듯이 통합기구와 역외국가 간 갈등 시에는 중앙기구가 중심적 역할을 한다.

▶ 집단적 의사결정시스템

린드버그에 따르면 통합은 각 회원국이 독립적으로 실행하는 외교와 국내정책 대신에 공동결정 혹은 새로운 중앙기구에 정책결정 권한을 위임하여 기대와 능력을 극대화하는 것이다. 즉, 유럽통합은 개별 국가들이 외교 및 국내정책에서 기대와 활동을 재편하여 독립적인 결정과 집행을 포기하고 새로운 중앙기구에서 공동결정을 꾀한 것이다. 이와 같이 린드버그는 국가 간 집단적 의사결정시스템의 완성과 운영을 통합으로 규정

하고, 이를 특징짓는 여러 조건을 제시하였다.[310]

- 집단적 의사결정이 적용되는 이슈의 규모
- 정책결정의 전 과정 중 집단적 합의를 요하는 단계의 유무와 그 정도
- 공적 분배에서부터 단순한 기능적 조정까지 집단적 정책결정이 적용되는 정책의 중요도 정도
- 집단적 정책결정에 대한 요구의 정도
- 집단적 정책결정에서 정책결정자들이 사용할 수 있는 자원의 정도
- 집단의 지속성과 리더십
- 개별 국가의 이해와 집단적 의사를 효과적으로 관철시킬 수 있는 협상시스템
- 집단적 정책결정이 다수 혹은 소수의 시민에게 미치는 정도
- 집단적 정책결정에 대한 순응 혹은 저항 정도
- 집단적 정책결정의 실행에 따른 결과의 정도

한편 집단적 정책결정시스템이 효과적으로 작동하려면 회원국 대표들은 새로운 중앙기구에서 독립적 의사결정을 통해 국제관계에서 능력을 발휘해야 한다. 나아가 정치적 행위자들은 여러 영역에서 그들의 기대와 활동을 새로운 중앙기구로 전환토록 설득해야 한다. 이러한 맥락에서 국내의 정치 엘리트는 통합과정에서 가장 중요한 역할을 수행한다.[311]

린드버그는 1950-1970년 기간 유럽공동체에서 진행된 집단적 의사결정 내용을 분석하여 통합의 양상을 설명하였다. 1950년에 유럽공동체에서 집단결정은 한 건도 이루어지지 않았지만 1957년과 1968년에 각각 7건과 17건으로 증가하였다. 특별히 1958년부터 5년간은 공동결정이 집중되면서 통합이 최고조에 달했던 시기이다. 이러한 지표를 볼 때 1957-1968년 기간에 초국가 관료와 초국가 내 여러 하위조직 내에서 회합이 점증하면

서 자연스럽게 집단적 의사결정도 증가하였고, 이 결과 제도화의 진전과 구조적 발전이 이루어졌다. 또한 동 기간에 집단적 결정에 대한 신뢰, 공동의 이해관계 및 상호 간 정치적 동질성에 대한 기대수준이 높아지면서, 유럽공동체의 사회경제적 기능에 대한 요구가 증대하였다. 따라서 1957-1968년 기간 회원국은 통합에 대한 높은 기대수준으로 유럽위원회의 강력한 위상에 암묵적인 지지를 보냈다.312)

이와 같이 린드버그는 하스의 이론을 계승하면서 정치적 통합은 광범위한 국제적 통합과정의 일부로, 군사력에 의지하지 않고 국가 간 새로운 집단적 의사결정 시스템을 창출하고 운영하는 과정으로 파악하였다.

■ 하스 이후의 신기능주의: 나이(Joseph Nye)

▶ 통합동인

고전적 신기능주의 학자인 나이(Joseph Nye)의 관심은 국제적 수준에서 국가 간 통합을 위한 일반적인 개념과 특징을 도출하는 것이다. 나이는 여러 통합시각을 유럽 이외의 지역에 적용하여 국제적 차원에서 일반적인 통합의 조건을 제시하려 하였다. 그러나 나이는 경험적 연구를 통해 서유럽에서만이 정치통합의 조건이 성숙했다는 결론을 내리고 유럽을 중심으로 국가 간 통합논의를 진행하였다.

한편 나이는 기존의 통합이론이 각기 다른 관점으로 유럽경제공동체를 이해한다고 보았다. 통합이론가들은 모네(Jean Monnet)와 할슈타인(Walter Hallstein)이 계획한 점진적인 진화를 통한 초국가 통합과 드골(Charles de Gaulle)이 지향하는 푸셰플랜(Fouchet Plan)과 같은 국가 간 외교적 협력으로 공동체에 대한 이해를 달리한다는 것이다.313) 나이는 이러한 상반된 시각이 모두 제한적 적실성을 갖는다는 점을 들어 새로운 설명을 제기하였다.

나이는 하스와 유사하게 기능주의에 대한 비판적 관점에서 통합의 동인은 기술적 필요만으로 설명할 수 없다고 파악하였다. 나이에 따르면 정치적 통합은 이를 주도하는 중심기구가 권력과 경제적 이해를 정치적으로 조정해 가는 과정이다. 이러한 과정은 정치적 단위 간 균등한 경제력이나 정치 엘리트의 증대된 책임과 정치적인 실현 가능성 등 여러 조건이 성숙할 때 이루어진다. 나이는 이러한 제 조건을 통해 하스가 제시한 목적 지향적인 통합방식을 과정의 메커니즘(process mechanism)으로 정교화시키고 연계전략을 통한 파급 등 통합전략을 보다 세분화하였다.

푸셰플랜(Fouchet Plan)

푸셰플랜은 1961년 프랑스 대통령 드골(Charles de Gaulle)이 제안한 통합방식으로 초국가적 요소를 배제하고, 회원국이 중심이 된 정부 간 통합 내용을 담았다. 푸셰플랜은 초국가기구로 발전하는 유럽경제공동체에 대한 드골의 반감에서 비롯된 것인데, 드골은 로마조약 내용을 수정하면서까지 푸셰플랜을 강행하려고 하였다.

본 계획은 초국가주의를 거부하고 정부 간 협력을 통해 외교와 경제정책을 수행한다는 1950년대 영국이 추구한 유럽통합 방식과 매우 흡사하다. 이른바 국가들의 유럽(Europe des Patries 혹은 Union of States) 형태를 추구한 푸셰플랜에 따르면 국가 수뇌부 혹은 외무장관으로 구성된 이사회가 핵심적인 행정부로 위치하여 만장일치 표결로 의사를 결정한다. 이 외에도 푸셰플랜에는 정부 간 협력에 의해 운영되는 위원회가 외교, 국방, 무역 및 문화 정책을 담당한다. 이와 같이 초국가 통합을 경계하는 내용을 담은 푸셰플랜은 1963년 들어 네덜란드를 위시한 유럽공동체 회원국들의 반발에 부딪혀 백지화되었다.

나이는 통합을 야기할 잠재적인 요인을 구체적으로 열거하였다.

첫째, 통합단위의 크기와 경제적 조건이 유사해야 한다. 특별히 통합계획에 있어 참여 회원국의 GNP 규모는 큰 중요성을 갖는데 참여국의 경제규모는 반드시 유사해야 한다. 또한 나이는 경험적 사례를 들어 1인당 GNP가 낮은 국가 혹은 지역에서는 통합이 어렵다는 점을 부각하였다.

둘째, 정치 엘리트 간 가치의 양립성이 요구된다. 엘리트 간 사고가 동질적일수록 통합추진 동력이 커진다. 따라서 효과적으로 통합을 이끌려면 각국의 다양한 정치적 환경을 포용하고 융합하는 전략이 요구된다.

셋째, 기능적으로 분화된 다양한 집단이 통합을 촉진한다는 점을 고려할 때, 참여 회원국의 다원주의 정치체제는 중요한 전제 조건이다. 회원국의 정치제재가 다원화될수록 통합과정에서 응집력 있는 피드백이 용이하다. 서유럽과 제3세계를 비교할 때 서유럽 밖에서는 상대적으로 통합을 추진할 집단이 취약하다는 사실을 알 수 있다.

넷째, 통합에 참여하는 국가들의 규범 수용 및 응답능력이 높아야 한다. 국내정치가 안정화되고 정책결정자들이 국내의 다양한 요구에 적절히 대응이 가능할 때, 통합과정에도 능동적으로 참여할 수 있다.

▶ 통합과정

나이는 하스의 시각을 계승하면서 1950-60년대 유럽통합의 경험을 들어 통합과정을 보다 정교하게 구성하였다.[314]

첫째, 기능적 임무의 연계는 파급뿐 아니라 퇴보라는 역기능 역시 갖는다. 정치적 행위자들은 기능적 상호의존이나 연계과정을 통해 공동임무를 재설정한다. 그러나 이러한 재조정이 항상 공동임무를 상향 조정하는 것은 아니며 때로는 부정적 결과를 야기하기도 한다. 실제로 유럽경제공동체 초기에는 정치인과 경제인들이 통합의 이익을 향유했지만, 점차 경제적 효과가 저하되면서 여타 추가적인 통합에 부정적 입장을 드러냈다.

둘째, 통합은 무역, 통신 및 사람의 자유이동이 촉진될 때 이루어진다. 이러한 상호 간 접촉과 거래의 확대는 중앙기구의 권한이 증가할 때 이루어진다.

셋째, 일괄타협(package deals)을 통해 여러 문제점들을 연계하여 동시에 해결하는 것은 기술적 필요성이 아니라 정치적 목적에 기인한 것이다. 더불어 이슈 간 연계뿐 아니라 여러 수준의 행위자 간 신중한 연계와 연합 역시 요구된다.

넷째, 엘리트의 활발한 참여가 이루어지고 이들 간 사회화과정이 이루어지면서 통합은 더욱 촉진된다. 그러나 관료집단의 사회화는 자칫 국내의 여론과 정책에서 유린되는 결과를 가져올 수도 있다.

다섯째, 지역통합은 비정부 간 행위자 간 공식, 비공식 차원에서 국경을 넘어 연계가 활성화된 것이다.

여섯째, 실현 의지가 강하고 동질적 목적에 호소할수록 통합반대 세력의 저항이 감소한다. 이러한 구조에서는 경제인들이 단기적 손실을 감수하면서도 보다 큰 시장에서 장기투자를 계획한다.

끝으로, 통합에 참여하지 않은 역외국가와 국제적 기구들은 통합과정에서 일종의 촉매 역할을 할 수 있는데, 본 사안은 초기 기능주의 학자들이 관심을 기울이지 않았던 부분이다.

이어서 나이는 통합과정에서는 세 가지의 조건이 통합에 영향을 미친다고 설명하였다.[315)]

첫째, 통합에 참여하는 국가 간 이익배분이 공정하게 이루어질수록 통합은 용이하게 이루어진다.

둘째, 대외무역 의존도가 높고 외부 강대국으로부터의 위협이 상존하며 국제적 시스템을 변화시킬 능력이 저하될 때, 정책결정자들 간 통합논의는 설득력을 갖는다.

셋째, 특별히 통합의 초기 단계에서 가시적 비용이 적을수록 통합은 용이하게 진행된다. 나이는 비용문제를 신기능주의 이론 혹은 전략에서 주요한 전제라고 언급하였다.

최종적으로 나이는 시간이 경과하면서 제기되는 여러 상황이 통합과정을 특징지을 것으로 생각하였다.

첫째, 문제 해결 수단이 강구되거나 정치화(politicalization)되고 경쟁적 이익선호가 조정되며, 통합으로 야기된 이익이 넓게 확산되어 폭넓은 지지를 받아야 한다.

둘째, 통합된 정치단위 내에서 통합단계, 권력관계 및 경제적 이익이 변화할 때마다 재분배가 원활히 이루어져야 한다. 또한 통합과정에서 특정 지역이 보다 많은 수혜를 받는다면, 여타 지역에는 보상 차원에서 적절한 재분배가 이루어져야 한다.

셋째, 통합과정에서 정책결정자들은 통합수준과 범위에 대한 압력에 직면하므로, 만족도가 낮더라도 차선의 선택을 행하게 된다.

끝으로, 회원국들은 역외 국가와의 관계에서 공동의 입장을 견지한다. 통합이 심화될수록 역외 국가는 통합에 대한 지지 혹은 적대감이 구체화되므로, 통합에 참여하는 국가들 간 공통적인 외연화(externalization) 과정이 요구된다.

이와 같이 나이는 유럽통합을 단순히 경제통합으로 한정하지 않고 정치와 사회 등 다면적 측면의 복합적 과정으로 파악하였다.[316] 이러한 사고에서 나이는 다원주의의 존재와 정치 엘리트 간 이데올로기 차원의 일체감을 통합의 필요조건으로 상정하고, 통합의 조건과 과정을 정교하게 구성하여 기능적 접근의 개념적 확장을 기하였다.

더불어 하스가 서유럽이라는 지역적 수준에서 적실성을 제기한 것과 달리 나이는 통합수준을 국제적으로 확장하여 여러 국제적 통합기구에 대한 경험적 연구를 통해 신기능주의 이론의 적용 가능성을 시험한 사실도 긍정적으로 평가할 수 있다.[317] 물론 유럽 외 지역의 경우 통합에 요구되는 제 조건이 결여되어 지역통합이 어렵다는 결론을 얻어, 통합논의는 서유럽으로 재조정되었다.[318]

나이는 유럽의 경험에서 추출한 통합조건을 국제적 수준에서 적용키 위해 유사한 시기에 출발한 아프리카연합(OAU), 라틴아메리카자유무역연합(LAFTA)과 아랍연맹(Arab League)에서 이론적 적실성을 탐색하였다. 그러나 나이는 각 지역의 경제통합 및 협력기구의 경우 미약한 초국가성과 특정 회원국의 정치적 영향력으로 통합된 정치단위로의 발전이 제약된다는 사실을 확인하였다.

따라서 나이는 유럽 이외 지역에서의 경제적 협력을 의도한 지역기구에 의문을 제기하였다. 물론 이러한 지역적 수준의 경제협력기구는 국가 간 관계를 개선하여, 최소한 분열과 갈등으로 야기될 비용이라도 상쇄할 수 있다. 그러나 지역경제의 발전과 기여를 볼 때 다국적기업이 지역경제협력체보다 더욱 중요한 기능을 수행한다. 나이는 이러한 경험적 사례를 들어 단순한 지역경제협력기구는 경제통합을 통한 자동적 정치화를 기대할 수 없다고 결론지었다.[319]

결론적으로, 하스의 전통을 승계한 학자들은 여러 설명변수를 추가하여 이론적 적실성을 도모하였다. 그러나 이러한 작업은 결과적으로 신기능주의는 모든 것을 포괄하기 위해 단일의 이론을 넘어 광범위한 설명의 종합으로, 통합에 영향을 미치는 특별한 현상을 설명하거나 분석을 등한시한다는 비판을 낳기도 하였다.[320]

■ 이론적 한계

신기능주의 이론의 한계는 이론적용의 지정학적 제약성과 일반이론으로서의 취약성 그리고 정치적 상황 변화에 따른 적실성의 결여에서 찾을 수 있다.

신기능주의 이론가들의 분석대상은 서유럽이라는 지역적 수준에 한정되었다. 이는 곧 하스를 비롯한 여러 신기능주의 학자들이 제기하는 통합의 조건은 유럽 밖에서 보편적인 타당성을 갖지 않는다는 사실을 반증한다.[321] 실제로 하스는 국가 간 경제적으로 의존이 심화된 산업국가, 정치적 동원과 국가 간 유사한 가치관과 헌정구조는 1950-60년대 당시 서유럽 밖에서는 관찰되지 않는다는 결론을 내렸다.322) 이 외에도 하스의 시각은 1950년대 유럽석탄철강공동체로부터 유래하는 초기 기능적 통합과정에서는 납득할 만한 설명을 제기하였지만, 이후 일반이론으로서 갖추어야 할 비교연구와 가설검증의 취약성으로 사회과학 일반이론으로서 맹점을 드러내었다.

무엇보다도 신기능주의의 한계는 1960년대 중반 이후 유럽통합과정이 정체되면서 자연스럽게 이론의 적실성이 잠식되었다는 데서 찾을 수 있다. 이에 따라 신기능주의 이론가들은 경험적 적용과 검증 이전에 이론의 한계를 자인하게 되었다. 하스는 1960년대 이후 유럽에서는 높은 이상과 철학적 사고가 뒷받침되지 않아, 경제적 이익과 같은 실용적 목적이 퇴색하면서 점진적 통합방식과 파급효과가 제한되었다고 파악하였다.323)

이와 같이 이론적 맥락에서 신기능주의는 적실성과 함께 한계도 분명한 시각으로 결정적인 맹점은 몇 가지로 요약할 수 있다.

첫째, 신기능주의 시각에서는 파급효과의 정치적 성격을 간과한다. 기능적 파급과 정치적 파급은 밀접하게 연계되어 있어도 양자는 근본적으로 상이한 속성을 갖는다. 1990년대 신기능주의 학자인 옌센(Carsten Stroby Jensen)에 따르면 파급효과는 기술적 전이가 아니라 정치적 문제이다. 특히, 새로운 정책의 생성 시 파급효과는 철저하게 국가 간 정치적 조정에 지배받는다. 사회정책과 노동시장 정책은 대표적 예이다.324)

유럽통합 과정에서 파급효과는 유럽위원회와 회원국이 여러 전략을 통해 의제와 행위자의 선호를 정치적으로 연결할 때 가시화되었다. 서로 상이한 성격을 갖는 정책을 묶어 정치적 타협을 꾀하는 일괄타협(package deal)은 대표적 경우이다. 이러한 파급효과의 정치적 성격으로 경제적 이해 추구에 한정된 통합은 상황에 따라 그 과정이 붕괴되거나 되돌려질 수도 있다. 극단적인 경우 정치적 이해관계 대립으로 다음 통합단계로의 진입이 제약될 수도 있다.325)

결국 신기능주의 시각에서는 복잡한 정치적 동인들이 경제적 이익에 의해 쉽게 간과되어 버린다.[326) 경제통합이 정치통합을 가져온다는 단순한 도식은 여론의 지배, 종교적, 심리적 요인 및 사회적 가치 등 다양한 사회적 변수를 깊이 고려치 않은 것이다. 실제로 1980년대 이후 일련의 경제통합 과정에서는 기술적, 심리적 파급효과뿐 아니라 선거와 같은 정치적 이슈가 깊숙이 영향을 미쳤다는 사실을 주지할 필요가 있다.

둘째, 정책마다 고유한 속성으로 정책 간 파급이 자동적으로 이루어지는 것은 아니다. 신기능주의 학자들은 여하간의 경우에도 통합은 진척된다는 낙관적 사고에 따른 단선적 진행논리(uni-directional logic)를 전제하였다. 그러나 현실에서 파급은 여러 요인에 의해 제약되었다.[327) 이러한 맥락을 직시한 학자는 마요네(Giandomenico Majone)이다. 그는 신기능주의 통합이론가들은 규제정책과 비규제정책의 차이를 명확히 구분 짓지 못하였다고 비판하였다. 결속, 연구개발 및 농업보조금 등 재원 투입을 요하는 비규제정책은 공동체 예산규모에 구속받는다. 그러므로 비규제정책에서는 신기능주의에서 상정한 것처럼 자동적 파급이 야기되지 않고, 정치적 조정에 의한 예산배분과 구조적 개혁을 통한 인위적 파급만을 기대할 수 있다.[328)

나아가 마요네는 로마조약에 명기된 사회정책은 회원국의 국내정책에 지대한 영향을 미치므로 경제통합의 진척에도 불구하고 여전히 국가 간 조정 영역에 남아 있다는 사실도 지적하였다. 물론 1990년대 단일시장계획과 동반되어 유럽연합 차원에서 사회정책이 확장된 것은 사실이다. 그러나 이는 파급효과로서의 전이가 아니라 회원국 간 의도된 프로젝트이며, 이 또한 정도의 차이는 있지만 다수의 회원국에서 강력한 정치적 저항을 유발하였다.[329)

셋째, 신기능주의 시각에서는 다양한 이익동인을 갖는 행위자들의 기대와 충성이 새로운 정치 단위체로 이관된다는 사실을 논리적 귀결로 파악한다. 따라서 자동적 정치화라는 언명에는 통합에 참여하는 행위자들이 합리적 사고를 통해 공동체 발전을 낙관한다는 전제가 내재한다고 할 수 있다.330) 신기능주의 시각에 따르면 초국가 관료와 정치 엘리트들은 사회화 과정과 정체성 형성을 통해 점차 초국가 기구로의 충성심이 이전된다.

나아가 신기능주의자들은 초국가 정책에 대한 국민국가의 수용 역시 국내 정책결정자 간 사회화 과정으로 환원하였다. 즉, 통합의 진척으로 국가 간 행정 및 정치적 사고가 수렴화된다는 것이다. 여기서 국가 간 수렴화란 각국의 행정시스템 내에 공통의 초국가적 가치와 문화가 침투하여 시간이 경과하면서 회원국 간에 일종의 이형동질화(isomorphous) 현상이 야기되는 것으로 이해할 수 있다.331)

문제는 신기능주의 시각에서는 초국가 조직의 생성과 발전을 당위적 맥락에서 규정하지만 이론적 예증을 간과하여 적실성 있는 사례를 제시하지 못하였다는 점이다.332) 사회적 요구가 어떻게 초국가 기구로 동원되며 왜 이러한 사회적 요구가 생성되었는가? 그리고 공동체 밖의 사회적 행위자들은 어떻게 사회적 요구를 취합하고 어떠한 경로로 공동체에 침투하는가에 대한 분석은 결여되어 있다.

넷째, 신기능주의 시각에서 설명하는 통합현상의 결정적 맹점은 60여 년간 진행된 통합과정에서도 국가는 여전히 지배적 행위자라는 사실이다. 신기능주의자들은 주인-대리인(principle-agent) 모델과 동일한 개념에서 출발하여 대리인인 초국가 기구는 점차 주인인 국가의 통제로부터 벗어난다고 말한다. 물론 이러한 주장은 국가의 개입을 벗어나 초국가 수준에서 정책결정과 시행이 이루어지는 여러 공동정책에서는 적절한 해석이다. 그러나 정부간협상이론에서 제기하듯이 대개의 정책에서 최종 결정 권한은 이사회가 보유한다.333)

또한 안보와 사법협력과 같이 모든 회원국에 사활적 이해가 걸린 정책 영역에서는 여전히 주요 회원국의 이해가 깊숙이 개입한다. 결정적으로 주인-대리인 관계에서 주인인 회원국은 여전히 유럽적 헌정구조의 변화를 꾀할 수 있는 권한을 독점하고 있다. 이러한 맹점은 피어슨(Paul Pierson)이 지적한 바와 같이 신기능주의는 초국가 기구의 자율성이 성립되는 배경과 과정에 대한 정교한 설명이 결여된다는 비판과 일맥상통한다. 여기에는 또한 회원국의 선호가 왜곡되거나 제한될 경우 야기될 수 있는 회원국의 피드백 과정은 고려되지 않는다.[334]

결국 1980년대 말 이후 초국가 기구의 독립성 확대는 엄연한 현실이지만 여전히 통합의 핵심 동력은 국가의 정치적 이해이다. 또한 초국가 기구의 권한확대 이면에는 회원국의 기능적 사고와 용인이 있다는 점도 신기능주의가 간과한 사실이다.

■ 이론적 생명력

신기능주의 이론은 1970년대 이후 유럽통합 과정이 침체되면서 오랫동안 설명력이 상실된 낡은 이론으로 치부되었다. 그러나 1980년대 중반 이후 유럽공동체는 로마조약에 명시된 목적을 구현하기 위해 제도적 개혁을 단행하고, 외교와 안보 등 국민국가 영역에 위치한 정책에서 국가 간 제도화된 협상기제를 강구하면서 룩셈부르크 타협체제는 종말을 고하였다. 이와 같이 통합속성이 변화하면서 신기능주의 이론가들은 공동체법의 발전에 따른 초국가 제도화와 국가 내부에서 하위정부(SNA)의 권한 확장에 주목하게 되었다. 1980년대 말 이후 신기능주의 학자들은 국가들이 갈망하는 경제발전과 복지의 확대 그리고 유럽 차원의 사회적 행위자들의 압력이 결과적으로 초국가성(supranationality)의 심화를 가져왔다고 보았다.[335]

여러 이론적 맹점이 있지만 신기능주의 시각은 여전히 건재하다. 1990년대 대표적 신기능주의 학자인 옌센(Carsten Strby Jensen)은 유럽연합 차원의 사회정책과 노동시장정책의 발전과정을 들어 신기능주의의 건재를 역설하였다. 옌센은 단일유럽의정서와 마스트리히트조약을 통해 사회정책 영역에서도 기능적 파급이 야기되었고, 초국가 기구로의 국내 정치 엘리트들의 충성심의 전환 및 유럽 차원의 사회적 행위자 간 연합이 괄목하게 진척되었다고 보았다. 노동과 서비스의 자유이동을 위한 유럽 차원의 규제적 조치, 기업설립의 자유, 유럽사회기금(ESF)의 확대, 유럽연합 차원의 직업교육 프로그램 및 결속정책(cohesion policy)의 확장 등 단일시장계획과 함께 진행된 일련의 경제사회정책의 확대는 이러한 파급의 예이다.[336]

옌센은 린드버그가 말한 바와 같이 일국 차원에서 결정되고 집행되는 사회정책이 점차 유럽 차원에서 공동결정과 시행으로 진행된다고 파악하였다. 특히 그는 보건안전과 같은 노동조건에 대한 통제는 일국 차원의 통제를 벗어났으며, 1991년에 당시 영국을 제외한 유럽공동체 11개 회원국이 조인한 사회정책의정서(Protocol on Social Policy)를 통해 사회정책에서 회원국 간 수렴화 현상이 가속화되었다고 파악하였다.[337]

옌센에 따르면 일련의 조약수정을 통해 많은 사회정책 이슈가 이사회에서 가중다수결 표결(QMV)이 적용되면서, 동 정책 영역에서 유럽위원회와 유럽의회의 권한이 증대하였다. 또한 사회정책 영역에서도 점차 국가 간 정책수렴을 통해 유럽연합 차원에서 문제 해결을 꾀하는 것이 일반화되었다. 무엇보다도 옌센은 유럽경제인연합회(UNICE, 현 BusinessEurope)가 단일유럽의정서 이후 유럽위원회가 밀접한 관계를 맺고 있다는 사실에 주목하여, 유럽 차원에서 다양한 이익집단의 조직화를 역설하였다. 이들 이익집단은 유럽위원회와 동반자관계(partnership)를 맺고 사회정책에서 일단의 행위자로 권한을 행사하고 있다.[338] 이러한 변화된 현실을 들어 옌센은 신기능주의가 제기하는 통합과정은 1990년대에도 여전히 유효하다는 입장을 견지하였다그러나 옌센의 주장이 사회정책 전반에서 모두 유효한 것은 아니라는 사실을 인식할 필요가 있다. 폭넓은 사회정책 영역을 고려한다면 옌센이 제기하는 사회정책에서의 파급효과는 시장통합과 연계된 특정 이슈에 한정되어 있다는 것을 알 수 있다. 사회정책 영역은 이슈별로 다양한 이론적 해석이 제기될 만큼 방대하고 다양한 속성을 갖고 있다. 단적으로 복지국가정책과 내무사법 영역은 여전히 회원국 정부가 배타적인 통제권을 갖는다. 중요한 사실은 초국가화 된 사회적 규정과 국가의 배타적인 주권이 존속하는 이슈 간에 과연 파급효과가 이루어지고 있는가이다. 이러한 질문에 대해 정책의 상이한 속성을 강조한 마요네(Giandomenico Majone)의 시각은 신기능주의의 제약을 실증한다고 할 수 있다.[339]

이러한 비판에도 불구하고 신기능주의는 학문적 영역에서 거론되는 이론 그 이상의 의미로 유럽경제공동체를 설립한 통합주의자들에게 통합의 지침을 제공하였다는 데 의미가 깊다. 통합과정에서 많은 연구자들이 브뤼셀의 유럽관료와의 면담과 접촉 시 이들은 하스가 제기한 통합방식을 의식하거나, 의문을 갖거나, 구현하려 한다는 점에서 신기능주의는 학문 영역을 넘어 유럽통합의 당위성을 말한다고 할 수 있다.[340]

■ 이론적 배경

▶ 신기능주의 재해석

1980년대 후반 이후 유럽통합 과정은 하스가 제기한 기능적, 정치적 파급의 구현으로 이해할 수 있다. 당시 단일시장계획이 본격화되면서 구조기금(structural fund)의 전면적 개혁을 통해 결속정책(cohesion policy)이 출범하면서 회원국 간 사회적 결속이 가시화되었다. 나아가 경제통화동맹(EMU) 계획이 구체화되어 회원국 간 재정통화정책 조화를 위한 조치가 뒤따르면서 경제 부분에서 기능적 파급이 일어났다.

한편 단일유럽의정서와 마스트리히트조약 체결을 통해 협력절차(cooperation procedure)와 공동결정절차(codecision procedure)가 도입되어 모네가 언급한 공동체 방식(Community method)이 구현되었다. 더불어 이사회에서 가중다수결 표결(QMV) 확대로 룩셈부르크 타협체제(Luxemburg compromise)는 종식을 고하였다. 이 외에 유럽사법재판소(ECJ)는 일련의 친통합 성향의 판결을 통해 신기능주의 이론에서 말하는 정치적 파급을 고무하였다.[341]

이와 같이 단일유럽의정서 체결 이후 다시 한번 통합이 고조되면서 신기능주의의 전통을 잇는 일단의 저작이 잇따라 출간되었다. 샌드홀츠(Wayne Sandholtz)와 스위트(Alex Stone Sweet)의 1998년 저작 [European Integration and Supranational Governance] 그리고 암스트롱(Kenneth Armstrong)과 벌머(Simon Bulmer)의 1997년 논문 [The Governance of the Single

European Market]은 당시 통합의 흐름을 분석한 대표적 연구이다. 이들은 본 저작들을 통해 신기능주의 시각을 비판적으로 수용하면서, 새로운 초국가 제도발전을 제시하였다.[342]

샌드홀츠와 스위트는 1992년 시장통합계획은 1950년대부터 지속되어 온 공동시장이라는 통합 목적의 구현이 아니라, 이전과 다른 새로운 통합과정의 출발선으로 이해하였다. 1980년대 후반 이후 진전된 통합은 고전적 신기능주의가 제기하는 동인 이외에도 여러 요인이 복합적으로 작용한 결과라는 것이다.[343] 샌드홀츠와 스위트는 이러한 통합과정의 변화에 따라 기능적 접근과 국가 중심 시각으로 양분화된 기존 통합이론의 한계를 지적하였다. 또한 이들은 당시 대두되고 있던 제도적 접근과 정책네트워크(policy network) 시각에도 비판적 입장을 취해, 본 이론들은 복잡한 통치과정 중 특정의 정책 영역에서만 유효하다고 평가하였다.[344]

샌드홀츠와 스위트는 국가 중심성의 대척점에서 단일시장계획과 탈규제화 그리고 경제통화동맹의 성립배경을 분석하기 위해 신기능주의에서 제기한 초국가 제도와 초국경적 사회 같은 전통적 개념을 수용하였다. 또한 샌드홀츠와 스위트는 통합의 중추적 행위자로서 정치가 및 노조지도자 등 엘리트의 역할과 파급효과 등 하스가 제시한 개념도 수용하였다. 그럼에도 샌드홀츠와 스위트는 하스의 주장이 성립되려면 친통합 성향의 엘리트가 존재해야 하고, 의도한 기능적 분야가 성과를 거두어야 한다는 단서를 달았다,

이러한 연구 방향으로 초기 초국가주의는 신기능주의 이론의 현대적 재해석으로 치부되었다. 실제로 샌드홀츠와 공동연구를 진행한 학자들은 1990년대 중반까지도 자신들의 이론적 시각을 초국가주의라고 명명하지 않았다. 그러나 이후 샌드홀츠와 스위트가 초국가 정부와 제도화라는 통합의 지향을 설명하면서, 이들의 이론적 시각은 전통적인 신기능주의와 차별화된다는 점에서 초국가주의로 통용되었다.

구체적으로 샌드홀츠와 스위트는 도이취, 미트라니, 하스 및 슈미터 등 전통적 신기능주의자들의 주장을 수용하되 이론적 허점을 지적하고 대안적 혹은 보완적 설명을 제기하였다. 단일유럽의정서에 뒤이은 1992년 시장통합계획은 초국가 제도발전의 분기점으로 도이취가 말한 바와 같이 다양한 부분에서 국경을 넘어 이루어지는 거래의 현대적 재현이다. 이들은 사회적 교환을 통해 정체성을 공유하고 종국에 이르러 중앙 집중화된 제도의 탄생으로 이어진다는 도이취의 가정을 수용하였다. 그럼에도 샌드홀츠와 스위트는 범유럽적 정체성과 공동체 형성으로 통합을 이해한 도이취와 달리 초국가 거버넌스의 구축으로 차별화된 통합의 귀결을 제시하였다.[345] 이러한 맥락에서 초국가주의는 유럽연합이라는 정치적 공간(political space)에서 고도로 숙련된 행위자들(skilled actors) 간 상호작용을 제시하는 다층적 거버넌스 시각과 유사한 전제를 갖는다.[346]

　　한편 초국가 제도발전에 주목한다는 점에서 초국가주의는 연방주의와 이상을 공유한다고 할 수 있다. 그러나 샌드홀츠와 스위트를 비롯한 초국가주의자들의 논의는 국제정치 맥락에서 제기되었다는 점에서 고전적 연방주의와 차별화된다. 실제로 샌드홀츠와 스위트는 유럽연합은 국제적 기구이며 유럽연합의 공동정책은 국제정치의 특정 형태라는 사실을 들어 연방주의 시스템과 거리를 두었다.[347] 결정적으로 이들은 연방주의 시각과 달리 정체성이 결여되어도 초국가 거버넌스가 확장되어 가는 유럽공동체의 현실을 제기하였다.[348] 이와 같이 초국가주의자들은 신기능주의 전통에서 출발하였지만 변화된 사회경제적 환경을 반영하여 여러 설명변수를 더해 초국가 거버넌스라는 통합과정을 제기하였다.

■ 기존이론 비판

▶ 전통적 이론의 적실성 결여

샌드홀츠와 스위트는 1990년대 유럽연구는 신기능주의 시각이 재조명된 가운데 국가 간 대협상(grand bargains)에 초점을 맞춘 자유주의 정부간협상 이론과 일상화된 유럽연합의 정책과정을 설명하는 다층적 거버넌스이론을 통해 진행되었다고 보았다. 문제는 이러한 시각들은 통합의 단면을 설명하는 데 유용하지만 복잡한 통합협상을 모두 포착하지 못한다는 것이다.

신기능주의에서 말하는 통합은 유럽연합이라는 초국가 정부와 제도가 점진적으로 국민국가의 권한과 기능을 대치해 가는 과정이다. 반면에 정부간협상에서 제기하는 유럽통합은 회원국 정부에 의해 주도되는 공동의 정책과정과 그 결과이다. 그러나 1970년대 중반 이후 유럽통합 과정은 초국가와 정부 간 속성을 모두 함유하고 있다. 따라서 기존 이론 간 논쟁은 어떠한 시각도 통합과정을 단선적으로 설명할 수 없다는 현실을 반증할 뿐이다.[349]

한편 샌드홀츠와 스위트에 따르면 다층적 거버넌스와 정책네트워크 이론은 초국가 정부를 일종의 상수로 놓고 이에 따라 전개되는 정책과정의 결과를 분석한다. 이러한 정책 중심의 시각으로 정부간협상에 의해 이루어진 조약이 어떻게 초국가 정부로 발전하였는가? 왜 특정 정책은 보다 초국가화 되었는가에 대한 해답을 찾을 수 없다고 보았다.[350]

이와 같이 샌드홀츠는 1980년대 말 이후 변화된 유럽통합 과정과 유럽적 협상(European bargains)을 설명하는 기존 시각의 한계를 지적하면서 역동적인 통합의 진행을 새로운 관점에서 설명하려고 하였다. 이에 따라 초국가주의는 국가 중심 프레임의 대안적 시각으로 출발하여 하스의 전통을 수용하되, 초국가 사회(transnational society)와 제도화(institutionalization) 등

하스가 포착하지 못한 새로운 통합현상에 주목하였다.[351]

초국가주의가 신기능주의에 대한 비판과 전통을 동시에 함유한다는 점에서 양 이론은 유사점도 상당 부분 공유한다. 신기능주의와 초국가주의는 기능적 영역에서부터 국경을 넘어 전개되는 초국가사회(transnational society)의 발전을 전제한다. 또한 양 이론은 국가의 간섭에서 벗어나 유럽 차원의 규범과 정책을 생성하는 초국가 기구의 자율성을 강조한다. 양 이론에서 제기하는 초국가 기구는 국가들의 선호를 집약해 통합된 의제를 선정하여 초국가 정책을 형성하는 핵심 행위자이다.[352]

한편 신기능주의는 경제와 정치적 통합의 이행 고리로서 파급효과를 제기하였다. 더불어 초국가주의는 본 개념을 전략적인 의제선정과 협상을 통한 의도된 파급효과(cultivated spill-over) 개념으로 세련화하고 이러한 파급효과가 법적, 제도적 통합까지 영향을 미친다는 논리를 제기한다.[353] 이러한 통합과정을 통해 신기능주의와 초국가주의는 초국가 정부의 확장과 초국가 제도 및 정책의 발전을 동시 병행적 진행으로 파악한다.

▶ 국가 중심주의 비판

초국가주의는 모랍칙(Andrew Moravcsik)이 제기하는 국가 중심 시각에 대한 반론에서 출발하였다. 모랍칙과 가렛(Geoffrey Garrett) 등 국가 중심 시각을 견지하는 학자들은 유럽통합을 국제관계 맥락에서 파악한다. 정부 간협상론자들에 따르면 유럽통합은 유럽연합이라는 성공적인 국제적 레짐에 의해 국가 간 거래비용이 축소되고, 공동정책이 활성화된 유일한 사례이다.

구체적으로 모랍칙은 유럽통합 과정을 국내정치에서 도출한 국가이익과 국제적 레짐에서 국가 간 상대적인 협상력을 통해 구현되는 국가이익의 실현과정으로 정의하였다. 모랍칙은 이러한 과정을 국내정치에서 생성된 국가이익과 이의 대외적 구현과정을 레짐이론과 국내정치를 융합한 이중영역게임(two-level game)을 통해 제시하였다.

여기서 초국가 기구 및 제도는 국제적 수준에서 정부간협상이 원활하게 이루어지고 협상결과에 대한 확증을 위한 장치이다. 또한 유럽위원회를 위시한 초국가 기구의 권한은 국내정책 실행 권한의 일부 위임에 따른 것이다. 이러한 논리로 초국가 기구와 공동체법은 정부간협상을 원활하게 진행하고, 합의된 내용을 구현하기 위한 제도적 장치로 의미가 축소된다. 즉, 통합을 구현하는 행위자는 유럽연합이라는 국제적 레짐에서 국가이익을 관철하는 국내정치 엘리트와 국가를 통해 유럽적 이해를 구현하려는 국가 내부의 사회적 행위자로 한정된다. 따라서 모랍칙이 제기하는 통합 과정에서는 초국가 사회와 초국가 수준의 제도화 과정은 의미가 퇴색한다.354)

샌드홀츠는 1990년대 초부터 일련의 저작을 통한 경험적 사례를 제시하며 모랍칙이 제기한 국가이익과 정부간협상 논리의 맹점을 지적하였다. 샌드홀츠는 유럽연합의 정책과정에 개별 국가의 이익과 선호가 투입된다는 가정의 타당성을 인정하였다. 하지만 국가 간 합의에 따른 정책은 반드시 국가이익과 일치하지는 않는다는 사실을 상기시켰다. 샌드홀츠에 따르면 경제통화동맹(EMU) 출범은 회원국 간 단선적인 대외선호의 총합이 아니라, 초국가 기구의 이해 등 보다 복잡한 동인이 융합된 결과이다.355)

샌드홀츠는 국가이익과 브뤼셀로 집결되는 국가 간 상대적인 힘의 정도로 통합을 설명하는 모랍칙의 주장을 1980년대 말 통신시장의 자유화 조치를 들어 반박하였다. 1980년대 영국은 유럽국가 중 유일하게 통신시장의 자유화와 탈규제화 조치를 단행하여 산업경쟁력을 확보하였다. 이러한 배경에서 영국은 유럽위원회의 통신시장 자유화 조치를 지지하였다. 그러나 이 과정에서 영국정부는 유럽위원회의 점진적인 개방정책을 수용하고, 여타 회원국에 신속한 시장개방을 요구하거나 브뤼셀에 압력을 행사하지 않았다.356)

이후에도 샌드홀츠는 스위트와의 공동연구를 통해 정부간협상만이 국가 간 상호의존을 보장하는 유일한 방안이라는 사실을 인정하지 않았다. 또한 국가 중심 시각이 신기능주의를 파기하지 못하였고, 오히려 신기능주의가 제기하는 여러 가정에 의존해 이론을 전개한다고 비판하였다.[357]

물론 샌드홀츠와 스위트는 초국가 정치에서도 국가 중심성이 존재하고, 정부간협상이 유럽공동체의 이해관계를 지배한다는 사실을 부인하지 않는다. 공동체 정치의 중심은 국가이며 종종 오래된 문제에 새로운 해결책을 강구하는 프랑스와 같은 주요국은 각별한 중요성을 갖는다.[358] 국가라는 행위자는 그 속성상 영토 내에서 공권력을 최대화하여 자원의 독점적 지배를 꾀한다. 문제는 국가 간 상호의존이 심화되면서 국경을 넘은 거래를 통해 축적되는 부가 증가한다는 것이다. 그러나 유럽 차원의 단일규제가 제약된 상태에서는 국가 간 거래에서 불필요한 비용이 발생하여 회원국의 경제적 이익이 저해될 수밖에 없다. 회원국 정부는 이러한 점을 인식하고 있다. 이에 따라 회원국 정부는 유럽적 규제의 효용성을 꾀하는 통합을 추진한다. 그러나 여기에는 회원국이 통제 가능한 수준과 속도를 유지한다는 전제가 내포된다.[359]

어느 국가도 유럽적 효율성을 위해 초국가로의 전면적인 주권 위양을 감행하지 않는다. 극단적인 경우 배타적인 국가이익을 위해 유럽적 이해를 희생할 수도 있다. 그러므로 정부간협상 원리가 지배하는 이사회에서는 유럽 차원의 집단이해만을 추구하지는 않는다. 때로는 이사회 내부에서 특정 회원국의 이해에 가로막혀 유럽 차원의 공공선이 파기되기도 한다.[360] 한편으로 이사회만이 유일한 정책결정기구는 아니다. 유럽통합과정에는 공동체법 위반에 대한 사법재판소의 법 해석, 유럽위원회에 대한 이익집단의 로비 그리고 국가간협상에 있어서도 커미톨로지(comitology)와 같은 제도화된 합의시스템 등 다양한 단면이 존재한다.[361]

한편 샌드홀츠와 스위트는 1970년대에는 국가 중심 통합이 진행되었다는 사실도 반박하였다. 다수의 학자들이 1970년대는 정부간협상이 통합과정을 지배하면서 몇몇 야심찬 초국가 계획이 무위에 그쳤다고 설명한다. 그러나 드골의 국수주의 노선이 지배했던 1960년대에도 유럽사법재판소는 조약의 헌정화를 추구하였고, 1970년대에도 초국가 제도화는 지속적으로 진행되어 왔다. 경제적 측면에서도 유럽통합의 침체기라 일컫는 1970년대에는 오히려 역내무역이 팽창하였고 회원국 간 거래가 점증하였다. 무엇보다도 이 시기에 초국가 규제가 증가하고 유럽 차원의 이익집단이 성장하면서 1980년대 이후 초국가 정치가 확장될 수 있는 여건이 조성되었다.

이와 같이 1960-70년대 룩셈부르크 타협(Luxemburg compromise)을 통한 회원국의 극단적인 국가이익 추구과정에서도 유럽통합은 진척되었다. 이러한 맥락에서 샌드홀츠와 스위트는 정부 간 대협상만을 추출하여 유럽통합을 분석할 경우 역사적 사실에 심각한 왜곡을 가져올 수 있다고 보았다.362)

결정적으로 1980년대 이후 통신산업의 성장은 초국가 통치의 단면을 여실히 보여준다. 유럽 차원의 통신서비스 사업자와 통신장비 기업은 몇몇 회원국의 저항에도 불구하고 유럽위원회가 추진한 국가독점 해체와 시장자유화를 지지하였다.363) 당시 유럽위원회는 이사회의 최종 승인을 요하지 않는 구공동체설립조약 90조(ex-TEC Article 90)를 적용하여 유럽 차원에서 회원국 간 타협의 여지를 봉쇄하였다. 물론 당시 유럽 차원의 규제제정과 부과 시 회원국 간 첨예한 협상이 이루어졌지만 이는 유럽위원회의 묵인이나 협력에 의해 가능하였다. 동일한 맥락에서 1990년대 항공운송 시장의 급성장 역시 탈규제 압력에 따른 유럽 차원의 단일규제 부과의 결과이다.364)

■ 신기능주의의 비판적 수용

샌드홀츠와 지스만은 1980년대 변화된 유럽공동체의 현실을 들어 신기능주의의 맹점을 지적하고 새로운 이론적 설명을 기하였다. 미트라니부터 나이까지 기능적 관점에서 유럽통합을 바라보는 학자들은 통합이란 여하간의 경우에도 점진적으로 진화하는 일종의 과정으로, 진화의 동력은 유럽공동체 내부의 사회경제적 조건에서 비롯된다고 말하였다. 단적으로 도이취는 사회적 교환, 통신과 거래를 강조하였다. 도이취는 국경을 넘어 사회적 교류가 증대하면 점차 상호 간 가치를 공유하게 되고, 중앙 집중화된 권한을 갖는 초국가 기구를 중심으로 초국가 혹은 탈국경 사회가 열린다고 예측하였다. 이 외에도 하스는 정치적 행위자들이 그들의 충성심과 기대 그리고 정치적 활동을 보다 큰 새로운 정치적 단위로 이관하는 과정으로 통합을 설명하였다.

샌드홀츠와 스위트는 이러한 신기능주의자들이 제기하는 정치적 통합 조건을 3가지로 요약하였다. 첫째, 국경을 넘어 전개되는 초국경 사회(transnational society)의 발전이 선행되어야 한다. 둘째, 초국가 기구는 국가들의 선호를 집약해 통합된 의제를 선정하고 집행할 초국적 권한을 보유하고, 국제정치라는 외부성에 효과적으로 대처할 수 있는 유럽 차원의 규범을 만들어야 한다. 셋째, 초국가 기구 혹은 정부는 역동적인 제도화 과정을 창출해야 한다.365)

샌드홀츠와 스위트는 신기능주자들이 주장하는 탈국경적 사회와 초국가 기구 내 친통합 성향의 관료들의 권한과 초국적 규범이 점진적으로 확장된다는 사실을 인정하였다. 또한 행위자 차원에서는 초국가 정책에 영향을 미치는 범유럽 이익집단과 지방정부 역시 유럽적 행위자로 기능한다는 사실도 수용하였다.366)

샌드홀츠와 스위트는 또한 하스가 제기한 의도된 파급효과(cultivated

spill-over) 개념을 수용하되, 설명적 변수를 더해 이를 보다 정교화하였다.[367] 초국가주의에서 설명하는 의도된 파급은 정부간협상 이론의 맥락을 따라 회원국 정부가 정책시행이 용이한 기능적 분야를 선정하여 국가간협상을 통해 정치적 의제로 파급을 확산하는 것이다. 특별히 의도된 파급은 경제에서 정치로의 통합을 추동하는 연결고리이다. 나아가 일부 초국가주의자들은 파급효과는 경제와 정치적 통합의 이행 고리를 넘어 법적, 제도적 통합으로까지 확장된다는 논리를 전개하였다.[368]

단일시장계획은 초국가 정책을 인위적으로 확대하여 제도적 통합이 야기된 경우이다. 당시 유럽위원회는 대부분의 회원국들이 선호하지만 국내의 거센 반발에 의해 개혁이 유보되었고, 기능적 파급이 용이한 통신산업의 통합에 주력하였다. 1980년대부터 유럽위원회는 유럽산업계 원탁회의(ERT)를 통해 관련 기업과의 연구개발을 제안하였다. 유럽위원회는 이외에도 녹서(green paper)를 통한 산업계의 여론 수렴과 다양한 정책제안을 통해 통신독점의 해체, 범유럽 통신시장의 자유화 및 기술표준화를 주도하였다.[369]

사법재판소 역시 기존 공동체조약을 유럽적 이해에 근거해 해석하여 국가독점과 경쟁제한 해제에 기여하였다. 특히, 사법재판소는 상호인증(mutual recognition) 원칙을 철저히 고수하여 단일시장 내 기업 간 거래에 파급을 야기하였다. 이러한 사실에서 확인할 수 있듯이 파급효과는 유럽위원회와 회원국을 포함한 행위자들 간 정치적 협상과 전략을 통해 이루어지는 것이다. 이와 같이 샌드홀츠와 스위트는 신기능주의 시각에서 제기된 의도된 파급효과 개념을 수용하되, 국가 중심 시각에서 제기하는 정부간협상 맥락과 초국가 기구의 독립적 이해 및 사법재판소로 대표되는 유럽적 제도화를 융합하여 보다 정교한 설명을 기하였다.

한편 초국가주의자들은 신기능주의 전통에서 출발하였지만 그 이론적 맹점에 대해서는 날카로운 비판을 제기하였다.

첫째, 신기능주의자들은 통합은 점진적으로 진화하는 당위적 과정으로 환원하여, 통합의 진척과 유보와 같은 상황을 설명할 수 없다. 점진적인 부분 간 통합을 제시한 신기능주의 시각에서는 왜 단일시장계획이 로마조약 체결 이후 30여 년이 지나 1980년대 중반에 다시 논의되었는가? 왜 이러한 논의가 산업계와 회원국 정부로부터 즉각적이고 적극적인 지지를 받았는가? 이에 해답을 제시하지 못한다. 1996년이 1992년보다 통합의 역동성과 질적 수준이 고양되었다고 말할 수는 없다. 따라서 통합의 진척은 당위적 과정이 아니다.

둘째, 신기능주의는 초국가 정부에 대한 모호한 정의로 국가의 권한이 유럽연합으로 이양되는 제도적 맥락을 간과하였다. 대부분의 신기능주의 학자들은 유럽연합을 준국가 혹은 유사국가(quasi state)라 지칭하지만 이에 대한 실증이 결여되어 있다.[370] 통합을 가져오는 독립변수로서 사회적 행위자 간 가치와 정서적 공유라는 인식 역시 현실적 타당성이 결여된다. 1980년대 유럽에서 전개된 단일시장과 초국가 사회의 발전 동인을 공동의 정서와 가치 혹은 충성심의 심화로 환원할 수 없다.[371]

셋째, 신기능주의 시각에서는 통합의 중추적 행위자인 회원국 정치 엘리트들이 기능적 연계보다는 국익실현을 위한 정책 옵션을 더욱 선호한다는 사실을 외면하였다. 1960-70년대에 유럽위원회가 의욕적으로 추진한 공동운송정책과 과학기술정책이 회원국의 반대로 좌절된 사례에서 확인할 수 있듯 유럽적 옵션은 국가이익에 번번이 저지당해 왔다. 그럼에도 1980년대 중반 이후 진행된 시장통합계획은 거의 모든 회원국이 지지를 표명하였는데, 신기능주의 학자들은 이러한 이유를 설명하지 못하였다.[372]

넷째, 신기능주의 시각에서는 정치통합은 경제통합의 파급 대상이 아니라 통합에 참여한 행위자 간 협상의 산물이라는 사실을 간과하였다. 신기능주의에서는 부분 간 파급을 통한 통합의 확장과정을 제시한다. 이는 곧 경제통합에서 정치통합으로의 전환을 말한다. 그러나 1970년대 이후 유럽통합과정에서 파급효과는 미미하였다. 이 기간에 경제 부분의 통합이 정치통합의 동력으로 작용하지 않았다는 사실을 상기할 필요가 있다. 경제공동체는 참여한 회원국 간 경제적 이익을 공유할 때 성립될 수 있다. 그러나 정치공동체는 회원국이 주도하여 국방과 안보라는 공공재를 자체적으로 공급할 수 있을 때 가시화된다.[373] 이와 같이 신기능주의자들은 경제에서 정치 영역으로 파급을 야기하는 연결고리를 명확히 포착하지 못하였다.

■ 이론구성

초국가주의는 초국가 정치로의 이행과 초국가 정부 및 제도화라는 가정을 설정하고, 다음과 같은 질문에서부터 이론적 설명을 진행한다. 회원국 정부의 정책결정 권한이 유럽공동체로 이관되어 초국가 정치로 발전한 연유는 무엇인가? 유럽공동체는 어떠한 맥락에서 초국가 정치와 정부간협상을 통해 정책결정을 진행하는가? 왜 유럽공동체의 정책은 초국가화 수준이나 초국가화로의 진척 속도가 상이한가?[374] 이와 같이 초국가주의는 정부간협상과 초국가 정치가 융합된 유럽공동체가 어떠한 원인과 과정으로 초국가 정치로 이행하는가로부터 이론적 논의를 진행하였다.

▶ 초국가 제도화

1980년대 서유럽에서는 국경을 넘은 거래가 점증하면서 산업계는 커다란 변화를 겪었다. 샌드홀츠는 1980년대 말부터 서유럽에서 진행된 통신산업과 금융통화 부분에서 탈국경적 양상을 연구하여 변화의 원인을 초국가 수준의 제도적 발전으로 이해하였다. 단일유럽의정서 체결 이후 회원국의 정치 엘리트와 유럽위원회는 경제통합을 성취하기 위한 방법을

재고려하게 되었으며 그 해답을 초국가 제도에서 찾았다.[375]

샌드홀츠와 스위트는 조약수정과 초국경적 거래가 융합되어 전개되는 초국가 제도화(Institutionalization)의 핵심을 규범(rule)과 규범제정 과정으로 파악하였다. 규범은 권한, 임무 그리고 게임의 규칙으로 행위자의 이익과 전략을 형성 짓는 사회적 준거틀이다. 모든 행위자들은 자기 충족적 이해관계를 갖지만, 이미 존재하는 규범 내에서 그들의 사회적 이익과 목적을 추구한다. 그러나 규범은 그 속성상 새로운 유형의 상호작용과 행위 패턴에 대한 가이드라인을 담지는 않는다. 따라서 규범에 구속받는 행위자들은 기존 규범의 한계를 인식할 때 규범의 재해석이나 새로운 규범의 제정을 꾀한다. 이러한 논리로 제도(institution)는 규범이 시스템화된 것이며 제도화(institutionalization)는 기존의 규범 내에서 새로운 규범의 제정과 적용 그리고 이러한 상황을 해석하는 일련의 과정이다.[376]

초국가 정부의 발전은 1차적으로 경제의 글로벌화와 통합된 시장에서 경제적 행위자 간 거래의 확장에서 찾을 수 있다. 경제 영역에서 사회적 행위자 간 국경을 넘어 경제적 활동이 확대되면서 회원국에는 통합추진의 압력으로 작용한다.[377] 그러나 국가 내부에서의 통합에 대한 압력은 회원국 간 상이한 경제발전 정도와 정치적 목적으로 일관된 결과를 얻을 수 없다. 따라서 단일시장 내 경제적 행위자들은 유럽위원회 및 사법재판소와 적극적으로 연계하는 전략을 취한다.[378]

한편 국경을 넘어 점증하는 경제적 교환과 거래는 초국가 정부의 기능을 확대하고 동시에 정부간협상 영역을 잠식한다. 정부 간 협력을 통해 국제적 거래를 통제할 경우 고비용을 요하고 각국 간 이해관계 대립으로 문제 해결 능력은 제약될 수밖에 없다. 그러므로 초국경적 거래와 교환이 증가할수록 단일의 초국가 규제와 이러한 규제를 부과하며 감독할 초국가 권한에 대한 사회적 요구가 증가한다. 이러한 배경에서 경제적 행위자들은 자연스럽게 친통합 성향을 갖고 회원국 정부에 이해관계 실현을 위한 압력을 가한다.

이와 같이 사회적 행위자들의 탈국경적 활동(transnational activity)은 유럽통합의 동력이지만 특정 상황에서는 적절한 시기에 미시적인 내용을 담은 규범제정 시 장애가 되기도 한다. 이러한 경우 이사회를 비롯한 공동체의 정책결정기구가 규범제정의 장애를 제거하는 핵심적 행위자로 위치한다. 물론 모든 제도화가 위와 같은 경로로 진행되는 것은 아니지만 빈번하게 관찰되는 현상이다.[379]

초국경적 거래를 통제하여 유럽 차원에서 집단이익을 취하는 가장 적절한 방법은 회원국의 권한을 초국가 정부로 이관하여 문제 해결을 꾀하는 것이다. 회원국 정부는 사회적 압력을 수용하여 정부간회담(IGC)을 통해 조약을 수정한다. 만약 조약수정이 이루어진다면 이후 2차 입법과 판례법도 점차 초국가이익에 준해 생성되고, 결과적으로 초국가 정부의 권한을 확장하고, 그 권한은 다른 정책 영역으로 파급된다. 단적으로 무역과 투자 부분에서 유럽 차원의 이익집단이 성장하고 네트워크가 확장되면, 환경과 소비자정책 등 관련 정책에서도 초국가화가 진행된다.[380] 결국 특정 정책이 초국가 정치로 이행하면 회원국의 선호와 무관하게 동일한 방향으로 추가적인 제도발전이 이루어진다.

이와 같이 초국가 제도화가 진척되면 회원국 정부, 초국가 기구, 비정부행위자들은 새로운 초국가 규범에 준해 그들의 이익과 전략을 수정한다. 이 경우 초국가 정치로 이행한 정책은 정부간협상 결과에 크게 영향받지 않는다. 즉, 제도의 경로의존적(path-dependency) 발전에 따라 회원국 정부는 이미 초국가화 된 공동정책을 정부간협상 영역으로 되돌릴 수는 없다.

그러므로 초국가 제도화 과정에서는 정부간협상 이론이 제시하는 통합원리는 적용되지 않는다. 물론 회원국 정부가 조약생성과 수정권한을 갖지만, 이미 만들어진 조약 역시 공동체의 일반 목적에 준해 경로의존적 발전이 이루어진다. 또한 임기와 선거주기를 고려한다면 국내의 정치 엘리트와 관료들은 조약수정과 생성을 위한 정부간회담(IGC)에서 사회적 행위자들의 압력으로부터 자유로울 수 없다.[381]

한편 초국가 제도화는 곧 유럽위원회와 사법재판소와 같은 초국가 기구의 자율성 확장과정으로 이해할 수 있다. 1980년대 말 이후 유럽공동체에서는 정치, 경제, 환경 변화로 초국가 수준의 규제와 통치능력이 요구되었는데 유럽위원회를 위시한 초국가 관료 집단만이 이에 부응하였다. 이미 1980년대 중반부터 유럽공동체의 초국가 관료집단은 국가와 사회적 행위자들의 요구를 충족하기 위해 자연스럽게 권한이 확장되어 왔다.

물론 초국가 관료들은 유럽연합의 정책과정에서 공식적 표결권을 갖지 않는다. 또한 이들은 독립적 재원이나 물리적 강제력이 제한되어 대부분의 공동정책 실행과정에 직접 관여할 수도 없다. 그럼에도 이들은 모든 정책과정에서 독립적인 입법 제안권을 행사하며, 경쟁이나 무역규제 등 일부 초국가화가 고도로 진척된 이슈에서는 법적 부과와 규제적 조치를 강제 할 공적 권한을 갖고 있다.

초국가 관료들 역시 국내 관료들과 같이 부여된 임무와 별개로 관료사회 고유의 이익을 갖는다. 나아가 이들은 축적된 정보와 조정능력을 배경으로 점차 비공식적 권한과 리더십을 갖는다. 이러한 초국가 관료들의 리더십은 특별히 정부간회담(IGC)과 같이 첨예하게 이익이 대립되는 국가 간 대협상(grand bargain)에서 더욱 구체화된다.[382]

▶ 초국가 정치로의 이행 과정

스위트와 샌드홀츠는 여러 독립변수를 들어 왜 유럽공동체가 정부 간 조정에서 초국가 정치로 발전하며, 정부간협상과 초국가 정치는 어떻게 융합되는가를 설명하였다. 유럽연합은 정부 간 협력과 초국가 정치가 혼재한다. 유럽연합은 초국가 구조의 정도, 공식, 비공식적 규범의 강도 그리고 초국가 사회의 전개 정도가 상이한 가운데, 국가 간 상호조정이 존재하는 복잡한 구조이다.

조직은 사회적 상호작용을 가능케 할 규범을 필요로 한다. 이러한 조직(organizations), 규범(rules) 및 초국경적 사회(transnational society)는 상호연계되어 있어 이 중 어느 한 요인이 초국가화 된다면 여타 요인도 동일한 발전 방향으로 나가게 된다.383) 예를 들어 초국가 조직이 자율권을 획득한다면, 특정 정책의 결과를 변화시키고 더불어 초국가 규범 역시 특정한 정책결정 패턴을 만들어 간다. 이와 같이 초국가 조직과 규범이 강화된다면 행위자 간 초국경적인 상호작용이 촉진된다. 이 결과 초국적 사회가 확장되면서 점차 국가수준의 통제가 축소된다.384)

유럽연합은 여타의 국제적 레짐과 달리 정책 영역에 따라 정부 간 협력과 초국가 정치가 융합되어 있다. 대개의 정부 간 협력과 초국가 정책은 각각 2와 4 영역에 위치한다. 그러나 정부 간 협력에서 시작한 유럽연합은 유럽공동체 조직(EC organizations), 유럽공동체의 규범(EC rules) 그리고 초국경적 사회(transnational society) 혹은 초국경적인 행위자(transnational actors)라는 3가지 요인을 통해 초국가 정치로 변화되어 간다.385)

출처: Wayne Sandholtz and Alec Stone Sweet (1998), "Integration, Supranational Governance, and the Institutionalization of the European Polity", European Integration and Supranational Governance, Wayne Sandholtz and Alec Stone Sweet eds., Oxford, Oxford University Press, p. 9.

<그림 3> 유럽연합의 거버넌스

첫째, 초국가 조직은 초국가 기구와 운용 그리고 공동체 규범의 해석 등을 포함한다. 유럽공동체의 기구는 유럽위원회, 사법재판소, 유럽의회 및 이사회 등 초국가 기구를 말한다. 이러한 초국가 기구는 1, 2 영역에 위치한 정부간협상 영역에서는 회원국의 국가 주권에 의해 독립적인 권한이 제약된다. 따라서 정부 간 협력에서 초국가 기구는 단지 정부간협상을 촉진할 제도화된 국가 간 합의기구에 불과하고, 3 영역에서 비로소 정책혁신 등 의미 있는 초국가 권력을 행사할 수 있다. 이후 초국가 정치가 전개되는 4, 5 영역에서 초국가 기구는 개별 회원국의 의사와 무관하게 자율권을 갖는다.[386]

둘째, 초국가 규범은 법적 규범(legal normative)과 유럽 차원에서 정치적 행위자들 간 상호작용이 축적되면서 만들어진 규범화된 행위 패턴으로 2차 입법(secondary legislation)과 같은 공동체의 공식적 규범 제정과 해석을 포함한다. 규범의 공식적인 제도화는 공동체법, 2차 입법 및 사법재판소의 판례를 통해 이루어진다. 정부간협상에서 초국가 정치로 이행할수록 유럽공동체의 규범은 보다 높은 수준의 권위를 갖고 제도화된다.

이러한 초국가 규범은 정부간협상 영역에서는 자율권이 제약되고 개별 회원국의 이해와 상충할 수도 있다. 그러나 초국가 정치로 이행될수록 초국가 규범은 국가간협상을 제도화하고, 사법재판소에 의해 규범집행이 표준화되어 간다. 이에 따라 초국가 규범은 유럽공동체의 정책과정에서 회원국 정부와 초국가 관료 간 지속적인 상호작용을 가능케 하고, 역으로, 이러한 상호작용에 의해 초국가 규범이 제도화되어 간다.[387]

셋째, 초국경적 사회는 경제, 사회, 정치적 차원에서 공동체와 직간접적으로 상호작용하는 초국경적 정부 간 행위자 그리고 이러한 초국경적 행위자와 공동체 간 정책과정 및 그 결과를 포함한다. 정부간협상 영역에서는 정부관료만이 국내 행위자와 초국가 기구를 중개하는 유일한 행위자이다. 그러나 초국가 정치로 이행할수록 유럽공동체의 정책과정에서는 이

익집단, 기업인, 여러 사회 분야의 엘리트를 망라한 초국경적 행위자들의 영향력이 확대된다.388)

스위트와 샌드홀츠는 유럽연합은 이미 조약에 기인한 헌정적 질서에 의해 준연방적 정체라는 제도적 단계에 이르렀고, 공동체법의 확장을 통해 국가의 자율성이 제약되었다고 파악하였다. 경험적 맥락을 볼 때 초국가 규범이 점차 국내 규범을 대치하고 있다. 유럽공동체의 기구들 또한 회원국 정부의 대내외적 정책을 통제하면서 개별 국가에서는 정책산출의 자율성이 제약되어 가고 있다.389) 실제 이들의 예상대로 1990년대 중반에 이르러 대부분의 회원국에서 경제, 사회 분야 입법은 약 80% 그리고 정치적 고려가 깊숙이 개입되는 기타 입법의 약 50% 정도는 공동체법과 2차 입법(secondary legislation)에 준해 생성되었다.390)

▶ 정책 간 초국가화 정도

정책의 초국가화 정도에 대한 이해는 왜 특정 정책에서는 파급효과가 야기된 반면 왜 또 다른 정책 영역에서는 이러한 효과가 제약되었는가? 이에 대한 의문을 해결하는 열쇠이다. 샌드홀츠와 스위트는 정책의 속성과 거래비용, 조약내용 그리고 글로벌리즘이라는 외부의 영향을 들어 왜 유럽공동체의 정책 간에는 초국가화 정도가 상이한가에 해답을 제시하였다.391)

첫째, 특정 정책에서는 여타 정책 영역에 비하여 초국경적 상호작용이 보다 활발하게 진행된다. 이러한 이유는 사회적 행위자들이 국경을 넘어 거래하면서 유럽적 표준화와 규범의 필요성을 절감하기 때문이다. 유럽경제공동체 설립 이후 회원국 간 역내무역이 점증하면서 경쟁, 무역 및 표준화정책은 상대적으로 높은 수준의 초국가 규정이 적용되었다. 또한 1980년대 말 이후 단일시장계획이 본격화되면서 기간산업 관련 정책이 상대적으로 초국가화가 빠르게 진척되었다. 이러한 정책 영역은 규모의 경제효과가 크고 국경을 넘은 거래비용이 상대적으로 낮으며, 관련 사회적 행위자들의 참여가 광범위하지 않기 때문에 탈국경화 된 조치가 용이하게 때문이다.[392]

그러나 정책 속성상 국내정책을 벗어나기 어려운 정책에서는 통합이 미진하다. 1980년대 말 이후 초국가화가 진전된 운송 및 통신산업과 초국경적 사회가 제약된 노동 혹은 외교안보정책을 비교하면 이러한 맥락을 이해할 수 있다. 만약 노동정책에서 탈국경화 된 거래가 증가하여 초국가 수준에서 조정이 요구된다면 사회적 덤핑(social dumping)과 같은 부작용을 회피하기 위해 높은 정치경제적 비용을 요한다. 따라서 사회정책 영역에서 초국기 수준의 규제가 요구된다고 하여도 다양한 사회적 이해관계를 고려하여, 실제 초국가 규제는 최소한의 규제 혹은 국가 간 조화에 그칠 수밖에 없다.[393]

한편 정책 속성과 초국경적 사회의 발전 정도에 따라 유럽위원회의 권한도 차별성을 갖는다. 초국가화가 진척된 경쟁, 무역 및 구조기금정책 간에도 유럽위원회의 권한 정도는 상이하다. 회원국 정부로부터의 간섭이 완전히 배제된 경쟁정책에서는 유럽위원회의 권한이 수직적 위계의 정점에 있다. 경쟁정책의 세부 이슈에서도 국가독점 성격이 강한 전력산업보다 초국경적 사회가 폭넓게 형성된 통신산업에서 초국가 조치가 더욱 효과적이며 유럽위원회의 기능도 극대화된다. 물론 정책 영역에 따른 유럽위원회의 권한은 가변적이다. 유럽위원회는 1980년대 말부터 신자유주의 정책기조를 배경으로 구공동체설립조약 90조(ex-TEC Art. 90)를 폭넓게 해석하고, 1989년 기업합병통제규정(Council Regulation (EEC) No 4064/89) 제정을 관철하여 점차 국가독점적인 기간산업 부분에도 개입하게 되었다.[394]

반면에 무역정책은 초국가 수준에서 정책결정과 집행이 이루어져도 회원국은 이사회의 특별위원회 중 하나인 133조 위원회(Committee 133)를 통해 간접적으로 정책에 개입한다. [113조 위원회는 리스본조약 체결로 무역정책위원회(TPC)로 개칭되었다.] 또한 유럽위원회가 대외무역협상에서 단일의 협상주체로 기능하지만 협상결과의 최종 승인권은 이사회가 행사하므로, 유럽위원회가 독단적인 권한을 보유한다고 볼 수 없다. 구조기금정책 역시 유럽위원회가 해당 지방정부와 연합하여 정책과 프로그램을 진행한다. 그러나 기금의 배분과정에서 회원국 간 첨예한 정치적 조정이 이루어진다는 점에서 완전한 초국가 정책이라 할 수 없다.

둘째, 정책의 초국가화의 또 다른 동인은 1950년대부터 유럽공동체가 공동시장과 관세동맹을 가시적 통합목표로 설정하고 조약에 명문화하였기 때문이다. 산업계는 조약에 근거해 여타 사회적 행위자보다 더욱 활발하게 탈국경적 거래를 확대하였다. 이에 따라 국가단위로 분할된 시장장벽이 완화되었고, 유럽 차원에서 자율규제(self-regulation)와 같은 단일규제가 확대되었다. 산업계는 유독 환경, 보건, 안전, 기술표준화 등 조약에 초국가 조치가 명기된 시장통합 관련 정책에서 규제장벽 철폐에 적극적으로 대응하였다. 이에 따라 본 분야에서는 사법재판소에 대한 제소와 유럽위원회에 대한 산업계의 로비가 활발하였다. 이 결과 언급한 이슈 영역에서는 정책 간 파급효과가 가시화되었다. 그러나 시장통합계획 내에서 주변부에 위치한 노동의 자유이동이나 소비자 간 연계는 상대적으로 초국경적 거래가 미비하였다.[395]

1980년대 말 이후 유럽공동체는 단일유럽의정서를 통해 다시 한 번 조약에 시장통합 내용을 명문화하였고, 마스트리히트조약에는 경제통화동맹 계획을 담았다. 유럽공동체는 이러한 조약내용을 근거로 신자유주의 경제기조를 내세운 시장통합계획을 실행하였다. 이와 같이 정책의 초국가화 정도는 통합목표와 이를 명기한 조약, 즉 제도화에서 비롯된다. 경제부분에서는 조약에 근거해 탈국경적 거래를 제약하는 장벽이 상당 부분 제거되었고, 유럽위원회는 본 부분에서 강력한 초국가 권한을 행사하였다. 파급효과는 이러한 제도적 배경을 통해 이루어진 것이다.[396]

셋째, 글로벌리즘에 영향 받은 단일시장계획과 국경을 넘어 전개되는 환경 이슈와 범죄와 같은 사회경제적 변화는 유럽에서 초국가 정치를 확대한 또 다른 배경이다. 1980년대 말부터 산업계는 세계시장에서 경쟁력 제고를 위해 회원국과 초국가 수준에서 탈규제화와 독점해체를 요구하였다. 산업계 내부에서는 정도의 차이는 있지만 이미 1980년대부터 초국경적 사회를 구축하고, 유럽 차원에서 경쟁력 강화를 위해 유럽위원회와 긴밀한 관계를 형성하였다. 1980년대 초부터 진행된 유럽정보통신 연구전략프로그램(ESPRIT)과 유럽고도정보통신 연구개발프로그램(RACE) 그리고 환경 부분에서의 국제적 협상은 단적인 예이다.[397]

133조 위원회(Committee 133) / 무역정책위원회(TPC)

무역정책위원회(TPC)는 이사회 내 7개 특별위원회(special committee) 중 하나로 유럽위원회가 진행하는 대외무역협상과 통상정책에 대한 지원기능을 갖는다. 농업특별위원회(SCA)를 포함한 7개의 이사회위원회는 유럽연합운영조약(TFEU)에 근거하여 설립되었는데 무역정책위원회는 본 조약 207조(TFEU Art. 207)에 설립 목적과 기능이 명기되어 있다. 유럽연합의 공동통상정책(CCP)은 유럽연합운영조약의 전신인 유럽경제공동체설립조약(TEEC)과 유럽공동체설립조약(TEC)에는 각각 113조와 133조에 명기되었다. 이에 따라 통상정책을 다루는 특별위원회는 113조 위원회(Committee 113) 및 133조 위원회(Committee 133)로 불리다가 2007년 리스본조약 체결로 무역정책위원회로 개칭되었다.

회원국의 통상관련 부처 실무관료들로 구성된 무역정책위원회는 통상정책 실행과 대외무역협상에서 회원국의 이해를 반영하고 필요한 정보를 지원한다. 한편 대외무역 협상은 유럽위원회가 회원국을 대표하여 단일의 협상주체로 기능한다. 따라서 무역정책위원회는 회원국 관료들로 구성된 일종의 정부 간 기구의 성격을 내포하여, 대외무역협상에서 유럽위원회의 독단적 이해를 견제하는 기능도 갖는다.

▶ 정책 간 초국가화 속도

샌드홀츠와 스위트는 정책 간 초국가화 정도의 차이를 제시하면서 왜 특정 정책은 보다 빠른 속도로 초국가화 되는가에 대한 해답을 초국가 제도화(institutionalization)에서 찾았다.

첫째, 유럽공동체에서 초국가 제도화의 출발은 로마조약(Treaty of

Rome), 즉 유럽공동체설립조약(TEC) 혹은 유럽경제공동체설립조약(TEEC)이다. 유럽공동체설립조약은 공동체의 규범과 규범제정을 위한 정책과정 그리고 초국가 기구의 권한 등 헌정구조에 대한 명시적 내용을 담았다. 통합의 진척은 결국 조약에 근거한 공동정책의 초국가화로, 설립조약(Founding Treaties)은 초국가 제도화로의 발전을 위한 필요조건이다.

그러므로 여타 조건이 동일하다고 가정하면 조약에 시행을 명기한 정책은 그렇지 않은 정책에 비해 보다 신속히 초국가화가 진행된다. 실제로 1957년 이후 유럽통합 과정에서 괄목할 진전을 보인 정책과 제도는 모두 유럽공동체설립조약에 유럽적 목표를 명시한 분야들이다. 특히 1980년대 중반 이후 조약에 명기된 정책을 중심으로 2차 입법 제정 건수가 증가하였다.[398]

둘째, 초국가 제도화는 조약 이외에도 초국경적 거래에 의해서도 이루어진다. 유럽통합 과정을 상기하면 유럽공동체설립조약에 정책시행이 명기되어 있지 않아도, 자연발생적으로 초국경적 거래가 활발한 영역은 초국가 정치로의 이행이 두드러졌다. 환경정책은 대표적 예로 단일유럽의정서에 최초로 명기되었지만 이미 1970년대부터 회원국 간 환경협력이 활발하였다.

물론 이러한 발전과정 역시 궁극적으로는 초국가 제도화에 근거하는데, 유럽공동체설립조약 236조(TEC Article 236)에는 공동체의 일반 목적을 위해 초국가 수준의 조치를 허용한다는 내용이 명기되어 있다. 이에 따라 유럽연합은 1970년대부터 본 조항을 근거로 환경 분야에서 프로그램을 시행하였다. 역으로, 조약에 명기된 공동정책에서 초국경적 거래가 활발히 진행되지 않는다면 초국가 정치로의 이행은 미비하였다. 이러한 사실은 사회적 거래가 활발하지 않은 공동외교안보정책의 미진한 초국가화에서 확인할 수 있다.[399]

초국경적 거래확대가 초국가 정치로의 이행을 촉진한 대표적 예는 통신산업이다. 유럽공동체설립조약에는 통신산업에 대한 내용이 언급되지 않아

경쟁정책에서도 다루어지지 않았다. 따라서 통신산업은 국가독점이나 일국 내에서 특정 기업의 시장지배적 지위 구축 등 시장경제 원칙에서 벗어난 영역이었다. 그러나 1980년대 말 이후 유럽 차원에서 통신사업자와 관련 장비산업계에서 기업 인수합병과 국경을 넘은 서비스가 활발히 진행되면서 초국가 수준의 규범제정 압력으로 작용하였다. 이에 따라 유럽위원회는 초국가 수준에서 규제적 조치를 취하고, 사법재판소는 본 이슈에 대해서는 공동체의 일반 목적에 근거해 조약을 해석하기 시작하였다. 회원국 정부 역시 사회적 행위자의 이해관계를 수용하여 조약수정을 꾀하였다.[400]

■ 이론적 설명: 1992년 시장통합계획과 경제통화동맹의 동인

▶ 전통적 통합이론의 설명력 제약

1992년 시장통합계획은 유럽공동체의 정책과정과 초국가 기구 간 권력배분 등 초국적 제도의 근본적 변화를 가져왔다. 이러한 변화에는 1980년대 말 이후 제기된 여러 정치, 경제적 요인들이 필요조건으로 작용하였다. 문제는 시장통합계획과 경제통화동맹은 여러 복합적 요인에 따른 것인데 기존 통합이론은 그 동인과 과정을 명쾌하게 포착하지 못한다는 것이다. 여전히 정부간협상 시각에서는 경제통화동맹은 국가 간 비대칭적 권력을 배경으로 이루어진 국가간협상이 가져온 국가이익 실현으로 파악하였다. 신기능주의 시각 역시 이전의 설명을 답습해 경제통화동맹 성사는 유럽공동체의 독립적인 권한과 정책결정 능력의 구현으로 이해하였다.

그러나 샌드홀츠는 기존의 시각들은 왜 당시 세계경제에서 가장 큰 규모를 점하는 유럽공동체 12개 회원국들이 주권의 제약을 가져오는 경제통화동맹에 찬성하고, 통화정책 권한까지 초국가 기구에 위임하였는가를 포착하지 못한다고 비판하였다.401) 샌드홀츠는 기존 이론을 통해서는 1980년대 말 이후 유럽공동체에서 야기된 국가이익과 초국가 제도 간에 의미 있는 관련성을 찾을 수 없다고 주장하였다.

특히 정부간협상 이론의 맹점은 보다 명확하다. 본 시각에 따르면 모든 회원국은 유럽공동체가 취한 정책에 자신들의 국가이익이 최대한 반영되기를 원한다. 만약 브뤼셀에서 회원국의 국가이익이 관철되었다면 초국가 기구와 정책은 이러한 국가이익에 구속되어야 한다. 그러나 회원국이 나름의 국가이익을 추구하지만 이러한 국가이익이 독립적으로 존재하면서 브뤼셀에서 구현되는 것은 아니다. 유럽적 맥락에서 국가이익은 유럽공동체와 국가 간 상호작용을 통해 재정의된다.402)

1980년대 말 이후 유럽공동체의 정책과정에는 이사회와 상주대표부(Coreper)와 같은 정부 간 성격의 기구와 유럽위원회와 사법재판소로 대표되는 초국가 기구가 모두 개입하였다. 따라서 회원국은 여전히 중심적인 행위자로 유럽공동체의 정책결정을 주도하지만 그럼에도 초국가 제도와 공동체법에 구속받는다. 이와 같이 유럽공동체는 정부 간 그리고 초국가적 성격의 복합체로 정책과정에서는 국가이익과 초국가 기구의 자율성 뿐 아니라, 사회적 행위자의 이해도 융합되어 있다. 따라서 유럽공동체의 정책은 국가이익의 관철이 아니라 초국가 제도 내에서 재해석되어 보다 폭넓은 이해관계를 포용한 결과이다.403)

샌드홀츠와 지스만은 1980년대 말 단일시장계획은 경제적 압력에 대응한 국가 내부에서 정치 엘리트의 통합에 대한 인식변화와 이에 따른 전략 수정 그리고 유럽위원회의 리더십을 배경으로 이루어진 유럽 차원의 집단적 합의 등 복합적 요인에 기인한다고 보았다.404) 이와 같이 샌드홀츠는 1980년대 말 이후 유럽공동체의 정치적 프로젝트에는 국가 중심성과 초국가 기구의 자율성이 융합되었다는 사실을 들어 단선적인 정부간협상과 기능적 접근을 배제하였다.

▶ 정치, 경제적 상황 변화

샌드홀츠는 경제통화동맹(EMU)의 성립은 단일시장계획의 연장선에서 초국가정책의 효용성과 파급 그리고 회원국의 정치적 선택이 융합된 결과로 이해하였다.

첫째, 샌드홀츠는 경제통화동맹을 단일시장계획에 뒤이은 기능적 연계로 파악하였다. 당시 유럽위원회가 주창한 단일화된 시장과 통화(one market, one money)라는 표현에서 확인할 수 있듯, 시장통합과 단일통화는 불가분의 기능적 연관성을 갖고, 전자의 성공적 도입으로 파급효과에 따라 경제통화동맹 역시 성립될 수 있었다. 경제 분야에서 기능적 파급은 이미 1980년대 초부터 진행되었다. 1970년대부터 시행된 유럽통화제도(EMS) 운영 결과 1980년대에 이르러 대부분의 국가에서 가격안정과 인플레이션 감소 효과를 가져왔다. 이러한 긍정적 효과에 자극받아 영국 역시 유럽환율메커니즘(ERM)에 참여하였다. 그러나 일부 회원국들은 이러한 제한된 성공에 만족하지 않고 독일중앙은행(Bundesbank)의 정책기조를 유럽 차원에서 구현할 통화동맹을 모색하였다.[405]

둘째, 경제통화동맹 출범은 회원국의 정치경제적 변화에 기인하였다. 회원국들은 갈수록 국내에서 경제정책 실행에 제약이 따르는 상황에서 경제통화동맹이 가져다주는 장기적 이익을 간과할 수 없었다. 회원국의 정치인들은 선거주기에 따른 정치적 고려가 동반되는 가격안정과 인플레이션정책을 독립적인 유럽중앙은행(ECB)에 위임하여, 국내정책의 시행부담을 경감하고 효과를 극대화할 수 있다는 점을 고려하였다. 당시 경제통화동맹은 회원국 정부에 유용한 외부 옵션으로 몇몇 회원국에서는 거시경제정책 축소를 위한 명분으로도 활용하였다. 한편 1980년대 말부터 다국적 기업을 위시한 산업계는 단일통화는 실질적 시장장벽 제거를 위한 정책으로 인식하고 각국 정부에 압력을 가하였다. 더불어 주요 회원국의 일반 여론 역시 단일시장 출범이 가져다준 긍정적 효과에 고무되어 심화

된 경제통합에 거부감을 갖지 않았다.[406]

셋째, 이러한 경제적 요인과 회원국의 정치적 선택 이외에도 독일 통일이라는 돌발 변수 역시 경제통화동맹 성사의 정치적 요인으로 작용하였다. 당시 예기치 않게 빠른 속도로 독일 통일이 이루어지면서 유럽에서는 독일의 우월적 지위에 대한 우려가 거세게 일었다. 이에 독일은 통독에 따른 국내외의 불안감을 유럽통합으로 상쇄하려고 진행 중인 경제통화동맹에 적극적으로 참여하였다. 당시 독일 정부관료들은 경제통화동맹으로 자국이 취하는 경제적 실익이 크지 않다는 사실을 인지하였다. 그럼에도 독일 총리 콜(Helmut Kohl)은 여러 회합에서 경제통화동맹은 독일과 서방세계의 강력한 결속을 이끌고, 독일은 유럽공동체의 충성스러운 동반자이며, 통독은 유럽통합 맥락에서 진행한다는 입장을 거듭 강조하였다.[407]

▶ 엘리트의 통합에 대한 재인식

샌드홀츠와 지스만은 왜 1980년대 말 이후 회원국은 통합을 재인식하였는가라는 질문을 통해 단일유럽의정서를 전후하여 변화된 통합과정을 설명하였다. 1970년대 중반부터 유럽공동체 회원국들은 유럽 차원에서의 시장친화적 정책의 필요성을 인식하였다. 또한 1980년대 들어 미국의 경제적 쇠퇴와 일본의 부상 등 일련의 국제경제 환경의 변화로 유럽국가들은 경제적 목적과 이를 달성하기 위한 수단을 재고려하게 되었다.[408]

전환적 사고는 회원국 차원에서 경제발전과 능동적인 경제구조 변화를 꾀할 수 없다는 현실인식에서 비롯되었다. 이미 1960년대 말 이후 서유럽 경제는 장기적인 스태그플레이션에 진입하여 회원국마다 다양한 경제조치를 취하였지만 대부분 실패하였다.[409] 1980년대 이후 경제의 글로벌화로 일국 차원의 경제정책은 더욱 위축되었다. 이러한 국가의 실패에 대응하여 다국적 기업을 포함한 산업계와 노조는 유럽 차원에서 조합주의적 합의를 꾀하였다. 1980년대 말 산업계는 유럽위원회와 연계하여 유럽산업계 원탁회의(ERT)를 주기적으로 개최하여 유럽 차원에서 사회경제적 거버넌스 기능을 수행하였다. 산업계는 유럽위원회와의 협력을 통해 시장 통합뿐 아니라, 유럽 차원의 경제사회적 이슈를 공론화하여 유럽적 의제 선정에도 영향을 미쳤다.[410]

이러한 산업계의 움직임에 자극받아 회원국은 정부 간 합의를 통한 새로운 해결책을 강구하고 동시에 유럽공동체의 제도개혁과 유럽위원회의 기능 강화를 모색하였다. 당시 통합의 중심 세력인 프랑스의 사회당이나 영국의 보수당 정부는 국내에서 민영화와 탈규제화 노선을 취하면서, 유럽위원회가 제안한 유럽적 탈규제 조치에 적극적 지지를 보냈다는 사실을 상기 할 필요가 있다.[411] 물론 이러한 국가와 초국가 수준의 통합동인은 상호연관되어 있다. 회원국은 경제적 환경변화에 대응하여 국내에서 기간산업의 독점해체와 자유화 조치를 단행하였다. 나아가 회원국은 유럽 차원에서 시장통합을 위한 제도개혁에 의견을 같이하고 세부계획은 유럽위원회에 위임하였다.

이에 따라 유럽위원회는 300여 개에 달하는 탈규제조치를 담은 지침(directive)을 신속하게 입법화하였다. 당시 유럽위원회는 시장통합계획 추진 시 카시스 드 디종(Cassis de Dijon) 판례를 연계하는 전략을 취하여 일부 회원국의 저항을 봉쇄하였다. 또한 단일유럽의정서 체결 이후 시장통합 관련 지침의 입법은 이사회에서 가중다수결 표결이 적용되어 회원국의 비토권은 무력화되었다. 더불어 국내에서 독점적 지위를 누리던 일부 산업계는 자국 정부에 대한 압력이 의미를 잃게 되었다.[412] 이와 같이 1980년대 말 유럽적 타협(European bargains)은 표면상 유럽 차원에서 회원국 정치지도자들의 자발적 합의에서 비롯된 것이다. 그러나 이러한 회원국 정치지도자들 간 합의를 가능케 한 동인은 유럽위원회의 리더십이다.[413]

▶ 유럽위원회의 리더십

초국가 기구의 정치적 리더십은 문제 해결을 위해 회원국 간 협력을 고무하고, 해결책을 제시할 때 실효성을 갖는다. 여기서 정치적 리더십의 핵심은 협상기술인데 1992년 시장통합 계획에서 유럽위원회는 이러한 능력을 발휘하였다. 유럽위원회의 리더십은 1992년 시장통합계획의 성공을 가져온 결정적 요인이다. 국경을 넘어 전개되는 기업 간 연합과 회원국 정부에 대한 기업들의 응집력 있는 로비는 시장통합계획의 또 다른 성공 요인이었다. 한편으로 유럽위원회와 산업계의 연합은 회원국 정부에 시장자유화와 탈규제 압력 요인으로 작용하였다. 여기서 기업 간 연합과 기업의 로비 배후에는 유럽위원회의 전폭적 지원이 있었다는 사실을 인식해야 한다.

결국 1992년 시장통합계획의 성사는 유럽위원회의 기업가형 리더십이 결정적 동인이라고 할 수 있다. 유럽위원회는 조약과 추가적인 법적 근거에 의해 공적 권한을 갖는다. 유럽위원회는 의제제안권을 독점하며 이사회의 최종 결정 이후 정책의 실행권한을 행사한다. 경쟁정책의 경우 유럽위원회는 정책결정부터 실행까지 외부의 간섭 없이 독립적 권한을 갖는다. 유럽위원회는 여타 초국가 기구에 비해 기업가형 그리고 지적인 리더십에서 우위에 있다. 이러한 유럽위원회의 리더십은 기술관료의 능력에서 비롯된다. 유럽위원회의 입법제안은 상황에 따라 회원국이 추구하는 목표보다 진일보한 내용을 담고, 적시에 입법을 제안하여 몇몇 회원국의 반대를 극복하기도 하였다.[414]

유럽위원회는 이미 1979년부터 다비뇽(Etienne Davignon) 집행위원을 책임자로 한 독립적인 조직을 만들어 시장통합을 준비하였는데, 여기서 다비뇽 집행위원의 탁월한 기업가형 리더십이 시장통합계획에 많은 영향을 미쳤다. 다비뇽은 걸출한 리더십과 식견을 가진 인물로 유럽산업계 원탁회의(ERT)와의 전략적 연합을 성공적으로 이끌어냈다. 이 과정에서 유럽위원회는 유럽 산업계로부터 적극적인 지지를 받았다. 이러한 점에서 유럽위원회의 리더십 배경에는 외부 행위자와의 공고하게 구축된 네트워크 역시 중요한 요인이라 할 수 있다.[415]

그렇다면 유럽위원회의 정치적 리더십은 어떠한 근거와 경로로 제기되었으며, 이러한 리더십은 어떻게 발휘되었는가? 먼저 유럽위원회는 전략적 사고에서 회원국의 이해가 일치하고, 파급효과가 큰 경제 부분을 선정하여 통합을 추진하였는데 이는 곧 통신산업이다. 통신산업은 기술발전 속도가 빠르고 여타 기간산업에 비해 갈수록 중요성이 더하며 국가와 기업에는 결정적인 경쟁력의 원천으로 자리 잡았다.[416] 1980년대 이후 통신 장비와 관련 서비스기업은 연대를 통해 국가독점 철폐와 자유화 조치를 요구하여 왔고, 주요 회원국은 1980년대 초부터 본 산업 분야에서 구조조정을 취하였다.

문제는 국가독점이 해체되고 자유화조치가 취해진다 하여도 유럽 차원에서 시장분할이 존재하고 기술표준화가 미비한 상태에서는 유럽적 경쟁력 확보가 용이하지 않다는 사실이다. 따라서 산업계는 국가 내부에서는 자유화 조치 그리고 유럽 차원에서는 시장통합과 기술표준화의 확장을 동시에 요구하였다. 회원국 역시 국내의 개혁조치와 함께 회원국 간 공동대응을 모색하였다. 이러한 상황은 국내정치가 초국적 제도화와 연관된다는 사실을 반증하고, 유럽위원회는 이러한 연계구조를 적극적으로 활용하였다.[417]

유럽위원회는 1980년대 말 상호인증(mutual recognition) 원칙을 확대하고 유럽 차원에서 표준화정책을 확대하였다. 동시에 유럽위원회는 경쟁정책을 명기한 구공동체설립조약 86조(ex-TEC Art. 86)의 시장 지배적 지위의 남용과 보조금정책을 다룬 구공동체설립조약 90조(ex-TEC Article 90)를 엄격하게 적용하여 유럽 차원에서 시장경쟁 시스템을 구축하였다.[418]

결론적으로 1980년대 말 이후 유럽공동체에서는 유럽적 정책과 규제가 증가하였는데 통신산업은 대표적인 예이다. 1986년에 유럽위원회가 통신산업에서 국경을 넘은 기업 간 합병을 지원할 당시만 해도 본 산업은 국가독점 상황으로 초국가 규제가 극도로 제약되었다. 이에 대응해 유럽위원회는 초국가 규제를 확대하고, 사법재판소는 일련의 친통합 및 친시장 기조의 판결을 통해 유럽위원회에 힘을 실어주었다.

동시에 단일시장 내 경제적 행위자들은 유럽 차원의 효과적인 규제적 조치를 요구하면서 유럽위원회와 전략적 연합을 형성하였다. 이 결과 통신산업에서는 공고한 초국가 규범이 형성되고 초국가 기구의 자율성이 증대하였으며 본 산업에서는 경제적 행위자를 중심으로 탈국경적 사회가 확대되었다.[419] 이 결과 운송 및 경제통화동맹으로 기능적 파급이 야기되어 본 이슈에서도 초국가화가 크게 진척되었다.

유럽산업계 원탁회의(ERT)

1983년 유럽 내 주요 17개 기업의 최고경영자 모임으로 출발한 유럽산업계 원탁회의(ERT)는 산업경쟁력 강화를 위한 협력과 유럽연합과 회원국에 대한 정보제공 및 정책결정 참여를 목적으로 한다. 2020년 기준 유럽산업계 원탁회의는 유럽 내 55개 대기업의 최고경영자가 참여하고 있으며, 세미나 및 보고서 발간을 통해 유럽연합의 시장통합과 산업정책에 큰 영향을 행사하고 있다. 유럽통합 과정에서 유럽산업계 원탁회의가 주목받게 된 것은 유럽위원회가 1986년 단일시장계획을 출범하면서 산업계의 호응과 이해를 반영하기 위해 본 원탁회의와 정례화된 회합을 개최하고 긴밀한 협력을 취하였다는 데 있다. 당시 유럽산업계 원탁회의는 유럽위원회가 진행하는 단일시장계획을 적극적으로 지지하였고, 회원국 정부에는 유럽적 프로젝트에 참여토록 압력을 행사하였다.

상호인증(mutual recognition)

상호인증(mutual recognition)은 1979년 사법재판소의 르위-젠트럴(Rewe-Zentral AG v Bundesmonopolverwaltung für Branntwein, Case 120/78) 판례를 통해 만들어진 원칙이다. 르위-젠트럴 판례는 카시스 드 디종(Cassis de Dijon) 판례로 더욱 많이 알려져 카시스 독트린(Cassis doctrine)으로도 불린다. 본 판례는 독일 정부가 자국 기준을 들어 프랑스에서 생산된 과실주의 수입을 금지한 사건이다. 이에 사법재판소는 적법한 국내 기준에 의해 생산된 상품은 타 회원국에서 자국 기준을 들어 수입을 불허할 수 없다는 취지에서 회원국 간 상호인증을 제기하였다.

이후 유럽위원회는 1985년 시장통합을 위해 기술적 조화와 표준화에 대한 신접근 전략(new approach to technical harmonization and standards)을 마련하면서 상호인증을 단일시장

관련 입법원칙으로 채택하였다. 유럽위원회는 상호인증을 통해 회원국에서 적절한 기술적, 제도적 근거에 의해 제조된 상품은 타 회원국에서 자국 기준을 들어 거부할 수 없다는 원칙을 만들었다. 이와 같이 단일시장 계획에 상호인증이 입법전략으로 도입되면서 회원국 간 상품의 자유이동이 획기적으로 진척되었다.

■ 이론적 의미와 한계

샌드홀츠와 스위트는 신기능주의가 제기하는 초국가 기구의 역할이나 제도주의 관점에서 초국가 제도발전을 주장한 것은 아니다. 오히려 이들이 강조하는 초국가 제도는 국가 중심주의 시각에 대한 반론이라는 점에서 여러 학자들은 초국가주의(supranationalism)로 명명하여 전통적인 신기능주의와 차별성을 부각시켰다.

샌드홀츠와 스위트가 말하는 통합이란 사회, 경제 및 정치적 행위자들이 수직, 수평적으로 연계되어 상호작용하는 과정이다. 여기서 수직적 연계는 유럽연합과 회원국 간에 일정한 패턴을 통해 예측 가능한 형태의 상호관계를 의미한다. 수평적 연계 역시 동일한 맥락에서 회원국 수준에서의 상호작용이다.[420] 이와 같이 초국가주의는 거래가 점증하면서 수요에 부응하는 효과적인 채널 확장과 제도화에 관심을 갖고 신기능주의가 결여된 경험적 검증을 들어 통합을 설명하였다.

초국가주의자들은 신기능주의가 말하는 초국가 통합과정을 수용하되 그 당위성에 맹목적으로 집착하지 않는다. 대신 이들은 신기능주의가 제시한 초국가 통합의 동인과 경로를 여러 경험적 정책사례와 설명을 통해 보다 정교화하는 데 주력하였다. 단적으로 도이취(Karl Deutsch)와 초국가주의자들은 모두 국경을 넘어 사회적 연계가 확장되면서 국제적 수준의 공동체가 형성된다고 보았다. 그러나 도이취와 달리 샌드홀츠를 위시한 초국가주의자들은 국경을 넘은 거래가 행위자의 정체성과 인지적 변화를 동반한다는 당위성에 집착하지 않는다. 유럽적 정체성의 공유 혹은 확산이 결여되어도 초국가 제도화의 심화로 통합은 진척된다.[421]

이러한 이유는 유럽통합이 결국 당위성이 아니라 효율성(efficiency)의 문제이기 때문이다. 유럽위원회, 유럽사법재판소 및 유럽중앙은행의 기능은 회원국 간 의사결정에서 발생하는 높은 거래비용을 줄이고, 정책실행과 모니터링을 통해 회원국 간 불완전한 계약(incomplete contracts)이 갖는 위험을 상쇄한다. 따라서 통합은 국가들의 합리적 선택의 산물이다. 물론 유럽의회의 경우 기능 확장은 효율성보다는 통합의 적법성을 채워주는 기제로 이해해야 한다.[422]

한편 초국가주의는 신기능주의와 달리 초국가로의 회원국의 권한 이전을 국가의 자율적 선택으로 보고, 초국가 입법의 국내 침투를 국가의 축소로 환원하지는 않는다. 다시 말해 유럽연합으로의 권한위임은 정부 간 형상이론의 맥락을 따라 자율성을 갖는 국가의 기능적 필요성에 따른 것이다 단일시장에서 초국가적 거래가 확장되면서 국가는 기능적 필요에 의해 자발적으로 국내 규범을 초국가적 규범으로 대치한다는 것이다.[423] 이러한 논리로 초국가주의에서는 국가들이 행한 정치적 결정과 조약수정이 통합의 중요한 기제임을 인정한다. 단적으로 환경보호와 통화정책에서 광범위한 초국가 기구의 권한은 중앙 집중화된 거버넌스를 의도한 국가의 정치적 결정이 야기한 것이다.[424]

무엇보다도 초국가주의의 이론적 의미는 단일유럽의정서 체결을 전후한 변화된 유럽통합을 적실성 있게 설명하였다는 데 있다. 그러나 초국가주의는 새로운 이론적 시각은 아니며, 기존의 기능주의와 신기능주의에 설명변수들을 더한 이론적 재생산이다. 초국가주의는 초기 기능주의자들인 에치오니(Amitai Etzioni)나 도이취(Karl Deutsch)가 제기한 통합의 조건과 과정을 시대변화를 반영하여 정교화하거나 설명변수를 더한 파생적 시각이다. 따라서 초국가주의 역시 신기능주의의 연장선에서 여러 이론적 맹점을 갖는다.

첫째, 초국가주의 역시 신기능주의와 유사한 맥락에서 여하간의 경우에도 통합은 진행된다는 낙관적 사고라는 함정을 노출한다. 초국가주의는 초국가 제도와 거버넌스에 대한 진화론적 발전을 낙관하여 유럽연합이 민주적인 책임성이 결여되어도, 공공선의 관철을 위해 합목적인 방향으로 나아간다는 암묵적 전제를 내재한다. 그러나 국제적 협력이 반드시 초국가적 통합을 의미하는 것은 아니며, 다양한 수준에서 국경을 넘는 거래가 반드시 초국가주의로 귀결되는 것도 아니다. 현실에서는 초국가 정책이 정부간협상으로 역행하는 현실도 존재한다.

1990년대부터 리스본조약 이전까지 공동통상정책(CCP)에서 서비스와 지적소유권 관할권 논쟁은 초국가주의의 맹점을 여실히 보여주있다. 공동통상정책은 유럽연합에서 가장 초국가화 된 정책 영역이지만, 1990년대 산업 패러다임의 변화과정에서 서비스 교역에서는 국가 중심적인 정책이 진행되는 역설적 상황이 발생하였다. 무역관련 지적재산권에 관한 협정(TRIPS)은 암스테르담조약과 니스조약(Treaty of Nice)에서도 회원국 간 합의가 이루어지지 않아 정부간협상 영역에 위치하였다. 니스조약을 통해 수정된 유럽공동체설립조약 135조 5항(TEC Art. 135.5)에서는 서비스 부분과 통상관련 지적소유권은 유럽위원회의 권한과 이사회 내 가중다수결 표결을 제한한다고 명기되었다.[425] 이와 같이 회원국이 국가이익에 집착하고 초국가로 권한을 이전할 의도가 없다면, 초국가 정부와 정책은 성립되지 않는다. 나아가 초국가 정책 내부에서도 정부간협상이 확대되는 역설적 상황이 야기될 수 있다.

초국가주의는 경제적 이익에 의해 복잡한 정치, 사회적 동인들이 간과되는 신기능주의 시각의 맹점을 비판하면서 제기되었다. 따라서 경제통합이 정치통합을 가져온다는 자동적 정치화 도식을 거부하였다. 그러나 초국가주의가 제기하는 초국가 제도화와 거버넌스는 정부간협상이 초국가 정부로 발전한다는 논리이다. 따라서 이는 결국 신기능주의에서 제기한 경제와 정치통합의 관계를 완화된 진화론적 방향 설정으로 대치한 것에 불과하다. 그러나 현실에서 통합은 일방향으로만 진행되지 않는다. 또한 공동통상정책 내 서비스와 지적소유권 관할권 논쟁에서 확인할 수 있듯 재국가화(renationalizaion)로 역행될 수도 있다.[426]

둘째, 초국가주의에서 제기하는 통합의 단초인 사회적 행위자의 초국경적 거래는 초국가 기구의 리더십과 권한이 제약되는 조건에서는 통합의 동력으로 작용할 수 없다. 초국가주의는 초국가사회를 배경으로 상호작용하는 사회적 행위자의 역할에 주목하였다. 그러나 유럽적 맥락에서 사회적 행위자의 역할은 기능적 통합과정을 이끌어 가는 유럽위원회의 리더십에 포섭된 하위 행위자로 인식할 필요가 있다.[427] 만약 유럽위원회가 동반자 관계와 다양한 정책네트워크를 가동시키지 않는다면 사회적 행위자는 특정 이슈에서 국경을 넘어 수평적 교류만이 확대되거나, 국가를 경유한 이해 투입이라는 전통적 이해 관철 경로를 답습할 수밖에 없다. 국민국가 영역에 위치한 사회정책과 외교안보정책에서 유럽적 행위자 간 수평적 거래로 한정된 상호작용은 이러한 양상을 보여준다.

셋째, 초국가주의 역시 신기능주의와 유사하게 통합과정에 대한 포괄적 설명을 의도하면서 이론적 설명력의 한계를 갖는다. 초국가주의 시각이 제기되면서 신기능주의는 통합의 당위적 진행이나 초기 통합의 역사에 대한 설명틀로 이론적 의미가 축소되었다. 신기능주의 전통 위에서 성립된 초국가주의 역시 복지의 확대와 초국가성의 심화라는 불가분의 관계를 역설하면서 이에 대한 이론적 설명은 여전히 간과되었다. 왜 초국가성이 심화되면 국가들의 복지가 증대하는가? 왜 초국가 수준에서의 정책결정이 효과적인가에 대한 이론적 설명은 불충분하다. 같은 맥락에서 1980년대 중반 이후 새롭게 제기된 신기능주의 역시 분석적 설명이 결여된 가운데 초국가성의 심화가 지역통합을 촉진한다는 당위적 관계만을 제시한다는 비판은 여전히 유효하다.

6 초국가 기구의 자율성과 법적 통합

■ 초국가 행위자와 제도

1990년대 이후 일단의 학자들은 주인-대리인 모델(principle and agent)을 통한 대리인의 자율성 확대로서 유럽위원회의 권한을 설명하였다는 점에서 신기능주의 전통의 또 다른 파생이라 할 수 있다. 한편 신기능주의에서 제기하는 초국가 제도의 발전을 사법재판소의 권한 확대와 공동체법(Community law)의 심화로 이해하는 일단의 시각도 등장하였다. 이는 곧 법적 통합(legal integration)으로 신기능주의에서 제기하는 초국가 제도의 구현을 구체화한 설명틀이라 할 수 있다.[428]

■ 주인-대리인 모델(principle and agent)

유럽통합 연구에 있어 주인-대리인 모델(principle and agent)의 유용성은 초국가 기구에 권한을 위임하는 회원국의 동인과 그 영향을 이해한다는 데 있다. 주인으로서 회원국은 거래비용 축소와 국가 간 합의의 확증을 위해 초국가 기구에 일부 권한을 위임한다. 주인-대리인 모델에 따르면 초국가 기구에 대한 권한 위임은 국가 간 타협과 협상에 동반되는 높은 비용을 상쇄하고, 회원국의 결정사항 이행에 대한 감독과 모니터링을 위한 조치이다. 이 외에도 회원국은 단일시장에서 규제조치 부과 시 기능적 효율성을 고려하여 유럽위원회, 유럽중앙은행 및 사법재판소를 망라한

초국가 기구에 권한을 위임한 것이다.[429)]

　무엇보다도 주인-대리인 모델은 신기능주의와 초국가주의 맥락에서 어떻게 초국가 기구가 다양한 정책 영역에 걸쳐 회원국의 통제에서 벗어나 자율성을 확대해 나가는가? 그리고 회원국은 왜 초국가 기구를 효과적으로 통제할 수 없는가를 이해하는 설명틀로 의미가 깊다.

▶ 초국가 기구의 자율성

　폴락(Mark A. Pollack)은 국가 중심적 시각에서 주인-대리인 모델을 통해 회원국의 목적이 구현되는 초국가 제도화 과정과 초국가 기구의 기능을 분석한 대표적 학자이다. 폴락은 주인-대리인 모델을 통해 대리인으로서 초국가 기구의 자율성은 회원국이라는 주인으로부터 위임받은 권한에 의해 결정된다고 설명하였다. 그러나 폴락은 시간이 경과하면서 초국가 기구는 위임된 권위를 배경으로 조약실행, 의제설정, 규제부과 및 정책시행 모니터링 등의 독립적인 권한을 행사하여 회원국에 영향을 미친다고 파악하였다.[430)]

　회원국으로부터 위임받은 권한이라는 관점에서 볼 때 유럽위원회를 위시한 초국가 기구의 권한은 회원국의 정치적 결정에 따른 종속변수에 불과하다. 물론 이러한 설명은 1950-60년대 유럽위원회의 기능이 현재보다 미약한 상황에서는 적절한 분석이다. 특히 룩셈부르크 타협체제(Luxemburg compromise)에서 주인-대리인 모델은 상당한 설득력을 갖는다.

　룩셈부르크 타협체제 기간 회원국은 이사회에서 비토권을 통해 유럽위원회의 입법과 정책실행 기능을 효과적으로 제어하였다. 당시 이사회에서 결의한 정책은 유럽위원회에서 입안되어 다시 이사회에서의 만장일치 표결로 결정되는 경직된 의사결정 구조로, 유럽위원회는 초국적 정책을 노골적으로 강구할 수 없었다. 중요한 사실은 유럽위원회를 통제하기 위한 회원국의 비토권은 비효율적인 정책과정을 야기하였고, 회원국은 이를 타개하기 위해 1980년대 들어 룩셈부르크 타협체제를 자발적으로 파기하였다는 점이다. 이 결과 초국가 기구의 자율성이 확대될 수 있는 정치적 환경이 성립되었다.[431]

여기서 초국가 기구의 자율성은 기능적 우월성과 회원국으로부터의 신뢰에 근거한다. 물론 주인-대리인 관계는 이슈에 따라 정도의 차이를 갖는다. 단적으로 경쟁정책에서 유럽위원회의 규제적 조치는 조약에 근거한다. 반면에 공동농업정책과 단일시장정책은 조약뿐 아니라 이슈마다 이사회로부터 권한을 위임받아야 한다. 대외무역협상에서 유럽위원회가 단일의 협상주체로 기능하는 경우 이러한 이슈별 권한위임은 보다 명확하다.

이와 같이 이슈에 따라 주인-대리인 관계에서 권한위임 정도는 차별화된다. 그럼에도 리스본조약 이전 상황에서는 전반적으로 유럽연합의 1지주(first pillar)에서는 유럽공동체설립조약(TEC)에 근거한 초국가 기구의 제도적 자율성이 극대화되었다. 반면에 유럽연합조약(TEU)에 근거한 2, 3지주(second, third pillars)는 주인인 회원국의 엄격한 통제로 유럽위원회의 대리인 기능은 극도로 위축되었다.[432]

그러나 유럽연합의 지주구조(pillar structure)는 2007년 리스본조약 체결로 파기되었고 내무사법 등 기존 유럽연합조약(TEU)에 위치한 정책의 초국가화로 유럽위원회의 기능은 이전과 비교할 수 없을 정도로 확대되었다. 결국 유럽연합에서 초국가 기구에 대한 회원국의 통제 메커니즘은 이슈 영역과 시간의 경과에 따라 유동적이다. 중요한 사실은 유럽적 맥락에서 여하간의 경우에도 대리인에 대한 주인의 모니터링과 제재는 비용을 동반하며 대리인을 완전하게 통제할 수 없다는 것이다.[433]

이러한 유럽연합의 발전과정을 고려할 때 주인-대리인 모델은 회원국으로 부여받은 초국가 기구의 권한은 시간이 경과하면서 자율성이 확대되었다는 전제로부터 시작된다. 대리인으로서 초국가 기구는 주인인 회원국의 조약과 2차 입법의 이행을 감독하는 모니터링 기능을 수행한다. 동시에 유럽위원회는 회원국에 대한 감독과 제재를 행하는 규제적 관료집단이다. 특별히 회원국의 이해가 복잡하게 얽힌 사안의 경우 초국가 기구가 권한을 위임받아 독립적으로 입법과 규제조치를 취한다. 대리인으로서 유럽위원회의 의제제안 자율성 확대는 이러한 맥락에서 비롯된다.[434]

사법재판소의 자율권 확대 역시 유사한 맥락에서 이해할 수 있다. 사법재판소는 조약에 근거한 국가 간 불완전한 계약에 따른 문제점을 시정하는 행위자이다. 조약은 일반적인 목적만을 담기 때문에 회원국마다 임의 해석과 이행이 야기될 수 있다. 그러나 사법재판소는 철저하게 조약 목적에 근거한 판결을 통해 회원국의 일탈을 제어하고, 모호한 조약의 텍스트를 엄정하게 해석하여 국내 입법의 조화(harmonization)를 꾀하였다. 이 결과 사법재판소는 독립적인 유럽적 법적 질서를 구축하고 국가의 통제로부터 절연된 초국가 기구로 자율성이 극대화되었다.

▶ 회원국의 초국가 기구 통제

폴락은 유럽연합의 여러 제도적 조건을 통해 주인-대리인 관계에서 회원국이 초국가 기구에 갖는 제재(sanction) 기능을 열거하고 그 한계를 제시하였다. 구체적으로 회원국의 초국가 기구에 대한 통제 옵션은 공동결정절차(codecision procedure)와 커미톨로지(comitology) 등 제도화된 정책과정에서 이해관계 투입 그리고 초국가 기구에 대한 인사권과 예산통제, 사법재판소에 대한 통제와 판결 수용거부 등을 망라한다.

첫째, 회원국은 제도화된 정책과정 내에서 제도적 제어(institutional check)와 법적 검토(judical review)를 통해 유럽위원회를 간접적으로 통제할 수 있는데, 이는 공동결정절차와 커미톨로지로 양분하여 이해할 필요가 있다.

공동결정절차에서 의제 제안권은 유럽위원회의 배타적인 권한이다. 그러나 회원국은 본 정책과정에서 독해(reading)를 통해 유럽위원회의 제안을 수정하거나 최종 결정권한을 행사하므로 유럽위원회의 제안을 손쉽게 무력화시킬 수 있다. 그러나 여기서 여러 요인으로 이사회의 의도가 관철되기는 어렵다. 유럽위원회가 제안한 의제는 이사회와 사전합의를 통해 선호의 균형점에서 내용이 구성된 것이다. 이러한 상황을 고려할 때 공동결정절차에서 양자 간 관계를 주인-대리인의 위계적 구조로 볼 수는 없다. 따라서 정책과정에서 이사회의 행위는 유럽위원회에 대한 통제의 성격보다는 제도 내에서 행위자 간 권한의 균형으로 보는 것이 타당하다.[435]

또한 유럽위원회의 의제제안은 이사회에서 의제수정이나 파기보다 상대적으로 쉽게 이루어진다. 서로 다른 선호를 갖는 회원국들 간 의견조정은 유럽위원회의 단선적 선호 표명보다 어려운 일이다. 결정적으로 공동결정절차의 경우 3개의 정책결정기구 간 권력균형 구조에서 1년 이상을 소요하며 유럽의회와 이사회에서 각기 2차례의 독해(reading)와 수정(amendment)을 기하는 과정을 고려하면, 이사회의 독단적인 의제수정과 파기 시 정치적 비난을 피하기 어렵다.[436]

한편 커미톨로지는 회원국이 유럽위원회를 직접적으로 통제할 수 있는 정책과정으로 주인으로서 회원국의 이해가 극대화된 정책과정이다. 이러한 이유는 커미톨로지 절차가 명문화된 조약이 아니라, 회원국 간 정치적 합의로 유럽위원회의 정책결정 기능 통제를 목적으로 만들어졌기 때문이다. 커미톨로지는 1960년대 공동농업정책에서 기술관료의 전문성을 확보하고 유럽위원회의 초국적 권한을 제어하기 위해 구성되었고, 단일유럽의정서 이후 본 시스템이 대폭적으로 개편되었다.[437]

커미톨로지는 자문위원회(advisory committee), 관리위원회(management committee)와 규제위원회(regulatory committee)로 나뉘는데 상대적으로 유럽위원회의 자율성이 높은 경쟁정책은 회원국의 권한이 미미한 자문위원회에서 결정된다. 반면에 회원국 간 이해관계가 첨예한 공동농업정책은 유럽위원회의 권한을 통제할 수 있는 관리위원회에서 이루어진다. 공동농업정책의 경우 유럽위원회는 입법제안 시 관리위원회 내에서 가중다수결 표결로 승인을 얻어야 하고, 관리위원회에 정책집행을 보고해야 한다. 만약 관리위원회가 제동을 걸 경우 유럽위원회는 이사회와 의제제안을 논의해야 한다. 규제위원회는 회원국에 민감한 이슈인 사회정책을 다루므로 관리위원회보다 더욱 엄격한 통제메커니즘이 작동해 유럽위원회의 모든 조치는 반드시 규제위원회에서 승인을 얻어야 한다.438)

이와 같이 커미톨로지는 회원국의 주요한 이해가 걸린 초국가정책에 있어 정책실행 주체인 유럽위원회를 효과적으로 통제할 수 있는 정책과정이다. 따라서 회원국에 보다 중요한 이슈일수록, 회원국 간 이해가 분산될수록, 커미톨로지 내에서 유럽위원회에 대한 통제 시스템은 더욱 엄격하게 작동한다. 즉, 자문위원회에서, 관리위원회 및 규제위원회로 갈수록 회원국의 유럽위원회에 대한 통제는 보다 강화된다.439) 그러나 회원국은 정책과정 전반을 통제하는 것은 아니며, 만약 이러한 경우 회원국의 통제 정도에 상응한 비용을 요한다. 이러한 비용은 주인과 대리인 모두에게 부과되면서 정책결정의 효율성을 저해하고 시간적 지체를 야기하므로, 높은 비용과 외부의 비난을 감수해야 한다.440)

둘째, 주인으로서 회원국이 대리인인 유럽위원회에 대한 직접적인 제재는 예산통제와 인사권이다. 그러나 전자의 경우 현실에서 성사되기 힘들다. 회원국이 유럽연합의 예산축소를 꾀한다면 예산의 약 60-80% 정도를 점하는 공동농업정책과 지역정책 운영에 차질을 가져와 결과적으로 회원국이 피해를 입는다. 후자의 경우 회원국은 유럽위원회 위원과 위원장 그리고 사법재판소 법관 임명권을 행사한다. 그러나 이들 인사의 해임은 회원국 간 복잡한 정치적 타협과 사법재판소의 결정을 요하므로 현실에서 이루어지기 어렵다. 유럽의회 의원의 경우 회원국에서 직접선거를 통해 선출되지만 의회 내에서 국적을 초월해 정파를 형성하므로 회원국이 직접적 통제를 기할 수 없다.441)

나아가 회원국은 이사회를 통해 새로운 입법을 고려할 수 있으나 이 경우에는 회원국 간 만장일치 표결을 요하며, 모든 입법은 유럽위원회의 의제제안에서부터 출발한다는 점에서 원천적인 제도적 장벽이 존재한다. 또한 회원국은 조약개정을 통해 초국가 기구에 위임한 권한을 수정할 수 있으나 이러한 행위는 극단적인 정치적 모험으로 실현 가능성이 극히 적다. 극단적인 경우 회원국은 1965년 공석사태(empty chair crisis)와 같이 비토권을 정치적 무기로 활용하여 기존 질서를 부정할 수도 있으나 성사 시 해당 회원국은 상응하는 정치적 비용을 감수해야 한다.[442]

셋째, 회원국은 또 다른 초국가 기구인 사법재판소에 영향력을 행사할 수 있다. 그러나 대리인 중 하나인 사법재판소는 이미 1950년대부터 판례법을 통해 회원국의 정치적 간섭이 미치지 못하는 독립적인 초국가 기구가 되었다는 사실을 상기할 필요가 있다. 사법재판소는 유럽위원회와 달리 국내법원과 일종의 동반자 관계를 형성하여 초국가와 국가를 연계하는 대리인이다. 따라서 회원국이 사법재판소를 통제하거나 사법재판소의 판결과 법적 해석을 거부한다면 국내 법원의 신뢰성에도 부정적인 영향을 낳는다.

유럽적 맥락에서 초국가 기구는 회원국의 권한 위임 정도에 따른 제도적 권한을 보유하며 회원국의 여러 제도적 통제에 구속된다. 그러나 회원국이 초국가 기구를 통제하기 위해서는 회원국 간 선호 조정뿐 아니라 수반되는 정치적, 물리적 비용을 감수해야 한다. 또한 대리인보다 월등한 정보와 함께 이익집단과 같이 주인과 대리인 외에 제3의 행위자를 포섭할 수 있는 능력도 요구된다.[443] 그러나 현실에서 유럽위원회는 대부분의 공동정책에서 회원국보다 상대적으로 완전하고 많은 정보를 갖고 있다. 또한 유럽위원회는 정책네트워크를 통해 이익집단과 긴밀한 동반자 관계를 형성해 이익집단은 필요하다면 국가를 경유치 않고 유럽위원회와 협력을 취할 수 있다.

이와 같이 유럽연합에서는 제3의 행위자를 포섭할 수 있는 능력은 주인이 아닌 대리인의 몫이 되어가고 있다. 그러므로 주인-대리인 관계에서는 갈수록 주인의 의도와 무관하게 대리인의 자율성이 확대되고 있다. 이러한 논리는 공동결정을 통해 조건적인 의제제안자(conditional agenda setter)로 위치하는 유럽의회에도 공통적으로 적용된다. 결국 초국가 기구에 대한 회원국의 통제는 유럽적 맥락에서 여러 정치적, 제도적 조건으로 용이하지 않으며, 높은 비용을 요하고 초국가 기구의 정치적 저항을 야기한다.444)

주인-대리인 모델은 회원국의 기능적 선호 변화에 대한 대응, 네트워크 형성을 통한 정보와 자원의 통제 및 권한의 균형이 작동하는 제도화된 정책 과정의 확대 등 여러 동인을 통해 주인인 회원국으로부터 대리인인 초국가 기구가 자율성을 확대해 나가는 과정을 설명한다.445) 이러한 초국가 기구의 권한 확대에 대한 분석은 주로 유럽위원회에 집중되었다. 그러나 점차 유럽연합사법재판소(ECJ)와 유럽중앙은행(ECB) 등 공식기구(official institutions) 그리고 유럽식품안전기구(EFSA) 등 규제기구(regulatory agencies)의 자율권 확대에도 적용되고 있다. 이러한 점에서 주인-대리인 시각은 신기능주의와 초국가주의에서 제기한 초국가 기구와 초국가 거버넌스의 자율성을 이해하는 하위 설명틀로 유용성이 크다.

■ 법적 통합

▶ 이론적 배경

1990년대 들어 일단의 학자들은 유럽연합을 초국적 법의 확대과정으로 이해하는 법적 통합(law integration)을 제기하였다. 벌리(Anne-Marie Burley), 마틀리(Walter Mattli) 및 슬러터(Anne-Marie Slaughter) 등은 초국가 통합의 또 다른 동인으로 법적 발전을 제시한 대표적 학자들이다. 이 외에도 윌러(Joseph Weiler) 등 여러 법학자는 1960년대부터 이른바 법에 의한 통합(integration through law)이 진척되어 판례법을 통한 유럽화(Europeanization through case law)가 이루어져 왔다고 주장하였다.[446]

2000년대 들어 법률의 통합에 대한 학문적 관심이 유발된 것은 2000년에 체결하고 2009년 리스본조약 체결로 설립조약과 함께 유럽연합의 법적 기반을 형성한 유럽연합기본권헌장(Charter of Fundamental Rights of the EU)에 기인한다. 공동체의 법률적 기반에 유럽연합기본권헌장이 더해지면서 사법재판소는 인권과 법치 영역에서도 판결과 법적 해석기반을 갖추이 유럽적 헌정질서의 심화를 가져왔다.[447]

한편으로 유럽헌법(European Constitution) 제정을 위한 유럽헌법설립조약(Treaty Establishing a Constitution for Europe) 체결은 법적 통합 논의를 본격화한 계기가 되었다. 2001년 라켄유럽이사회(Laeken European Council)에서는 라켄선언(Laeken Declaration)을 통해 유럽헌법의 제정을 결정하였다. 유럽연합의 헌법은 무엇을 담아야 하는가? 유럽연합의 가치는 무엇인가? 유럽시민의 기본권과 의무는 무엇인가? 회원국과 유럽연합은 어떠한 관계를 형성해야 하는가? 그리고 유럽시민을 위한 헌정질서는 어떻게 구축할 것인가? 등 유럽헌법은 유럽연합의 헌정구조에 대한 고민의 결과이다.[448] 이와 같이 유럽헌법 제정을 계기로 유럽연합이 추구하는 가치와 지향에 대한 근본적인 물음이 제기되고, 보다 밀접한 통합을 위한 유럽적 헌정질서에 관심이 집중되면서 법적 통합 논의가 표면화되었다.

▶ 기존 공동체법에 대한 시각

신기능주의 시각에서 공동체법은 정치의 외피로 효과적인 경제통합을 이끄는 기술적 도구로 간주되었다. 그러므로 신기능주의 학자들은 통합과정에서 제기된 사법재판소의 역할에 큰 관심을 기울이지 않았다. 신기능주의 시각에서는 기능적 영역이 정치적 이해보다 선행하면서 경제 영역에서의 일련의 결정이 공고한 법적 통합을 이끈다는 논리를 전개하였다.[449]

국가 중심성을 주장하는 학자들 역시 공동체법의 헌정질서로의 전환은 사법재판소의 법적 해석과 판례 이외에도 회원국의 정치적 목적에 기인한다고 파악하였다. 또한 단일유럽의정서와 같이 설립조약을 수정하고 서명하며 수용한 것은 회원국 정부라는 사실을 들어, 사법재판소의 권위와 법적 통합을 인정하지 않았다.[450]

1980년대까지 정치학자들은 통합과정에서 사법재판소의 판례를 통해 성취한 성과물과 공동체법의 발전에 무관심하였다. 특히 1990년대 초반까지도 미국의 정치학자들은 유럽통합과정에서 사법재판소와 공동체법의 역할을 과소평가하여 왔다. 이와 같이 기존의 정치학자들은 초국가 기구의 권한 확장을 뒷받침한 법적 맥락에 관심을 기울이지 않아 통합과정의 제도적 역동성을 포착하지 못하였다. [451]

유사한 맥락에서 법학자들도 사법재판소의 판례와 법해석에만 집중하여 법적 발전이 가져온 정치적 영향에 대해서는 관심을 기울이지 않았다. 단적인 사례로 사법재판소는 1979년 카시스 드 디종 판결(1979 Case C-120/78, Cassis de Dijon)을 통해 상호인증(mutual recognition) 원칙을 제시하여 유럽적 법적 질서를 심화하였다. 법학자들과 정치학자들은 모두 본 판결의 중요성을 충분히 인지하였다. 그러나 법학자들은 상호인증 원칙에 대한 법리적 논리에 관심을 집중하여, 본 판결이 이어지는 법률적 결정에 어떠한 영향을 미치는가? 그리고 유럽연합의 정책에 어떠한 영향을 미칠 것인가에만 관심을 집중하였다. 따라서 이들은 왜 이러한 법률적 결정이 잉태되었고, 그 결과 통합과정을 어떻게 바꿀 것인가에 대해서는 큰 관심을 갖지 않았다.[452]

1990년대 이후 통합이 심화되면서 상황은 반전되어 법과 정치의 관계 역시 주요한 학문적 탐구의 대상이 되었다. 이러한 법적 통합은 두 가지의 학문적 지류로 나뉜다.

첫째, 법률주의(legalism)는 공동체법을 연구하는 법학자들의 일반적 시각이다. 법률주의의 초점은 조약에 대한 사법재판소의 법률적 해석과 판결로 곧 법치(rule of law)를 말한다. 이러한 시각은 통합과정에서 사법재판소의 친통합적인 조약해석과 판례에 주목한 것이다. 정치적 행위자들은 예기치 않은 문제에 봉착할 경우 조약이 부과하는 의무와 구속을 어기거나 이행치 않을 수도 있다. 이 경우 사법재판소는 정책결정자로서 리더십을 갖고 통합과정에 개입한다는 논리이다. 따라서 본 시각을 내세운 학자들에 따르면 사법재판소는 조약에 근거해 공식적 권한을 행사하는 주요한 정치적 행위자로 간주된다.

둘째, 일부의 학자들은 해석주의(contextualism) 입장에서 통합과정에서 성문화된 법률과 정치적 현실과의 상호작용에 초점을 맞춘다. 이러한 관점에서는 사법재판소가 1960-70년대에 조약에 대한 엄격한 법률적 해석을 넘어 친통합적 선호를 관철하여 왔다는 사실에 주목한다. 사법재판소는 로마조약이라는 국제법을 일상화된 법질서로 전환하여, 공동체법이 더 높은 수준의 정치적 행위를 가능케 할 신념을 제공하여 왔다고 주장한다. 이후 단일유럽의정서를 계기로 사법재판소는 헌정질서의 수호자라는 본연의 임무로 후퇴하였다. 이와 같이 유럽통합 연구에서 법학자들은 사법재판소의 기능과 함께 적법성(legitimacy)과 투명성(transparency)과 같은 헌정적 개념을 통해 유럽연합의 법적 질서에 주목하였다.453)

▶ 법적 통합 과정

법적 통합이란 공동체법이 국내법 체계에 수직적으로 침투해 가는 과정과 그 결과이다. 그러므로 유럽통합은 공동체법과 회원국의 헌정질서가 수직적 위계로 공고화된 것이다. 이러한 법적 통합은 조약에 근거한 판례와 2차 입법 그리고 이를 구속할 수 있는 절차에 대한 최소한의 신뢰에서 비롯된 것이다. 이와 같이 유럽연합에서 법적 통합이란 결국 역사적, 정치적 동질성이 아니라 인위적 법치에 의해 강구된 것이다. 이에 따라 극단적인 경우 정치는 법으로 대치되어 법적 기반을 통해 회원 각국의 이해관계가 조정된다.

1963년까지 로마조약은 여타의 국제조약과 유사하게 회원국의 국내입법에 의존하였다. 그러나 1963년 사법재판소의 반 겐 루스 판결(1963 Case 26/62, Van Gend en Loos)로 유럽시민에게 공동체법의 직접효력(direct effects)의 길을 열어 국제법에 있어 새로운 법적 질서(new legal order)가 구축되었다.[454] 1965년 이후에는 공동체 시민이 특정 사안에서 공동체 조약과 국내법의 대립 시 국내법원에 국내법의 무효를 제기할 수 있게 되었다. 나아가 1975년 이후에는 지침(directive)의 국내입법과정에서 공동체의 입법 목적과 위배될 경우 이의 무효를 주장하고, 1990년 이후에는 지침의 국내입법 전환 이전에, 지침에 준해 국내법을 해석토록 요청할 수 있는 판례가 생성되었다.[455]

역사적 맥락에서 볼 때 법적 통합은 1992년 단일시장계획을 통해 구체화되었다. 단일시장계획이 진척되면서 회원국 차원에서 시행하는 국내시장 보호를 위한 비관세 장벽과 모호한 규제조치는 사법재판소의 판결과 법률적 견해로 상당 부분 일소되었다. 한편으로 법적 통합은 정책과정에서 초국가 기구 간 권력의 분산 혹은 수평적 관계에도 기인한다. 유럽위원회, 이사회 및 유럽의회는 수평적 관계에서 상호견제를 위해 입법의 목표, 실행시기와 절차 등에서 엄격성을 추구하여 특정 기구의 자의적 해석여지를 봉쇄하였다. 이 결과 유럽연합 입법의 엄격성이 강화되어 정책부과의 대상이 되는 회원국의 일탈을 막는 효과도 가져왔다. 회원국의 경우타 회원국에서 공동체법의 수용 거부 및 자의적 해석을 억제할 수 있다는점에서 공동체법의 엄밀성을 긍정적으로 생각하였다.[456]

이와 같이 법적 통합을 주장하는 시각에서는 통합과정에서 법률의 기능에 주목하여 유럽통합은 개별 회원국의 법률 시스템과 분리된 새로운 법치로 이해한다. 여기서 법치는 회원국 간 제도적 조정을 의미하는 법률의 통합(integration of law)과 통합과정에서 공동체법의 기능을 강조하는 법률을 통한 통합(integration through law)을 모두 포함한다. 즉, 유럽통합은 법률이라는 제도적 통합이며, 정치적 통합은 제도, 즉 공동체법에 의해 가능하다는 논리이다.457)

나아가 마틀리와 벌리 등 법적 통합을 주장하는 일단의 학자들은 회원국에서 공동체법의 점진적 수용을 법적 통합의 독립변수로 파악하였다. 구체적으로 공동체 조약과 2차 입법에 근거한 법적 조치는 국내법에 선행히어 제정되어 국내법원에서 수용된다. 회원국의 공동체법 수용은 경제통합 영역을 넘어 보건, 안전, 사회복지, 교육과 정치참여 권리 등 전통적인 국내정치 영역에서도 진행되고 있는 현상이다. 이 결과 국내입법과 정책은 공동체의 법적 시스템과 점진적으로 조화를 이루며, 회원국 간에 제도적 수렴이 이루어져 정치적 통합이 심화된다. 물론 이러한 회원국의 공동체법 수용은 공동체법의 일반원칙으로서 최고성(supremacy)과 직접효력(direct effect)에 기인한다.458)

▶ 사법재판소의 기능

사법재판소는 초국가 기구 간 그리고 초국가 기구와 회원국 간 관계에 제도적 명확성을 부여하였고, 초국가 정책의 내용을 확장하거나 엄밀히 규정하여 공동체의 정신(esprit communautaire)을 고무하였다.459) 사법재판소는 1960년대 이후 유럽위원회와 이사회와 다른 제3의 길을 걸어온 초국가 기구로 유럽시민과 공동체 그리고 공동체기구 간 정책결정에 따른 분쟁과 갈등을 조정하고 완화하는 중재자 기능을 수행하여 왔다.460)

현재의 유럽연합은 사려 깊은 헌정질서를 고려한 결과가 아니며, 통합의 진척에 따라 경로의존적인 제도발전과 정치적 조정에 의해 야기된 것이다. 이러한 맥락에서 사법재판소의 권한과 기능은 조약에 근거한 법적 기반이 아니라, 통합과정에서 일단의 행위자로서 제도적, 정치적 권한을 확대한 결과이다.461) 통합 초기 초국가 기구로서 사법재판소는 설립조약(Founding Treaties)에 명확한 권한이 설정되어 있지 않아 유럽위원회보다 제도적 기반이 취약하였다. 사법재판소는 회원국 법원의 상위법원이 아니며 유럽연합 내에서 위계적 구조의 정점에 있는 행위자도 아니었다.

이러한 제도적 취약성으로 사법재판소는 유럽석탄철강공동체(ECSC) 출범 시부터 국내법원과 수평적 협력관계를 구축해 법적 권한을 확대하여 왔다.462) 이 결과 사법재판소는 회원국 간 관계는 물론이고 특정 회원국의 국내정책과 조치에 있어서도 법률적 해석을 제기하는 행위자가 되었다. 이와 같이 사법재판소와 회원국 법원과의 연대를 특징으로 하는 유럽적 법적 질서는 로마조약에 서명한 당사자들도 예상치 못하였던 현상이다.463)

사법재판소는 1960-70년대 회원국 정부가 공동체법에 큰 관심을 기울이지 않는 가운데 국내법원의 지지를 배경으로 판례를 통해 중요한 법적 원칙을 만들었다. 이후 1980년대 중반 들어 유럽통합이 재점화되면서 회원국은 뒤늦게 사법재판소가 독립적 권한을 갖는 초국가 행위자가 되었고, 법적 통합이 심화되었다는 사실을 인지하게 되었다. 그러나 회원국은 이러한 상황을 비관적으로 수용한 것은 아니다. 회원국의 시각에서 사법재판소의 독립성은 회원국이 서명한 계약인 조약의 불완전성을 극복할 수 있는 방편이기 때문이다.464)

1986년 사법재판소는 르 베르 판결(1986 Case 294/83, Les Verts)을 통해 '유럽공동체는 법치에 근거한 공동체로서 회원국과 공동체 기구는 조약에 따른 헌정질서의 준수에 있어 법률적 해석을 회피할 수 없다.'라는 취지의 판결을 통해 유럽연합은 법치에 근거한다는 점을 명시하였다. 또한 본 판결에서 사법재판소는 설립조약을 통해 완전한 법적 해결시스템과 절차를 구축하였다는 점을 들어, 사법재판소는 공동체기구가 채택한 입법의 적법성을 검토할 권한을 갖는다는 사실도 적시하였다.[465]

이러한 사법재판소의 절대적 권한은 조약 이외에도 통합에 참여하는 여러 행위자의 지원과 암묵적 동의에 의해 이루어졌다. 유럽위원회는 회원국으로부터 권한을 위양 받은 대리인이지만 사법재판소의 판결에 영향을 미치는 정보제공자 혹은 사법재판소의 조력자로로 기능하였다.[466] 단적인 예로 1960년대 초 유럽위원회는 반 겐 루스 판결의 동인을 만들었고, 이후 본 판결을 공동체의 설립결정(founding decision) 혹은 통합의 원칙(doctrine)으로 고려하여 법적 구조 확립에 결정적 역할을 하였다.[467]

한편으로 국내법원 역시 사법재판소의 범유럽적 법적 권한(transnational European jurisdiction)에 기여한 결정적 조력자이다. 국내법원은 통합 초기부터 사법재판소에 선결적 판결(preliminary ruling)을 의뢰하고 이의 해석을 전적으로 수용하였다.[468] 일부 회원국 법원은 국내 법질서에 기인하여 타 회원국 법원과의 갈등을 야기할 경우 사법재판소의 선결적 판단에 의존하고, 이를 더욱 진일보하게 해석하기도 하였다.[469] 이러한 양상은 국내법원이 사법재판소의 법적 권위를 인정하고 양자 간 상호신뢰가 형성되었기 때문에 가능한 것이다.

회원국 역시 자국 헌정질서의 최고성을 제한하면서 공동체법의 적용을 용인하였다는 점에서 사법재판소의 기능 확장에는 회원국의 정치적 고려 역시 개입된 것이다. 가렛(Geoffrey Garrett)에 따르면 사법재판소의 법적 권위 확대는 회원국이 계약에 대한 신뢰할 만한 수준의 확증과 이를 어길 시 엄밀한 제재를 원했기 때문이라고 파악하였다. 즉, 회원국은 유럽적 정책과 제도수용의 불확실성을 제거하기 위해 사법재판소의 권한 확장을 용인하였다는 것이다.[470] 이와 같이 사법재판소는 유럽연합에서 법률제정과 법적 질서 확립에 가장 큰 기여를 한 초국가 기구로 법적 통합의 중심에 위치한다.

라켄선언(Laeken Declaration)

2001년 12월 15일 벨기에의 라켄(Laeken)에서 개최된 라켄 유럽이사회에서는 라켄선언(Laeken Declaration)으로 더욱 많이 알려진 유럽연합미래선언(Declaration on the Future of the European Union)을 채택하였다. 라켄선언은 니스조약과 부속 니스선언(Nice Declaration)에 담긴 유럽연합의 근본적인 제도개혁 내용을 다시 한번 확인한 것으로, 보다 민주적이며, 투명하고 효과적인 유럽연합을 위한 60여 가지의 질문이 담겨 있다. 이 중 라켄선언에서는 유럽연합의 권한에 대한 정의와 배분, 조약의 단순화, 제도적 구성 및 유럽시민을 위한 헌정구조로의 이행 등 4가지의 핵심적 주제가 집중적으로 언급되었다.

라켄 유럽이사회에서는 본 선언서를 채택하고 선언서 내용 이행을 위해 프랑스 전 대통령 지스카르 데스탱(Valéry Giscard d'Estaing)을 의장으로 한 유럽미래회의(Convention on the Future of Europe) 개최를 결정하였다. 이에 따라 2002년 3월부터 유럽미래회의가 개최되어 동년 6월 유럽헌법조약 초안(Draft Treaty Establishing A Constitution For Europe)이 완성되어 테살로니키 유럽이사회에 제출되었다.

Ⅲ

국가 중심 시각

정부간협상 이론(intergovernmentalism)

■ 이론적 배경

현실주의 전통에서 출발한 정부간협상 이론에서는 지역 수준에서 국가 간 권력게임이라는 논리로 통합을 설명한다. 통합은 주요 강대국 정치 지도자들 간 일련의 협상을 통해 실현되는 국가이익의 구현이다. 따라서 강대국은 통합과정에서 국가 간 협력의 성격을 결정짓는 정치적 결정을 주도하거나, 극단적인 경우 통합을 파기할 수도 있는 비토권을 행사한다. 이러한 논리로 통합은 강대국의 이익이 최소한의 수준에서 구현된 국가 간 합의이며, 이 과정에서 약소국 역시 부가적 보상(side-payments)을 통해 통합의 이익을 공유한다.[471)

이러한 인식 틀은 유럽통합을 바라보는 시각에서도 동일하게 적용되어 국가이익과 정부간협상 논리 및 국제기구에 대한 이해는 현실주의 기본 가정을 내재한다.[472) 유럽통합은 국가 간 상호작용에서 야기되는 거래비용 축소를 위해 지역수준에서 제도화된 국가 간 연합이다. 따라서 정부간 협상이론은 이익집단과 회원국의 정치 엘리트의 지지를 받는 초국가 기구 혹은 유럽관료 주도의 유럽적 문제 해결을 제시하는 신기능주의와 대척점에 위치한다.[473)

정부간협상 이론에 따르면 기존에 유럽통합은 국가간협상, 공동이익에 영향을 미치는 제도 그리고 상대적으로 정치적 영향력이 미약한 국가들을 수용할 수 있는 차별화된 정치적 조정기능을 통해 이루어졌다. 여기서 정치적 조정기능은 지식과 영향력에서 비롯된다. 국가 간 상호이해를 심화할 지식과 정보량이 증대한다면 이들 간 갈등의 폭은 감소한다. 또한 특정 강대국이 주도적 영향력을 행사할수록 정책산출을 위한 정부 간 합의는 용이해진다.[474)]

전통적인 정부간협상이론은 1960년대 호프만(Stanley Hoffmann)으로부터 이론적 설명이 제기되어 1990년대에 모랍칙(Andrew Moravcsik), 가렛(Geoffrey Garrett) 및 그레코(Joseph Grieco) 등 현실주의 혹은 신현실주의 학자들에게 이론적 영향을 미쳤다. 주목할 사실은 현실주의에 뿌리를 둔 정부간협상 이론에서는 국제관계를 주권국가 간 갈등구조로 파악하기 때문에 국가 간 주권협상을 통한 지역통합에 대한 가정이나 이론체계를 갖지 않는다는 점이다. 정부간협상이론가들에게 지역통합은 국제관계의 변화에 대응한 국가들의 대응 옵션의 하나이므로, 통합의 심화와 속성의 변화는 주요한 문제가 아니다.[475)]

따라서 정부간협상 이론은 초국가 통합을 제시하는 여러 시각에 대한 비판적 논리제기 이상으로는 발전할 수 없는 한계를 갖는다. 이 점이 자유주의 맥락에서 제기된 기능적 접근과 결정적 차이이다. 러기(John Ruggie)와 커헤인(Robert Keohane)은 공동연구를 통해 하스는 제2차 세계대전을 겪으며 홉스식의 국제관계에서 세력균형이론의 무력함을 보고 이상주의를 배격하고 새로운 국가 간 관계를 고민하였다고 말한다. 이러한 작업을 위해 하스는 현실주의의 한계를 연구하였다. 그러나 현실주의자들은 하스와 같은 고민을 하지 않았다는 것이다.[476)] 이러한 언명은 정부간협상 이론이 국가 간 통합을 제기하는 시각에 대한 반론 이상의 이론적 진척은 진행되지 않았다는 사실을 시사한다.

■ 기존이론 비판과 이론구성

도이취, 하스 및 린드버그 등 자유주의 전통을 배경으로 유럽통합을 설명한 학자들은 국가 간 협력의 한계를 들어 초국가 기구의 기능과 초국가 통합을 제기하였다. 그러나 1960년대 이후 신기능주의 시각은 통합의 진화에 대한 적실성 있는 예측을 상실하였다. 1960년대 중반 유럽공동체는 프랑스 대통령 드골에 의해 룩셈부르크 타협(Luxemburg compromise)이 야기되고, 1970년대 초에는 영국의 유럽공동체 가입으로 의사결정은 특정 국가의 이해관계와 국가 간 외교적 협상에 지배되었다. 이에 따라 1975년 하스는 신기능주의 통합방식의 제약을 들어 '지역통합이론의 쇠퇴(obsolescence of regional integration theory)'를 인정하게 되었다.[477]

이러한 배경에서 초기 현실주의 학자들은 현실에서 진행되는 통합과정을 들어 국가의 기능을 간과한 신기능주의 가정의 맹점을 지적하고, 이에 대한 대안적 시각으로 국가 중심성을 전제한 정부간협상 이론을 전개하였다.[478] 호프만(Stanley Hoffmann)은 1960-70년대 신기능주의 통합과정과 이론을 비판한 대표적인 학자로 강대국의 헤게모니와 같은 전통적인 현실주의 가정을 통해 유럽통합을 설명하였다. 구체적으로 호프만은 국가이익의 속성, 주권과 국가 간 협력 양상, 초국가 기구의 권한 그리고 파급효과의 제약을 들어 신기능주의 시각의 한계와 함께 국가 중심 통합과정을 설명하였다.

▶ 국가이익

정부간협상 이론에서 제기하는 유럽통합은 국가이익과 국제정치 환경이라는 독립변수가 지배하는 정치과정으로 통합을 통해 국가이익을 확대하려는 강대국의 정치적 목적이 내재한다.[479] 1960년대 프랑스의 강경한 국수주의적 세계관은 이를 말해 준다. 따라서 정부간협상 이론에서는 국가의 비대칭적 능력에 주목하여 강대국을 중심으로 한 정치지도자들의 능력을 통합의 주요한 변수로 고려한다.[480] 통합은 주권국가의 외교적 행위이므로 고위 정치인을 비롯한 행정관료들이 중심적인 행위자가 되며, 이들의 정치관과 권력의 정도에 따라 통합에 대한 시각이 차별화된다.[481] 유럽공동체의 발전과정을 상기하면 골리스트(Gaullist)와 같이 주요 회원국 정치지도자들의 사고와 인식이 통합의 성격을 결정하여 왔다는 것을 확인할 수 있다.

국제관계시스템이란 국가 간 공통의 이익을 찾고 이를 추구하는 행위이다. 모든 국가는 서로 다른 국내정치 구조를 갖고 이에 기인하여 대외적 이익선호 역시 차별화된다. 국제관계시스템은 국가의 능력과 국가이익에 의해 특정 지워지므로 협력에 따른 산출은 상이한 국가이익의 재생산에 불과하다. 만약 기능적 차원에서 협력이 용이한 부분에서부터 통합이 진척되어도, 국가 간 이해관계 대립과 국내에서의 국수주의적 반발 등 여러 장애요인으로 정치통합이 원활히 진행되기는 어렵다. 따라서 어느 국가도 주권제약의 위험을 감수하면서 실현키 어려운 정치적 통합을 강구하지는 않을 것이다.[482] 결국 국가들은 통합이 가져오는 이익에 대한 서로 다른 평가로 초국가적 통합을 위한 합의에 실패할 수밖에 없다.[483]

호프만은 이러한 국가이익의 속성을 들어 1950-60년대 유럽에서 정치적 통합의 제약을 설명하였다. 프랑스는 미국의 지배적 지위를 벗어나 국제사회에서 영향력 확대를 위한 수단으로 유럽통합이라는 옵션을 선택하였다. 특히 프랑스 대통령 드골(Charles de Gaulle)은 양극체제를 탈피하고 다극화된 국제질서를 꾀하는 데 유럽통합을 적극 활용하였다. 또한 프랑스의 시각에서 잠재적인 안보위협은 소련이 아니라 독일이라는 점에서 독일을 포함한 공동체 구성은 합리적 선택이었다.[484]

유사한 맥락에서 영국 역시 국제사회에서 외교적 영향력을 지속키 위해 유럽공동체가 절실하였다. 독일의 경우 유럽국가들과 관계를 정상화하고 자국의 경제재건을 위해 통합된 유럽공동체의 시장이 필요하였다. 이들 국가와는 다르게 이탈리아와 베네룩스 국가들은 양극체제하에서 국가안보를 비롯해 여러 부분에서 직간접적으로 미국의 정치적 영향력에 놓여 있어 유럽통합은 바람직한 옵션이었다.[485]

이와 같이 유럽공동체 회원국은 통합에 대한 목적이 상이하고 유럽공동체 내부에서도 미국의 안보우산을 필요로 하는 회원국이 존재하였다. 이에 따라 영국의 유럽공동체 가입이나 에너지 분야에서의 초국가적 조치 등 회원국의 국익에 상반된 영향을 야기할 수 있는 이슈에서의 통합은 지체될 수밖에 없었다. 따라서 유럽통합은 이에 참여한 국가들 간 서로 다른 이해 추구와 양극화된 국제정치시스템의 종속변수에 불과하다.[486]

물론 신기능주의자들의 언명처럼 1960년대에는 유럽건설(make Europe)을 목적으로 회원국들이 관세동맹을 만들고 일부 영역에서 초국가 정책을 실행하였다. 그러나 이러한 결과는 통합에 참여한 모든 국가의 복지에 긍정적 영향을 가져오기 때문에 성사된 것이다. 문제는 기능적 목적이 달성되거나, '무엇 때문에 유럽을 건설하는가?(make Europe, what for)'라는 문제에 봉착할 때 통합은 더 이상 진행되지 않는다는 점이다. 실제로 모네(Jean Monnet)와 할슈타인(Walter Hallstein) 같은 통합론자들은 기능적 협력 이후에 유럽통합의 지향을 명확히 제시하지 못하였다.[487]

이는 곧 회원국들이 기능적 협력을 넘어 공통된 국가이익이 존재하지 않는다는 사실을 반증한다. 결국 국가 간 차별적인 국가이익을 배경으로 이루어지는 통합은 이러한 차별성을 재생산할 뿐이다. 만약 정치통합이 진행된다 하여도 주요한 이슈에서 완고한 국수주의가 작용할 뿐 아니라, 통합이 가져오는 이익에 대한 회원 간 서로 다른 평가로 초국가적 통합을 위한 합의는 실패할 수밖에 없다.[488]

호프만은 이후 1990년대 들어 유럽연합에서 통화동맹을 통해 유럽중앙은행 설립과 단일통화 제정을 계획하고, 공동체의 법적 권한이 경제적 영역을 넘어 외교안보, 이민과 내무사법 등 주권 영역까지 확대되는 현실을 인정하였다. 이러한 변화된 현실에 대해 호프만은 탈냉전이 야기한 전환기에 유럽연합의 핵심 회원국인 독일과 프랑스의 정치 지도자들이 1950년대와 유사한 맥락에서 시장(market)으로 다시 관심을 돌린 것으로 해석하였다.[489]

▶ 주권과 정부 간 협력

정부간협상 이론에서는 국가만이 지배적 행위자이므로 권위를 할당하는 주요 결정은 회원국의 고유한 권한이다.[490] 그러므로 유럽위원회와 사법재판소와 같은 초국가 기구로의 권한 이전은 통합으로 야기되는 자동적인 시스템의 변화가 아니라, 국가 간 정치적 합의의 결과이다. 그렇다면 회원국은 어떠한 연유로 주권의 제약을 가져올 수도 있는 초국가로의 권한이전을 선택하는가? 이는 유럽연합이 국가이익의 대리인으로 집단적인 공공선을 추구하는 장이기 때문이다. 따라서 유럽위원회와 사법재판소는 국가들 간 높은 거래비용을 완화키 위해 인위적으로 권한을 위임받은 대리인에 불과하다. 이러한 논리로 초국가정책은 상호의존이 심화된 정치, 경제적 상황에서 개별 국가 차원의 불완전한 대응을 회피하기 위한 전략에서 비롯된 것이다.[491]

결국 초국가 기구로의 기능적 권한 위임은 국가의 자의적 판단에 따른 것이다. 1960년대 관세동맹 결성을 위해 회원국 정부는 국내에서 규제적 조치를 철폐하고 초국가 기구로 관련 권한을 위임하였다. 당시 일부 기능적 통합과정에서는 유럽위원회의 기술관료와 전문가들에게 크게 의존하였다. 무역 및 경쟁정책에서 유럽위원회의 독립적 권한은 그 예이다. 그럼에도 대개의 경우 고도의 기술관료적 능력이 요구되는 기능적 통합과정에서 초국가 관료의 역할은 실무적 운영으로 한정되었다. 프랑스의 농업이익이 깊숙이 개입된 공동농업정책(CAP)의 형성과정을 보면 주요 정책의 결정은 이사회에서 정치적 협상에 의해 이루어졌다는 것을 알 수 있다.

만약 초국가정책 시행으로 국내정치가 지대한 영향을 받거나 전면적 개혁을 요한다면 초국가정책의 결정과정은 이사회를 중심으로 권력정치화 된다. 단적인 예로 1960년대에 공동농업정책의 주요 이슈인 예산조달과 배분은 프랑스와 독일이 주도하는 국가 간 정치적 협상에 지배되었다. 이에 따라 유럽위원회의 권한은 농산물 관세 부과와 보조금 배분 등과 같은 기능적 업무로 한정되었다.[492]

1960년대 당시 호프만은 순수한 현실주의 가정만으로 유럽통합을 설명한 것은 아니다. 그는 여타 현실주의 학자들처럼 무정부적 세계에서는 국민국가의 주권수호가 가장 중요하지만, 상호이익을 가져올 수 있는 부분에서 국가 간 제도화된 협력이 존재한다고 보았다. 따라서 정부간협상을 통해 상호 간에 국가이익을 조정할 때 통합이 가능하다고 파악하였다. 다만 국가 간 제도화된 협력은 통상과 농업과 같이 명백한 이익을 가져올 수 있는 하위정치에 한정된다. 고위정치 영역인 외교안보는 여전히 회원국의 배타적 주권 영역에 위치한다. 그러므로 국내 정치 엘리트들은 통합 과정에서 주권에 위해가 되는 연방적 유럽이나 안보공동체의 건설 등 궁극적인 통합의 지향에 대한 합의를 꾀하지는 않는다.[493]

단적으로 유럽공동체에서 관세인하 문제는 국가주권에 심각한 영향을 미치는 사안이 아니므로 신속한 합의가 진행되었다. 반면, 높은 비용 분담을 요하는 공동농업정책 형성과정에서는 회원국 간 심각한 의견 격차를 드러냈다. 나아가 신규회원국 확대나 안보정책과 같은 고위정치 영역에서는 국가 간 합의가 성립되지 않았다. 그러므로 호프만은 1960년대 서유럽에서는 유럽공동체를 통해 국가 간 상호작용 패턴과 시스템이 변화하였지만, 이러한 협력이 국민국가의 주권을 일소하지는 못하였다고 결론 내렸다.[494]

호프만의 연구에서 확인할 수 있듯이 정부간협상 이론에서 국가주권은 어떠한 경우에도 양보하거나 축소될 수 없다. 피어슨(Paul Pierson)에 따르면 국가의 선호에는 주권에 대한 집착이 내재하며 특별히 강대국의 경우 국제적 협력에서 국가주권이 손상이나 축소에 보다 민감하게 반응한다. 그러므로 정부간협상 이론은 주인-대리인 관계를 전제하여, 주인인 회원국의 엄격한 사후 통제를 전제로 대리인인 초국가 기구에 일부 권한을 위임한다는 논리를 담는다.[495]

▶ 초국가 기구의 권한 제한

정부간협상 이론에 따르면 유럽연합의 정책과정은 국가 간 집단적 협상에 의해 이루어진다. 이러한 합의과정은 일반적으로 만장일치 원칙에 의해 진행되므로, 강압적이거나 특정 회원국이 용인할 수 없는 내용을 담을 수는 없다. 따라서 국가 간 집단적 협상은 상이한 국가이익을 배경으로 최소한의 수준에서 합의가 이루어진다. 물론 회원국이 모든 의사결정을 주도하는 것은 아니지만, 조약수정 및 새로운 공동정책의 도입과 같은 주요한 정치적 결정은 유럽이사회와 이사회를 통해 회원국이 주도한다. 이 과정에서 초국가 기구는 회원국 간 집단적 합의이행을 신뢰할 수준에서 지원하는 부차적 행위자에 불과하다.[496]

이와 같이 정부간협상 이론에서는 이사회를 비롯한 정부간협상을 이끄는 행위자를 통합의 동력으로 파악한다. 유럽연합은 회원국 주도의 이사회와 유럽이사회를 정점으로 유럽위원회를 위시한 여러 기구가 위계적 질서로 구조화되어 있다. 이사회는 회원국 간 이익을 개진하는 일종의 포럼으로 제도화된 정책결정 방식을 통해 권한과 자원을 할당한다.[497] 반면에 유럽위원회는 이사회에 종속된 기구로 이사회가 기결정한 사안을 집행하는 행정관료 집단이다. 물론 유럽연합에서는 초국가 기구의 독립적 권한이 존재한다. 유럽위원회의 의제제안권, 사법재판소(ECJ)의 독립적 판결 및 정부간회담(IGC)에서 초국가 관료의 참여 등이 이러한 예이다.

그러나 유럽연합의 운영원리를 고려한다면 이러한 초국가 기구의 권한은 주인-대리인 모델에서 후자로 한정될 수밖에 없다.

첫째, 유럽위원회는 의제제안권을 독점하지만 이러한 의제는 사전에 유럽위원회와 이사회 내 실무관료 간 의견조정을 선행한 것이다. 국가 간 이해조정 협상에서 풍부한 경험을 가진 이사회의 관료들이 의제선정과 내용에 관여하므로 정책결정과 실행단계에서 회원국의 저항이 완화된다. 이사회 내부 역시 공고한 위계적 질서가 존재하는데 장관급 회합이나 정상 간 수뇌회담 등 고위급 정치인간의 상호관계만이 정치적으로 중요한 의미를 갖는다. 이사회의 위계적 구조에서 하위에 위치한 상주대표부(Coreper)는 국가 간 정치적 관계에 큰 영향을 미치지 못하는 행정관료 집단에 불과하다.[498]

또한 유럽관료(Eurocrat)를 대표하는 유럽위원회의 초국가 관료들은 회원국에서 선발된다는 점을 상기해야 한다. 고위직 관료의 인선일수록 회원국의 정치적 입김이 강하게 작용하는 것이 현실이다. 이러한 인적 구성과 충원방식에 기인해 유럽위원회가 회원국으로부터 완전히 자유로운 행위자라고 할 수는 없다.

둘째, 신기능주의 학자들의 주장에 따르면 통합에 참여하는 회원국은 국내에서의 자율권 제약을 감수하면서 유럽 차원의 공공선과 보다 높은 수준의 장기적 이익을 꾀한다. 그러나 이러한 전제는 유럽위원회로 대표되는 초국가 기구가 국가보다 월등한 능력을 갖고 국가들의 이익을 효과적으로 표명하는 경우에 한정된다. 유럽공동체를 볼 때 주요한 결정은 여전히 회원국의 이해를 조정하는 이사회에서 이루어졌다는 것을 알 수 있다. 단적으로 공동농업정책 도입과 같은 주요한 의제는 신기능주의자들이 제기하는 공동체 방식(Community method)이 아니라, 강대국의 힘의 논리와 외교적 교섭에 의해 가능하였다. 현실적으로 통합의 국면에서 가장 큰 영향을 행사하는 행위자는 회원국의 장관들이다. 점진적 통합이 명확히 규정되지 않거나 이미 성취한 결과가 만족스럽지 않다면, 회원국 장관들은 다음 단계의 통합을 거부할 것이다.[499]

한편 신기능주의 논리에 따르면 통합은 강대국의 이익뿐 아니라 약소국이 갖는 여러 제약을 극복하는 유용한 기제이다. 이 점에 대해서도 호프만은 사회적 복지에 중점을 둔 기능적 통합은 상대적으로 약소국에 보다 많은 이익을 가져다줄 수 있다는 사실을 인정한다. 그러나 국가 간 힘의 불균형이 내재하는 이사회 구조를 고려할 때 약소국이 통합과정에서 상대적으로 더욱 많은 이익을 취하는 상황은 제한적이다.

셋째, 사법재판소의 판례와 해석은 대개의 경우 모든 회원국에 공공선을 가져올 수 있는 범위 내에서 이루어진다. 정부간협상 이론에 따르면 공동체법과 2차 입법(secondary legislation)은 국가들 간 제도화된 합의를 가능케 하는 규범이며 정당성의 원천이다.[500] 이러한 전제에서 정부간협상 이론 역시 사법재판소의 권한 확대를 인정하지만 그 맥락은 신기능주의 및 초국가주의와 상이하다. 만약 사법재판소의 권한이 확대되었다면 이는 초국가적 통합이 아니라 국가 간 사전조정이 원활하게 진행되었기 때문이다. 따라서 정부간협상 이론에서는 사법재판소의 권한과 국가 간 공고한 협력을 별개의 논리로 간주하지 않는다.[501]

넷째, 회원국은 정부간회담에서 비토권을 보유하고 모호한 조약내용에 대해서는 자국에 유리한 정치적 해석의 여지를 갖고 있다. 무엇보다도 조약의 수정이나 새로운 조약의 체결은 국내비준과 동의를 요하는 중요한 외교적 사안으로 회원국만이 최종 서명 주체이다. 1970년대와 1990년대 각각 조약비준 과정에서 정치적 분열을 야기한 노르웨이의 경험을 상기한다면, 공동체의 주요 제도적 변화는 결국 국내의 정치적 행위자들의 의지에 따른 것이다. 따라서 조약 체결을 위한 정치적 결정과 뒤이은 일련의 정부간회담에 유럽위원회를 위시한 초국가 기구가 참여하지만 조약내용과 비준에 결정적 영향을 미치지는 못한다.

이러한 맥락에서 유럽위원회가 대외적으로 전권을 행사하는 대외무역 협상 역시 또 다른 맥락에서 진행되는 정부간협상과정에 불과하다. 유럽 연합의 대외무역협상은 국가, 유럽연합 및 국제적 수준에서 이루어지는 회원국 간 이익조정 과정이다. 먼저 회원국 정부는 국가이익을 고려한 결정을 행하고, 이후 유럽연합에서 유럽위원회와 기술적 협력을 통해 회원 국 간 정치적 협상이 진행된다. 이후 유럽위원회에 회원국 간 합의내용을 위임하여 국제적 수준에서 유럽위원회가 단일의 협상주체로 기능한다. 물론 이러한 협상과정에서 이사회위원회(Council Committees) 중 하나인 133조 위원회(Committee 133)가 회원국의 이해관계에 준해 유럽위원회를 통제하고 최종적으로 이사회의 비준이 뒤따른다.

이러한 과정을 볼 때 유럽위원회가 대외무역협상에서 유럽연합을 대표하여 전권을 행사한다고 하여도 이는 회원국으로부터 승인받은 내용을 집행하는 과정에 불과하다. 또한 유럽위원회가 취한 대외무역협상 내용은 최종적으로 이사회의 승인을 요한다는 점에서, 유럽위원회는 회원국으로 위임받은 권력만을 행사할 수 있는 대리인에 불과하다.502)

▶ 파급효과의 제약

호프만은 현실주의 가정을 들어 현실에서 제약될 수밖에 없는 파급효과를 설명하였다. 파급효과는 신기능주의 시각에서 통합에 요구되는 공급(supply) 측면을 강조한 개념이다. 신기능주의에서는 이미 국경을 넘은 경제적 교류로 전통적인 국가주권의 개념이 퇴색하였다고 전제한다.

이 점에 대하여 호프만은 고위, 하위정치의 속성을 들어 경제사회적 통합은 국가주권에 심각한 영향을 미치지 않는다고 반박하였다. 유럽통합이 진척되면서 일부 부분에서 국가의 기능이 잠식된 것은 사실이다. 그러나 고위정치 영역인 외교와 군사 부분이 국민국가 패러다임에 위치하는 한 국가주권의 손상은 야기되지 않는다. 만약 신기능주의에서 제기한 점진적 통합논리에 의해 정치 외교 부분에서도 통합압력이 점증한다면 국가의 강력한 저항에 봉착할 것이다. 따라서 기능적 목표가 달성되고 또 다른 고위정치 영역으로의 통합목표 전환이 요구된다면, 회원국 간 첨예한 갈등이 제기되고 통합은 정체될 수밖에 없다.[503]

실제로 1960년대 유럽통합 영역은 관세, 농업 및 무역과 같이 회원국의 기능적 요구를 만족시키는 부분으로 한정되었고, 이 외에 고위정치 영역으로의 파급효과는 야기되지 않았다. 그러므로 상대적으로 용이한 부분에서부터 기능적 통합이 이루어져도 일정 시점에 이르면 국가 간 이해관계 대립으로 통합은 한계에 봉착할 수밖에 없다.

호프만은 이러한 현실을 분쇄기에 비유하여 설명하였다. 분쇄기에 들어갈 재료들은 회원국들이 의도하는 목표이자, 통합을 지속하기 위해 제공하는 공급이다. 1951년 유럽석탄철강공동체 결성 이후부터 회원국들은 경제적 부흥, 사회적 결속, 지역 간 불균형 해소 및 역외와의 대외무역협상에서 지배적 지위의 확보 등 여러 통합의 지향점을 제공하였다. 그러나 이러한 목표 혹은 공급이 중단될 때 분쇄기 자체의 효용성에 의문이 야기되었다. 공동농업정책이 만들어지고 관세동맹이 본격화되었지만 다음 단계의 목표설정이 지지부진하면서 유럽통합이 하강곡선을 그린 것은 이러한 파급효과의 제약을 실증한다.

상주대표부(Coreper)와 이사회위원회(Council Committees)

상주대표부(Coreper)는 1953년 유럽석탄철강공동체(ECSC)에서 이사회 지원을 위해 회원국 정부의 관료로 구성된 위원회로 출범하였다. 이후 상주대표부는 유럽경제공동체(EEC)에서 이사회 회합지원 및 회원국 간 실무수준의 협의기능을 갖는 상설기구가 되었다. 유럽경제공동체의 기능이 확대되면서 1962년 상주대표부는 현재와 같이 상주대표부 Ⅰ, Ⅱ(COREPER Ⅰ, Ⅱ)로 분화되었다. 상주대표부 Ⅰ은 경쟁, 운송, 에너지, 환경, 교육 등 대부분의 공동정책을 담당한다. 반면에 상주대표부 Ⅱ는 대외관계이사회(FAC)와 일반이사회(GAC) 업무를 지원하고 경제재무와 내무사법 등 여전히 정부 간 조정의 성격이 강한 정책을 다룬다. 이러한 업무 구분으로 상주대표부 Ⅱ에는 보다 고위급의 회원국 관료들이 참석한다. 리스본조약 체결로 유럽연합운영조약 240조(TEU Art. 240)에 상주대표부의 기능이 명기되어 있다.

한편 이사회 내에는 7개의 이사회위원회가 상설되어 있다. 이사회위원회는 농업, 통상, 정치안보, 경제와 통화 등 회원국의 이해가 깊은 이슈에 걸쳐 회원국의 관료와 전문가들로 구성된다. 따라서 주무장관이 참여하는 이사회와 달리 실무수준에서 정부 간 합의를 진행하는 위원회의 성격이 강하다. 농업특별위원회(SCA), 무역정책위원회(TPC), 경제재무위원회(EFC), 정치안보위원회(PSC), 역내안보운영협력상임위원회(COSI), 고용위원회(Employment Committee), 사회적 보호위원회(Social Protection Committee) 등 7개의 이사회위원회는 농업특별위원회를 제외하고 유럽조약(European Treaties)에 설립근거가 명기되어 있다.

이사회위원회는 농업특별위원회와 무역정책위원회의 전신인 113조 위원회(Committee 113)가 1960년대에 설립되고, 1990년대 이후 나머지 위원회가 설립되었다. 무역정책위원회는 유럽공동체설립조약 113조에 통상정책이 명기되어 113조 위원회(Committee 113)라는 명칭으로 설립되었다가, 조약수정으로 통상정책 사안이 133조로 변경되면서 133조 위원회(Committee 133)로 변경되었고, 리스본조약으로 무역정책위원회로 재명명되었다.

■ 이론적 설명: 헤이그 정상회담(Hague Summit)

1969년 12월에 개최된 헤이그 정상회담(Hague Summit)에서는 회원국 간 외교정책 협력과 정치통합 방향을 담은 다비뇽보고서(Davignon Report)가 발표되고, 이듬해에는 경제통화동맹 계획을 담은 베르너 보고서(Werner Report)가 작성되었다. 그러나 양 계획은 이후 지지부진한 실행으로 1970년대 전반에 걸쳐 정치적 통합은 답보상태에 머물렀다. 이와 같이 기능적 통합이 한계에 봉착하면서 하스와 테일러(Paul Taylor)는 1968-69년을 기점으로 파급효과가 제약되었다는 사실을 인정하였다.[504] 이 결과 정부간협상 이론은 1969년을 고비로 국가 중심성이 지배하는 유럽통합을 설명하는 지배적 이론으로 부각되었다.

정부간협상 이론가들은 1970년대에 침체된 통합에 대한 다양한 분석을 내놓았다. 국가 중심성을 제기하는 학자인 테일러는 1970년대 중반을 거치면서 국가 간 첨예한 이해관계 대립으로 통합이 복잡한 양상으로 진행되었다는 점을 제기하고, 이에 대한 정부간협상 이론의 설명 역시 다변화되었다고 보았다.[505]

1969년 헤이그회담을 고비로 유럽공동체 회원국 간 외교정책 노선에 대한 논의가 일었다. 신기능주의 시각에서는 이러한 양상을 경제통합 이후 진행된 정치동맹(Political Union)의 징후로 파악하였다. 반면에 정부간 협상 이론가들은 회원국들이 정상회담을 통한 새로운 통합의 돌파구를 강구한 것으로 보았다. 룩셈부르크 타협체제로 위기를 맞은 유럽공동체가 1969년 헤이그 정상회담과 1972년 파리정상회담을 통해 정치통합 논의를 전개하였지만 이는 철저하게 국가이익의 균형점에서 회원국 간 공동대응을 강구한 것이다. 따라서 이후 회원국 간 협력은 이사회와 유럽이사회를 중심으로 진행되었다 즉, 회원국들은 국가주권에 위해가 되지 않는 새로운 통합 목적을 설정하고 이를 위한 정부간협상 시스템을 만들었다는 것이다. 물론 본 과정으로 유럽위원회의 기능이 위축되고 정부간협상 논리가 지배하게 되었다.[506]

테일러는 유럽위원회 위원을 역임한 다렌돌프(Ralf Dahrendorf)가 1973년 독일 일간지에 기고한 글에서 첫 번째 유럽(First Europe)의 종식과 두 번째 유럽(Second Europe)의 시작을 들어 정부간협상 이론의 적실성을 제시하였다. 다렌돌프는 기본적으로 유럽통합 프로젝트의 한계를 인정하고 회원국의 다양성을 존중하여 보다 느슨한 경제통합을 진행하면서 정치통합 단계로 나가야 한다고 주장하였다.[507]

구체적으로 다렌돌프가 말하는 첫 번째 유럽은 초국가 기구가 중심이 된 기능적 통합시기를 말한다. 그러나 1970년대 들어 이러한 통합방식은 유럽위원회로 대표되는 초국가 관료집단의 무기력으로 정부 간 협력을 통한 당면한 문제 중심(problem-oriented)의 통합방식으로 전환되었다. 회원국들은 미시적이며 시급한 사안에 대한 즉각적 해결을 원하게 되었다는 것이다. 정부 간 조정을 통해 외교문제를 해결한다는 다비뇽보고서(Davignon Report)는 이러한 통합방식 전환을 보여준다.[508]

■ 1990년 이후 국가 중심 시각

1980년대 말 이후 신현실주의 시각에서는 그리코(Joseph Grieco)와 같은 학자들이 냉전의 붕괴와 함께 급진전된 유럽통합에 관심을 가졌다. 그러나 신현실주의 시각 역시 국제관계의 무정부적 성격이 야기하는 죄수의 딜레마(prisoner's dilemma)와 국가관 관계에서 상대적 이익을 강조한다는 점에서 국가 간 통합의 가능성을 배재하였다.[509] 이와 같이 그리코로 대표되는 신현실주의 학자들 역시 통합의 심화와 통화동맹의 출범을 국가의 정치적 선택으로 환원하였다.

물론 탈냉전 이후 국제관계의 성격이 변화하면서 현실주의 학자들도 레짐이론(regime theory)에서 제기된 국제적 제도와 국가 간 협력논리를 상당 부분 차용하였다. 그럼에도 현실주의 시각과 궤를 같이하는 정부간협상 이론에서는 국제적 레짐을 국가간협상을 효과적으로 진행하기 위해 고안된 제도로 의미를 축소하였다. 구체적으로 레짐과 제도는 국가간협상에서 발생할 수 있는 정보의 불균형 및 국가 간 비대칭적인 능력과 정보가 야기하는 협상결과의 왜곡을 방지하는 일종의 포럼으로 기능한다. 더불어 국제적 레짐에서는 효과적인 이슈 간 연계를 통해 특정 국가의 비토권을 방지하는 순기능도 갖고 있다.[510] 결국 국가 중심 시각에 따르면 국제적 레짐이나 제도는 이익을 극대화하고 비용을 최소화하는 데 목적이 있다. 여기서 이익과 비용의 균형점은 주권제약을 최소화한 가운데 국가 간 원활한 협력을 통해 국가이익을 극대화하는 것이다.

국가 중심 시각에서는 특별히 경제통화동맹이라는 상징적인 초국가 통합 사례에 대해 초국가주의와는 상반된 해석을 제기한다. 신현실주의 학자인 그리코는 프랑스와 이탈리아 등 여러 국가들이 기존의 유럽통화시스템(EMS)의 기술적 효용성에도 불구하고 중앙 집중화된 경제통화동맹(EMU)을 추진한 동인에 대해 현실주의 시각에서는 명쾌한 해석이 제약된다고 하였다.[511] 그럼에도 그레코 역시 경제통화동맹에 대한 설명에 있어 현실주의 가정과 내용을 크게 벗어나지 않았다. 그레코에 따르면 프랑스와 이탈리아가 경제통화동맹을 지지한 것은 유럽중앙은행(ECB)을 통해 국가이익을 보다 효과적으로 관철하기 위한 의도이다.[512]

가렛(Geoffrey Garrett) 역시 독일에 비해 경제력이 열세인 프랑스의 정치적 지지는 단일통화 도입의 결정적 동인이 되었다는 점에서, 경제통화동맹의 성사는 독일과 프랑스의 전략적 연합의 결과로 파악하였다. 이미 프랑스의 정치 엘리트들은 1970년대부터 장기적 견지에서 경제통화동맹을 추진하여 왔다. 1990년대 초 정부간회담에서 프랑스가 경제통화동맹 도입을 지지한 것은 통합의 주요한 분수령에서 지도국으로서 지위를 지속키 위한 목적에서 비롯된 것이다. 물론 여기에는 당시 영국의 경제통화동맹 불참이 기정사실화된 상황에서, 유럽금융계에서 경제적 우위를 점하려는 계산도 내재하였다.[513]

2000년대 이후 제도화된 유럽안보방위정책(ESDP) 등 안보방위 부분에서의 점진적 초국가화에 대해서도 국가 중심 시각에서는 기존의 설명틀을 고수하였다. 현실주의 시각에 따르면 유럽연합에서 안보방위정책의 성립은 회원국이 외교안보 이슈에서도 국경을 넘어 능력을 확대하려는 의도에서 비롯된 것이다.[514] 즉, 외교안보정책은 지배적인 행위자인 국가가 경제적 능력에 상응한 정치적, 대응을 꾀한 것이다. 단, 회원국은 안보 부분에서 항상 대외 지향적 정책을 추구하는 것은 아니며 필요시에만 전략적으로 행동한다는 것이다.[515]

이러한 사고의 연장선에서 현실주의 시각에서는 2000년대 이후 유럽연합과 북대서양조약기구(NATO) 간 협력을 통한 유럽 밖의 분쟁지역에서 군사적 행동이 증가한 것은 대외적 영향력 확대로 해석한다. 유럽연합은 단일유럽의정서 체결 이후 국제사회에서 경제적 거인이 되었지만 정치적 영향력은 미국에 현저히 뒤떨어진 현실을 의식하여 왔다. 현실주의 시각에서 강대국의 조건은 인구, 영토, 자원, 경제적 능력, 군사적 힘 그리고 정치적 능력이다.[516] 여기서 유럽연합이 부족한 것은 정치적 능력이다. 탈냉전 이후 군사적 위협이 사라진 유럽은 유일한 초강대국인 미국에 상응하여 대외적으로 정치적 영향력 확대를 기할 수 있게 되었고, 여기에는 군사적 행동이 포함된다는 것이다.[517]

■ **이론적 한계**

현실주의에 뿌리를 둔 정부간협상 이론은 1960년대 이후 신기능주의의 맹점을 지적하는 비판적 이론으로 존재하여 왔다. 따라서 정부간협상 시각에서 국가 간 통합에 대한 독창적인 이론적 설명이나 방법론을 제시한 것은 아니다. 이러한 점에서 샌드홀즈(Wayne Sandholtz)와 스위트(Alec Stone Sweet)는 정부간협상 이론은 현실을 변화시키거나 적실성 있는 이론적 예측보다는 경험적 사실에 근거한 사후적 설명만을 제시한다고 비판하였다.518) 이러한 정부간협상 이론의 맹점은 다양한 측면에서 이해할 수 있다.

첫째, 국가만이 국내행위자의 이해를 취합하여 단선적인 대외선호를 표명하고, 통합과정을 지배하는 행위자는 아니다. 정부간협상 이론의 핵심은 정부간협상에서 국가의 선호관철이다. 그러나 초국가와 정부 간 수준에서 다루는 이슈 영역이 증가하면서 갈수록 중앙정부가 국내의 선호를 단선적으로 취합하기가 어려워졌다. 초기 회원국 간 관세동맹이나 공동시장 창출로 통합 목적이 한정되었을 때는 국가 내부에서 사회경제적 행위자들이 유럽적 압력에 심각한 영향을 받지는 않았다. 그러나 단일통화가 도입되고 초국가 수준의 사회정책이 확장되면서 점차 국가 내부로의 압력이 점증하였다. 이에 따라 극단적인 경우 국내의 사회경제적 행위자들은 국가 내부에 미치는 유럽적 압력에 대응하여, 중앙정부를 배제한 가운데 국경을 넘어 유사한 선호를 갖는 행위자와 연계하여 정부간협상에 영향을 행사한다.519)

역사적 맥락을 상기해도 국가의 선호를 대표하는 이사회만이 통합과정을 지배하지는 않았다. 유럽위원회의 의제선정과 사법재판소의 판례는 경우에 따라 국가의 단선적인 대외선호 취합에서 배제된 국내 행위자에게 유리한 결과를 가져다주었다. 이러한 경향은 초국가와 정부 간 수준에서 다루는 이슈가 증대하면서 일반화된 현상이 되었다. 따라서 중앙정부가 다양한 국내 선호를 취합하여 대외협상에서 단선적인 선호를 관철한다는 논리는 정부간협상이 거듭되고, 통합이 심화될수록 설득력이 결여된다.

둘째, 피어슨(Paul Pierson)의 주장과 같이 국가의 선호와 산출된 정책의 결과는 반드시 일치하지 않는다. 이 점이 정부간협상 이론의 결정적 맹점이다. 유럽연합에서 회원국의 이해가 깊숙이 개입된 공공정책은 여전히 이사회가 최종 결정 권한을 보유하고, 헌정구조 변화를 위한 정치적 결정 역시 회원국이 독점한다. 또한 회원국은 국가이익을 극대화하기 위해 초국가 제도와 정책개혁을 주도한다. 그러나 통합과정을 상기하면 시간이 경과할수록 정책 결정자인 국가의 바람과 무관한 제도적 변화를 확인할 수 있다. 단일시장계획과 마스트리히트조약이 야기한 결과는 헌정개혁을 주도했던 회원국의 예상과 반드시 일치하지는 않았다.520)

이 점에서 피어슨은 다음과 같은 질문을 통해 정부간협상 이론의 맹점을 지적한다. 왜 국가의 선호는 시간이 경과하면서 왜곡되는가? 왜 국가는 그들의 선호와 왜곡된 결과 간의 간격을 좁히지 못하는가? 이러한 질문에 대하여 피어슨은 유럽연합은 시간이 경과하면서 국가간협상에서 유럽정체(European Policy)로 발전하면서, 공동체법과 같은 규범에 근거한 제도발전이 이루어졌다고 말한다. 이 결과 초기 유럽통합을 주도한 회원국의 의도와 선호가 현재의 유럽연합에 전적으로 투영될 수 없는 구조가 만들어졌다.521)

셋째, 유럽통합은 유럽이사회를 정점으로 이사회에서 프랑스, 독일 및 영국과 같은 강대국의 선호가 구현되는 국가간협상 논리만으로 환원할 수 없다. 국가 간 상호작용이 지속되기 위해서는 회원국 간 선호의 균형점을 찾아야 하는데 강대국의 이해관계만 지배한다면 통합은 파국을 맞을 것이다. 1970년대 당시 소국들은 영국이 주장한 외교정책을 전담할 상설사무국 설치를 반대하였다는 사실에서, 유럽이사회 시스템이 강대국이 지배하는 이해 관철 수단이라는 논리는 설득력이 결여된다.522)

국가 중심 통합이 지배하던 1970년대에도 베네룩스와 같은 소국들은 회원국 간 첨예한 정치적 이해가 얽힌 외교정책에서 중요한 역할을 담당하였다는 사실을 상기할 필요가 있다. 1970년대 당시 9개 회원국이 참여한 유럽이사회가 연 3회 개최되면서 의장국의 수도인 룩셈부르크, 헤이그, 코펜하겐, 더블린은 주기적으로 유럽외교의 중심지가 되었다. 소국들이 의장국을 맡는 경우 회원국 간 의견조정에 능동적으로 개입하였고, 대외적으로는 미국과 당시 강대국인 소련과의 협상에서도 주도적 역할을 하였다. 테일러(Paul Taylor)에 따르면 네덜란드와 벨기에와 같은 소국은 드골의 유럽정책으로 상징되는 국가 중심 통합에 강력히 저항하였다. 이들 국가는 이러한 강경한 노선을 통해 1970년대 전반에 걸쳐 친통합 국가로 명성을 얻고 부수되는 여러 이익을 취하였다.[523]

1990년대 이후에도 주요한 정책결정에서 강대국의 이해 관철이라는 공식을 벗어난 사례는 매우 많다. 대표적 예는 유럽고용전략(EES) 추진에 있어 개방적 조정(OMC)의 도입이다. 1997년 암스테르담조약 체결을 위한 정부간회담에서는 대부분의 회원국이 유럽연합 차원의 고용정책 필요성을 인식하였지만, 이의 접근법에 대해서는 두 개의 시각이 대립되었다. 스웨덴, 핀란드 및 오스트리아 등 중소 규모의 회원국들은 이른바 비구속적 가이드라인을 통한 연성화된 접근법(soft approach)을 주장하였다. 특별히 스웨덴과 핀란드는 자국의 조합주의적 합의시스템에 저해가 되는 2차 입법을 통한 유럽적 규제와 조화에 강한 거부감을 갖고 있었다. 그러나 프랑스, 독일 및 영국 등 강대국들은 이러한 중소 규모 회원국의 정책 방향을 선호하지 않았다. 그럼에도 양측 간 타협을 통해 유럽고용전략에는 스웨덴과 핀란드가 주장한 연성화된 정책과정인 개방적 조정(OMC)이 도입되었다.[524]

다만 강대국 중심의 의사결정에 대한 비판은 논쟁적 사안이다. 이사회의 가중다수결 표결비중은 국가 간 상대적인 권력의 지표(power indexes)라고 할 수 있다. 가중다수결의 가중치는 특정 회원국의 과도한 기득권을 억제하고, 소국에는 이해관계 투입을 보장하기 위해 인구비례보다 큰 가중치를 부여한 것으로 수학적으로 정교하게 구성되었다. 그럼에도 일상적인 이사회의 의사결정에서는 표결 가중치보다는 강대국의 리더십과 이해가 더욱 크게 작용하는 현실은 부인할 수 없다.[525]

넷째, 정부간협상 이론은 통합이 진척되면서 경제와 정치를 넘나들어 이슈 간 연계가 이루어지는 고도화된 통합과정에 대한 이해가 결여되어 있다. 정부간협상 이론에서는 회원국 간 밀접한 경제적 교류가 가져오는 이익을 인정한다. 따라서 경제적 이슈에서는 모든 회원국에 포지티브섬 효과를 가져올 공동규범의 생성이 용이하다. 또한 회원국 간 일괄타협(package deal)을 통해 국가주권에 대한 보완적 조치가 가능하므로, 정부 간 수준에서 경제적 통합이 가능하다고 말한다. 정부간협상 이론에서는 이러한 논리가 정치적 조정과정에서도 적용될 수 있다고 보았다.

그러나 테일러(Paul Taylor)는 1970년대 회원국들이 계획한 공동외교정책은 항상 경제정책이나 예산문제와 연관되어 있었다고 지적한다. 이에 따라 당시 유럽공동체는 내부문제를 해결하지 못해 효과적인 외교정책 실행이 제약되었다.[526] 결국 정부간협상 이론에서 제기하는 정부 간 협력이란 개별 이슈 중심의 분산된 협력에 불과하며, 서로 다른 정책 속성을 갖는 정치와 경제의 연계와 상호 간 영향을 제시한 것은 아니다.

다섯째, 정부간협상 이론은 점진적인 통합과 새로운 통합 양상에 대한 설명이 취약하다. 이러한 이유는 본 시각이 연역적으로 도출된 사실에 한해 설명을 제기하므로 현실의 변화 동인을 인식하지 못하기 때문이다. 따라서 정부간협상 시각은 정부간회담(IGC)으로 대표되는 회원국 간 주요한 정치적 결정에 한해 유효성을 갖는다. 물론 정부간회담을 포함하여 회원국의 정치지도자들 간 합의가 통합에 지대한 영향을 미치는 것은 사실이다.[527] 그러나 현재의 유럽연합은 회원국 간 정치적 결정과 함께 일상화된 입법과 초국가 기구가 부과한 규제적 조치들이 축적되면서 이루어졌다는 사실도 인식할 필요가 있다.

무엇보다도 1990년대 이후 초국가화가 진척되고 있는 외교안보정책의 역동적 발전과정을 고려할 때 국가 중심 시각은 더욱더 설명력이 결여된다. 리스본조약 이후 외교안보 부분은 회원국 간 정치적 조정과 함께 외교안보정책고위대표(HR)와 이사회사무국(General Secretariat)의 일상적인 회합을 통해 정책의 브뤼셀화(Brusselisation)가 빠르게 진행되고 있다. 이러한 변화로 외교안보정책은 이른바 초국가적 정부간주의(supranational intergovernmentalism)의 성격을 내포하게 되었다.528) 이러한 변화에도 불구하고 정부간협상 이론에서는 국가주권 영역에 위치한 이슈에서 초국가 정책과정 적용에 대한 이해가 결여되어 있다.529)

정부간협상 이론의 여러 맹점에도 불구하고 현재의 유럽연합은 여전히 국가 중심 시각으로 이해해야 할 많은 구조적 특징과 정책과 이슈가 존재한다. 단적으로 내무사법협력(JHA)은 2000년대 이후 여타 정책보다 상대적으로 빠른 속도로 초국가화가 진척되고 있다. 그럼에도 내무사법 분야의 핵심 정책인 이민정책에서는 공동체 방식 적용과 초국가 기구의 기능은 크게 제약된다. 본 정책에서는 집중적 정부간주의(intensive transgovernmentalism)로 칭할 정도로 공동체 방식의 의사결정과 단일화된 실행이 제약되고, 유럽적 조치는 반드시 회원국의 법적, 정치적 질서와 조화를 꾀해야 한다. 또한 실무수준의 의사결정은 정부 간 성격을 갖는 이사회위원회(Council Committees)와 규제기구(regulatory agencies)를 중심으로 이루어진다. 이러한 내무사법 분야의 거버넌스에서 확인할 수 있듯 국가 중심성은 여전히 유럽통합의 중심적 기제이며, 이 점에서 정부간협상 이론은 제한된 영역에서 설명력을 갖는다.530)

② 자유주의 정부간협상 이론
(liberal intergovernmentalism)

■ **이론적 배경**

단일유럽의정서부터 마스트리히트조약 체결까지 수년여간은 이전과 달리 예외적으로 통합이 급진척된 시기였다. 기존 이론들은 이 시기에 있어 유럽연합의 발전을 명쾌히 해석하지 못한다는 비판에서 모랍칙(Andrew Moravcsik)의 이론이 출발하였다.[531] 이와 같이 모랍칙의 자유주의 정부간협상 이론(liberal intergovernmentalism)은 단일유럽의정서를 전후한 통합과정을 규명하기 위한 시각으로 태동하였지만, 유럽연합 발전의 전반을 이해할 수 있는 대이론으로 발전하였다.[532]

자유주의 정부간협상 이론의 목적은 일상화된 통치과정의 미시적 변화와 이의 축적이 야기하는 유럽연합의 점진적 변화를 설명하는 것은 아니다. 자유주의 정부간협상 이론은 1980년대 중반 이후 유럽연합 발전의 중요한 동인과 과정 그리고 그 결과에 대한 엄밀한 평가를 위한 이론이다. 따라서 그 전제를 최대한 단순화하여 엄격한 역사적 검증을 통해 유럽연합의 변화를 야기하는 가장 중요한 독립변수로 조약개정을 야기하는 정부간회담(IGC)을 위시한 국가간협상만을 추출한 것이다. 모랍칙이 정부간협상만을 추출하여 연역적인 방법에 의해 사례연구를 취한 것은 이러한 요인이 통합에 결정적 영향을 미치고 추출이 용이하기 때문이다. 다시 말해 기타의 변수들은 통합의 결과에 미치는 영향이 적거나 경험적으로 검증이 곤란하기 때문이다.[533]

모랍칙은 메시냐회담(Messina Conference)을 시작으로 국가간협상을 분석하고, 동시에 신현실주의를 비롯한 여러 이론을 취합해 새로운 국가 중심적 이론체계를 완성하였다. 이론적 맥락에서 자유주의 정부간협상 이론의 목적은 전통적인 사회과학 개념과 시각을 통해 현상에 대한 일반화를 지향한다는 데 있다. 즉, 자유주의 정부간협상 이론은 서유럽의 경계를 넘어 국가와 국제적 시스템과의 일반적 관계규명을 의도한 것이다. 이러한 목적을 위해 모랍칙은 인터뷰와 기록 등 1차 자료에 대한 비판적 분석을 통해 텍스트에 내재된 행위자의 숨은 의도를 찾아내 재구성하여 사실관계만을 추출한 실증적 연구를 행하였다.[534]

모랍칙의 이론은 새로운 이론의 발전이 아니라 오히려 많은 이론적 가정에 대한 경험적 검증을 통해 비적실성을 증명하였다는 데 의미가 있다. 물론 유럽연합은 전례가 없는 지역통합의 고도화된 형태이다. 그럼에도 이에 대한 분석은 사회과학의 일반화를 지향하는 일련의 과정이다. 따라서 유럽연합에 대한 분석 역시 현상의 성격과 그 범위를 분석하는 적절한 이론이 요구된다는 것이다.[535]

모랍칙에 따르면 유럽통합을 설명하는 많은 이론적 태동이 있었지만 기존의 이론들은 각각의 한계를 갖고 있다. 대표적으로 하스로부터 시작된 신기능주의 시각에서는 사회적 이익, 국가 권력 그리고 초국가 기구에 대한 미시적 분석이 결여되어 대이론(grand theory)으로 문제점을 안고 있다. 또한 신기능주의 시각에서는 많은 이론적 전제를 제시하였지만, 방법론 측면에서 현상에 대한 확증과 가정의 불일치를 검증할 충분한 관찰이 이루어지지 않았다. 다시 말해 기존 이론은 선별적으로 추출한 유용한 가정을 통해 현상을 분석하지만 경험적 지식이 충분치 않다.[536]

결정적으로 신기능주의는 지역통합이론(regional integration theory)을 의도하여 유럽공동체를 유일무이한 사례(sui generis)로 환원하여 분석 영역을 유럽으로 한정하여 사회과학의 일반화에 도달하지 못했다. 단적인 예로 공동체의 거버넌스나 정책결정을 위한 특정의 이론체계는 국제무역

기구(WTO) 혹은 북미자유무역협정(NAFTA)과 같은 초국가 기구와 조직에 대한 연구에도 적용될 수 있어야 한다. 그러나 신기능주의 학자들은 유럽연합을 여타 국제기구와 비교하여 매우 일탈적 사례로 간주하여 사회과학적 방법론 적용을 간과하였다. 이러한 점을 들어 모랍칙은 신기능주의는 일반이론으로 발전하지 못해 결국 이론화 이전의 선행이론에 불과하다고 평가하였다.[537]

경험적 맥락에서도 신기능주의가 제기하는 가정은 제약되었다. 신기능주의에서는 파급효과(spill-over)와 점진적 이행(incremental evolution)을 통한 국가와 초국가 기구 간 권력의 균형을 제기하였다. 그러나 통합역사를 되돌아보면 여러 사례에서 신기능주의 시각의 제약을 확인할 수 있다. 신기능주의 시각에서는 1960년대 중반 이후 룩셈부르크 타협(luxembourg comprise) 체제가 작동하는 가운데도 공동농업정책의 출범과 유럽통화시스템(EMS)의 실행을 들어 점진적 통합의 진척을 주장하였다.

그러나 이러한 발전에는 회원국이 주도한 비공식적 제도적 조정이 내재한다. 1960년대 공동농업정책의 실행은 회원국의 실무관료가 주축이 된 농업특별위원회(SCA)의 기능에 의해 가능하였다. 1970년대 이후에도 유럽통합 과정에는 유럽이사회의 태동과 정례화 그리고 브뤼셀의 회원국 관료집단인 상주대표부(Coreper)의 기능 확대 그리고 1980년대에는 이원화된 정책(two-track policies) 등 조약에 명기되지 않은 비공식적 기제가 지배하였다.[538] 이와 같이 모랍칙이 제기한 자유주의 정부간협상 이론은 오랜 시간 지배적인 통합이론으로 자리 잡은 신기능주의의 이론적 맹점을 지적하고, 경험적 사실에 근거한 통합과정 분석을 의도한다.

■ 이론구성

▶ 초국가 기구와 통합

모랍칙에 따르면 초국가적 제도란 국가간협상과 이에 따른 결과를 보장하기 위한 제도적 안전장치이다. 이러한 논리로 유럽연합의 초국가성과 공동체법의 독립성은 국가 간 합의를 통해 만들어진 것이다. 또한 초국가 기구의 대리인 기능은 합리적 행위자로서 국가이익을 추구하는 회원국에 의해 통제되므로, 부분 간 파급효과를 통한 초국가 기구의 기능 확장은 현실에서 이루어지기 어렵다.[539] 결국 유럽연합은 국가들을 강제할 정치적 권위와 물적 자원이 결여되기 때문에 회원국의 정책결정 권한이 초국가 기구에 의해 제약되지 않는다.[540]

물론 모랍칙은 1990년대 이후 유럽연합 발전과정을 상기하면서 초국가 기구의 권한이 이전보다 확대되었다는 사실을 인정한다. 단적으로 사법재판소는 로마조약 이후 독립적 기능수행을 통해 가장 초국가화 된 기구로 발전하였다. 하지만 사법재판소의 자율성은 국가 간 합의를 제도적으로 보장하기 위한 필요성의 산물이다. 같은 맥락에서 유럽위원회의 비공식적인 초국가적 리더십이란 과장된 것이다. 회원국은 유럽적 정치과정을 지배하고 공식적인 비토권을 갖고, 유럽위원회 위원의 임명권을 통해 초국가 기구의 독립적 능력을 약화시킬 수 있다.[541]

따라서 유럽위원회가 의제제안(agenda-setting) 권한을 독점한다고 하여도 회원국의 비토권을 고려하여 입법은 국가이익을 충분히 수렴하여 내용을 구성할 수밖에 없다. 의제제안은 기술적 능력을 갖고 전략 혹은 정치적인 정보를 배경으로 협상조직 혹은 국내 유권자를 동원할 수 있는 우월적 지위에서 비롯된다. 그러나 유럽위원회는 이러한 능력이 결여되어 노골적으로 의제제안권을 행사할 수 없다.[542]

초국가 기구 내에서 회원국 간 정치적 조율은 주로 정부간협상 원리가 지배하는 유럽이사회와 이사회를 통해 이루어진다. 물론 상황에 따라 초국가 기구가 정부간협상에 능동적으로 개입할 수도 있다. 단 이러한 상황은 다음과 같은 조건이 충족되어야만 가능하다. 초국가 기구는 의제 제안에서 주도권(initiation), 행위자 간 정치적 조정(mediation) 그리고 사회적 동원(mobilization)이라는 기능적 조정 능력을 지녀야 한다. 또한 국가 간 첨예한 이익조정에 개입하기 위해서는 또 다른 선택의 여지를 제시해야 한다. 즉, 독립적 재원을 통해 비대칭적 행위자 간 권력의 불균형을 상쇄할 보상과 비타협적 행위자에 대한 정치적, 법적 제재권한을 갖추어야 한다.[543]

무엇보다도 초국가 기구가 지배적 지위를 점하기 위해서는 국내정치에 개입하여 선호를 통제하고 국가 내부에서 사회적 동원과 합의를 이끌어내야 한다. 그러나 현실적으로 초국가 기구가 블랙박스 내부라고 할 수 있는 국내정치에서 이익형성 과정을 인지하고 통제한다는 것은 불가능하다. 이러한 논리로 초국가 기구의 권한과 공동체법은 국가 간 상호작용에 비해 상대적으로 중요성이 덜한 부수적 산물이다.[544]

구체적으로 초국가 기구가 정직한 중재자(honest broker)로 기능하고 정부간협상에 개입하려면 다음의 조건이 충족되어야 한다.[545]

첫째, 국가는 상대방이 의도한 선호에 대한 비대칭적, 잘못된 혹은 불확실한 판단을 해야 한다. 즉, 국가는 정보와 이해가 결여된다는 독립변수가 성립되어야 한다.

둘째, 국가는 스스로 합의를 성사시킬 제안을 내놓을 수 없는 상황이어야 한다. 더불어 초국가 관료는 정책제안, 국가 간 조정 그리고 사회적 동원을 가능케 할 리더십을 갖추어야 한다.

셋째, 국가는 초국가 관료를 여타 행위자보다 더욱 공정하게 취급해야 한다. 둘째 항의 제 조건이 구현될 기회가 제공된다면 초국가 관료들은 국가 간 상호작용에 정보와 사고를 제공해야 한다. 이러한 둘째, 셋째 항은 개입변수로 기능한다.

넷째, 초국가 관료는 주요한 이슈에서 상대적으로 더욱 중요한 분배적 기능을 담당해야 한다. 즉, 초국가 관료의 개입으로 효율적인 국가 간 상호작용이 가능해지고, 협상결과에 영향을 미친다는 종속변수가 성립되어야 한다.

한편 왜 회원국의 정치 엘리트들은 초국가 기구의 권한확대를 지지하는가? 이러한 의문에 대해 모랍칙은 2가지의 요인을 제기하였다. 첫째, 정치 엘리트들은 차기 선거에서의 승리를 염두에 두어, 초국가 영역에서 국제적 압력의 효과적인 해결이 가능하다면 주권의 일부 양도를 기꺼이 감수한다. 둘째, 정치 엘리트들은 국내정치에서보다 상대적으로 자율성이 높고 정치적 압력이 적은 이사회와 같은 초국가 기구에서 정책결정을 꾀하는 것이 이해관계 개진에 유리하다.[546)]

기업에게는 국가 간 정책의 조화(policy co-ordination)를 통한 유럽 차원에서의 시장 자유화가 절실하다. 기업의 시각에서는 고도의 경제적 상호 의존이 심화된 현실에서 유럽 차원의 정책과 통합된 시장이 경제적 이익을 확대할 수 있는 방편이다. 또한 유럽 차원에서 정책을 취할 경우 시장 자유화와 시장실패 완화는 물론이고 거시경제의 안전성, 사회적 안보, 환경보호, 공공보건과 높은 안전규제 등을 포함한 공공선 제공도 용이해진다.[547)]

▶ 국가

자유주의 정부간협상 이론은 국제정치에서 유일한 행위자로 국가만을 상정하고, 국가이익을 관철하기 위한 정치적 게임과정에서 강대국의 이익 관철을 경험적으로 도출한 것이다. 구체적으로 모찹칙이 제기한 국가의 속성은 다음과 같다.

첫째, 국가는 목표를 달성하기 위해 가장 적절한 수단을 활용한다. 물론 이러한 가정에는 국가만이 합리적 선택을 하며 국내의 다양한 이익을 취합하는 유일한 행위자라는 사실이 내재한다. 따라서 국가는 유연한 문지기(flexible gatekeeper)로서 국가이익의 관점에서 국내 하위행위자의 유럽적 이해 투입을 동원 혹은 통제한다.548)

둘째, 대외관계에서 국가의 선호(national preference)는 자유주의 맥락을 따라 국내에서의 압력과 상호작용에 의해 형성된다. 이러한 국가의 선호는 경제적 상호의존이 심화된 환경에서 제약과 기회라는 상반된 조건을 만든다. 여기서 자유주의적(liberal)이란 용어의 암시는 일국 차원에서 경제, 통화 그리고 사회적 고려 등을 포함해 다양한 이익에 근거한 국가 선호의 형성을 말한다.

셋째, 국가 간 비대칭적 관계는 상대적인 협상력의 차이에 기인하며, 일반적으로 대국 혹은 강대국 간 선호가 접점을 이룰 때 국가 간 합의가 용이하게 이루어진다.549)

모랍칙에 따르면 유럽통합의 목적은 국가이익의 구현이며, 이러한 국가이익은 정부간협상을 통해 조정된다. 유럽통합 과정이란 회원국 정부들이 정부간협상을 통해 그들의 국가이익을 정치적으로 조정하여 초국가에서 구현한 것이다.550) 한편 모랍칙은 유럽연합의 초국가성은 현대적인 국제정치 환경에서 매우 예외적인 발전 형태임을 인정한다. 그러나 이는 국가 간 민주적 합의에 의해 구축된 것이 아니라, 강대국의 강력한 정치적 의지의 소산이라는 점을 강조하였다.551)

한편으로 왜 통합은 민주적 정체를 갖는 주권국가들이 주축이 되어야 하는가에 대해 모랍칙은 다음과 같이 설명한다. 민주적 정체를 갖는 주권국가들의 연합이 되어야 유럽연합에서 항시적으로 노정된 민주적 결핍(democratic deficit)을 해소할 수 있다. 그 이유는 국가만이 모든 정치 단위체 중에서 가장 민주화된 구조를 갖기 때문이다.552) 이러한 논리로 단일유럽의정서와 마스트리히트조약 체결로 국가 간 협력이 초국가적 규범

에 의해 제도화되어도, 민주적 정체를 갖는 회원국은 여전히 지배적 행위자로 위치한다.[553]

▶ 국가이익

모랍칙은 역사적 사실을 이론적으로 설명하기 위해 국가이익이라는 중심적 개념의 생성과 표출을 이해하는 데 신현실주의 맥락을 적용하였다. 국가이익(national interest)과 국가선호(national preference)는 다소의 개념적 차이가 있다. 국가이익은 국내의 다양한 이익을 취합하여 국가 간 관계에서 표명하는 단선화된 이익을 말한다. 반면에 국가 선호란 이러한 국가이익을 국경 밖의 외부로 전환하여 표출하는 과정까지 포함한다. 따라서 후자가 보다 포괄적 개념이라 할 수 있다. 그러나 모랍칙은 양자의 개념에 대한 명확한 구별을 두지는 않는다.

모랍칙은 유럽연합조약(TEU) 서문에 명기된 '유럽시민 간 더욱 밀접한 연합의 창출'이라는 언명은 결국 전례가 없는 국가 간 수평적 연합을 말한 것으로 해석한다.[554] 이러한 맥락에서 유럽연합 발전의 기저에 있는 국가라는 행위자의 숨은 동인을 파악함으로써 통합과정을 보다 명확히 이해할 수 있다. 모랍칙이 말하는 국가이익은 국내 정치지도자들의 전략과 경제적 이해관계를 갖는 다양한 사회 제 세력들의 선호이다. 이는 또한 국내에서 정당의 선거전략과 경제적 이익 등에 좌우되는 내재적이며 가변적인 것이다.[555] 따라서 정치지도자들이 행하는 대외적 수사와 정책선호만으로 국가이익을 유추할 수는 없다.

모랍칙에 따르면 유럽적 맥락에서 국가이익은 국가안보에 대한 우려가 아니라, 국내의 경제적 동인에서 형성되었다. 또한 국가간협상능력은 군사적, 물적 조건이 아니라 상대적인 선호의 밀도에서 비롯된다고 파악하였다. 유럽통합은 정부간협상에서 주권국가 간 역사적 결정(history making decision)을 통한 국가이익의 구현과정이며, 이러한 국가이익은 유럽적 맥락에서 국내의 경제적 이익을 말한다.556) 경제적으로 상호의존이 심화된 현실에서 국가이익 혹은 경제적 이익은 이익과 비용 그리고 국가 간 선호의 상대적 강도에 대한 회원국의 합리적 선택을 통해 결정된다.557)

모랍칙이 국가이익과 경제적 이익을 동일시하는 것은 고위정치와 하위정치를 엄격하게 분리한 결과는 아니다. 단지 1957년 이후 유럽연합의 발전과정을 분석한 결과 국가이익 개입은 안보 및 외교적 이슈를 포함한 고위정치가 아니라, 경제적 이익에서 비롯되었다는 역사적 사실에 근거한 것이다. 주요 회원국은 50여 년간 유럽통합을 경제적 이익의 확대를 위해 활용하였다.558) 1960년대 드골(Charles de Gaulle)과 1980년대 대처(Margaret Thatcher)이 국수주의적 반통합 정서가 팽배할 때 통합과정은 정치적 동인보다 경제적 차원의 실용적 목적에 지배되었다. 실제 이들 징치기가 영향력을 발휘할 시기에 각각 공동농업정책이 생성되고 단일시장 논의가 본격화되었다는 사실을 상기할 필요가 있다.559)

▶ **정부간회담(IGC)과 국가간협상의 성격**

자유주의 정부간협상 이론에 따르면 초국가 제도와 정책은 국가이익의 구현물이며, 이러한 국가이익은 정부간협상을 통해 구체화된다.560) 모랍칙은 대협상(grand bargaining)인 정부간회담(IGC)을 제도와 헌정개혁의 분기점으로 파악하였다. 따라서 일상적인 정책과정을 통해 국가이익 실현이 제약되거나, 국내외의 상황 변화로 국가의 선호가 변화하였다면, 회원국은 만장일치로 의견을 모아 정부간회담을 개최하여 근본적인 제도 변화를 꾀한다. 따라서 정부간회담에서는 통합의 방향을 결정짓는 가장 중요한 정치적 결정이 행해지며, 회담은 강대국 간 인구, 경제력과 협상능력과 같은 비군사적 요소에 지배된다.561)

정부간회담은 표면상 고위정치를 구현하는 외교적 행위이지만 실제 참여국들은 경제적 이익에 초점을 맞추고 협상을 진행한다. 정부간회담에 참여하는 모든 회원국은 국익을 얻기 위해 감수해야 하는 정치, 경제적 자유의 제약을 고려하여, 국익과 주권제약 간의 균형점에서 결과를 산출한다.562) 따라서 정부간회담에서 가장 긍정적 결과는 회원국의 국내이익이 단일경로를 통해 유럽 차원의 공동이익으로 전환되는 것이다.563)

이러한 정부간회담에서는 비용과 이익에 대한 고려 그리고 국가간협상능력(bargaining power)과 같은 상대적인 영향력이 지배한다. 또한 정부간회담에 참여하는 국가는 이익을 담보로 한 양보와 용인의 여지가 제약된다. 만약 국가 간 양보가 행해진다고 하여도 이는 초국가적 행위자의 정치적 조정에 기인한 것이 아니라, 국내의 이익집단을 통제할 수 있는 국가의 능력과 권한에서 비롯된 것이다. 이 외에 개별 이슈의 속성을 분석하면 대외협상에서 국가가 행할 수 있는 옵션이 제약된다는 것을 알 수 있다. 이 점에서 국가간협상의 패턴을 예측할 수 있다.564)

한편 정부간회담을 포함한 국가간협상(interstate bargaining) 과정에서는 강대국의 양보와 약소국에 대한 보상 그리고 일괄타협(package deals) 등의 전략을 통해 국가 간 대립이 완화된다. 1950-60년대 회원국 간 협상에서는 여러 타협안을 한데 묶은 일괄타협, 그리고 성격이 다른 정책을 동시에 다룬 이슈 간 연계(issue linkage)가 주요 전략으로 활용되었다.565) 1990년대 이후에는 선택적 거부권(opt-outs)이 제도화된 합의기제로 널리 활용되었다. 특히 일괄타협안은 국가간협상의 효율성을 제고하는 중요한 정치적 전략으로 다양한 행위자들이 차별적인 선호를 취합하여 궁극적으로 승자와 패자의 구분을 희석시키고 이슈 간 연계를 용이하게 한다.566)

다만, 국가간협상에서 다루는 개별 이슈들은 연계보다는 분절화되어 있다. 그러므로 일괄타협과 이슈 간 연계는 협상이 난항에 봉착할 때 나오는 차선 혹은 최후의 수단이다.567) 이러한 논리의 연장선에서 특정 국가가 그들의 국가이익을 강력히 주장하려면 반대에 선 국가들을 포섭하기 위한 보상을 제시하거나, 정책연계와 일괄타협과 같은 전략을 구사해야 한다. 그러나 국가는 비용과 이익의 접점에서 의사를 개진하는 합리적 행위자이다. 따라서 국가이익보다 더 큰 비용을 지불하면서 의사를 관철하지는 않는다.[568]

정부간회담(IGC)

정부간회담(IGC)은 유럽연합의 구조 밖에서 새로운 조약 체결 및 기존 조약의 수정을 위한 회원국 간 회합이다. 조약 생성과 수정은 일상화되거나 제도화된 의사결정 방식이 아니다. 따라서 정부간회담 진행에는 특별한 절차와 형식이 규정되어 있지 않다. 정부간회담은 1950년 유럽석탄철강공동체(ECSC) 결성을 위한 6개국 간 회합 그리고 1955년 유럽경제공동체(EEC) 출범을 위한 6개국 외무장관들 간 메시나회담(Messina Conference)에서 연원을 찾을 수 있다. 이후 1985년 단일유럽의정서(SEA) 체결을 위한 회담을 시작으로 1990-91년 마스트리히트조약과 경제통화동맹(EMU) 출범을 위한 회담, 1996년 암스테르담조약, 2000년 니스조약 그리고 2007년 리스본조약 체결을 성무간회담까지 총 7회가 개최되었다. 이 외에 2002년 유럽헌법(European Constitution) 제정을 위해 개최된 정부간회담은 유럽미래회의(Convention on the Future of Europe)로 명명한 컨벤션(convention) 방식을 통해 진행되었다.

정부간회담에서는 회원국 실무관료들 간 실무회합, 해당 이사회에서의 논의 그리고 유럽이사회에서 최종 결정 등 다양한 위계에 걸쳐 수회에 걸쳐 회합이 진행된다. 또한 1986년 이후 20여 년간 유럽미래회의를 포함하여 정부간회담이 빈번하게 개최되면서 절차와 진행방식이 일정 정도 형식을 갖추게 되었다. 암스테르담조약 체결을 위한 정부간회담부터는 유럽위원회와 유럽의회 역시 정보제공 및 의견개진을 위해 직간접적인 참여가 이루어지고 있다. 정부간회담은 최종적으로 유럽이사회에서 회담결과를 담은 조약 체결을 통해 종료되며, 이후 국내 비준을 거쳐 발효되는데 통상 조약서명에서 발효까지 1-2년이 소요된다.

모랍칙을 포함하여 정부간협상 이론가들이 제기하는 국가간협상(interstate bargaining) 혹은 정부간협상(intergovernmental bargaining)은 다양한 수준에서 실행되는 외교적 행태를 지칭하는 것이다. 따라서 조약수정을 위해 행해지는 제도적 기제인 정부간회담(IGC)과는 다른 개념이다. 물론, 자유주의 정부간협상 이론은 정부간회담을 유럽연합의 구조변화를 야기하는 가장 중요한 국가간협상으로 환원한다.

■ **이론적 설명: 국가간협상의 단계**

자유주의 정부간협상 이론은 국내에서 이익선호 형성과 국제적인 협상이 한데 묶여진 푸트남(Robert D. Putnam)의 이중영역게임(two-level games)을 전제한다. 모랍칙은 이러한 이중영역게임 가정을 통해 국가만이 사회적 행위자를 포함한 국내 행위자의 이해를 취합하여 단선적인 대외적 선호로 표출하며, 상대국과 협상을 거쳐 국제적 협정을 생성한다고 주장한다.[569] 국가선호 형성은 자유주의(liberal theory) 맥락에 따라 국내에서 여러 사회적 행위자의 이해가 취합된다. 이후 대외적으로는 권력정치에 입각한 국가간협상 논리를 가정한다.[570]

이와 같이 자유주의 정부간협상 이론은 두 가지의 국제관계 이론을 취합하여 합리적 사고를 갖는 국가라는 행위자가 취하는 국가이익 형성과 국가의 단선적인 대외적 선호를 구현하는 정부간협상을 통해 통합과정을 이해한다. 국가는 국내에서 취합한 이해관계를 국제적 협상에서 표명하므로, 국내에서의 합의수준과 정도 및 반대 의견 등 국내의 영향(domestic influences)은 국제적 협상과 외교정책에 영향을 미친다. 따라서 국내의 영향은 국제적 협상에서 협상능력을 저하시키거나 혹은 반대의 현상도 야기할 수 있다.[571]

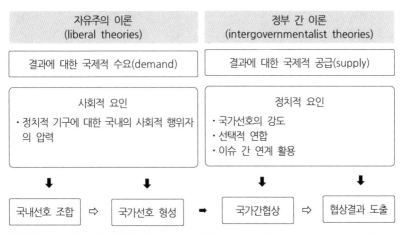

출처: Andrew Moravcsik (1993), "Preferences and Power in the European Community: A Liberal Intergovernmentalist Approach", Journal of Common Market Studies, Vol. 31, Iss. 4. 1, p. 482.

<그림 4> 자유주의 정부간협상 이론 분석구조

구체적으로 자유주의 정부간협상 이론은 3단계 모델(three-step model)로 구성된다. 첫째, 국가 내부에서 선호 형성은 자유주의 맥락을 따른다. 둘째, 유럽연합 차원에서 국가간협상은 현실주의 시각에서 제기하는 정부간협상 논리가 적용된다. 셋째, 국제기구는 국가 간 합의를 신뢰할 수 있는 수준에서 보장(credible commitments)하기 위한 안전장치로 국가들의 제도적 선택(institutional choice)에 기인한다.572)

첫 단계에서 국가의 정치 엘리트들은 자신들의 이해관계뿐 아니라 국내의 다양한 이익을 조합하여 대외적으로 단일화된 국가선호(national preferences)로 표명한다. 이러한 국가 내부에서 다양한 세력의 이익선호 표명과 취합은 자유주의 맥락에 따른다.

두 번째 단계에서 회원국은 브뤼셀의 협상 테이블에서 단일화된 국가선호를 구현하는데 여기에서는 상대적인 국가간협상 능력과 선호의 강도가 반영된다. 협상을 통해 회원국들은 상호 간 이해의 접점을 찾기 위한 조정을 꾀한다.573) 신기능주의 시각에 따르면 이 과정에서 초국가 기구는 국가 간 중재자 역할을 수행하며 회원국의 공동이익을 업그레이드하는 행위자로 기능한다. 그러나 자유주의 정부간협상 이론에서는 초국가 기구가 국가간협상 결과를 좌우할 영향력은 갖지 못한다고 말한다. 대신 회원국은 합의를 원활하게 진행하기 위해 일괄타협과 부가적 보상 등의 전략을 동원한다.

끝으로, 회원국은 유럽연합 차원에서 국가의 주권을 일부 제한하여 초국가 제도를 강구한다. 가중다수결 표결(QMV) 및 유럽위원회와 사법재판소에 대한 초국가 권한 부여 등은 그 예이다. 이러한 조치는 회원국 간 합의를 확증하기 위한 의도에서 비롯된 것이다.574)

■ 역사적 실증

▶ 1950-1980년대 통합과정

자유주의 정부간협상 이론은 하스로 대표되는 신기능주의 시각이 1950년대 이후 진행되어 온 통합과정을 적시하지 못한다는 비판에서 출발하였다. 신기능주의는 단계적(gradual), 자동적(automatic) 그리고 점진적(incremental) 진행을 통한 통합의 심화와 초국가적 영향력의 확대를 제기하였다. 그러나 현실에서 통합의 진척은 일련의 정부간협상을 통해 이루어졌으며, 신기능주의에서 제기하는 파급효과의 징후는 나타나지 않았다.[575]

자유주의 정부간협상 이론은 유럽통합 과정에서 경험적으로 도출된 정부 간 대협상이라는 역사적 사실을 기반으로 구성되었다. 유럽연합은 1950년대부터 1990년대까지 5차례의 정부간회담(IGC) 이외에도 1960년대 공동농업정책 및 공동시장, 1970년대 유럽통화제도(EMS) 그리고 1980년대에는 단일시장 논의 등 첨예한 국가간협상이 행해졌고, 이러한 국가간협상이 통합의 성격을 결정하였다.

주목할 점은 국가 간 상호작용에서 초국가 관료들의 기능적 조정이 깊숙이 개입된 경우는 단일유럽의정서 체결을 위한 정부간회담으로 한정된다는 것이다. 단일유럽의정서는 단일시장 구성에 따른 기능적 조정이 절대적으로 요구되므로 불가피하게 유럽연합의 기술관료들이 깊숙이 개입되었다. 이 외의 정부간회담과 주요 국가간협상에서 유럽연합 관료들이 국가들의 선호를 조정하고 효과적인 조정을 행한 실증적 예는 찾을 수 없다. 그럼에도 단일유럽의정서의 성사요인을 초국가 기술관료의 역할만으로 환원할 수 없다. 단일유럽의정서는 역대 정부간회담 중 주요 국가의 선호가 가장 효과적으로 조화를 이룬 경우이다. 당시 회원국들은 주권제약을 내켜 하지 않았지만 유럽적 목표를 위해 지나친 국가이익 표출을 삼가 회담의 성공을 이끌어낸 것이다.[576]

역사적으로 유럽통합을 주도한 중심적 행위자는 독일과 프랑스를 위시한 강대국의 정치 엘리트와 기술관료들이다. 이러한 사실은 1950년대부터 1990년대 초반까지 일관된다. 1950년대에 모네(Jean Monnet)는 슈만플랜(Schuman Plan)을 제기하여 유럽석탄철강공동체(ECSC)를 설립하고, 이를 관할하는 고등관청(High Authority)에 이념적 지향을 제공하였다. 당시 모네는 유럽실행위원회(Action Committee for Europe)를 통해 사회주의 노선의 정치가와 노조 지도자들의 지지를 동원하였다. 그러나 사회적 동원과정에서 사회주의자와 노조는 결정적 변수가 아니었으며, 통합과정에는 오히려 산업계와 농민들의 경제적 이해가 보다 깊숙이 관철되었다. 중요한 사실은 이러한 사회적 동원은 실질적으로 회원국 정부의 주도하에 이루어졌다는 점이다.577)

1960년대 당시 유럽공동체의 발전은 표면상 초대 유럽위원회 위원장인 할슈타인(Walter Hallstein)과 농업담당 위원인 만숄츠(Sicco Mansholt)와 같은 초국가주의자들에 의해 이루어졌다. 그러나 실제 공동농업정책과 공동시장 창설을 위한 정치적 이해와 기술적 조정은 회원국 정부에 의해 주도되었다. 공동농업정책에서 표방한 높은 수준의 보조금지급, 고가격 정책, 농업보호 그리고 분권화된 관리정책 등은 프랑스의 정치적 이해가 깊숙이 개입된 것이다. 물론 이러한 정책구조는 유럽위원회의 이상적 목적이 아니었다.

1970년대부터 실행된 유럽통화시스템(EMS) 역시 유럽위원회가 주도한 것은 아니다. 1969년 베르너보고서(Werner Report) 작성과 공동통화시스템인 스네이크(Snake) 창설은 지스카르 데스탱(Valèry Giiscard d'Estaing)과 슈미트(Helmut Schmidt)의 정치적 주도권과 기술적 동원에 의해 가능하였다. 1980년대 말 이후 급진전된 경제통화동맹 역시 들로르(Jacques Delors) 유럽위원회 위원장의 정치적 이상이 구현된 것이 아니라, 독일과 프랑스의 복잡한 정치적 이해와 기술적 조정의 결과이다. 유사한 맥락에서 이른바 공동체 방식(Community method)의 확대적용을 담은 암스테르담조약은 초국가 제도화의 심화가 아니라, 회원국이 상이한 국내 정치질서를 보다 용이하게 취합하기 위해 유연하고 실용적인 헌정질서를 꾀한 것에 불과하다.[578)]

▶ 단일시장 출범 동인

모랍칙은 단일유럽의정서(SEA)는 통합을 재점화한 분기점이 되었다는 사실을 인정하되, 이의 체결 목적은 초국가정책의 확장이 아니라 국가이익 실현을 위한 정치적 프로젝트로 환원하였다. 여기서 회원국의 이익이란 엄밀한 의미에서 주요 강대국의 정치적 이해이다. 따라서 단일유럽의정서 체결은 대처(Margaret Thatcher) 정부의 민영화와 자유화 조치의 위기, 미테랑(Francois Mitterand) 정부의 사회주의적 개혁의 실패 그리고 단일시장계획과 여타 이슈를 연계하여 정치, 경제적 영향력을 확장하려는 콜(Helmut Kohl)의 동의가 맞물린 것이다.

당시 미테랑과 콜은 스페인과 포르투갈의 가입에 따른 공동농업정책의 개혁과 경제 활성화를 위한 시장통합의 필요성을 절감하였다. 이 과정에서 양국 지도자들은 심화된 통합을 경계하는 대처 수상의 소극적 입장에 맞서 이중 속도의 유럽(two-track Europe)과 이중 구조의 유럽(two-tier Europe)을 거론하면서 공동체의 개혁을 추진하였다.[579)]

한편으로 단일시장은 경제적 행위자의 의도가 깊숙이 개입된 것이다. 1980년대 들어 무역과 투자에 있어 상호의존성이 증가하였다. 수출시장에 관여된 기업들은 미국과 일본에 대항하여 세계시장에서의 경쟁력 강화를 위한 규모의 경제가 요구되었다. 이에 따라 유럽 산업계는 국내의 정치지도자를 압박하여 공동시장과 경제화폐동맹이라는 친시장 정책을 요구하였다.[580)]

그러나 이러한 모랍칙의 분석은 딜레마를 갖는다. 유럽위원회와 유럽의회는 단일유럽의정서 체결과정에서 다양한 사회적 동원을 통해 중대한 역할을 수행하였기 때문이다. 동시에 유럽의 대기업들은 회원국 정부는 물론이고 유럽연합에 대해서도 적극적인 영향력을 행사하였다.[581] 여기서 그는 예외적 설명을 제기한다. 정부간협상에서 초국가 기구의 개입은 필요조건은 아니지만 단일유럽의정서 체결을 위한 정부간협상은 예외였다. 즉, 단일유럽의정서 체결 시에는 원활한 협상조건이 성립되지 않아 예외적으로 초국가 기구가 개입하여 국가 간 합의보다 효과적 결과를 야기하였다.[582]

상황에 따라 초국가 관료들의 목적 지향적인 기술적 능력이 국내 관료의 기능적 능력을 상회할 수 있다. 철저하게 기능적 목적을 추구하는 유럽위원회는 국내 관료보다 효과적인 행정조치와 실행이 가능하다. 또한 유럽위원회를 위시한 초국가 기구는 민주적 정통성이 결여되어 있다. 따라서 초국가 기구는 국내의 관료조직과 달리 엄격한 규범과 절차에 구속되지 않는다. 또한 이들은 유럽시민의 정치적 선호와 절연되어 독립적 업무수행이 가능하다. 물론 이러한 초국가 기구의 효용성이란 국가 간 상호작용이 난항에 봉착할 때 매우 제한적이며 예외적으로 발휘된다.[583]

■ 이론적 한계

자유주의 정부간협상 이론은 자유주의와 현실주의 이론을 결합하여 신기능주의 이론이 내재한 통합의 당위적 귀결이라는 맹점을 극복하고 단순하고 명쾌한 분석틀을 제공한다. 특히, 자유주의 정부간협상 이론은 어떻게 사회적 요구가 생성되고 조직화되어 유럽연합의 정책과정에 침투하는가를 명확히 설명하였다. 유럽연합은 규제적 권한을 갖고 있지만 여전히 안보와 이민 등 고위정치 영역에서의 정책결정은 회원국의 국내정치기조에 지배된다. 이 점에서 자유주의 정부간협상 이론은 신기능주의가 제기하는 사회적 요구의 초국적 침투에 대한 미약한 설명을 보완하는 시각으로 의미가 크다.584) 이 외에도 국가이익 실현과 국가의 권한을 역사적인 맥락에서 분석한 점도 학문적으로 높은 평가를 받는다.

그러나 자유주의 정부간협상 이론의 복합적 이론구성과 일관되고 명쾌한 분석은 역설적으로 현실주의와 신기능주의 모두로부터 비판을 받아왔다. 현실주의 내부에서 그의 이론은 현실주의에 대한 임의적 해석과 확장이라는 비판을 받았다. 신기능주의 시각에서도 국가 중심성의 한계와 더불어 초국가 수준에서 제도의 시스템화 된 변화를 간과한다는 비판을 받았다. 이러한 자유주의 정부간협상 이론에 대한 비판의 본질은 행위자로서 지배적 권한을 지닌 국가와 국가이익 개념, 초국가 기구의 기능과 정부간회담의 속성으로 압축할 수 있다. 이 외에도 이중영역게임을 적용한 국가간협상과 그 결과에 대한 설명적 한계 역시 지적되어 왔다.

첫째, 모랍칙은 국가만이 지배적 행위자로 유럽연합의 정책과정에 영향을 미치며 통합과정과 그 한계를 규정한다고 주장한다. 모랍칙에 따르면 국가만이 분권화된 기업가형 리더십(entrepreneurial leadership)을 갖고 국가간협상에서 요구되는 정보와 사고를 효과적으로 제공한다.585)

그러나 국제적 거버넌스를 제기한 대표적 학자인 영(Oran Young)은 모랍칙이 다양한 리더십 개념을 묵과하였다는 점과, 국가라는 행위자가 갖는 기업가형 리더십만으로 국가 간 상호작용을 설명할 수 없다고 반박하였다. 영이 말하는 기업가형 리더십이란 행위자 간 경쟁적 상호작용에서 효과적인 중재자로 기능하는 능력이다. 이러한 기업가형 리더십은 제도화된 협상에서 집단행동으로 야기될 문제를 극복하는 기제이다. 그러나 국제사회에서의 제도화된 협상은 참여한 여러 행위자의 전략에 의해 제약될 수 있다. 자기 충족적 이해를 갖는 국가라는 행위자가 모두 최선의 이익을 추구한다면 협상의 딜레마가 야기될 수밖에 없다는 것이다.586)

물론 자유주의 정부간협상 이론에서는 강대국 간 선호가 접점을 이룬다면 국가 간 합의가 용이하다고 파악한다. 이러한 주장은 여러 경험적 사례를 볼 때 타당성이 있지만, 의사결정의 결과를 전적으로 강대국 간 연합으로 환원할 수는 없다. 역사적 맥락에서 볼 때 정부간협상과 유럽이 사회와 이사회 내에서의 논의과정에서 프랑스와 독일 간 연대보다는 영국과 덴마크의 연합이 더욱 빈번하였다. 유럽연합에서는 이슈 영역에 따라 소국의 이해가 더욱 깊숙이 개입되는 경우도 빈번한데 환경과 지역정책은 대표적 예이다. 이 경우 유럽적 선호의 접점은 강대국 간 합의로 귀결되지 않는다.[587]

둘째, 모랍칙의 설명에 따르면 국가이익은 국가라는 행위자가 단선적으로 취합한 것이다. 그러나 현대정치에서 이해관계 집단의 경제적 동인을 국가가 수직적으로 모두 취합할 수 없다는 것은 자명한 사실이다.[588] 더욱이 국가 내부에서 이익선호를 취합하는 정책결정은 비규칙적이며 비예측적인 측면을 갖고 있다. 정책은 이상과 신념에 따라 항상 합리적 과정으로 진행되는 것은 아니다.[589] 윈콧트(Daniel Wincott)를 위시한 많은 학자들은 국가가 자율권을 갖고 국내정치를 일관되게 통제한다는 것은 현실에서 이루어지기 어려운 전제라고 지적하였다. 마스트리히트조약에서 예기치 않게 국내 비준에 실패하여 재투표를 감행한 덴마크의 사례에서 확인된 바와 같이 국가가 국내 정치를 완전히 통제할 수 없다는 사실은 자명하다.[590]

유럽적 맥락에서는 초국가 정책이 확장되면서 유럽연합의 보편적 이익과 국내 이익은 갈수록 중첩되고 있다. 따라서 시민들의 이익이 국가 내부의 고립된 이슈를 넘어 유럽연합 차원의 보편적 이익으로 변화될 개연성이 높아졌다.[591] 또한 환경, 보건 및 이민 등 국가 간 영향을 주고받는 이슈에서 분절된 국가이익을 규명하는 것은 이미 의미가 퇴색하였다. 그러므로 초국가 정책은 다양한 이익동인이 결합된 비예측적인 결과로 나타난다. 사회적 제도주의와 구성주의 시각을 견지하는 학자들은 국가이익에 내재한 근본적인 목적과 정체성을 강조한다. 또한 합리적 행위자 모델에서는 유럽연합의 법치와 규범에 영향받는 국가이익 내용과 형성에 주목한다는 사실도 주목할 필요가 있다.[592] 이와 같이 국가이익과 선호의 구성은 단선적 전제가 아니라 다양한 관점에서 이해해야 할 복잡한 사안이다.

셋째, 모랍칙은 유럽위원회와 유럽연합사법재판소와 같은 초국가 기구의 정치적 독립성과 기술관료적 역할을 통합의 변수로 고려하지 않는다는 점도 이론적 한계로 지적되어 왔다. 모랍칙은 단일유럽의정서 체결을 예외로 하고, 이 외의 통합역사에서 초국가 관료들의 조정능력이 회원국 관료들보다 우월하였다는 지표를 찾을 수 없다고 말한다.[593] 그러나 1990년대 초국가 기구는 지속적인 기능 확장으로 일상적 통치과정뿐 아니라 정부간협상에서도 중요한 역할을 수행하였다. 이 결과 정부간협상 결과는 국가의 권한과 이익동인만으로 귀결되지는 않았다.[594] 이러한 경험적 예를 볼 때 조약의 최종 승인자가 개별 회원국이라 하여도, 실제 조약의 기술적 부분을 담당하는 초국가 기구의 권한을 간과할 수는 없다.

넷째, 결정적으로 자유주의 정부간협상 이론은 국가의 이익동인이 직접적으로 대립하는 정부간회담에서 높은 설명력을 갖고 이는 결과적으로 일반이론으로서의 한계로 지목된다. 모랍칙은 통합과정에 결정적인 영향을 미치는 역사적 결정으로 정부간회담만을 추출하였다. 샌드홀츠와 스위트는 자유주의 정부간협상 이론은 대협상(grand bargains)만을 주요한 독립변수로 상정한다는 점에서 유럽통합 과정을 설명하는 대이론(grand theory)이라고 말한다. 이러한 언명은 본 시각이 대협상이 이루어질 수 있는 제도적 조건에서만 유효하다는 자기모순을 암시한 것이다.[595]

정부간회담은 여타의 정책과정과 달리 국내 엘리트의 정치적 선택이라는 단선적 투입요소가 결정적인 독립변수로 작용한다.[596] 그러나 현실에서는 초국가 기구의 기술적 조정과 사회적 행위자의 유럽적 압력 등 다양한 개입변수 역시 회담결과에 영향을 미친다. 단적으로 단일유럽의정서와 마스트리히트조약 체결을 위한 정부간회담에서 영국의 유보적인 통합노선과 선호는 통합의 결과와 일치하지 않았다. 이는 국가간협상 이외에도 다양한 제 요인에 따른 것인데 모랍칙은 이러한 개입변수는 고려하지 않았다.[597]

결국 모랍칙의 시각은 시간이 경과하면서 정부간회담의 속성이 변화하였다는 사실을 간과한 것이다. 1990년대 이후 연이어 개최된 정부간회담에서는 회담의 성격에 조응하여 범유럽 차원의 이익집단과 초국가 기구의 영향력이 깊숙이 개입되었다. 단일유럽의정서 체결과정을 보면 이러한 현상을 확인할 수 있다. 정부간회담은 국가 간 이해관계 조정에 주력하는 회합이다. 그러나 유럽연합에는 다양한 정책과정이 존재하며, 정부간회담은 일단의 정책과정 중 하나이다. 지방정부와 초국가 행위자는 정부간회담을 전후로 여러 하위정책과정을 통해 지속적으로 이해를 투입한다. 따라서 정부간회담에서는 중앙정부가 취합한 단선적 선호만이 존재하는 것은 아니다.[598]

한편 정부간회담은 회원국 증가로 1950년대와 같은 국가 간 외교적 협상과는 성격이 판이하게 변화하였다. 정부간회담은 1980년대 이후 점진적인 회원국 수의 증가로 특정 강대국이 일방적인 영향력을 행사할 수 없는 구조로 변화하였다. 초기 1950-60년대 통합과정에서는 6개국 간 이익선호가 대비될 경우 특정 국가의 정치 지도자가 협상에 영향을 미칠 수 있었다. 그러나 1980년대 중반 이후 개최된 일련의 정부간회담에서는 회원국 수가 증가하였고, 향후 가입할 회원국을 염두에 두고 회담이 진행되었다. 이에 따라 특정 국가가 정부간협상에 영향을 미칠 여지는 현저히 축소되었다는 사실을 인식할 필요가 있다.

다섯째, 이론적 구성에 있어 분석적 미비점 역시 지적되는 한계이다. 자유주의 정부간협상 이론은 이중영역게임을 적용하여 국내정치와 국제정치의 속성을 분리하여 단계적 진행으로 파악한다. 즉, 첫 단계에서 국가 내부에서 다양한 사회적 행위자들이 제기하는 선호와 이익을 합리적 행위자인 정치 지도자들이 수용하고 통제하여 대외적으로 단일의 이익으로 가공한다. 이후 두 번째 단계인 국제적 협상에서는 국가 중심적 시각에서 국가간협상을 통해 강대국의 이해가 깊숙이 개입된 결과가 생성된다.

논리적으로 이러한 구성은 국가에서 국제적 수준으로 이어지는 회원국의 대외선호와 국가간협상 과정에 대한 이해를 도모한다. 그러나 모랍칙은 이러한 단계적 진행과정에서 국가간협상을 통해 결정된 사항이 국가 내부로 다시 피드백 되는 과정은 간과하였다. 즉, 모랍칙의 이론에서는 회원국 간 정치적 합의가 어떻게 국가 내부의 여러 사회적 행위자들의 선호 구성에 영향을 미치는가에 대한 실증적 분석은 결여되어 있다.[599] 이러한 점에서 모랍칙의 시각에서는 유럽적 압력에 대응한 회원국의 변화 그리고 유럽연합과 회원국 간 쌍방향의 정치과정인 유럽화(Europeanization)에 대한 의미 있는 설명을 제기할 수 없다.

푸트남(Robert D. Putnam)의 이중영역게임(two-level games)

푸트남이 제시한 이중영역게임은 국가간협상이 국제관계와 국내정치가 연관된다는 논리를 담는다. 국내정치와 국제정치 간 상관성은 이미 로즈노우(James Rosenau)의 연계이론(linkage theory)에서도 제기된 바 있다. 그러나 연계이론은 후속적인 경험연구가 미비하고 너무 많은 국제적 변수로 일반화된 설명이 제약되었다. 이러한 점에서 푸트남의 이중영역게임은 보다 단선화된 설명으로 상당한 설득력을 갖는다.

푸트남에 따르면 많은 국제적 협상에서 이중영역게임 논리가 관철되므로 국가의 대외협상은 국제관계와 협상 상대국뿐 아니라 국내에서의 여러 압력이 모두 독립변수로 작용한다. 국가 내부에서 여러 이익집단은 그들의 이해를 관철키 위해 중앙정부의 정책과정에 압력을 행사한다. 이후 국내의 정치 엘리트는 국제적 협상에서 자국 내 노조, 사용자단체, 정당 및 사회적 압력단체의 이해를 대표한다. 이와 같이 국가의 정치 엘리트들은 국가 내부에서 여러 선호를 취합하고, 대외협상에서는 최대한 이해를 관철하여 협상결과가 가져올 부정적 영향을 최소화하려 한다. 따라서 정책결정자라면 양 수준에서 전개되는 이해관계 대립을 모두 고려해야 한다.

푸트남의 이중영역게임은 국내에서 자원동원을 극대화하고 국제적 협상에서 최대한의 결과를 얻어내 정치적 보상을 극대화하는 과정을 설명한다. 또한 이중영역게임은 외부적 압력을 역으로 국내정치 개혁의 구실로 활용하는 정치 엘리트의 전략을 이해하는 데도 유용하다.

③ 협의주의(consociationalism)

■ 이론적 배경

협의주의(consociationalism)는 독립적인 정치단위가 자주권과 자율권을 유지하면서 타 정치단위와 고도화된 협력을 취하는 정치시스템으로 정부간 협상 이론이 제기하는 설명틀과 유사성을 갖는다. 현실적 맥락에서 1980년대 이후 유럽연합은 의사결정 시스템을 비롯하여 통합과정에서 엘리트가 주도하는 정부 간 협력이 구조화되었고, 합의제 민주주의(consensual democracy) 성격을 갖는다. 이러한 점에서 일부 학자들은 서유럽의 전통적인 국가 중심 협력방식인 협의주의 모델을 유럽연합의 구조적 특징을 설명하는 데 원용하였다.[600]

협의주의는 15세기부터 생성된 베니스 등 이탈리아의 도시국가들 간 느슨한 연합형태에서 유래한다. 17세기부터 진행된 베네룩스 3국 간 정치적 결속도 협의주의식 방식이라고 할 수 있다. 스위스 역시 연방주의와 협의주의가 혼합된 정치형태이다. 17세기 이후 베네룩스 국가들은 강력한 중앙기구가 부재한 가운데 상호 간 정치적 협력을 유지하였다. 이러한 결속형태에서는 중앙 집권적 의사결정을 배제하고 참여국 간 자발적 협력에 근거한다. 또한 참여 국가는 집단적 결정에 대한 저항권을 보유하고 자의적 판단에 따라 탈퇴 역시 가능하다. 현대에 이르러서는 플라망(Flanders), 왈룽(Walloon) 그리고 브뤼셀(Brussels)이 각각 고도의 자치권을 갖는 벨기에 연방의 운영과정이 협의주의적 정치형태와 근접한다.

이와 같이 협의주의는 이탈리아 도시국가, 벨기에를 포함한 베네룩스 및 스위스의 정치형태로부터 유래하는데 그 성격은 국가마다 차이가 있다. 스위스의 경우 협의주의식 정치형태와 고도화된 연방주의의 혼합으로 연방주의 국가의 성격이 강하다. 반면에 벨기에는 6개의 지방정부가 연방정부의 결정에 비토권을 행사할 정도로 독립성이 높다는 점에서 유럽적 맥락에서는 벨기에의 협의주의 모델이 보다 부합한다고 할 수 있다.[601]

서유럽의 오래된 국가 간 연합형태를 현대정치에 적용한 학자는 1960년대 리파트(Arend Lijphart)이다. 그는 베네룩스와 오스트리아의 정치시스템을 연구하면서 민주적 국가 내부에 다양한 사회적 분파들이 어떻게 기능적 조정과 안정화를 꾀하는가를 설명하기 위해 본 개념을 원용하였다. 이후 협의주의식 국가 간 협력은 테일러(Paul Taylor)와 크리스코우(Dimitris N. Chryssochoou)에 의해 본격적으로 연구되어, 주권과 정체성을 유지하면서 고도화된 협력형태를 취하는 유럽연합을 설명하는 시각으로 발전하였다.[602]

■ 이론적 설명

협의주의 개념은 비대칭적인 능력을 갖는 국가들이 어떻게 공고한 제도적 구조를 만들어 수평적인 협력을 행하는가를 설명하는 데 원용되었다. 협의주의 원칙에 따라 구성된 공동체에는 사회적, 정치적 분화가 이루어진 정치단위가 참여한다. 이러한 공동체에서는 권력이 분산(fragmentation)되어 있고, 참여 정치단위 간 견제와 균형(check and balance) 시스템이 작동한다.[603]

공동체 내에서는 다양한 정치, 사회적 가치를 갖는 정치단위가 일정한 비율에 따라 정책과정에서 정치적 대표성을 갖는다. 이 경우 상대적으로 규모가 작은 정치단위는 규모에 비해 과도한 대표성을 갖는 것이 통례이다. 여기서 정치적 결정은 각 정치단위를 대표하는 정치 엘리트가 참여하는 포럼을 통해 이루어지며, 정치 엘리트 간에는 고도의 상호의존적 관계가 형성되어 있다. 포럼 내에서는 모든 참여자가 동등한 권한을 갖고 정책결정은 타협(compromise)과 합의(consensus)에 기반한 다수결 표결에 의해 이루어진다.

그러나 정책결정 과정에서 규모가 작은 정치단위가 반대하거나, 중요하거나 민감한 이슈의 경우에는 기계적 표결을 억제하고 참여자 간 정치적 타협을 통해 의사결정을 한다. 이에 따라 최종적인 결정은 모든 참여자의 의사가 골고루 반영된 완화된 결과를 낳는다. 이러한 정책결정 방식은 모든 행위자들의 의사를 고려하면서 동시에 과도한 중앙 집중화를 억제한 것이다. 이와 같이 협의주의 통합방식은 분권화된 단위가 공동체 전체의 이해관계를 최대한 구현한다는 장점을 갖는다. 그러나 참여하는 정치단위가 각기 이해관계를 주장하거나, 규모가 작은 정치단위가 과도한 자주권을 표출할 경우 협력시스템이 저해되는 단점도 갖는다.[604]

이와 같이 협의주의는 국가들이 정체성과 주권을 유지하면서 공동의 목적을 위해 연합을 형성한 것으로 이러한 연합은 회원국의 엘리트에 의해 통제된다.[605] 회원국들은 협의주의 시스템을 통해 특정한 목표를 위한 연합을 형성하였지만, 참여국의 정체성을 약화시키거나 주권을 포기하도록 한 것은 아니다. 이러한 연합에서는 특정 행위자가 권력을 독점하거나, 보다 상위의 권위를 누리는 것은 아니며, 어느 행위자도 권력을 분할시킬 수도 없다. 또한 회원국은 자유의지에 의해 연합으로부터 임의로 탈퇴할 권한을 보유한다.[606] 이와 같이 협의주의 시각은 내적 속성이 상이한 민주국가들이 어떻게 효과적으로 협력을 꾀하고 체제를 안정화하는가를 설명한다.

리파트는 협의주의 속성을 정치 엘리트 간에 합의를 존중하는 정치문화를 배경으로 여러 정치단위가 협력을 취하는 구조로 이해하여 핵심적

인 특징을 네 가지로 제시하였다.[607]

첫째, 정치단위에 참여하는 국가는 상호 간 절연되어 있고, 자기중심적 이해를 추구한다. 또한 국가 내부에서 권한은 이슈에 따라 분권화되어 있다.

둘째, 참여하는 국가는 엘리트 간 카르텔(cartel of elites) 형태로, 이슈에 따라 참여하는 엘리트들을 달리한다.

셋째, 의사결정은 다수결을 원칙으로 하되 참여하는 정치 엘리트들은 의사결정 시 모두 비토권을 보유하여 극단적인 이해관계 침해를 제어한다.

넷째, 균형성 혹은 비례성 원칙(law of proportionate)에 의해 참여하는 정치단위의 크기와 영향력에 따라 권력이 배분된다.

이와 같이 협의주의는 차별적인 이해와 능력을 갖는 주권국가 간 수평적 협력과정을 제시한다는 점에서, 특정 국가가 지배적인 국가이익을 개진한다는 정부간협상이론과 설명을 달리한다.[608]

■ 협의주의식 유럽통합

유럽통합 연구에서 협의주의는 유럽연합이 연방, 정부 간 제도 혹은 레짐이라는 전통적인 시각으로 파악할 수 없는 복합적 성격을 내포한다는 점에서 제기되었다. 1970년대 이후 회원국 간 외교적 조정시스템인 유럽정치협력(EPC)과 마스트리히트조약 이후의 공동외교안보정책(CFSP)은 연방주의와 신기능주의식의 발전과정으로 이해하기는 어렵다. 이는 또한 전통적인 정부 간 협력 시각으로 설명하는 데도 한계가 있다. 1990년대 서유럽에서는 정치, 통화동맹이 진척되고 연방적 유럽에 대한 논의가 진행되는 가운데 영국으로 대표되는 반연방 노선 국가의 강경한 저항이 존재하였다. 또한 통합에 참여하는 회원국은 열외 없이 국가주권의 침해를 강경하게 거부하는 역설적 상황이 전개되었다.[609] 이러한 복합적 성격은 정부 간 제도의 역동적 발전과정으로 고전적인 정부 간 협력과는 차별화된 국가 중심(state-centrism) 시각에서 분석하는 것이 타당하다.

협의주의는 주권국가의 연합인 유럽연합의 구조와 기능을 이해하는 시각으로 의미를 갖는다. 협의주의에 따르면 유럽연합은 정부 간 협력을 통한 통합이다. 그러나 이는 전통적인 정부 간 협력 시각이 제기하는 통합 방식과 달리 사회화(socialization), 협력(cooperation) 및 형식 혹은 제도화(formalization) 성격을 내포한다.[610]

리스본조약 체결 이후 이러한 유럽연합의 성격이 보다 두드러진다. 유럽이사회 상임의장 및 외교안보정책고위대표(HR)의 신설 그리고 외교안보 부분에서 강화된 협력(enhanced cooperation)의 적용 확대는 단적인 예이다. 특히 유럽위원회 부위원장(vice president)이며 외교안보고위대표로 대외관계이사회(FAC)를 주재하는 시스템은 연방주의, 신기능주의 및 정부 간 협력 시각 모두에서 적절한 설명을 제기하기가 힘들다.

협의주의 시각에서 유럽통합은 포지티브섬 게임 논리가 적용된다. 정치적 권위는 제도적 장치에 의해 회원국과 유럽연합이 공유하도록 정교하게 규정되어 있고, 양자는 협의적 동반자(consociational partnership)로서 상호견제 기능을 갖는다.[611] 한편으로 협의주의 시각에서는 유럽연합을 상호의존적 관계에 있는 회원국들이 집단적 의사관철을 통해 시스템의 안정화를 기하는 정치과정으로 파악한다. 대표적 사례로 회원국은 조약 수정을 통해 제도적 변화를 꾀하고, 수정조약은 각 회원국에서 비준을 통과해야 발효된다.[612] 이 외에도 협의주의 시각에서는 국가 중심성에 근거하여 회원국은 제로섬 게임의 부작용을 억제하기 위해 초국가 기구와 권한을 공유하는 것으로 파악한다.[613]

유럽연합의 협의주의적 속성은 이중의 행정부로서 유럽연합의 구조적 조건에서 유래한다. 유럽위원회는 회원국과 정당의 통제에서 벗어나 독립적 기능을 갖는 초국가 기구로 기능적 견지에서 의제를 만들고, 조약의 수호자로서 이사회가 결정한 입법을 시행한다. 이러한 유럽위원회의 기능적 역할로 최종의사결정 기구인 이사회가 정부(government)로서의 구성과 기능을 경감하고 회원국의 이해를 대표할 수 있다.[614]

따라서 이사회는 협의주의식 통합에서 가장 중요한 행위자로 위치한다. 이사회는 정부 간 성격을 갖는 기구로 가중다수결 표결(QMV)은 협의주의 시각에서 제기하는 국가 간 능력에 따라 권력의 배분을 달리한 대표적 사례이다.[615] 이 외에도 이사회는 특정 사안에서 회원국의 비토권 인정 및 일괄타협과 같은 비공식적 합의기제를 통한 소국의 이해 존중 등 차별적 능력을 갖는 국가 간에 상호합의에 입각해 의사결정을 행한다.[616]

극단적인 설명으로는 유럽위원회도 협의주의적 성격을 갖는 집단으로 고려할 수 있다. 호흐(Liesbet Hooghe)는 경험적 연구를 통해 초국가 기구인 유럽위원회의 관료들은 국적에 따라 정체성과 지향점을 달리하며, 네트워크 구성능력에서도 차별화된다는 사실을 제시하였다. 특히 고위관료일수록 이러한 경향은 더욱 두드러진다. 그러므로 유럽연합의 이중의 행정부는 모두 협의주의적 성격을 갖는다는 해석이 가능하다.[617]

한편 대표적인 협의주의 학자인 크리스코우는 유럽연합의 분절된 구조와 집단적 합의시스템을 들어 협의주의적 성격을 제기하였다. 크리스코우에 따르면 유럽연합은 초국가 기구와 회원국이 각기 다른 헌정질서와 독립적 권한을 유지하면서, 상호 간 수평적 연합을 통해 여러 정책에 걸쳐 기능적인 보완관계를 형성한다. 크리스코우는 이러한 구조를 들어 유럽연합과 회원국은 각각의 자치적 권한이 존속하며 한편으로, 통합된 법적 구속력을 통해 공동정책을 실행하는 조합적 성격을 내포한다. 즉, 유럽연합은 각각이 독립적 헌정질서를 갖는 국가들이 고유한 헌정질서와 정체성을 유지하는 가운데 브뤼셀에 권한의 일부를 위임한 분절화된 다원주의(segmented pluralism) 성격을 갖는다는 것이다.[618] 이러한 구조는 두 가지 차원에서 이해할 수 있다.

첫째, 유럽연합은 웨스트민스터 타입의 전형적인 민주적 통치구조가 아니며, 일종의 혼합적 실체(hybrid entity) 혹은 실용적인 구성(pragmatic arrangement)을 의도한 거버넌스이다.[619] 유럽연합은 회원국 시민들이 그들의 이익을 관철키 위해 대리인으로서 정치적 엘리트를 내세운 것이다. 이에 유럽연합에서의 정책결정은 회원국에서 민주적으로 선출되거나 임명된 정치 엘리트들에 의해 주도된다. 따라서 유럽연합에서 정치적 대표성은 회원국 정부만이 보유하고, 범유럽 정당이나 정파가 개입하는 것은 아니다. 또한 대부분의 유럽시민들은 유럽연합의 제도와 정책산출에 폭넓은 정보를 갖거나 깊은 이해를 갖지 못하며, 유럽연합의 정치적 리더십은 유럽시민에 대한 책임성에 근거한 것은 아니다.[620]

이러한 논리로 유럽연합이 민주적 정체를 갖는 회원국들로 구성되지만, 운영과정에서 민주적 헌정질서나 절차는 간과될 수 있다. 단적으로 유럽시민들에 의해 선출된 유럽의회의 독립적 권한과 대표성은 이사회와 유럽위원회에 비해 상대적으로 취약하다는 점에서 유럽연합 자체가 민주적 헌정구조를 갖는 것은 아니다.[621] 또한 회원국은 이사회와 유럽이사회를 통해 지배적 행위자로 위치하므로, 유럽연합이 회원국으로부터 권한을 위임받아 공동정책을 결정하고 실행한다고 하여도 국가주권이나 정체성이 훼손되는 것은 아니다.[622]

둘째, 유럽연합은 회원국과 초국가 기구가 각기 고유한 권한을 갖는 분권화된 구조이다. 논리적으로 유럽연합이 국가 간 정치적 협상만으로 정책결정이 이루어진다면 포지티브섬 개념과 제로섬 게임의 논리가 모두 적용된다.[623] 문제는 제로섬 게임의 결과이다. 자원이 제한된 상태에서 모든 회원국이 유사한 선호를 갖거나, 특정 회원국이 과도한 이익을 표명한다면 부정적인 결과가 초래될 수 있다. 대표적인 재분배정책인 지역정책과 공동농업정책에서 이와 같은 상황이 빈번하게 발생한다. 이러한 부작용을 억제하기 위해 정책과정에서는 국가와 초국가 기구 모두 분권화된 권한을 갖는 집단적 합의시스템이 적용된다. 이에 국가 간 첨예한 이해관계가 얽힌 정책에서도 유럽적 이해를 취하는 유럽위원회가 중재자로 기능하여 모든 행위자가 상호이해를 통해 차선에서라도 결정을 행한다.

■ 이론적 한계

협의주의는 언어, 민족적으로 분할되어 있지만 시장을 통해 통합된 정치체제를 유지하는 벨기에와 스위스와 같은 연방국가에서 정치 엘리트 간 제도적 조정과 의사결정을 이해하는 시각이다. 따라서 협의주의는 초국가주의와 국가 중심성이 혼재된 유럽연합의 구조에 대한 분석적 시각으로서는 한계가 명확하다. 유럽연합은 단일유럽의정서(SEA) 이후 이전과 달리 유럽위원회와 유럽의회가 기능이 확대되었고, 단일시장 출범으로 사회적 행위자들이 통합과정에 참여하는 고도로 분화된 거버넌스 구조로 변화하였다. 이러한 점에서 유럽연합이 회원국 엘리트 중심의 협력이라는 협의주의 시각은 논리적으로 제약된다.

따라서 협의주의는 국가 중심성을 전제한다는 점에서 룩셈부르크 타협체제(Luxemburg compromise)와 같이 초국가주의가 제약되었지만, 회원국의 수평적 협력이 공고하게 구축된 국가 중심 통합방식을 이해하는 데 적절하다. 또한 본 시각은 유럽연합의 전반적 구조에 대한 분석적 이론이 아니며, 정부 간 수평적 조정이 널리 행해지는 일부 정책의 의사결정에 한해 제한된 설명력을 갖는다.[624]

유럽연합은 민주적 정체를 갖춘 국가들이 구성한 통합기구이지만, 직접민주주의가 적용되어 시민사회에 대한 책임을 갖는 민주적 통치시스템은 아니다. 따라서 회원국으로부터 정당성을 부여받은 정치 엘리트 간 수평적 협력을 특징으로 한 협의주의 시각은 유럽연합의 민주적 결핍(Eurosceptic)을 이해하는 단서가 될 수도 있다.[625] 다만 유럽연합은 리스본조약 체결 이후 민주적 정당성 강화를 위해 공동체 방식 정책과정에서 시민발의(Citizen's Initiative) 시스템 도입 및 회원국 의회의 보충성(subsidiarity) 검토 등 일련의 제도개혁을 꾀하였다. 이러한 제도적 발전을 고려할 때 유럽연합을 전적으로 협의민주의 시스템으로 환원하는 데는 무리가 따른다.

IV

거버넌스와
네트워크

다층적 거버넌스(multi-level governance)

■ 이론적 배경

1990년대 후반 이후 통합이 진척되면서 국제정치학계에서는 구성주의와 규범권력 등 새로운 이론적 시각을 통해 유럽연합의 제도, 국가의 변화 및 국제사회에서 유럽연합의 역할 등을 설명하였다. 더불어 국제정치 영역에서 다루었던 유럽연합 연구는 비교정치와 공공행정 등 인접 학문을 망라한 학제간 연구로 발전하였다. 특별히 거버넌스 시각은 국제관계와 비교정치 영역에서 정책네트워크 및 제도주의와 결합하여 통합을 이해하고 설명하는 일반적인 시각으로 발전하였다.

공적, 사적 행위자들이 수평적 협력과 권한분산 구조를 특징으로 하는 유럽적 거버넌스(European Governance)는 1986년에 체결한 단일유럽의정서(SEA)에서부터 비롯되었다고 할 수 있다. 단일유럽의정서 체결을 통해 유럽 차원에서 사회적 대화(social dialogue) 시스템이 구축되고, 1988년 구조기금(structural fund) 개혁을 통해 지방정부의 유럽적 정책과정 참여가 본격화되었다.[626] 막스(Gary Marks)와 호흐(Liesbet Hooghe)는 1990년대 초반 유럽연합의 구조기금 운용을 분석하면서 정책과정에 참여하는 지방정부의 권한을 들어 유럽정치가 다수준에 위치한 행위자 간 상호작용으로 변화한 현실을 제기하였다.

"다층적 거버넌스(MLG)에서는 중앙 집중화된 권위가 부재하다. 대신에 유럽, 국가 및 국가 내 하위정부(SNA) 등 여러 수준에 걸쳐 존재하는 정부들이 다양하게 결합하여 정책네트워크를 형성한다. 이러한 관계는 희소자원을 둘러싼 경쟁이 아니라, 각각의 정부가 갖는 고유한 자원에 대한 상호의존 관계가 형성된 것이다."627)

이후 막스와 호흐는 다층적 거버넌스 시각을 단일유럽의정서 이후 유럽연합의 일반화된 구조적 조건과 정책과정에 대한 기술적 개념으로 발전시켰다. 막스와 호흐에 따르면 유럽연합은 지정학적 경계로 구분된 여러 정부가 비위계적 구조(non hierarchical) 속에서 상호의존적 관계에 위치한다. 이러한 거버넌스 구조에서는 공적, 사적 행위자들이 네트워크로 연계되어 있다. 통합이 진척되면서 1990년대 이후 유럽연합은 일종의 유사연방(quasi-federal)적 성격을 내포하여, 외교안보와 같은 전통적인 국민국가 패러다임에 위치한 정부간협상에서도 초국가 기구의 개입과 조정이 이루어지고 있다.628)

엄밀한 이론적 의미에서 막스와 호흐가 제기한 다층적 거버넌스는 통합 이후의 정치적 과정을 설명하는 시각으로 지역통합 이론의 연장은 아니다.629) 이들은 드골식(Gaullist mode)의 초국가와 정부간협상의 이분화된 공동체 구조에서 국가 간 정치적 조정의 한계를 들어 다수준의 행위자 간 권한이 분권화된 유럽적 거버넌스를 제시한 것이다. 이와 같이 다층적 거버넌스 이론은 국제정치에서 널리 원용되는 거버넌스 시각을 유럽적 맥락에서 정교화한 것으로 전혀 새로운 개념이나 이론체계는 아니다. 멕코믹(John McCormick)은 유럽공동체는 '지방정부부터 초국가까지 정치적으로 층을 이룬 다층화된 시스템(a multileveled system arrenged in political layers from the local to the supranational)'이라는 1970년대 푸찰라(Donald Puchala)의 언급을 들어 다층적 거버넌스가 사회과학 영역에서 새로운 아이디어는 아니라고 주장하였다.630)

1990년대 영국 정치학계에서는 로데(Martin J. Rhodes)를 필두로 여러 학자들이 미시적 수준(meso-level)의 연구에 주목하여 다수준(multi-layered), 자발적 조직(self-organizing) 그리고 국제적 네트워크(international network)

를 특징으로 하는 새로운 통치형태를 제기하였다. 이러한 구조는 이른바 정부 없는 통치(Governing without Government)로 비위계적 구조에서 행위자들 간 수평적 협력을 취하는 개방적 통치형태이다.[631] 한편으로 1980년대 말부터 샤르프(Fritz W. Scharpf)를 비롯한 여러 학자들은 유럽연합의 구조적 특징을 설명하면서 분권화된 권한시스템을 제기하였다.

■ 이론생성: 국가 중심성의 쇠퇴

막스와 호흐는 1990년대에 일련의 저작을 통해 국가 중심성을 재확인한 자유주의 성부산협상 이론의 한계를 벗어나 새로운 이론적 대안으로 거버넌스 시각을 제시하였다. 다층적 거버넌스 모델은 국가 중심성에 대한 비판적 입장에서 1988년 구조기금 개혁 이후 지방정부가 참여하는 분권화된 정책실행 시스템의 등장을 들어 제기된 것이다.[632] 물론 초국가주의의 경우 다양한 사회적 행위자와 초국가 기구가 국민국가를 넘어 상호작용하는 과정으로 통합을 이해하므로 국가 중심성의 극단에 위치한다. 그러나 다층적 거버넌스 시각에서는 초국가주의 역시 국가 내 하위정부, 중앙정부 그리고 초국가 정부 간 상호작용(interactions)에 대한 분석이 미비하다고 비판하면서 새로운 이론적 시각을 모색한 것이다.[633]

막스와 호흐는 초국가 기구의 일방적인 권한확장이나 국가간협상만으로 유럽통합을 적실성 있게 설명할 수 없다는 사실을 들어 초국적 통합과 국가 중심성이라는 양극단의 시각을 거부하였다. 대신 이들은 다층적 거버넌스 모델이 초국가성과 국민국가라는 양분법을 극복할 대안적 시각이라 주장하였다. 이러한 이유는 다층적 거버넌스 시각에서는 국민국가의 중심적 위치를 인정하면서, 동시에 국경을 초월한 세계화 압력 역시 수용하여 정책 영역에 따라 상이하게 전개되는 세계화와 국민국가 사이의 관

계를 파악하기 때문이다.634)

막스와 호흐에 따르면 유럽통합은 정체(polity)를 만들어 가는 과정으로 정책결정 권한은 초국가, 국가 및 국가 내 하위정부(SNA) 등 다층적으로 위치한 정부(government)에 분산 혹은 중첩되어 있다. 동시에 다수준에 위치한 정부 간 수평적 상호작용이 이루어진다.635) 물론 회원국 정부는 유럽연합의 정책과정에서 가장 영향력 있는 행위자이지만, 초국가 기구에 대한 통제권한은 갈수록 약화되고 있다. 회원국은 국내정치에서도 권위적인 통제가 갈수록 제약되며, 국가주권은 유럽연합 회원국 간 집단결정과 초국가 기구의 기능에 의해 영향 받거나 희석되고 있다.636)

이사회에서의 합의는 가중다수결 표결과 같이 엄격한 제도적 구조를 배경으로 집단적 합의에 의해 진행되므로 특정 회원국이 정책과정 전반을 통제할 수 없다. 물론 이사회는 유럽연합의 정책과정에서 가장 강력한 권한을 갖는 기구이지만 유럽의회의 권한이 확대되면서 회원국 간 집단적인 의사결정 권한은 축소되었다. 정책과정에서 유럽의회의 지속적인 권한확장은 정부간협상을 보조하는 기능적 관점으로는 설명할 수 없으며, 유럽연합의 민주적 운영이라는 압력에 처한 회원국의 용인으로 이해해야 한다.637)

막스와 호흐가 제기한 다층적 거버넌스 모델에서는 국민국가와 국내정치의 중요성을 전적으로 부정하는 것은 아니다. 여전히 국가는 유럽적 퍼즐에서 가장 중요한 조각이다. 그럼에도 다층적 거버넌스에서는 1990년대 이후 고도화된 통합과정에서 국가의 지배적 권한이 이전보다 현저히 줄어들었다는 사실에 주목한다.638)

국가 중심성의 쇠퇴는 회원국이 유럽적 정책과정을 전적으로 독점할 수는 없을 정도로 정책과정은 여러 수준의 정부가 참여하는 경쟁적인 구조로 변화되었기 때문이다. 이와 같이 새로운 차원의 유럽적 정체(polity)가 태동하였다는 사실은 여러 변화를 통해 확인할 수 있다.

첫째, 다층적 거버넌스에서 정책결정 권한은 여러 층에 위치한 정부 혹은 행위자들에게 분산되고, 각기 다른 층에 위치한 정부 간 수평적 상호작용을 특징으로 한다.[639] 유럽의회, 유럽위원회 및 유럽사법재판소 등 초국가 기구들은 회원국의 단순한 대리인 기능을 넘어 정책과정에서 독립적인 영향력을 행사한다. 지방정부와 사적 행위자 역시 유럽적 거버넌스에서 일단의 행위자로 위치한다.[640] 국가 중심성의 쇠퇴는 지방정부와 비정부 행위자들의 다양한 경로를 통한 유럽연합의 정책과정 참여에 기인한다. 따라서 다층적 거버넌스 모델에서도 중앙정부는 국내 선호를 결정하는 핵심적 행위자로 인정하지만, 국가 내 하위행위자가 중앙정부에 종속된 행위자라는 사실은 부정한다.

둘째, 회원국 간 집단적 의사결정으로 정책과정에서 개별 회원국의 영향력은 이전보다 축소되었다. 단적으로 상품의 표준화를 다룬 규정의 조화 및 노동조건과 같은 이슈들은 회원국 간 승자와 패자를 구분 짓는 제로섬 게임 논리가 적용되므로 특정 회원국이 정책과정을 지배할 수 없다. 결국 주요 안건에서는 회원국 간 완전한 선호의 일치가 힘들기 때문에 회원국 간 배타적인 결정은 극히 제한적인 이슈로 한정된다.

셋째, 통치 영역은 통합되어 있는 것이 아니라 상호연계되어 있다. 중앙정부는 국내와 유럽적 행위자(European actors) 간 연계를 독점할 수 없으며, 국내정치는 회원국 내부에 한정되지 않고 유럽 차원에서 복잡하게 상호연계되어 있다. 이러한 맥락에서 다층적 거버넌스 모델에서는 국가 중심 시각에서 제기하는 국내정치와 국제정치 간 속성을 달리하는 이원적 분할을 거부한다.[641]

다층적 거버넌스 시각에서는 유럽연합의 정책과정 연구는 여러 정책에 걸쳐 공적, 사적 행위자들 간 분권화된 권한구조에 대한 이해를 선행해야 한다고 주장한다. 본 시각에 따르면 국가의 권한은 내부의 하위정부와 초국가로 전환되어, 유럽적 정책과정은 다수준의 정부가 다변화된 정책 영역에서 서로 다른 목적과 권한을 갖고 참여한다.[642] 이러한 다층화된 구조와 행위자 간 복잡한 연계는 지역정책과 같이 분배와 재분배 정책에 한정되지 않고 규제정책에서도 관찰되는 일반적 현상이 되었다.[643]

이와 같이 다층적 거버넌스 이론은 정부 간 조정이나 초국가 관료들의 기능적 연합을 넘어 권한이 분권화된 유럽연합을 설명하는 기술이며 이론으로, 정책네트워크 이론과 결합하여 유럽연합의 공공정책 분석에 적용되었다. 2000년대 들어 다층적 거버넌스 시각에서는 유럽적 거버넌스가 안고 있는 규범적 문제로서 민주적 결핍(democratic deficit)과 적법성(legitimacy), 유럽연합과 회원국 양 수준에서 진행되는 유럽화(Europeanization) 그리고 사려 깊은 초국가주의(deliberative supranationalism) 등으로 연구주제의 확장을 통해 유럽적 거버넌스에 대한 적실성 있는 이해를 도모하였다.[644]

■ 이론구성

▶ 유럽적 거버넌스의 태동

1990년대 다층화된 유럽적 거버넌스의 발전과정에 대해서는 많은 논의들이 있지만 기능적 필요에 따른 공적 통치의 확장, 국가의 권위 이전을 통한 효과적인 초국적 통치 그리고 유럽연합이 원천적으로 갖는 정책결정 딜레마의 시정 등이 가장 타당성 있는 해석이다.

첫째, 샌드(Inger J. Sand)는 다층적 거버넌스를 경제적 행위자의 기능적 요구를 충족하는 경제사회적 변화로 설명하였다. 경제적 교환과 기술은 주권과 지역적 분할에 근거한 법과 정치질서에 비해 보다 손쉽게 국제화된 규범을 생성한다. 이러한 논리로 유럽적 맥락에서 시장규제와 사회적 규정을 부과할 공적 통치가 확장되면서 전통적인 국가의 기능을 대치하였다.[645]

슈라지아(Alberta M. Sbragia)의 표현을 빌리면 이러한 경제사회적 변화는 유럽에서 두 가지의 통치형태를 야기하였다. 회원국 정부가 고려하는 통치는 정부 이상의 개념(government plus)으로 전통적인 정부에 초국가 권력이 결합된 것이다. 이러한 형태는 회원국을 중심으로 구축된 네트워크 내에서 비정부 간 기구, 전문가 및 단일시장 내 사회적 행위자들이 참여한 것이다. 반면에 유럽위원회를 위시한 초국가 기구가 고려하는 통치는 정부를 배제한 개념(government minus)이다. 여기에서는 유럽연합이 국가로부터 권한을 위임받아 국가보다 월등한 정치, 행정적 능력을 갖고 국가의 실패를 보완한다.646)

둘째, 다층적 거버넌스는 국가와 지방정부 등 여러 수준에 존재하는 정부 간 최적의 권한할당을 통해 통치의 효율성을 꾀한 것이다. 이러한 권한의 할당 동인은 회원국이 급변하는 경제사회적 변화에 효과적으로 대응하기 위해 여러 행위자에게 권한의 일부를 위임한 데서 찾을 수 있다. 시장이 통합되고, 유럽 차원의 경제적 행위자들이 등장하면서 일국 수준의 문제 해결 능력은 심각하게 제약되었다. 이에 회원국들은 유럽 차원에서 공동대응을 꾀하기 위해 국가 권한의 일부를 유럽연합이나 내부의 하위정부 나아가 사회적 행위자에게 위임하였다. 단일시장계획과 유럽수준에서의 사회적 협약체결은 그 예이다. 이와 같이 다층적 거버넌스는 다수준의 정부 간 최적화된 권한배분을 통하여 유럽 차원에서 융합된 합리성을 구현한 것이다.647)

그러므로 다층적 통치는 거버넌스의 책임성과 민주적 통치를 넘어 통치의 효율성을 극대화하는 시스템이라고 할 수 있다.648) 다음과 같은 베셀(Wolfgang Wessels)의 정의는 다층적 거버넌스의 태동을 함축한다.

'다층적 거버넌스는 국가와 국가 내부의 정치 단위체 그리고 초국가적 행위자들이 통합되어 다양한 수준의 통치 영역에서 정치적 결정을 행하는 새로운 형태의 혼합정체(mixed polity)이다. 이러한 혼합적 정체는 높은 수준의 차별성과 유연성을 바탕으로 서유럽을 특징짓는 복지국가 체

계 및 새로운 서비스 요구에 부응하는 최적의 정부구조이다.'649)

셋째, 샤르프(Fritz W. Scharpf)는 다층적 거버넌스의 태동을 그가 제시한 이른바 공동결정의 함정(joint decision trap)에서 찾는다. 공동결정의 함정은 중앙의 공공정책결정에 하위정부가 공적 권위를 갖고 참여할 경우 그 산출의 질이 저하된다는 논리를 담는다. 만약 하위정부가 중앙의 정책결정과정에서 비토권을 보유한다면 정책산출은 더욱더 제약된다. 샤르프는 이러한 예를 1970-80년대 유럽연합 및 독일 연방정부의 정책과정을 들어 제시하였다.650)

유럽연합은 국가라는 하위정부의 자원과 정책시행 능력에 의존하는 구조이다. 이에 따라 초국적 정책결정은 일종의 준만장일치에 따른 정부간 협상의 성격을 가질 수밖에 없다. 이러한 논리를 적용하면 이질적 선호를 갖는 회원국의 증가로 정부 간 조정이 제약된다. 동일한 맥락에서 초국적 정책과정 역시 이슈 중심의 합의구조가 일반화될수록 정책산출이 제약된다. 논리적으로 공동결정절차에서 비토권을 보유할 정도로 유럽의회의 권한이 확장되었다는 점에서도 유럽연합은 정책산출이 지체되거나 그 결과의 질이 저하될 수밖에 없다. 그러나 이러한 정책결정의 딜레마는 이슈 영역마다 권한의 분산을 통해 행위자의 선호 중첩을 억제한 다층적 거버넌스 구조에 의해 최소화할 수 있다.651)

이와 같이 샤르프는 유럽적 문제 해결을 위한 최적의 권한분산 체제로서 다층적 거버넌스를 제기한 것이다. 샤르프에 따르면 다층적 거버넌스는 국민국가의 불변성이나 초국가주의라는 양분론이 아니라 정책에 따라 초국가, 회원국, 그리고 지역적으로 정책결정 권한을 분할하여 유럽적 문제 해결을 강구한 것이다.

▶ 이론적 개념: 정체와 거버넌스

국제정치 맥락에서 볼 때 거버넌스는 정치, 경제의 글로벌화에 따라 다양한 이슈 영역에서 국가의 권한을 양도받거나 이를 대치하는 국제적 레짐과 기구를 의미한다. 다층적 거버넌스 이론에서는 유럽연합을 국제적 레짐보다 더욱 고도화된 국가와 같은 일종의 정치단위인 정체(polity)로 고려하여 이러한 정체 내에서 권한과 영향력은 다양한 정부로 분산되어 있다고 가정한다. 한편으로 유럽연합은 전통적인 정부와 달리 목적 지향적이며 보다 유연화된 국제적 거버넌스라는 전제를 내포한다.

여기서 정체는 구조적 현상과 행위자들의 유형과 제 선호 그리고 공동체의 운용기제를 분석할 공간적 배경이다.652) 따라서 유럽정체(European polity)는 유럽연합이라는 초국가적 기구를 통해 행해지는 제도적 구조와 그 과정을 말한다.653) 이와 같이 정체는 초국가 기구를 위시한 다양한 행위자들이 상호작용을 행하는 유럽연합이라는 통합된 거버넌스를 전제한다. 이러한 유럽정체는 유럽연합 수준에서의 초국가 구조뿐 아니라, 국내정치와 통합된 시장기제가 융합된 복합적인 정치적 공간이다.654)

크리스코우(Dimitris N. Chryssochoou)에 따르면 유럽정체는 초국가 기구와 회원국뿐 아니라 사회적 행위자들이 유럽연합이 부과하는 법적 구속으로 통합된 정치공간이다. 따라서 공동체법의 일반원칙 확장, 갈수록 증대되는 브뤼셀과 회원국 간 밀접한 연계 그리고 유럽위원회를 비롯한 초국적 관료사회의 확장은 모두 단일의 정체에서 이루어지는 정치적 현상이다. 이와 같이 새로운 정체는 초국가 기구, 국가 내부의 변화 및 국가 간 상호작용 등을 모두 포함한다.655)

나아가 유럽적 거버넌스는 유럽정체라는 정치적 공간에서의 정치사회적 행위이다. 이러한 거버넌스는 배타적, 지리적 영토를 점하는 정부(government)와는 구분되는 개념이다. 전통적 의미에서 정부는 폐쇄된 물리적 경계 내에서 시민사회로부터 선거 혹은 임명을 통해 위임받은 공적 권력을 독점한다. 반면에 거버넌스는 국민국가 밖의 행위이면서 동시에 국민국가를 포괄하며 이른바 '정부 없는 거버넌스(governance without government)'로서 전통적인 국민국가의 권위적 기능을 대신한다.

이와 같이 정부와 거버넌스의 차이를 들어 다수의 학자들은 유럽연합을 일종의 거버넌스로 파악한다. 유럽연합은 회원국 정부, 초국가 기구 그리고 다양한 이익집단과 지방정부가 모두 일정한 권한과 영향력을 갖고 상호작용한다는 점에서, 권력을 독점한 관료시스템을 특징으로 한 정부와는 차별화된다.656) 이러한 정의에 부연하여 유럽연합에서 다층적 거버넌스는 초국가로 수렴화된 정치, 사회적 질서로 국가와 시장을 넘어 새롭게 전개되는 통치 시스템을 말한다.657)

여기서 다층화(multi-levelness) 혹은 다층적 정부(multi-level government)와 다층적 거버넌스(multi-level governance)와는 구분을 요한다. 다층화는 구조적 측면에서 정책결정을 위해 지역, 지방, 중앙, 유럽연합, 혹은 범유럽 차원 등으로 여러 층에 위치한 정부 간 협력으로 중앙-주변부(center-periphery) 간 경계가 희석된 형태이다. 반면에 다층적 거버넌스는 행위자 차원에서 정부는 물론이고 비공식적 혹은 사회적 행위자까지 참여하는 수평적 운영시스템을 의미한다.658) 이러한 정의에 기인하여 다층적 거버넌스 이론은 행위자 중심의 시각으로 고려하기도 한다.

유럽연합에서 다층적 거버넌스의 특징은 세 가지로 요약할 수 있다.

첫째, 다층적 거버넌스에서는 국가 내 하위정부가 일정 부분 시민사회의 이해를 대표한다는 점에서 국가-사회(state-society)의 경계가 희석된 결합형태라고 할 수 있다. 현실적으로 구조기금 운영에서 광역 도시권(metropolitan)과 자치권을 갖는 도시(municipality) 이외에 소규모의 지방(urban) 수준의 정부는 정책설정과 실행 그리고 유럽연합과의 협력에 있어 정보와 전문성이 결여된다. 이에 따라 이들 하위정부는 지역 내 기업, 시민단체, NGO 등 사회적 행위자와 연대를 통해 유럽적 정책과정에 참여하는 것이 일반적 패턴이다. 이와 같이 다층적 거버넌스 구조에서는 특별히 하위정부 수준에서 공적, 사적 행위자 간 수평적 협력이 보편화되어 있다.659)

둘째, 다층적 거버넌스는 일반적인 국제적 거버넌스보다 더욱 복잡한 구조적 조건과 행위자 간 권한관계가 형성되어 있다. 표면상 다층적 거버넌스는 비위계적 권한 구조, 행위자 간 분권화된 권한 그리고 국가주권의 제약 등에서 국제적 통치와 유사한 특징을 갖는다. 그럼에도 유럽에서 관찰되는 다층적 거버넌스는 이슈 영역에 따라 초국가적 규제와 정부간협상이 병존하는 복잡한 통치 양식이며, 일부 영역에서는 자원의 재분배 기능을 수행하는 전통적인 국가의 기능도 포함한다. 이러한 구조를 볼 때 유럽연합의 다층적 거버넌스는 전통적인 의미의 정부뿐 아니라 국제무역기구(WTO)와 북미자유무역협정(NAFTA) 등 국제적 기구와도 질적으로 차별화된 성격을 갖는다.

셋째, 거버넌스의 책임성 측면에서 다층적 거버넌스는 행위자 간 자발적인 상호작용을 통해 권한의 이전이나 분산 혹은 권한의 집중과 중첩 등 복잡하게 권한이 배분되어 있다. 이에 따라 유럽연합의 통치는 어느 한 행위자가 중앙집중적 권한을 행사할 수 없고, 의회민주주의와 관료제와는 또 다른 맥락에서 견제와 균형의 원리가 작용한다. 이러한 행위자들 간 권한분산에 따른 중첩된 책임성(overlapping accountability)으로 거버넌스 운영의 불확실성을 제거한다.660)

결론적으로 다층적 거버넌스는 유럽연합이 주권국가와는 달리 유연화된 지정학적 경계를 갖고, 제도화된 통치체제 내에서 초국가 기구 및 회원국 정부 이외에도 다양한 사적 행위자들의 참여를 동반한다는 것을 말한다.661) 이러한 통치구조는 이슈와 목적에 따라 여러 경로의 정책과정이 존재하는 정책네트워크를 통해 이루어진다. 이와 같이 다층적 거버넌스는 전통적인 외교관계와 상이한 탈국민국가화 된 정치시스템이다. 그럼에도 초국가로 일방적으로 권한이 이전된다는 초국가 제도화와는 개념을 달리한다.

<표 4> 정부, 거버넌스, 다층적 거버넌스 비교

구분	정부	국제적 거버넌스	다층적 거버넌스
목적	• 규제적 조치 • 자원의 재분배	• 규제적 조치	• 규제적 조치 • 자원의 재분배
구조	• 중앙 집권적	• 네트워크 구조 • 다중적 권한과 경로 • 탈국민국가 시스템	• 국가와 사회의 결합 • 다중적 권한과 경로 • 탈국민국가 시스템과 국가간협상시스템 병존
행위자	• 국민국가 내 공적 행위자 • 위계적 권한배분	• 공적, 사적 행위자	• 공적, 사적 행위자 • 초국가 행위자
당위성	• 민주적 헌정질서	• 기술합리성	• 초국적 법

출처: 필자 구성.

■ 이론적 설명

▶ 초국적 통치

1990년대 유럽통합 과정의 가장 두드러진 특징은 정책과정에서 지배적 권한을 갖는 회원국의 권한 축소, 초국가 기구의 기능 확장 그리고 사회적 행위자의 참여이다. 이 결과 유럽연합은 지방 혹은 지역, 중앙정부 및 초국가 수준에 위치한 여러 정부(government)가 정책을 형성(policy-making)하고, 정체를 창출(polity-creating)하는 과정이 되었다. 다층적 거버넌스 모델은 이러한 변화된 유럽연합의 정책과정을 설명하는 시각이며 기술이다.[662]

연구 영역 측면에서 다층적 거버넌스 시각에서는 국가 간 혹은 국가와 초국가 기구 간 상호작용을 넘어 초국가적 통치와 범유럽 시민사회로 연구 대상을 확장하였다. 따라서 초국가 수준에서 주 연구대상은 다중심적인 구조(polycentric structure)와 이에 따른 행위자 간 수평적인 권력균형을 통해 이루어지는 정책산출이다. 나아가 국가 중심 시각과는 또 다른 의미에서의 국가의 재구성 과정과 사회적 행위자의 권한과 이익구현 역시 주요한 연구 대상이다.663)

국제정치에서 제시하는 무정부나 위계적 구조는 통치형태를 이상적으로 범주화한 것으로 실제 현실정치에서는 이러한 구조가 다양한 형태로 얽혀 있다. 다층적 거버넌스 역시 정형화된 통치형태보다 더욱 복잡하게 구성된다. 유럽연합은 비위계적이며 다중심적인 권한구조로 이루어지고, 내부에서 행위자들의 권한 역시 수직적 위계로만 구조화된 것이 아니다.664) 이와 같이 다원화된 권한 분산체제는 최적의 전문화된 기능적 구조로, 국경을 넘어 공공임무와 서비스의 표준화를 통해 효과적인 통치를 꾀하기 위한 목적에서 비롯된 것이다.665)

다중심적인 권한구조에서는 배타적 주권을 갖는 국가와 초국가 기구 이외에도 비정부 행위자까지 참여하여 공적 정책과정에서 복잡한 상호의존 관계가 형성된다. 물론 이러한 구조는 무정부 상태에서 수평적으로 권한이 분산된 것은 아니며, 일상화된 통치과정에서 이슈 영역에 따라 참여하는 행위자들이 권한을 공유한 것이다. 따라서 모든 행위자들이 정책결정에서부터 집행과 통제에 이르기까지 위계적인 관계를 맺는 것은 아니다.

이러한 구조적 조건에 의해 정책과정에서는 초국가 기구들 간 권력균형과 함께 초국가에서 지방정부까지 여러 정치단위가 이슈를 중심으로 수평적으로 연계된다. 따라서 정책과정에서 초국가 기구인 유럽위원회와 유럽의회 그리고 회원국 정부를 대표한 이사회 어느 한 기구도 절대적인 영향력을 행사할 수 없다. 이와 같이 다층적 거버넌스는 위계적이거나 완전한 수평구조가 아니며, 독립적 권한과 목적을 갖는 행위자들이 정책 영역에 따라 복잡한 구조로 기능적 의존관계를 형성한 것이다.666)

가장 대표적인 유럽연합의 정책과정인 일반입법절차(OLP), 즉 공동결정(codecision)에서는 어느 한 기구가 여타 기구의 동의를 얻지 못하면 의사관철이 불가능하다. 유럽위원회와 이사회는 각각 의제(proposal) 제안권과 최종 결정권을 통해 상호견제를 행할 수 있다. 따라서 이사회는 유럽위원회가 의제를 제기하지 않는다면 의사를 관철할 수 없다. 유럽위원회 역시 의사를 관철하려면 이사회와 유럽의회의 선호를 수용해야 한다.[667] 그러므로 유럽위원회가 의제제안 권한을 독점하여도 유럽의회나 이사회의 지지를 얻지 못하면 의사결정은 원천적으로 불가능하다. 이와 같이 다층적 거버넌스 구조에서는 의제를 설정하고 정책과정을 통제할 지배적 행위자가 존재치 않는다.

　정책집행 측면에서도 행위자 간 자발적인 수평적 협력을 통해 실행의 효율성을 제고한다. 일반적으로 회원국의 관료들은 유럽연합이 일방적으로 제정한 지침(directive)의 수용보다는 모든 이해당사자가 참여하여 합의와 조정을 꾀하는 개방적 조정(OMC)을 선호한다. 개방적 조정에서는 여러 수준에 위치한 정부 혹은 행위자가 초국가 기구와 수평적 관계에서 정보교환과 의견을 조정하여 비입법화된 자발적 합의를 원칙으로 한다. 따라서 본 정책과정은 유럽적 정책수용에 있어 거부감이 완화되어 정책실행 효율성을 제고하고 더불어 정책산출의 적법성을 고양한다.[668] 이와 같이 개방적 조정은 다층화된 유럽적 거버넌스 구조를 전제한 의사결정 방식이다.

　한편, 국가 중심 시각은 국내정치와 국제정치를 양분하여 서로 다른 기제가 작동한다고 파악한다. 그러나 다층적 거버넌스 시각에서는 국내정치와 국제정치는 상호연관되어 있다. 따라서 국가만이 국내정치를 전적으로 지배하거나 유럽연합에 선호를 투입하는 행위자는 아니다. 통합이 심화될수록 유럽적 이슈는 국내정치에 영향을 미치며 역으로, 국내정치는 국경 내에서만 머물지 않는다. 많은 경우 유럽연합의 지침(directive)과 규정

(regulation)은 국내법을 대치하여 국가 내 사회적 행위자를 직접적으로 구속한다.669)

이에 따라 지방정부와 사회적 행위자들은 국가 내부 혹은 유럽 차원에서 다양한 형태의 조직을 구성하여 정책네트워크 혹은 로비경로를 통해 초국가 정책과정에 개입한다.670) 이와 같이 유럽연합의 정책과정에는 초국가 기구와 회원국 정부뿐 아니라 지방정부 및 다양한 사회적 행위자들 역시 직간접적으로 개입하여 선호를 관철한다. 필요하다면 유럽위원회는 사회적 행위자와 사회적 동반자 혹은 정책네트워크를 구성하여 수평적 협력을 꾀한다. 지역정책은 대표적 예이다. 본 정책에서는 유럽위원회가 각 지방정부들과 정책네트워크를 통해 의제선정부터 정책집행 단계까지 긴밀한 협력관계를 유지한다.671)

이 외의 여러 공동정책에서도 유럽위원회는 사회적 행위자들과 동반자 관계를 통해 정책결정 기능을 공유하거나, 경우에 따라서는 정책시행 권한을 위임하기도 한다. 단적으로 기술표준화정책은 유럽위원회의 위임을 받아 유럽표준화기구(CEN)와 유럽전기전자표준화기구(CENELEC)를 포함한 유럽표준화기구(ESO)가 입법에 깊숙이 개입하고, 정책시행 이후의 모니터링 기능도 담당한다.672)

문제는 유럽연합이 분산화된 권한구조를 유지하려면 신뢰할 만한 제도적 구속을 필요로 한다는 것이다. 다층적 거버넌스에 참여하는 사회적 행위자, 정당, 회원국 정부 등 다양한 행위자들은 지향점이 상이할 수 있다. 그럼에도 다수준의 선호가 구현될 수 있는 것은 유럽연합이 높은 수준의 제도화를 통해 수직, 수평적으로 통합된 정치시스템이기 때문이다.673)

이러한 통합된 시스템은 회원국 간 정치적 타협의 결과인 조약뿐 아니라 공동체법이 갖는 최고성(supremacy)과 직접효력(direct effects) 원칙을 통한 법적 권위에서 비롯된다. 물론 유럽연합의 초국적 권한은 무한적 확장되는 것은 아니며, 보충성 원칙(principle of subsidiarity)에 의해 통제받는다. 따라서 유럽연합의 초국적 통치를 뒷받침하는 사법재판소(ECJ)와 회원국은 법적, 정치적 관계에서 상호 간 제한된 우월성을 갖는다고 할 수 있다.

▶ 국가의 변화

막스와 호흐는 지정학적 분할에 근거한 국민국가의 독점적 정부기능이 초국적 통치로 대치되어 가는 과정과 그 결과를 제시하였다. 또한 이들은 단일시장 내 여러 사회적 행위자들이 새로운 자치적 규범을 생성하는 과정에도 관심을 가졌다.[674] 구체적으로 막스와 호흐는 단일유럽의정서 이후 회원국이 이전과 같이 통합과정을 전적으로 통제할 수 없다는 사실을 유럽의회를 비롯한 초국가 기구의 권한 확장에 따른 정책과정의 변화 그리고 주인-대리인(principle-agent) 관계의 성격을 통해 설명하였다.

첫째, 통합이 심화되면서 유럽연합의 민주적 책임성(democratic accountability)에 대한 압력이 점증하면서 자연스럽게 유럽의회의 권한이 강화되었다. 중요한 사실은 단일유럽의정서 체결로 도입된 협력절차(cooperation procedure)에서 확인할 수 있듯, 유럽의회의 기능 확장은 이사회 혹은 유럽위원회의 상대적인 권한 축소가 아닌 초국가 기구 간 보완적 협력관계의 제도화이다.[675] 1980년대 후반 이후 단일시장정책이 본격화되면서 유럽연합의 정책과정에는 사회적 행위자와 지방정부의 참여가 증가하면서 의사결정은 국가들 간 정치적 협상에 한정되지 않는다. 더불어 조약의 헌정화(constitutionalization)는 사법재판소의 기능 확대를 가져왔다.

둘째, 통합과정에서 국가의 권한 변화는 주인-대리인 관계의 변화에서도 기인한다. 구조적 측면에서 설립조약 내용은 폭넓은 해석의 여지를 갖기 때문에, 주인인 회원국 증가는 단선화된 선호 취합을 더욱 어렵게 만들었다. 역설적으로 조약내용의 포괄성은 국가 간 첨예한 이해가 대립하는 구조기금 등 특정 정책에서 유럽위원회의 정책결정과 실행 주도권을 강화하였다. 상황에 따라 대리인인 유럽위원회는 정책과정에 참여하는 사회적 행위자와 정책네트워크를 형성하여 주인을 능가하는 정보와 정책실행 능력을 갖추게 되었다. 결국 이러한 모든 변화에 따라 통합과정에서 국가의 지배적인 정책결정 권한은 위축되고, 정책과정은 기능적인 거버넌스로 변화하였다.676)

한편 시간이 경과하면서 다층적 거버넌스 시각에서는 초국가로의 국가의 자발적인 권한위임 동인과 새롭게 조정되는 국가의 기능에도 학문적 관심이 모아졌다.

첫째, 국가의 권한 위임은 국내정치에 효과적으로 대응키 위한 정치적 전략에 기인한다. 탈규제화 및 자유화 조치를 동반하는 단일시장정책은 국가 내부에서 상충된 이해관계가 얽혀 정치적 압력으로부터 자유로울 수 없다. 이러한 상황에서 사회적 합의 혹은 정치적 타협을 요하는 민감한 정책의 결정권한을 초국가로 위임하는 것은 국내에서 정치적 위험을 회피할 수 있는 유용한 방편이다. 1990년대에는 여러 회원국이 국내에서 사회경제정책 조정과정에서 유럽통합으로 초래된 외부의 압력을 역으로 활용하였다. 일부 회원국은 증대한 초국적 규제를 들어 국내에서 노동계와 시민사회의 압력을 봉쇄하고 구조조정을 강행키 위한 명분으로 내세우기도 하였다.

둘째, 회원국 정부는 산업 패러다임 전환과정에서 정보와 자원이 제한되거나, 이익집단의 다양한 선호를 포섭할 수 없을 경우 초국가로 권한을 위임한다. 단일시장정책과 정보화사회정책은 전형적 예이다.677) 이와 같은 국가의 의도는 대개의 회원국에서 관찰되는 보편적 현상이 되었다.

셋째, 국가는 효과적 산출을 위하여 임의적으로 유럽연합과 지방정부에 권한을 위임하기도 한다. 회원국은 내외부의 경제사회적 변화에 따라 중앙정부의 문제 해결 능력이 제약되거나, 고비용을 요할 경우 유럽적 차원에서 문제 해결을 꾀한다.678) 규모의 경제를 요하는 단일시장정책, 서로 다른 국가 간 규제로 비효율성을 초래하는 환경정책이나 기술표준화정책은 대표적 경우이다.

이와 같이 국가의 자발적인 권한위임을 고려한다면 사회적 행위자와 지방정부의 공공정책 개입을 제로섬 게임으로 이해할 수는 없다. 국가는 다층적 거버넌스 과정에서도 여전히 중심적 행위자로서 지정학적 이익과 초국적 이익을 연계하는 정치적 조정자로 기능한다.[679] 나아가 다층적 거버넌스가 다양한 공적, 사적 행위자 간 매트릭스 구조로 복잡하게 얽힌 정책네트워크에 의해 운영된다는 사실에서 네트워크 정부 내에서 국가는 새로운 기능을 갖는다.[680]

이러한 맥락에서 다층적 거버넌스 이론은 국가 중심성을 견지하는 정부 간협상 이론 시각을 비판하면서 제기되었지만, 국가를 부정하거나 소멸을 주장하는 것은 아니다. 대표적으로 뵈젤(Tanja A. Bözel)과 리세(Thomas Risse)는 막스와 호흐가 제시한 개념을 수용하면서도 초국적 통치의 확장과 국가의 축소라는 논리적 귀결을 거부하였다. 뵈젤과 리세에 따르면 다층적 거버넌스에서도 조세와 재정은 국민국가가 적법성을 확보하는 가장 중요한 물리적 조건이므로 국가는 본 정책에서 배타적 지배권을 갖는다.[681]

결국 유럽연합이 국가의 권한을 상당 부분 대치하였지만 여전히 초국적 정책은 국민국가의 헌정적, 물리적 자원에 의존한다.[682] 일례로 다층적 거버넌스 이론에서도 복지정책은 회원국 정부의 고유한 권한이라는 사실을 부정하지 않는다. 단지 그 기능과 과제, 내용과 형식절차가 국가의 자발적 선택에 의해 점차 초국적 규범과 조화를 이루어 간다는 사실을 강조한다. 따라서 유럽연합의 초국적 통치가 확장되어도 물적 자원을 보유하고 정책집행 권한을 갖는 국가가 없다면 유럽연합은 존재하지 않는다. 유럽연합의 정치적 정당성은 상당 부분 사회적 복지에서 비롯되며, 이는 분배와 재분배를 행할 자원과 재정을 보유한 국가의 존재로 가능하다.[683]

샤르프(Fritz Scharpf)는 경제 통합 이후에도 국가의 고유한 기능을 재확인하면서 다층적 거버넌스와 국가의 기능 간 상관관계를 다음과 같이 설명하였다.

'유럽연합의 공동정책인 단일시장 및 경제통화동맹은 기존 회원국의 고유 기능을 다양한 행위자들이 참여하는 시장기능으로 대치한 것이다. 그러나 이를 실행하고 정치적으로 통제하는 것은 여전히 국가이다.'684)

▶ 사회적 행위자와 지방정부의 권한과 이해

다층적 거버넌스 이론에서는 국가만이 국내의 선호를 수직적으로 집약하여 이익을 독점하고 표출한다는 국가 중심적 가정이 적용되지 않는다. 다층적 거버넌스 모델에 따르면 유럽연합에서 정책결정 권한은 여러 수준에 위치한 행위자들에게 분산되어 있다. 물론 회원국은 정책과정에서 여전히 지배적인 행위자이며, 국내정치는 유럽적 퍼즐(European puzzle)의 주요한 단편이다. 다만 국가는 유럽 차원의 정책결정과 국가이익 형성을 독점하는 행위자는 아니며, 초국가 기구는 회원국의 대리인으로 한정되지 않고 정책과정에서 일단의 행위자로 영향을 미친다.685)

유럽연합의 정책과정은 초국가 기구와 회원국 이외에도 지방정부와 사회적 행위자 간 선호 대립과 협력과정으로 변화하였다. 여기서 사회적 행위자들은 기술과 무형의 서비스 나아가 사회적 정의와 민주적 가치라는 무형의 규범을 제공하는 행위자이다. 이러한 이유는 유럽연합에서 하위 조치들이 동반되는 기능적 정책이 증가하면서 점차 엘리트 중심의 통치가 제약되기 때문이다. 한편으로 제도적 차원에서 정책과정의 당위성과 권력의 원천이 사회적 행위자에게도 분산되어 있기 때문이다. 유럽연합은 국가와 초국가 기구의 독점적인 정치적 권한 이외에도 정보, 조직화 및 전문화, 물적 재원 그리고 적법성 등으로 권력의 원천이 산포되어 있다.686)

다층적 거버넌스의 정책과정에서 행위자들 간 관계는 국가 내부처럼 권력의 소재에 따라 위계적으로 연결되거나, 희소자원에 대한 경쟁구조만으로 한정되지 않는다. 오히려 정책과정은 이슈 중심으로 시스템화 되어 있고, 이러한 시스템 내에서 여러 수준의 행위자들 간 상호의존적 관계가 구조화되어 있다. 물론 이러한 현상은 다양한 사회적 행위자들이 개입할 수 있도록 공식, 비공식적 정책네트워크가 구축되어 있기 때문에 가능하다. 실제로 각 회원국 내의 정당이나 공공의견을 집산하는 사회단체들이 유럽연합의 정책과정에서 영향력을 행사하는 것은 다층적 거버넌스 과정의 일상화된 단면이다.687)

　　사회적 행위자가 유럽연합의 정책결정에 관여하는 이유는 국가 이외에 또 다른 정부에서 이익을 취할 수 있기 때문이다. 1990년대 전반에 걸쳐 단일시장이 성숙하고, 경제통화동맹(EMU)이 구축되면서 관련 정책들은 단일의 초국적 규정을 통해 시행되고 있다. 또한 회원 각국에서 독립적으로 시행하던 노동, 인권, 망명정책의 많은 규정들이 유럽연합의 초국가 규정으로 대치되거나 조화를 꾀하도록 되어 있다. 이에 따라 사회적 행위자들은 통합된 시장에서 집단적 협상능력 제고를 위해 여러 형태의 조직화를 꾀하였다. 이들 사회적 행위자들은 필요하다면 브뤼셀에 상주사무소를 개설해 정책결정과정에 직접적 로비를 통해 이해를 관철한다. 유럽연합의 비공식적 추계에 따르면 브뤼셀에서 활동하는 이익단체는 1986년 600여 개에서 1990년에 3,000여 개 그리고 1990년대 후반에 이르러 약 5,000여 개로 괄목하게 증가하였다.688)

　　한편으로 초국가 정책과정에 참여하는 사회적 행위자는 유럽연합에서 자신들의 이익을 구현하기 위해 국경을 넘어 연계를 형성한다. 중요한 점은 유럽연합은 통합된 시장과 함께 여전히 지정학적 경계로 분절화된 국가시스템이 병존한다는 사실이다.689) 이에 따라 사회적 행위자는 국경을 넘어 유럽 차원의 조직화를 발판으로 초국적 정책과정에 개입하면서, 동시에 우회적 방편으로 회원국 정부에 대한 압력 행사 역시 병행한다. 단적으로 사회적 행위자들은 국내에서 취약한 이해관계 표출구조를 만회할 새로운 돌파구로 유럽적 정책과정에 개입한다. 한편으로 국내에서 중앙정부에 대한 확고한 로비창구를 구축한 이익집단 역시 유럽적 이해 확대를 위해 초국가로의 로비와 정책네트워크를 확장한다. 이러한 변화로 다층적 거버넌스 시각에서는 인권, 이민, 환경, 통상과 산업 등 다양한 사회정책 영역에서 사회적 행위자의 이익표출 동인과 경로에 관심을 갖고 다수의 연구가 진행되었다.[690]

다층적 거버넌스는 국가를 넘어 보다 세분하게 형성된 지역 간 이익표출 구조이다. 1980년대 말 이후 이른바 지방의 유럽(European of the Regions)이라는 용어가 만들어질 정도로 초국가와 국가 이외에 제3의 층에 위치한 지방정부의 유럽적 정책과정 개입이 가시화되었다.[691] 이에 막스와 호흐는 정책결정 권한이 탈국가화 된 지역정책과 결속정책에서 다층적 거버넌스 이론의 단서를 찾았다. 이러한 이유로 다층적 거버넌스 시각에서는 분화된 지정학적 이해관계를 갖는 지방정부의 권한과 역할에 깊은 관심을 가졌다.[692]

1990년대 초 막스와 호흐를 비롯한 다층적 거버넌스를 주장하는 학자들은 지방정부의 권한확장은 구조정책을 포함한 지역정책에서만 관찰되는 비정형화된 행위자 특성으로 고려하였다. 따라서 지방정부는 중앙정부의 후원이나 양해를 통해 유럽위원회와 연계해 지역적 이익을 취하는 행위자로 간주되었다. 그러나 이후 유럽연합의 정책결정과정에서 지방정부의 권한과 이익은 지역정책 이외에도 환경, 문화 그리고 연구개발정책 등 여러 사회경제 분야에서도 관찰되는 보편적 현상이라는 주장이 설득력을 얻게 되었다. 이와 같이 다층적 거버넌스에서는 초국가적 통치의 확장과 지방정부의 권한확장을 상호연계된 동시적 현상으로 이해한다.

▶ 초국가 제도발전과 행위자 간 기능 변화

카짐(Hussein Kassim)과 메논(Anand Menon)은 다층적 거버넌스 이론은 합리적 선택에 따른 제도주의 및 역사적 제도주의와 유사하게 주인-대리인 모델(principle-agent model)을 가정하여 회원국과 초국가 기구 간 관계를 이해한다고 보았다.[693] 이러한 가정을 전제로 국가는 더 이상 유럽연합의 정책과정에서 지배적인 행위자가 아니며, 정책과정에 대한 권한과 영향력은 점차 초국가 기구로 수렴화된다고 파악하였다.[694]

막스와 호흐는 룩셈부르크 타협체제와는 상이하게 회원국이 초국가 정책을 전적으로 통제할 수 없는 이유를 여러 동인을 들어 설명하였다.

첫째, 회원국은 초국가 기구보다 수적으로 많으며 능력과 선호의 편차가 커서 초국가 기구에 대한 통제과정에서 필연적으로 국가 간 선호경쟁과 갈등이 존재한다. 이에 따라 대개의 경우 차선의 수준에서 합의가 이루어지므로 회원국이 초국가 기구를 엄격하게 통제하기 어렵다. 반면에 초국가 기구는 조약에 근거한 권한을 적극적으로 활용할 수 있다.

둘째, 조약수정이나 제도변화는 회원국 간 만장일치 표결을 요하므로 개혁 장벽이 높다. 조약 수정을 꾀하기 위해서는 첨예한 정치적 협상을 거쳐 모든 회원국이 만족할 만한 합의안을 도출해야 한다. 반면에 유럽위원회는 상주대표부(Coreper)와 같은 국내관료 대표와 접촉해 합의내용을 비교적 용이하게 수정할 수 있다.

셋째, 초국가 기구는 회원국보다 정보의 수집과 취합이 더욱 용이하다. 유럽위원회의 관료는 회원국 관료보다 수적으로 열세이지만 이들은 회원국 정부관료, 지방정부 및 이익집단을 연계하는 중재자로 정보의 원천이 다양하다.

넷째, 회원국은 조약제정 시 모든 회원국의 선호를 융합하기 위해 모호한 합의내용을 만들어내지만 이후 유럽위원회는 세부 정책에서 미시적인 내용을 결정한다. 또한 유럽위원회는 의제 제안 시 회원국의 자의적 해석이나 일탈을 차단하기 위해 상세한 내용을 명기한다.

끝으로, 유럽연합의 정책과정에는 다양한 지정학적 이해가 개입하며 정책 영역에 따라 행위자 간 상호작용 패턴이 상이하므로 회원국의 예측을 벗어난 제도적 변화가 야기될 수도 있다.[695]

나아가 막스와 호흐는 왜 유럽위원회가 초국가 정책과정에서 회원국보다 기능적으로 우월한 지위를 점하는가를 세 가지 맥락에서 제기하였다.

첫째, 유럽위원회는 정책입안 단계에서 독립적인 권한을 행사할 수 있다.

둘째, 유럽위원회는 의제설정 권한을 독점하고 특히 공동결정절차(codecision procedure)에서는 초국가 관료의 전문성과 네트워크를 배경으로 정책과정 전반에 걸쳐 조정자 역할을 수행한다.

셋째, 유럽위원회는 경쟁, 국가 보조금, 통상 및 단일시장과 같이 커미톨로지(comitology) 절차가 적용되지 않는 정책 영역에서는 이해관계 투입이 어렵다. 그러나 이러한 정책에서도 유럽위원회는 정책집행 권한을 보유하므로 실행단계에서 선호를 구현할 여지가 높다.[696]

커미톨로지(comitology)

커미톨로지는 농업, 시장통합, 관세, 운송, 공공보건, 환경 등 기술적 전문성을 요하는 공동정책의 하위입법 제정을 위한 정책과정이다. 커미톨로지는 1960년대 초 공동농업정책(CAP)의 도입 시 유럽위원회의 부족한 기술관료적 전문성을 보완하기 위해 회원국의 실무관료가 참여하는 정책과정으로 시작되었다. 이후 1986년 단일유럽의정서(SEA) 체결로 유럽위원회의 입법기능이 확대되면서, 1987년 이사회 결정(87/373/EEC Council Decision)을 통해 오랫동안 모호한 법적 근거를 통해 운영되어 왔던 커미톨로지 시스템이 공식화되었다.

커미톨로지는 1999년 이사회 결정(Council Decision 1999/468 EC), 2006년 이사회 결정(Council Decision 2006/512/EC) 그리고 2011년 규정(Regulation (EU) No 182/2011)을 통해 현재와 같이 운영시스템과 커미톨로지 위원회 구성과 운영방식이 제도화되었다. 2007년 리스본조약 체결로 커미톨로지는 일반입법절차(OLP)로 제정된 2차 입법의 실행을 위한 또 다른 하위입법과정으로 정착되어 실행입법(implementing acts)으로도 칭한다.

커미톨로지는 해당 이슈마다 유럽위원회가 주관하고 회원국 관료가 참여하는 커미톨로지 위원회(comitology committee)를 통해 의사결정이 이루어진다. 유럽연합의 기능이 확대되면서 커미톨로지 위원회 수도 증가하여 2000년대 이후에는 약 200-300여 개의 위원회가 항시적

으로 활동한다. 커미톨로지 위원회는 다루는 이슈에 따라 매주 정례회합을 갖는 위원회부터 연중 2-3회 정도 개최되는 위원회까지 개최빈도와 존속기간은 각기 다르다. 한편 커미톨로지 위원회는 회원국과 유럽연합 기구로부터 간섭을 받지 않고 독립적으로 운영되며, 각 회원국의 실무관료가 참석하지만 필요하다면 NGO와 산업계의 전문가도 참여한다. 각각의 커미톨로지 위원회는 명문화된 운영지침을 두어 참석자와 의결방식이 일정 정도 제도화되어 있다.

■ 이론적용

암스트롱(Kenneth A. Armstrong)은 유럽연합에 대한 연구 영역은 초국가 기구 내의 정치적 행위뿐 아니라 확장된 유럽적 정치의 장에서 국가 및 국가 내 하위정치 단위의 독립적 권한과 상호작용을 망라해야 한다고 주장하였다.[697] 더불어 그는 다층적 거버넌스에 대한 이해는 기본적으로 학제간 연구를 통해 거시적, 중범위(middle range) 그리고 미시적(meso) 수준의 정책분석이 병행된다고 말하였다.

암스트롱의 주장과 같이 다층적 거버넌스 이론은 비교정치와 공공행정 등 인접학문과 융합하여 유럽연합 거버넌스의 제도, 규범 및 행위자 간 상호작용 등을 분석하는 시각으로 발전하였다. 이러한 점에서 다층적 거버넌스 이론은 통합의 궤적을 설명한 전통적인 통합이론과 연구대상 및 이론발전의 궤도를 달리하면서, 다양한 학문적 분파와 연구 영역의 확장을 가져왔다고 할 수 있다.[698]

한편 다층적 거버넌스를 주장하는 학자들은 실제적 현상에 대한 단면을 기술하기 위해 다양한 중범위 이론을 원용하였다. 다층적 거버넌스 모델을 제시한 호흐는 분권화된 정책 영역에서 행위자 간 연계는 정책네트워크를 통해 이루어지며, 이러한 네트워크는 점차 관련 행위자들이 참여하는 정책공동체(policy community)로 변화되어 간다고 주장하였다.[699] 이와 같이 호흐는 행위자 중심의 이론인 다층적 거버넌스 시각에서 제기하는 여러 층에 위치한 행위자 간 연계를 가능케 하는 수단으로 정책네트워크를 지목하였다.

이러한 호흐의 시각에 조응하여 일부 학자들은 다층적 거버넌스 시각을 정책네트워크와 같은 하위이론과 결합하여 포괄적인 설명력을 갖는 이론으로 발전시켰다.[700] 이와 같이 초기 다층적 거버넌스 이론은 유럽정체(European polity)에 대한 기술과 자기 인식적 설명으로 출발하였지만, 정책네트워크와 같은 중범위 이론과 결합하여 1990년대 이후 유럽의 특징적인 현상인 유럽화(Europeanization)를 이해하는 시각으로 발전하였다.[701]

나아가 다층적 거버넌스 이론을 적용한 연구에서는 유럽연합이라는 제 구조와 과정 안에서 문제 해결과정에 참여한 행위자들의 다양한 역할을 규명하는 미시적 연구가 일단을 형성하였다. 여러 학자들은 유럽연합을 정체라는 비교정치학의 수준으로 개념화하여, 다양한 행위자들 간 권력분포와 역할 그리고 법적, 제도적 구조의 변화과정 및 정책산출 과정 등으로 연구 영역을 확대하였다.[702]

또한 다층적 거버넌스 시각에서는 통치구조에 대한 분석을 통해 과거로부터 축적되어 왔으나 전통적 통합이론이 간과한 유럽적 정책과정과 거버넌스의 적법성과 투명성에 대한 문제에도 관심을 기울였다. 현실적으로 유럽연합의 민주적 정당성(democratic legitimacy)은 정치적 영향에서 절연된 초국가 관료의 기술관료적 전문성에 기인한 산출의 적법성에서 기인한다.[703] 유럽적 정책과정에서 민주적 결핍문제가 표면화되면서 투입의 민주적 정당성(democratic legitimacy) 요구가 점증하였다.[704] 이러한 점에서 다층적 거버넌스는 특별히 국가 내부의 사회적 행위자들과 지방정부의 유럽적 정책과정 참여로 정책투입 단계에서부터 민주적 정당성을 충족하는 구조라는 점에서 많은 학자들이 주목하였다.

다만 비교정치 시각에서 거버넌스 분석은 학자 간 이견이 존재한다. 일부 학자들은 다층적 거버넌스 이론이 비교연구를 위한 분석단위 및 수준 설정과 개념화에 한계가 있다고 판단하여, 순수한 비교정치 관점에서 여타의 정부와 비교연구를 행하거나, 이를 위한 개념화에 집중하기도 하였다. 대표적으로 힉스(Simon Hix)는 유럽연합을 비교정치 관점에서 일종의 독립적인 통치과정으로 여타의 정부와 유사한 기능을 행하는 정치시스템(political system)으로 파악하였다. 유럽연합은 국가 및 지방정부와 같은 하위정부의 물리적 자원과 관리적 기능에 의존하지만, 그럼에도 초국가 수준에서 공고한 제도화를 통해 일종의 독립적 정부로 기능한다. 따라서 힉스의 생각은 유럽연합을 국가와 유사한 정체로 인식할 경우 정책연구로의 전환이 가능하며, 이를 통해 연구 영역의 협소함을 극복할 수 있다는 것이다.

이와 같이 힉스는 유럽연합을 국가의 기능과 유사한 정체로 간주하여 사회적 규범, 공공정책, 국가 내 제 요인(intra-state factors), 유럽의회의 표결 형태 그리고 국내정치와 유사한 압력집단의 개입 등 포괄적인 연구 영역을 제시하였다. 특별히 여론형성, 이익집단 개입 및 유럽의회의 정당연합 등은 전통적인 비교정치 방법론이 적용되는 대표적 이슈 영역들이다.705)

■ 이론적 유용성과 한계

다층적 거버넌스는 정책 영역에 따라 수평적으로 분화된 유럽연합의 정책과정을 묘사하는 기술이며 이론적 시각이다. 동시에 다층적 거버넌스는 권위분산 체제, 다행위자 시스템 그리고 정책 간 연계 등을 규명하여 유럽연합에서 새롭게 제기되는 신지역주의 양상을 이해하는 이론적 시각이다. 특별히 다층적 거버넌스 시각에서 많이 다루는 국가 내 하위정부의 기능과 결속정책 혹은 지역정책은 유럽에서 진행되는 신지역주의를 이해하는 경험적 연구로 의미를 갖는다.

다층적 거버넌스 시각에서 말하는 초국가 제도와 정책은 통합에 참여하는 공적, 사적 행위자 간 집단적 의사결정의 결과이다. 여기서 다층적 거버넌스 시각에서는 정부간협상이론과 달리 분절된 정책과정과 정책 영역이라는 구조적 조건을 전제한다. 즉 유럽연합은 여러 정책 영역에 걸쳐 행위자들 간 정책결정 권한이 분산되었고, 복잡한 정책네트워크가 형성되어 있다. 정책과정에서는 다수준의 정부가 다변화된 정책 영역에서 서로 다른 목적과 권한을 갖는다.

한편으로 다층화된 거버넌스는 브뤼셀과 회원국과 밀접한 연계, 초국가 기구의 자율성 확장 그리고 범유럽 차원의 사회적 행위자와 지방정부의 유럽적 이해관계의 확대 등을 특징으로 한다. 이러한 구조적 조건을 배경으로 다층적 거버넌스 시각에서는 국내정치와 국제정치의 경계가 허물어진 유럽연합이라는 단일의 정체(polity)에서 이루어지는 초국가 제도와 정책산출 과정 및 그 결과를 분석한다.706)

다층적 거버넌스 시각은 유럽연합의 발전에 조응하여 공공행정이나 비교정치 등 인접학문을 망라한 다양한 시각들과 융합되었다. 이러한 이유는 다층적 거버넌스를 제기하는 학자들이 유럽연합의 다층화된 거버넌스 구조에 대한 이론화보다는 여러 이론과 연계한 학제간 연구를 통한 적실성 있는 기술에 주목하였기 때문이다. 이러한 경향은 이미 전통적 통합이론에서도 나타난 양상으로 유럽연합의 발전에 조응해 이론이 뒤따르면서 방편적 설명틀을 확대한 것으로 이해할 수 있다.707)

그러나 학제간 연구는 대개의 경우 개념의 수평적 양산을 통해 이론적 정교함보다는 기술적 정의에 집착한다는 한계를 낳았다. 다층적 거버넌스 이론 역시 현재의 유럽연합을 이해하는 기술로 더욱 많이 원용되었다. 따라서 학문적 관점에 따라 다소의 이견은 있지만 다수의 학자들은 다층적 거버넌스 시각이 다층적 구조로 분화된 유럽연합에 대한 적절한 설명틀이라는 점을 인정한다. 그럼에도 다층적 거버넌스 시각이 예측력과 분석적 틀을 갖춘 이론이라는 점에는 쉽게 동의하지 않는다.

본 이론을 제기한 학자들도 역동적인 유럽정체의 발전과정을 예측할 수 있는 구조적 틀과 개념을 갖추지 못했다는 사실을 인정한다. 여전히 유럽적 거버넌스 내부는 블랙홀과 같이 폐쇄적이다. 동시에 여기에서는 단선적 시각으로 규명할 수 없을 정도로 복잡한 기제가 작동하므로 시스템화된 과정을 이해하는 데 어려움이 따른다. 따라서 다층적 거버넌스 시각의 유용성은 다양한 행위자의 동원과정 분석으로 한정된다고 할 수 있다.

결정적으로 다층적 거버넌스는 일반이론으로서 총체적인 구조발전에 대한 시각을 제공하지 않는다는 맹점을 갖는다. 왜 다층적 거버넌스가 생성되었는가? 어떠한 방향으로 거버넌스가 발전하는가에 대한 해답은 제도주의나 여타 이론적 시각이 보다 타당성 있는 분석틀을 갖추었다고 할 수 있다.

한편 국가 중심 시각에서는 다층적 거버넌스를 주장하는 학자들이 유럽적 행위자로서 회원국의 권한과 기능을 인정하면서도, 대부분의 정책연구는 중앙정부의 권한이 제약되는 지역정책에 한정된다는 사실을 비판하여 왔다. 유럽위원회-지방정부라는 도식화된 연계는 유럽연합에서 지역정책 이외의 여타 공공정책에서 두드러진 관계 양식으로 자리 잡지는 않았다. 더욱이 중앙 집중화된 정치구조를 갖는 몇몇 회원국에서는 중앙정부가 국내정치는 물론이고 대외관계에서도 지배적 권한을 행사하므로 다층적 거버넌스 양상이 상대적으로 제약되는 것도 현실이다.

나아가 국가 중심 시각에서는 여타 유럽연합의 공공정책과 달리 지방정부와 유럽위원회 간 공동결정과 집행이 일반화되어 있는 지역정책에서도, 실제 정책집행 과정에서는 중앙정부의 지배적 권한이 상존한다고 반박하여 왔다. 결국 국가 중심 시각에서 제기하는 다층적 거버넌스 이론에 대한 비판의 핵심은 권한의 분권화와 국민국가의 축소로 유럽적 정책과정을 특징짓는 것은 과도한 단순화이며 일반화의 오류라는 것이다.[708]

② 정책네트워크(policy network)

■ 이론적 배경

정책네트워크 모델은 1970년대에 미국의 공공정책 및 행정학계에서 제기되었고 영국으로 넘어와 신제도주의(neo-institutionalism)와 신관리주의(neo-managerianism)로 발전하였다. 이후 1990년대 들어 로데(Bob Rhodes)를 위시한 영국의 정치학자들은 정책네트워크 모델을 다원주의 혹은 지방분권화된 통치구조에서 이익집단의 정책참여 경로를 규명하는 데 원용하였다. 한편 정책네트워크 시각은 유럽대륙에서 샤르프(Fritz W. Scharpf), 슈나이더(Volker Schneider) 및 마인즈(Renate Mayntz) 등을 위시한 막스프랑크연구소(Max-Plank Institute)의 학자들에 의해 재구성되었다. 이들은 정책네트워크 모델을 일종의 행위자 중심의 제도주의(actor-centred institutionalism)로 간주하여 정치체제의 구조적 발전을 설명하는 시각으로 고려하였다.[709]

이와 같이 정책네트워크 시각은 구조와 행위자 관계에서 행위자 중심의 분석에 초점을 맞추었다. 따라서 본 시각은 기술적 입법을 포함한 하위정치 영역에서 행위자들의 사고와 지식 그리고 이익선호가 관철되는 정책과정을 설명하는 데 적실성이 있다. 유럽적 맥락에서 정책네트워크 모델은 조약과 2차 입법과 같은 공식적 제도뿐 아니라, 다양한 사회적 행위자와 지방정부가 관여하는 정책과정에서 행위자 간 비공식적 상호작용 규명에 각별한 유용성을 갖는다.[710]

유럽통합 연구에서 정책네트워크 시각은 메이지(Sonia Mazey), 리차드

슨(Jeremy Richardson), 콜로코우(Beate Kohler-Koch), 네이어(Jörgen Neyer), 조지(Christian Joerges) 등 여러 학자들이 공적, 사적 행위자 간 연계가 구조화된 환경, 산업, 소비자보호 등의 공동정책과 커미톨로지 위원회의 운영 등에 적용하였다.711)

유럽통합 연구에서 정책네트워크 분석은 고도로 제도화된 정책과정에서 공식적 행위자 간 권력관계 만으로는 정책결정 원리와 내용을 명확히 포착할 수 없다는 비판에서부터 출발하였다. 비공식적 제도와 상호작용은 기존에 전통적인 통합이론과 신제도주의 시각에서 간과되어 왔던 연구 영역이다. 현대 정치에서는 공공 영역에서 사회적 행위자들이 여러 비공식적 경로를 통해 그들의 의사를 관철하고 제도화된 정책결정과정에 영향을 미친다. 유럽연합 역시 비공식적 경로를 통해서도 공동정책의 결정과 집행과정에서 요구되는 정보와 자원이 동원된다. 통합이 고도화되면서 이러한 양상은 보다 두드러지는데 특별히 사회정책 영역에서는 공적, 사적 행위자 간 정보와 자원의 교환과 이익조정이 정책의 성패를 좌우하는 중요한 요소가 되었다.

이론적 맥락에서 정책네트워크 분석은 국가 중심 시각이나 신기능주의의 맹점을 극복하는 유용한 분석틀이다. 정부간협상 이론에서는 국가만이 국내의 이익을 집산하는 행위자로 초국가와 국가 간 중재자로 기능한다고 말한다. 반면에 신기능주의에서는 유럽위원회와 국가 내 하위정부 간 연계는 중앙정부의 능력을 보완하거나 정부간협상이 노정한 공동결정의 함정(decision joint trap)을 극복하는 유용한 정치과정이라고 설명한다. 따라서 신기능주의 시각에서 볼 때 국가는 통합을 이끄는 일단의 행위자로 의미가 축소된다. 이와 같이 정부간협상과 신기능주의 이론은 국가의 기능과 권한에 대해 상이한 해석을 제기하지만, 양 이론은 국가 간 대타협과 주요한 정치적 결정이 통합방향과 성격을 결정하는 핵심 동인이라는 사실에는 의견을 같이한다.712)

반면에 정책네트워크 시각에서는 기존에 구성된 다층화된 거버넌스 구조 내에서 행위자 간 일상화된 회합과 결정을 통한 정보와 자원의 교환을 통해 통합성격을 이해한다.713) 이러한 점에서 정책네트워크는 초국가 기구를 중심으로 한 정부 실무관료, 기업, 비정부 간 기구 및 전문가 등이 수평적 관계 속에서 일상화된 상호작용을 통해 진행되는 점진적인 변화를 이해하는 시각이라 할 수 있다.714)

한편으로 정책네트워크 이론에서는 유럽위원회와 지방정부 간 기능적 연계와 상호작용을 강조하면서도, 국가 내부의 중앙-지방정부 간 전통적인 위계적 관계 역시 부정하지 않는다. 따라서 유럽적 맥락에서는 이른바 이중네트워크(dual network)를 통해 유럽위원회-지방정부 간 수평적 연계 이외에 중앙정부-지방정부 간 위계적 관계에 위치한 행위자 간 정책네트워크가 동시에 존재한다.715)

이와 같이 정책네트워크는 국가 중심성이나 초국가주의라는 이분법을 벗어나 여러 수준에 위치한 정부가 모여 정책을 생성하고 운용하는 과정을 분석하는 시각이다. 물론 정책네트워크 모델에서는 중앙정부 역시 일단의 네트워크 내 행위자로 기능을 한정하므로, 신기능주의 시각과 유사하게 초국가 기구 및 사회적 행위자의 역할이 보다 강조된다. 그럼에도 외교안보정책에서 존재하는 정부 간 네트워크(intergovernmental network)를 고려할 때 정책네트워크 모델이 국가 중심성을 전적으로 부정하는 것은 아니다.

■ 이론적 유형: 이익개입 및 통치행태

정책네트워크 모델은 공공정책과 행정학에서 제시된 이론으로 유럽연합 연구에는 본래의 엄밀한 개념과 시각들이 혼용되거나 여타 이론과 결합되어 적용된다. 정책네트워크 모델은 현대사회에서 권력의 다층화된 분포를 전제하지만, 이론적용과 분석적 개념에 있어 이익개입(interest intermediation)을 위한 기제와 특정의 통치수단이라는 차이를 갖는다. 영미권 학계는 정책네트워크를 이익개입 정치행태로 분석한다. 반면에, 독일학계에서는 정책네트워크를 공적, 사적 영역으로 분산된 정치적 자원을 동원하는 일종의 통치형태로 간주한다.716)

<표 5> 정책네트워크: 개념과 제 시각

구분	이익집단 개입 정치	특정화된 통치 형태
배경	• 다원주의와 조합주의적 전통 (북미, 서유럽)	• 현대사회의 복잡한 기능적, 지역적 하위시스템의 분화
방법론적 전제 (네트워크의 정의)	• 국가와 시민사회 간 제도화된 관계를 다루는 분석적 도구 (analytical tools)	• 공공정책 영역에서 공적, 사적 행위자를 연계하는 특정의 분석적 개념 및 모델(analytical concepts or models)
구조적 조건	• 분산화된 정책 영역에 따라 다양한 수준의 독립적 네트워크 존재	• 위계적 정치조직과 시장 간 연합 • 다양한 하위 시스템과 연합
행위자 권한과 참여 동인	• 분산된 정책 영역에 걸쳐 행위자 간 상대적인 권력분포 • 자원의 교환과 전략적 상호작용 기제	• 독립적 이해와 차별화된 기능을 갖는 행위자들 간 비공식적 상호작용 • 행위자들 간 비용-이익의 산정에 따른 자기 충족적 이익 추구 (합리적 행위자모델 원용)
이론적 유용성	• 공적, 사적 행위자 간의 모든 공식, 비공식 관계의 정도를 규명 • 다양한 정체에서 공공정책과정에 적용	• 정치적 구조변화를 통해 거시적으로 국가와 사회의 관계변화 고찰

출처: 필자 구성.

첫째, 영미권 학계는 정책네트워크를 일국 내에서 이익개입 정치를 위한 목적 지향적 네트워크로 파악하여 공적, 사적 행위자 간 상호작용을 설명하는 분석적 도구로 고려한다.717) 이러한 시각은 현대정치에서 다양한 문제 해결을 위해 보다 많은 행위자들을 동원하거나, 전문화된 이슈를 다루는 분권화된 통치를 설명한다는 목적에서 비롯된 것이다. 따라서 분석수준은 대부분 일국 차원에서 중앙정부의 정책과정이다. 여기에서 정책네트워크는 국가와 이익집단 간의 의존적인 권력형태에 기인하여 중앙정부와 사회적 행위자를 연계하는 매개이다.[718]

행위자 차원에서 중앙정부는 비중심적 시스템(centreless system) 내에서 여타의 사회적 행위자와 동등한 상호의존적 관계를 형성한 일단의 공적 행위자이다.[719] 따라서 정책네트워크 시각에서 주요한 분석대상은 국가 내 사회적 행위자이다. 이와 같이 정책네트워크 이론은 이익집단의 공적 정책결정에 참여하는 동인과 경로에 주목한 미시적 수준의 분석틀이며 개념이다.[720]

둘째, 독일을 중심으로 한 유럽대륙의 학계에서는 정책네트워크를 공동 정책 산출을 위해 비위계적 구조 내에서 공적, 사적 행위자들 간 상호작용으로 설명하며, 이는 현대적인 통치의 한 형태로 이해한다. 여기서 정책과정은 공공선을 위한 중앙 집중화된 정치적 행위가 아니다. 오히려 분산되어 있지만 그럼에도 상호의존적인 조직 간에 자원과 이익을 공유하는 협력관계이다. 이에 따라 이론적 측면에서는 네트워크를 분석적 개념이나 모델로 규정하여 행위자 간 구조화된 관계와 상호의존성을 분석한다.[721]

상술하면, 독일학파의 시각은 첫째, 현대사회는 기능적으로 분화되어 있으며 이러한 분화된 사회는 일정 정도 자치적인 하위 시스템으로 기능한다는 전제를 내포한다. 둘째, 사회적 행위자들은 정부와 연합을 통해 점진적으로 공공정책결정과 실행에 참여한다. 셋째, 이러한 행위자 간 연계는 정책네트워크에 의해 가능하며, 여기서 정책네트워크는 상호협력을 통해 문제 해결을 기하는 기제이다. 이러한 구조적 조건은 위계적 정치조직과 시장 간 연합에 의해 유지되므로 양자가 서로 다른 기제로 분리되었다는 가정은 배제된다.[722] 이와 같이 독일학파는 정책네트워크를 일종의 준

제도(quasi-institution)로 고려하고 시장과 국가를 동일한 기제로 파악한다.

독일에서 정책네트워크에 대한 연구연원은 상당히 오래되었고 신조합주의 혹은 협력적 연방주의와 결합된 현대 정부의 통치형태를 설명하는 시각으로 발전하였다. 특히 독일을 위시한 네덜란드 및 스칸디나비아 국가에서는 조합주의적 합의 및 공공정책 개혁 분석에 본 시각이 널리 활용되었다.[723]

그러나 정책네트워크에 대한 영미권과 독일학파의 상반된 접근은 실제 유럽연합 연구에서 원용될 때 명확한 구분 없이 양 시각에서 제기한 개념이 혼재된다. 영미와 독일학파의 시각은 모두 정책과정에서 공식적으로 조직화된 구조와 제도 내 행위자들의 위계화된 상호작용에 대한 반론에서 제기된 것이다. 따라서 양 시각은 모두 국가와 시장 그리고 공공정책에서 정부와 비정부 간 상호작용 관계와 구조를 규명한다는 공통의 목적을 갖는다.

그러므로 양자의 시각을 종합하면 유럽연합에서 정책네트워크는 상대적으로 안정되고 비위계적이며 상호의존적 관계에 위치한 다양한 행위자들이 정책산출을 위하여 자원을 교환하는 통로이며 그 과정을 지칭한다.[724] 이러한 포괄적 정의는 일국 차원의 통치보다 복잡한 유럽연합 구조에 대한 분석을 위해 이론적 가정과 전제를 보다 광범위하게 규정하였기 때문이다.

■ 이론구성

▶ 네트워크의 정의와 기능

다양한 개념상의 정의가 있지만 정책네트워크는 공동의 이해를 갖는 행위자들이 비위계적 구조를 통해 최소한의 수준에서 지식과 이해를 공유하며 공동목표를 위해 협력을 취하는 시스템이다. 정책네트워크는 네트워크의 상대적 안정성(stability), 멤버십(membership), 상대적 폐쇄성(insularity), 상대적인 자원의존의 강도(strength) 등에 따라 다양한 구조를 갖는다. 이러한 변수에 의해 단순한 이슈네트워크로부터 제도적 틀을 갖춘 정책공동체까지 다양한 속성의 네트워크가 만들어진다.[725]

정책네트워크는 중앙 집권적 의사결정 시스템이 사회적 행위자를 포함하여 권한이 분산되고 다면화된 것이다. 정책네트워크는 위계적이며 제도화된 전통적인 정부를 대치하여 행위자 간 수평적이며 자발적인 협력구조이다. 따라서 네트워크 내 행위자는 타 행위자를 강제하거나 통제할 충분한 권한을 갖지 않는다. 이에 따라 네트워크의 책임성(network of accountability)은 중요한 문제로 정책네트워크는 참여 행위자의 자율성과 함께 자발적인 책임성(self-responsibility)을 전제한다.[726] 1990년대 유럽 도시 간 자발적인 형태로 구성된 기후변화 도시 간 네트워크(TMNs)는 대표적 예이다. 본 네트워크 참여와 탈퇴에 강제성은 없으며, 참여 도시들은 이슈에 따른 분산된 수평적, 비위계적 구조에서 집단적 결정을 행한다.[727]

정책네트워크 내에서는 참여 행위자에 대한 일방적인 권한 부여가 아니라, 행위자의 기대수준을 수렴하면서 권한을 규정하고 제도화하여 집단적 합의를 도모한다. 정책네트워크 내에서 행위자들은 기능적으로 연계되고, 공통의 행위규범을 통해 다양한 이익을 조정할 수 있다. 단적으로 네트워크를 통해 자원의 분배, 경제사회적 목표 설정 그리고 예산과 기금운용에서 이해를 수렴하고 정책실행과 사후평가도 이루어진다. 이러한 정책네트워크의 존재로 유럽연합에서 구조기금과 사회정책은 회원국 간 사회경제적 속성이 상이해도 단일의 초국화 된 목적에 따라 일관된 정책시행이 가능하다.

한편 네트워크 내에서 행위자들은 반복된 상호작용을 행하면서 점차 공고화된 패턴으로 구조화되어 일종의 게임의 법칙(rule of the game)이 적용된다. 물론 이러한 정책네트워크 내에서의 행위자 간 상호작용은 상호조정과 연합의 장으로 포지티브썸 게임 논리라 할 수 있다. 요컨대 네트워크 내에서 행위자들은 공동의 이해관계를 갖고 자원을 교환하면서, 상호협력이 공동목표를 위한 최상의 수단임을 인지하게 된다. 이러한 정책네트워크의 유용성으로 시간이 경과하면서 여타 정책 영역에서도 기능적 목적을 위해 독립적인 게임의 법칙과 정체성을 갖는 또 다른 네트워크로의 분화가 이루어진다.[728]

결론적으로 정책네트워크는 구조적 측면에서 자원의 이동을 가능케 할 표준화된 제도 및 상호인식이다. 정책네트워크는 특별히 정책결정을 위해 행위자 간 반복되는 상호작용을 통해 일상화된 패턴이 구축된 것이다. 또한 이론적 측면에서 정책네트워크는 구조와 행위자의 관계에서 행위자 중심의 시각으로 행위자의 의지, 정체성, 권력관계 및 과거의 경험 등이 네트워크 구조의 변화를 야기한다.[729]

▶ 이론적 가정

제도주의자들은 정책네트워크를 제도의 일종으로 국가와 조직화된 이익집단 간의 비공식화된 규범으로 이해한다. 이러한 규범은 곧 제도를 의미하며 행위자와 구조의 관계에서 반복된 상호작용을 가능케 한다. 특별히 역사적 제도주의 시각에서는 정책네트워크 모델이 거시적 제도발전의 경로와 과정을 통해 구축된 네트워크 내에서 행위자들 간 상호작용을 분석하는 하위이론으로 기능한다. 실제로 정책네트워크 시각에서 제시하는 네트워크의 생성과 발전은 역사적 제도주의 이론에서의 제도발전과 유사한 전개 양상을 갖고, 이 결과 양 이론이 융합되는 결과를 낳았다.[730]

역사적 제도주의에서는 정책네트워크를 특정 행위자가 정책과정을 전적으로 통제할 수 없다는 전제를 통해 높은 수준의 경로의존성에 의한 제도의 점진적 변화과정을 분석한다. 여기서 제도의 존속은 행위자들의 기대이익이 거래비용보다 클 경우, 그리고 미래의 기대이익과 가치가 상대적으로 클수록 보다 오래 존속한다.[731] 또한 역사적 제도주의 시각은 정책네트워크 모델과 결합하여 왜 정책네트워크가 생성되었는가? 그리고 왜 정책네트워크가 변화하면서 계속 존속하는가에 대한 질문을 통해 제도의 생성과 변화를 규명한다.[732]

한편 합리적 행위자 모델을 원용한 제도적 시각에서는 비정치화된 정책 영역의 생성, 이러한 정책 영역의 분권화 그리고 행위자들 간 합리적 선택이라는 예측 가능한 정치적 환경을 전제한 제도변화를 제기한다. 이러한 제도변화는 정책네트워크를 통해서도 이루어지는데, 합리적 행위자 모델에서 전제한 정책네트워크는 중앙과 지방정부와 같이 비대칭적 능력을 갖는 행위자 간 상호협력을 위한 게임의 규칙이다.

■ 이론적 설명

▶ 정책네트워크와 정책공동체

다수의 학자들은 정책네트워크(policy network)와 정책공동체(policy community)를 구분하고, 유럽적 거버넌스 분석에 있어서는 개방적 형태에 느슨한 구속력을 갖는 정책네트워크가 일반적이라고 설명한다. 텍스트적 의미에서 정책네트워크는 개방적 멤버십 구조를 통해 다양한 행위자가 폭넓게 참여하는 구조이며, 정책네트워크 내부는 비위계적 구조로서 참여하는 행위자 간 엄격한 구속력을 갖지 않는다. 이러한 느슨한 구조에 기인하여 정책네트워크는 외부의 압력에 취약할 수도 있다.[733]

유럽적 맥락에서 정책네트워크는 다양한 행위자들이 비위계적 조직 내에서 상호의존적 관계가 일정하게 제도화된 것이다. 특별히 유럽연합에서 정책네트워크는 효과적인 문제 해결 능력을 제고하기 위해 지역적, 기능적으로 분리된 행위자들을 통치구조로 포섭하는 물리적 기반 혹은 그 제도라 할 수 있다.[734]

한편 정책공동체는 행위자 간 상호작용이 축적되면서 점차 정책결정과 산출이 안정화된 구조와 과정으로 변화된 것이다. 정책공동체는 외부의 영향으로부터 일정 정도 절연된 구조 내에서 엄격한 멤버십 원칙을 통해 제한된 행위자만 참여하며, 이들 간 관계는 위계적이며 동시에 고도로 상호의존적이다. 기성립된 정책공동체에서는 행위자들이 권한의 균형을 통해 점차 보수적인 정체성을 갖게 되며, 이 결과 새로운 행위자의 진입이 제약된다. 이와 같이 정책공동체는 정책네트워크에 비하여 상대적으로 견고하므로 외부의 압력으로부터 비교적 자유롭다.735)

네트워크의 발전 측면에서 정책공동체는 행위자들 간 일련의 정책과정을 통해 정책네트워크가 높은 수준의 제도화로 발전된 형태로 고려된다. 즉, 정책네트워크는 시간이 경과하면서 보다 공고한 제도화 단계인 정책공동체로 발전한다는 것이다. 그러나 학자들에 따라 정책공동체를 제도화 수준이 높거나 폐쇄된 정책과정이 아닌, 다양한 선호를 갖는 행위자들이 자발적으로 참여하는 유연화되고 개방적 정책과정으로 설명하기도 한다. 이 경우 정책과정은 행위자 간 협력은 물론이고 특정 이슈나 상황에서는 상호경쟁 과정이 될 수도 있다.

한편으로 정책공동체는 정책네트워크가 안정화되어 거버넌스와 유사한 기능을 갖는다는 점에서 네트워크 거버넌스(network governance)로 이해할 수 있다. 네트워크 거버넌스는 위계적 구조 밖에 위치한 정치적 행위자들이 공동의 자원을 동원하고 협력을 취하는 시스템이다. 이러한 네트워크 거버넌스는 확대된 유럽연합에서 행위자들의 목적을 달성하는 데 있어 보충성(subsidiarity), 경쟁력(competitiveness), 규제의 질적 수준(regulatory quality) 그리고 지속성(sustainability)을 가능케 하는 유연화된 구조이다.736)

이와 같이 텍스트적 의미에서 정책네트워크와 정책공동체는 성격을 달리하지만 유럽연합 연구에서 양자는 유사한 개념으로 혼용되고 있다. 또한 유럽적 맥락에서 정책공동체는 행위자간 안정화된 환경에서 지속적인 상호작용이 유지되는 정책구조와 과정을 지칭하며 네트워크 거버넌스와도 유사한 의미로 통용된다.

▶ 다층적 거버넌스와 정책네트워크

유럽연합에서 정책네트워크의 구축 동인은 다층적 거버넌스 구조에서 다양한 행위자들에게 권한이 분산되었기 때문이다. 이러한 점에서 정책네트워크 모델은 국가만이 배타적으로 대외선호 구현을 행한다는 정부간협상 이론과 대비되는 가정을 갖는다. 그럼에도 정책네트워크 시각에서는 국가의 기능축소와 초국가 기구의 권한확장을 당위적 귀결로 설명하는 신기능주의식의 과도한 단순화 역시 지양한다.[737]

정책네트워크 이론을 통한 연구의 목적은 정부 없는 통치형태인 다층적 거버넌스에서 실제 정책결정이 이루어지고 정책이 실행되는 미시적 과정을 분석하는 것이다.[738] 여기서 정책네트워크는 다층적 거버넌스 내부에서 행위자 간 수평적 연계를 가능케 하는 기제이며 동시에 행위자 간 연계를 검증하는 분석틀이다. 이러한 맥락에서 카짐(Hans Kassin)은 정책네트워크는 각기 다른 정부와 사회 내에 있는 행위자들이 다양한 정책을 통해 연계되어 있는 다층적 거버넌스의 내연적 구조를 설명하는 시각으로 적절하다고 파악하였다.[739]

정책네트워크 시각은 중범위 이론으로 유럽연합의 통치과정을 전적으로 설명할 수는 없지만 여타 이론적 시각과의 융합으로 유럽적 거버넌스에 대한 미시적 설명을 심화한다는 데 의미가 있다. 실제로 다층적 거버넌스를 주장하는 샤르프(Fritz W. Scharpf)와 콜로코우(Beate Kohler-Koch)를 위시한 학자들은 정책네트워크를 정책구상, 이익투입, 정책결정 및 실행 등 유럽적 정책과정의 모든 단계에서 분권화된 권한시스템을 설명하는 데 원용하였다.[740]

▶ 유럽적 정책네트워크: 네트워크 거버넌스(network governance)

유럽연합은 일종의 정치적 시스템으로 이에 참여하는 행위자는 기능적 차원에서 고도로 상호의존적 관계를 형성한다. 이러한 배경에서 정책네트워크 시각을 견지하는 학자들은 유럽연합을 통상의 정책네트워크보다 더욱 공고하고 안정된 네트워크 거버넌스(network governance)로 파악한다. 여기서 네트워크의 효용성은 정책형성과 실행에 요구되는 정보와 사고를 효과적으로 취합하고 유통한다는 데 있다. 네트워크 거버넌스는 사적 행위자 및 국가 내 하위정치 단위가 그들의 이해관계와 자원을 중앙의 정책과정에 투입하는 통로이며, 차별화된 이해를 취합하는 이익협상 시스템이다.[741]

유럽연합의 의제설정과 정책형성 과정에는 유럽위원회의 기술관료 이외에도 해당 정책 영역의 전문가들의 참여를 필요로 한다. 이 외에도 초국가 정책은 회원국 정부는 물론이고 통합된 시장에 직접 부과되거나 영향을 미치므로, 산업계를 필두로 많은 사회적 행위자들이 자발적으로 정책과정에 참여한다.[742]

한편 유럽적 맥락에서 네트워크 거버넌스의 특징은 국가 내 하위정부, 중앙정부 및 유럽위원회 간 여러 목적에 의해 다중적인 네트워크가 존재한다는 것이다. 국가 내 하위정부는 구조기금정책에서 이른바 이중네트워크(dual network)를 구성하여 다중적인 이해 투입을 취한다. 지방정부는 국경을 넘어 유사한 목적을 가진 지방정부와 유럽 차원의 다양한 조직을 구성하여 중앙정부를 경유치 않고 직접 유럽위원회에 이해를 투입한다. 이와 더불어 지방정부는 중앙정부를 경유하여 유럽연합에서 지역적 이해를 투입하고, 필요하다면 이른바 브뤼셀 전략에 의해 유럽위원회와 양자 간 네트워크를 형성한다.[743]

유사한 맥락에서 유럽위원회는 중앙정부를 경유하지 않고 유럽 차원의 여러 지방정부 조직과 동반자관계 수준의 긴밀한 네트워크를 형성하여 정책에 요구되는 정보와 지식을 얻는다. 이 과정에서 유럽위원회는 지방정부와 중앙정부 간 중재자 기능도 수행한다. 한편으로 유럽위원회는 재원의 배분과 프로젝트 실행과정에서는 각각의 지방정부와 네트워크를 구축하여 실행 및 감독자로 기능한다.[744] 이러한 다중적인 네트워크 구조에 기인하여 유럽연합과 지방정부 간 관계는 이 중 어느 한 행위자가 참여하는 또 다른 정책네트워크 내 제3의 행위자에 의해 간접적으로 영향을 받는다.[745]

유럽적 네트워크 거버넌스는 기능적 필요에 의해 생성되었지만 유럽연합의 구조적 결점인 정책과정의 민주적 결핍(democratic deficit)을 완화하는 새로운 거버넌스 형태라는 점에서도 의미를 찾을 수 있다. 유럽연합의 정책과정은 효율성에 주목한 산출의 적법성(out-put legitimacy)에 기반한다. 유럽연합은 1990년대 초까지 회원국 간 공동의 이해를 갖는 시장통합에 주력하면서 전략적 협상을 통한 효과적 산출에 주력하였다. 이 결과 정책과정은 공적 행위자 간 폐쇄적인 구조로 변화하였다. 커미톨로지(comitology)는 대표적 예이다.[746]

그러나 네트워크 거버넌스에서 정책과정은 공적, 사적 행위자 간 수평적 관계에서 집단적 결정을 행하고, 필요하다면 사회적 행위자 역시 자원과 정보를 동원하여 정책결정의 효율성을 제고한다. 이러한 개방적 참여와 수평적 권한구조로 네트워크 거버넌스는 투입의 적법성(in-put legitimacy)을 충족하고 동시에 정책과정의 효율성도 제고한다. 이는 전통적인 행위자인 국가를 중심으로 한 협상의 원칙(bargaining logic)에서 문제 해결 원칙(problem-solving logic)으로의 전환이라고 할 수 있다.[747]

■ 이론적 유용성과 한계

정책네트워크 모델은 전통적 통합이론이 제기하는 누가 유럽연합의 정책을 결정하고 지배적인 영향력을 행사하는가? 이와는 상이한 문제 인식에서 출발한다. 콜로코우는 유럽통합 연구의 이론적 출발은 누가 무엇을 결정하는가에서 어떠한 조건과 근거로 정책결정이 이루어지는가에 해답을 구하는 것이라고 언급하였다. 이러한 전환적 사고로 정책네트워크 모델은 다양한 행위자들의 이해가 유럽연합으로 집산되고 조정되어 다시 분산되어 가는 과정을 설명하는 시각으로 기능한다.[748]

따라서 유럽적 맥락에서 정책네트워크 시각은 행위자 간 미시적 교환관계보다는 복잡한 정책과정 분석에 초점이 맞추어져 있다. 본 시각에서는 상호의존적 관계에 있는 행위자들이 어떻게 특정 정책 영역에서 협력관계를 맺고 공동정책을 생산하는가에 주목한다. 이런 점에서 정책네트워크 이론은 특정 정책 영역에서 정책결정 과정의 자율성 정도를 파악하는 데에도 유용하다.[749]

한편으로 정책네트워크 모델에서는 위계적 권한구조를 특징으로 하는 공적 기구 및 의회민주주의 구조 내에서 제도화된 정책과정을 분석하는 것은 아니다. 오히려 비공식화된 정책과정에 참여하는 다양한 사회적 행위자들의 권한과 그 이익 및 투입경로를 규명하는 데 연구가 집중되어 있다. 유럽연합 연구에서 이러한 정책네트워크 모델의 유용성은 세 가지 차원으로 거론할 수 있다.

첫째, 고도의 세분화된 초국가 정책결정과정에서 자문 및 실제 정책과정에 참여하는 사회적 행위자들의 역할과 권한을 분석한다.

둘째, 사회적 행위자와 유럽위원회의 기술관료 간 연합을 통해 이루어지는 일상의 문제 해결과정을 분석한다.[750]

셋째, 사회적 행위자들이 어떻게 초국적 통치로 연계되고 행위자 간 중첩된 경쟁과 상호작용이 이루어지는가를 분석한다.[751]

유럽적 맥락에서 정책네트워크는 통합의 역사적 발전 경로를 분석하는 대이론은 아니다. 본 시각은 전통적인 초국가주의나 국가 중심성에 대비되는 새로운 통치 양식인 다층적 거버넌스 과정을 경험적으로 분석하고 제시할 수 있는 하위이론의 성격을 갖는다. 그러므로 정책네트워크는 거버넌스 이해를 위한 중범위 성격의 하위이론의 성격을 갖고, 이슈와 정책 영역에서 미시적 설명에 목적이 있다. 따라서 유럽연합 연구에 정책네트워크 모델이 적용될 경우 정책단계와 정책속성에 따라 제한적으로 적용되어야 하며, 미시적 정책과정과 같이 한정된 분석범위에서만 유효성을 갖는다.

첫째, 유럽연합은 정책 영역과 차별적인 행위자의 권한에 의해 정책과정이 단계별로 분화되어 있다. 정책과정은 의제제안, 정책형성, 정책결정 그리고 정책집행 등의 세분화된 4단계로 구분되며 각각의 단계는 상이한 기제가 적용된다. 이 점에서 정책네트워크 모델은 엄밀한 의미에서 정책과정의 두 번째 단계인 정책형성 과정과 동인을 분석하는 시각으로 유용성을 갖는다. 유럽위원회의 의제제안 단계 역시 사전에 네트워크를 통한 사회적 행위자로부터의 정보취합과 의견청취를 선행한다는 점에서 정책네트워크 시각의 적용이 타당하다. 반면에 고도로 제도화된 구조 내에서 다양한 행위자들의 전략과 사고 그리고 이익동인에 결합되어 이루어지는 3, 4단계인 정책결정 및 집행은 제도주의 시각이 보다 설득력을 갖는다.[752]

<표 6> 정책과정단계: 행위자와 이론적용

비고/정책단계	의제제안	정책형성	정책결정	정책실행
행위자	• 유럽위원회	• 유럽위원회 • 이사회 • 사적 행위자	• 유럽위원회 • 이사회 • 유럽의회 • 국가	• 국가: 구조기금 등 • 유럽연합: 경쟁, 대외무역 등
이론적용	정책네트워크		제도주의, 정책네트워크	

출처: 필자 구성.

물론, 정책 영역에 따라 이러한 구분은 보다 유연화된다. 단적으로 구조기금과 표준화정책은 정책 형성부터 실행까지 공적, 사적 행위자의 권한이 차별화된다. 구조기금은 정책 형성부터 실행까지 유럽위원회와 지방정부 간 초국가적 정책네트워크가 형성되어 있다. 다만 이 경우 여타 정책 영역의 네트워크와 달리 국가 내부로 침투한 초국가적 네트워크에 대한 통제와 그 구성에서 일부 회원국에서는 중앙정부가 여전히 지배적 영향력을 행사한다.

반면, 표준화정책에서는 모든 정책과정 단계에서 유럽위원회와 산업계 및 전문가집단과 정보교류와 기술적 이해를 도모하기 위한 네트워크가 구성되어 있으며 회원국의 이해 투입은 제한된다. 이와 같이 차별적 구조와 성격을 갖는 네트워크의 속성을 고려한다면 본 시각이 다양한 속성을 갖는 초국적 정책과정을 모두 설명키 위해서는 방편적 전제를 삽입하거나 개념의 변화가 동반되어야 한다는 것을 알 수 있다.

둘째, 유럽위원회는 정책네트워크의 허브로서 다양한 행위자의 이익을 조정한다. 동시에 유럽위원회는 고유한 제도적 기제와 목적에 의해 독립적인 이해를 갖는 일단의 정치적 행위자이다. 따라서 유럽위원회의 초국가 권한이 극대화된 경쟁정책 및 무역정책의 정책과정에서는 정책네트워크를 통한 다양한 사회적 행위자들의 이해 투입은 제약된다. 이에 정책네트워크 모델은 지역정책과 탈규제화와 표준화정책을 위시한 사적 입법 등 매 정책 단계마다 다수준에 위치한 행위자가 유럽위원회와 긴밀한 협력관계를 구축한 정책 레짐에 한해 높은 설명력을 제고할 수 있다.

셋째, 유럽연합의 정책과정은 단일유럽의정서 체결 이후 일련의 조약수정을 통해 급격한 제도적 변화와 행위자의 권한 조정이 이루어졌다. 이 결과 정책과정은 유동적인 행위자의 권한을 특징으로 역동적이며 복잡한 양상으로 변화하고 있다. 정책네트워크 이론에서는 제도변화를 행위자의 이익선호 및 상대적인 권력의 변화를 통해 설명한다. 그러나 기구성된 제도, 즉 네트워크 내에서의 행위자 간 상호작용만으로 경로의존을 벗어난 초국가정책 및 정책과정의 급격한 변화 동인과 과정을 설명하기에는 한계가 따른다.

V

제도적 접근

신제도주의(new institutionalism)

■ 이론적 배경

▶ 전통적 대이론의 한계

기존 통합이론가들은 유럽연합을 초국가 정치시스템 혹은 제도화가 진척된 정부 간 기구로 파악하였다. 1980년대 후반 이후 통합연구는 비교정치와 공공행정으로 학문적 영역이 확대되었지만, 초국가 정부와 국가 중심성이라는 가정은 변치 않았다. 문제는 유럽연합의 구조와 정책과정에는 연방주의와는 또 다른 맥락에서의 초국가적 성격과 국가 중심성이 관찰된다는 점이다.[753]

유럽연합은 초국가주의와 정부간협상이 공존하는 국제적 레짐이며, 공동체의 유산(Community Acquis)으로 대변되는 고도화된 제도화 단계에 진입하였다. 따라서 기능적 접근과 국가 중심 시각 중 어느 한 이론을 배제할 경우 복잡한 유럽적 정책과정의 이해에 한계가 따른다. 역으로, 양 시각을 융합하여 설명변수를 무한정 확장할 수도 없다.[754]

신제도주의(new institutionalism)는 초국가 제도화 그리고 국가 중심성이 동시에 내재한 정책과정에 대한 미시적 이해를 도모하는 시각이다. 신제도주의는 어떠한 논리와 제도적 구조에서 정책결정이 이루어지는가? 이러한 제도는 어떠한 경로로 생성되었으며, 어떠한 방향으로 발전할 것인가? 등의 질문을 통해 통합과정을 규명한다. 나아가 신제도주의는 초국가 정부와 국가 중심성을 떠나 유럽적 거버넌스의 일상적 운용에 대한 다양한 질문을 통해 전통적인 국제기구와 상이한 통합과정을 이해한다.

신제도주의는 국제정치 혹은 국제관계에서 제기하는 통합이론과 달리 중범위 수준에서 정책과정과 공동정책 발전에 대한 이해를 도모하는 시각이다. 또한 본 이론에서는 통합 양상의 여러 단면을 규명하기 위한 연구과제와 방법론에 주목하여 새로운 미시적 연구 영역을 개척하고, 다양한 방법론을 모색하였다는 점에서 의미가 크다. 이러한 점에서 신제도주의는 통합의 목적이나 통합이 야기한 사회적 변동을 예시하는 거시적 분석틀은 아니다.[755]

1980년대 말 이후 유럽통합 연구에 신제도주의 시각이 광범위하게 적용된 이유는 사회과학 영역에서 고도화된 유럽적 거버넌스에 대한 관심이 증대하였기 때문이다. 또한 제도적 접근시각의 태동은 전통적인 대이론이 변화된 유럽연합의 기능을 설명하는 데 한계를 갖는다는 비판적 성찰에도 기인한다.[756]

▶ 신제도주의의 기원과 적용

폴락(Mark A. Pollack)은 1980년대 말 합리적 행위자 모델을 적용하여 독일 연방정부의 의사결정을 분석해 공동결정의 함정(joint decision trap)을 제기한 샤르프(Fritz W. Scharpf)의 연구를 유럽연합 연구에서 제도적 접근의 시초로 지목하였다. 에스핀월(Mark D. Aspinwall)과 슈나이더(Gerald Schneider) 역시 유럽연합 연구에서 신제도주의 시각이 본격적으로 도입된 것은 사르프의 1988년 저작[The Joint-decision Trap: Lessons from German Federalism and European Integration]에서 비롯되었다고 주장하였다. 샤르프는 본 논문에서 신기능주의에서는 정책결정 규범과 과정이 통합과정에 미치는 영향을 간과함으로써, 이론적 적실성을 상실했다고 말하며 새로운 시각의 필요성을 제기하였다.[757]

에스핀월과 슈나이더의 주장과는 달리 실제 유럽연합 연구에서 널리 원용되는 신제도주의 이론은 올센(Johan P. Olsen)과 마치(James G. March)

의 1989년 저작[Rediscovering Institutions]에서부터 근원을 찾을 수 있다. 이들은 1990년대 전반에 걸쳐 국제정치에서 어떻게 제도가 유지되고 변화하는가라는 질문을 통해 신제도주의 시각의 적용 가능성을 탐색하였다.[758] 올센은 마치와의 공동연구를 통해 국가 중심 시각은 현대 국제정치에서 적실성을 상실하였다는 점을 들어, 제도적 분석으로의 연구 영역 전환을 제기하였다.

> '국제적 제도와, 레짐, 국제법, 국제기구 및 네트워크가 증가하고 그 중요성도 한층 더해졌다. 더불어 베스트팔렌 정치질서가 내재한 국내 문제에 대한 불개입(nonintervention) 원칙은 분쟁 해결과, 경제적 안정 및 인권이라는 명분을 통해 점차 희석되었다.'[759]

올센의 경우 1990년대 전반에 걸쳐 유럽연합 연구에 역사적 제도주의 시각을 적용한 다수의 논문을 발표하였다. 이후에도 많은 학자들은 초국가 기구의 상대적인 권한관계, 여러 층에서 이루어지는 복잡한 협상 그리고 통합과정에서 관찰되는 규범의 발전과 사회화 과정을 이해하는 시각으로 역사적 제도주의를 포함한 신제도주의를 거론하였다.

1990년대 중반부터 다수의 학자들은 국가 중심뿐 아니라 신기능주의의 이론적 한계를 극복할 대안적 시각으로 신제도주의에 주목하였다. 유럽통합 연구에 신제도주의 시각이 본격적으로 적용된 것은 1990년대 말 이후로, 주로 역사적 제도주의 시각을 통해 유럽적 거버넌스와 초국가 제도발전 과정과 같은 거시적 변화를 연구하였다. 벌머(Simon J. Bulmer)와 피어슨(Paul Pierson)은 제도주의 시각을 적극적으로 적용한 대표적인 학자들이다.

벌머(Simon Bulmer)에 따르면 초국가주의가 회원국의 권한이 초국가로 이전되는 초국가 제도화 과정에 이해를 도모한다면, 신제도주의는 이러한 초국가 제도에 내재한 신념, 패러다임, 문화와 지식을 인식한다고 파악하였다. 이는 곧 제도적 가치(institutional values)를 말한다. 룩셈부르크 타협체제와 단일시장계획은 동일한 유럽공동체설립조약(TEC)에 근거하면서도 시기에 따라 조약의 가치에 대한 평가는 엇갈린다. 유럽공동체설립조약에는 통합론자들(founding fathers)의 가치와 신념이 내재하지만, 룩셈부르크 타협체제에서는 표면화되지 않다가 1980년대 말 시장통합계획 과정에서 빈번하게 거론되었다.760)

나아가 벌머는 전통적인 제도적 접근과 차별화된 신제도주의의 특징을 열거하였다. 신제도주의는 제도가 어떻게 구성되었는가에 광범위한 해석을 제시한다. 신제도주의자들은 공식적인 헌정적, 법적 질서는 물론이고, 비정형화된 정치적 양상까지 함유한 거버넌스의 단면을 규명한다. 또한 신제도주의자들은 공식적 정부와 사회적 행위자가 연계하는 비정형화되고 비공식화된 유연한 통치형태인 정책공동체(policy community)와 정책네트워크(policy network)에서도 의미 있는 연구과제를 찾는다. 따라서 제도적 접근은 다층적 거버넌스와 정책네트워크 시각에서 제기하는 행위자 간 비공식적 협력과 이에 따른 초국가정책의 변화를 규명하는 데 적절하다.761)

한편으로 카짐(Hussein Kassim)과 메논(Anand Menon)은 다층적 거버넌스와 역사적 제도주의 시각은 회원국이 임의대로 통제할 수 없는 초국가 제도와 초국가 기구의 기능을 전제로 성립되었다고 주장하였다.762) 이러한 초국가 제도와 초국가 기구의 독립성이 야기된 원인과 그 영향은 네 가지로 요약할 수 있다.

첫째, 초국가 기구는 관료적 전문성과 국가로부터 위임받은 권한을 통해 독립적인 이익을 추구한다.

둘째, 국내정치인들은 선거주기와 한시적인 임기에 따라 단기간에 결과를 얻을 수 있는 정책을 선호한다. 반면에 초국가 관료들은 선거주기와 무관하며 상대적으로 오랜 임기가 보장되므로 장기적인 이익을 꾀할 수 있다.

셋째, 유럽연합에서 다루어지는 이슈가 증가하면서 정책결정에 과도한 부하가 걸리고 결과적으로 이슈 간 파급효과가 야기되었다. 이에 따라 행위자의 원래 목적과 무관한 결과가 야기될 수도 있다.

넷째, 시간이 경과하면서 회원국의 정책선호와 일련의 성공적인 회원국 확대로 정책실행에서 회원국 간 연합관계도 변화하였다. 카짐과 메논은 이러한 요인들로 인해 초국가 제도와 초국가 기구는 회원국의 원래 의도와 무관한 독립적인 제도화 단계에 이르렀다고 파악하였다.

공동체의 유산(Community Acquis)

공동체의 유산(Community Acquis)은 통합의 목적, 유럽연합을 운영하는 원칙 그리고 통합과정에서 성취한 제도적 유산과 비공식화된 관행을 망라한 개념이다. 여기에는 유럽경제공농체설립조약(TEEC)을 위시한 설립조약(Founding Treaties) 혹은 유럽조약(European Treaties), 유럽연합이 가입을 신청한 국가와 체결한 가입조약(Accession Treaties) 그리고 역외 국가와 체결한 국제적 조약 등 제도적 규약을 담은 공식적 조약과 협정을 망라한다. 또한 공동체의 유산은 설립조약을 근거로 제정한 2차 입법(secondary legislation), 유럽연합 기구가 채택한 결의(resolution) 및 선언(declaration), 유럽연합 기구 간 체결한 기구 간 합의(IIA), 사법재판소의 판례(case law) 그리고 경제통화동맹(EMU) 운영을 위해 제정한 경제수렴조건(Economic Convergence Criteria)과 같은 회원국 간 규약 등도 포함한다.

이사회에서 합의도출을 위한 비토권의 자제와 같이 통합과정에서 생성된 비공식적 규범도 공동체의 유산을 형성한다. 이와 같이 공동체의 유산은 성문화와 공식적 구속력과 무관하게 통합과정에서 이루어진 모든 제도적 성취를 망라한다. 공동체의 유산은 유럽연합 27개 회원국은 물론이고 가입협상을 진행하는 가입후보국(Candidate Countries) 및 예비가입후보국(Potential Countries)에도 공통적으로 적용된다. 유럽연합은 공동체의 유산을 35개 항목으로 세분화하여 가입후보국에 부과하고 가입협상 시 이의 이행유무를 점검한다. 따라서 모든 가입후보국은 유럽연합 가입을 위해서는 35개 항목의 공동체의 유산을 수용해야 한다.

■ 이론적 설명

전통적인 제도주의(institutionalism)는 1970-80년대 미국학계를 중심으로 당시 지배적인 이론적 흐름인 행태주의(behavioralism)와 합리주의(rationalism)에 대한 반론으로 제기되었다. 이후 1980년대 말에 다시 주목받는 신제도주의는 제도가 야기한 정치와 사회적 결과를 분석하는 시각으로 발전하여 어떻게 제도가 생성되었고, 어떻게 변화하였는가에 주목한 시각이다. 신제도주의 시각에서는 보다 광범위한 제도적 맥락에서 공식적인 제도 이외에 비공식적 제도(institution), 관행(practices)과 규범(rules)을 포함한 다양한 제도적 관계를 분석한다.763)

신제도주의에서 의미하는 제도는 조약과 2차 입법에 따른 정책과정 절차와 초국가 기구의 권한을 규정한 초국가 제도를 망라한다. 또한 정책과정에서의 합의존중 문화와 관행 나아가 통합에 대한 기대와 가치까지 포함한 비공식적 제도와 문화까지 포함한다.764) 이러한 제도는 합리적 사고를 갖는 행위자가 이해를 추구하는 장이며, 행위자들은 제도 내에서 공동의 문화와 경험을 배경으로 가치와 목적을 공유한다.765)

제도주의 시각에서는 모든 정치경제적 구조는 법률에 근거한 규범과 절차, 규범화된 행위자 간 상호작용 패턴과 조직화 원리와 같은 제도에 근거한다고 가정한다. 신제도주의 시각에 따르면 제도는 질서와 예측 가능한 미래를 제공하며, 정치적 행위자들이 적절한 행위를 취하는 규범으로 지속성을 갖고 안정된 행위를 가능케 한다. 이러한 제도는 관행과 규범을 모두 포함하며 행위자들의 집단적인 사회화 과정에서 무엇이 적절한 행위인가를 인지하게 하는 준거틀이다.766)

여기서 제도화는 제도와 행위를 모두 포함한 개념으로 기존재하는 구조적 조건과 일상화된 경로에 의거해 행위자 간 의미와 타당성을 갖는 상호작용을 말한다. 이러한 전제에서 신제도주의는 조직과 사회 내에서 행위자들의 행위를 규정짓는 제도와 제도화 과정의 분석에 초점을 맞춘다.767) 유럽적 맥락에서 제도화 과정의 핵심은 초국가 수준에서 진행되는 정책결정과정이다. 그러므로 신제도주의는 행위자의 권한과 기능을 담은 규범과 자원뿐 아니라, 이들의 일상화된 관계와 사회화 과정을 통해 진행되는 정책과정에 미시적 이해를 도모한다.

신제도주의 시각은 제도와 규범을 강조한다는 점에서 베버(Marks Weber)

의 관료정치이론(bureaucratic theory)과 유사하게 제도 내에서 행위자의 규범화된 상호작용을 이해한다고 볼 수 있다. 그러나 신제도주의가 제기하는 제도는 표결구조 및 입법절차와 같은 공식화된 제도만을 의미하지 않는다. 유럽의 정치경제적 구조는 합리성과 개인주의와 같은 전통적인 사회적 가치가 내재한 문화의 한 부분이다. 이사회의 경우 가중다수결 표결이라는 공식적 절차 이전에 차선에서 합의를 도모하기 위한 정치적 타협과 의견을 조정하는 비공식적 합의문화가 자리 잡고 있다. 물론 이러한 공식, 비공식적 제도에는 과거의 경험에 입각한 관행과 문화라는 상수가 내재한다.

제도가 중요성을 갖는 것은 여러 층에 존재하는 제도에 의해 행위자의 이익과 행위가 구속받기 때문이다. 경우에 따라 회원 각국의 고유한 헌정구조와 사회적 전통은 초국경적 사회발전을 저해하는 요인으로 작용한다. 반대로, 초국가 제도는 상이한 국가시스템을 넘어 단일의 유럽적 정체성을 구성하는 핵심 요소이다. 리스본조약 체결 이전 유럽공동체설립조약 119조 (TEC Art. 119)에 명기된 '동일노동에 대한 동일임금(equal pay for equal work)'이라는 조문은 공동시장 내에서 국적을 떠나 단일화된 노동조건을 강제하는 제도이다. 동시에 이는 유럽적 노동시장의 정체성을 특정 짓는 문화이다.768)

유럽적 맥락에서 제도는 정책산출을 결정짓는 독립변수이면서 개입변수로 작용하지만 특정의 경우 종속변수로도 위치한다. 독립변수로써 제도는 회원국과 초국가 기구 및 여타 사회적 구조 내에서 기본적인 가치, 사고 및 규범을 담는다. 신제도주의 시각에서는 행위자들 간 일정한 선호와 상호작용 패턴이 가능한 것은 이러한 독립변수가 사회 내에 내재하기 때문이라고 파악한다. 즉, 제도는 유럽적 정책과정에서 행위자들 간 협력을 가능케 하는 평형점이며, 행위 패턴을 결정짓는 독립변수이다. 이와 같이 제도는 초국가 기구와 회원국의 선호를 결정하는 독립변수이며 구조이다.

행위자들은 이러한 제도 내에서 상호 간 이해관계를 반영한 의제를 설정하고 정책결정을 꾀한다.

나아가 개입변수로써 제도는 사회적 행위를 규제하는 비공식적 제도인 합의존중의 일상화된 절차와 표준화된 상호작용 등을 포함한다. 공식적 구조 내에는 행위자들의 오랜 상호작용 과정을 통해 생성된 비공식적인 관행과 행위라는 개입변수가 존재한다. 또한 제도는 종속변수로서 정책결정과 조약수정으로 야기된 제도적 조정과 행위 패턴의 변화를 의미할 수도 있다.769)

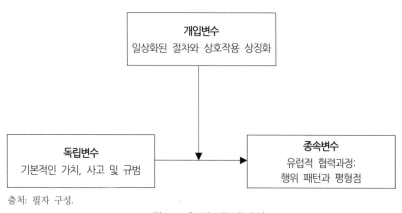

출처: 필자 구성.

<그림 5> 제도의 기능과 속성

■ 신제도주의 이론의 유형

신제도주의는 전통적 통합이론이 변화된 유럽연합의 현실을 이해하는 데 한계가 있다는 비판과 함께 제기된 여러 시각 중 하나이다. 물론 세 가지의 제도적 접근을 포함한 신제도주의 이론은 유럽통합을 설명하는 고유한 시각은 아니지만, 1990년대 중반 들어 유럽연합 연구에 활발하게 적

용되었다.770)

신제도주의는 역사적 제도주의(historical institutionalism), 합리적 선택
에 따른 제도주의(rational choice institutionalism) 및 사회적 제도주의
(sociological institutionalism)로 구분된다. 3가지 제도적 접근은 모두 제도
를 원칙(rule)과 규범(norm)으로 파악하지만 그 기원, 이론적 전제 및 분
석 목적이 상이하며, 제도의 속성과 제도가 행위자에 미치는 영향력에 대
해서도 차별적 시각을 갖는다. 단적으로 역사적 제도주의는 제도에 내재
한 문화적 정체성에 대한 고려와 그 비중 그리고 행위자의 전략과 목표에
미치는 제도의 영향 정도는 사회적 제도주의와 합리적 선택에 따른 제도
주의의 중간 지점에 위치한다. 이러한 차이에도 불구하고 여러 제도적 접
근은 제도적 가정과 분석에 초점을 맞춘다는 점에서 통칭하여 신제도주
의로 분류된다.771)

▶ 역사적 제도주의

역사적 제도주의는 오랜 시간에 걸쳐 변화하는 제도발전과 그 영향 그
리고 행위자의 사고와 상호작용에 내면화되는 제도화 과정을 다룬다. 역
사적 제도주의에 따르면 권력은 제도적 맥락에서 유래하며 제도는 경로
의존성(path dependence)과 의도치 않은 결과(unintended consequence)라
는 속성을 갖는다.772)

역사적 제도주의가 전제하는 제도란 행위자가 취할 수 있는 가장 합리
적인 선택 혹은 이익을 결정짓는 구조와 정치적 환경이다. 동시에 본 시
각에서 말하는 제도에는 규범과 문화적 요소까지 포함된다. 제도는 행위
자의 전략뿐 아니라 목표까지 결정짓는 독립변수이다. 이는 곧 시간이 경
과하면서 축적된 규범과 절차 안에서 행위자들의 정체성, 선호 및 현실에
대한 이해관계가 공고화된다는 것을 말한다.773)

이와 같이 역사적 제도주의는 장기적 시간을 두고 축적된 규범과 제도

의 문화적 맥락을 망라한 포괄적인 접근을 취한다. 그러므로 본 이론에서는 제도적 구조와 과정에 대한 분석을 통해 행위자의 목적 지향적인 행위가 야기한 결과를 설명한다. 역사적 제도주의는 합리적 선택과 유사하게 행위자의 이익동기를 권력과 부와 같은 물적 욕구의 충족에서 찾고, 단기적 차원에서 행위자의 합리적 선택을 전제한다.[774]

그럼에도 역사적 제도주의 시각은 합리적 선택에 따른 제도주의와 달리 합리적 선택하에서도 의도치 않은 결과(unintended consequence)가 야기될 수 있다는 가정을 내재한다. 즉, 경로의존적인 제도 발전에 따라 시간이 경과하면서 원래 의도한 목적과 다른 결과가 야기될 수 있다는 것이다. 이러한 행위자의 선호 및 기대와 다른 결과는 경로의존성과 함께 역사적 제도주의 시각을 특징짓는 중요한 개념이다.[775]

▶ 사회적 제도주의

사회적 제도주의에서는 제도가 가장 중요한 독립변수로 제도는 행위자의 선택 옵션을 제약하는 수준을 넘어 그들이 원하는 선호의 기준까지 제시한다. 사회적 제도주의에서 말하는 제도는 국적이나 종교와 같은 정체성과 문화가 내면화된 제도를 말하며, 제도가 문화에 뿌리를 둔다는 사실에서 제도와 문화를 동일한 맥락에서 파악한다. 사회적 제도주의는 여타 제도적 접근과 달리 사회문화적 특수성을 갖는 규범과 제도에 의해 야기되는 행위 패턴, 사상, 정체성 및 문화적 측면을 강조한다.[776]

문화는 경험적 지식을 구성하는 가장 중요한 요인으로 행위자들은 이러한 문화적 동질성에 의해 인식을 공유한다. 동시에 사회적 제도주의에서는 문화와 함께 적법성(legitimacy) 역시 중요하게 고려된다. 다양한 조직이 구성원리에서 유사성이 발견되는 이유는 기능적 요구가 아니라 바로 적법성에 기인하여 조직이 만들어지기 때문이다.[777]

▶ 합리적 선택에 따른 제도주의

합리적 선택에 따른 제도주의는 역사적 제도주의와는 달리 보다 미시적 시각에서 기성립된 공식적 제도와 절차에 구속받는 행위자의 합리적 행위를 분석하는 시각이다. 본 시각에서는 행위자의 의도와 이에 따른 행위에서 보편성을 규명하고, 예측 가능한 행위 패턴을 찾는 데 주력한다. 동시에 합리적 선택에 따른 제도주의에서는 단기간에 이루어지는 정책과정에서 행위자의 선택을 지배하는 제도적 조건을 규명하는 데도 유용하다.778)

<표 7> 역사적 제도주의와 합리적 선택에 따른 제도주의

구분	역사적 제도주의	합리적 선택에 따른 제도주의
목적	• 행위자의 선택과 선호에 기인한 일상화된 정책결정	• 기성립된 구조 내에서 정책결정의 일관된 패턴과 그 의미
연구주제	• 광의의 연구주제: 비공식적 관행, 회합 • 구조에 내재한 규범과 상징	• 특정의 제도화된 구조 내에서 행위자들의 합리적 선택 패턴
연구대상	• 다층적 거버넌스에서 국가의 역할 변화 • 초국가 기구의 미시적 운용과정	• 초국가 내 구조화된 정책과정에서 행위자 간 상호작용 ex) 유럽위원회의 정책결정, 초국가 기구로의 권한위임 동인 등
주요개념	• 타당성의 논리 • 경로의존성 • 구조 내의 공식적 규범과 내재적 가치	• 합리적 선택 • 게임이론적 가정 • 주인-대리인 모델
유용성	• 통합과정의 점진적 발전 이해 • 법적 구조, 규범 및 비공식화된 제도에 대한 이해(정책네트워크의 발전과정 등)	• 정책과정 내에서 행위자의 패턴을 단선적 분석틀로 제시
한계	• 정부 간 정치적 조정, 급진적 제도 변화에 대한 설명 부재	• 일탈적인 정치적 협상에 대한 설명 부재

출처: 필자 구성.

제도는 오랜 시간에 걸쳐 합리적 행위가 평형성을 유지토록 하는 조건이며, 행위자의 합리적 선택은 물론이고 행위까지 결정하는 동인이다. 이러한 제도와 규범은 합리적 선택을 수정할 수 있는 정치 안에서 의미를 갖는다. 역사적 제도주의는 조약은 물론이고, 행위자들 간 축적된 상호작용 패턴 등 시공간이 확대된 광범위한 제도적 조건을 전제한다. 반면에 합리적 선택에서 말하는 제도는 주어진 규범 내에서 이루어지는 게임의 규칙으로, 정책과정은 결국 합리적 사고에 따른 전략적인 게임이라 할 수 있다.[779] 이와 같이 합리적 선택에 따른 제도주의는 주어진 환경에서 행위자의 이익을 극대화하는 선택에 초점을 맞춘다는 점에서 행위자 중심의 시각으로 이해할 수 있다. 이 점에서 본 시각은 제도적 구조를 강조하는 역사적 제도주의와 차별화된다.

■ 제도주의 접근방식

세 가지 유형의 신제도주의의 핵심 개념은 역사(history), 문화(culture) 및 이익(interest)이다. 일반적으로 이익은 문화를 통해 표명되며, 문화는 역사와 이익에 의미를 부여한다. 이러한 논리로 세 가지 신제도주의 시각은 연관된 가정과 중첩된 인식을 공유하면서, 유럽연합 연구에서 보완적 설명틀로 활용되고 있다.[780]

첫째, 역사적 제도주의와 사회적 제도주의는 모두 합리적 선택이라는 가정을 공유한다. 또한 행위자가 취할 수 있는 선택과 선호는 축적된 관행과 사회적 상호작용에 의해 제약된다는 사실에도 인식을 같이한다. 역사적 제도주의는 합리적 선택에 따른 제도주의와 같이 단기적 관점에서 행위자의 의지와 이익을 강조한다. 사회적 제도주의 역시 사회문화적 맥락에서 합리적 선택이라는 전제를 갖고 일반화된 행위 패턴을 예측한다.[781] 이와 같이 양 시각에 따르면 이익은 제도발전과 사회문화적으로 야기된 규범을 통해 규정된다. 또한 역사는 행위자가 기구성된 구조 내에서 이익 추구를 꾀하면서 발전하며, 문화는 개인의 이익과 공동체의 제도적 구조와 발전과정을 통해 해석된다.

둘째, 역사적 제도주의에서 제기하는 제도는 합리적 선택에 따른 제도주의와 유사하게 제도가 행위자의 선택 옵션을 제한하는 구조적 조건으로 작용한다. 역사적 제도주의에서 말하는 행위자들의 합리적 선택은 이미 존재하는 제도 내에서 최대한의 이익을 취하는 전략적 사고라고 할 수 있다. 역사적 제도주의 시각에 따르면 행위자들은 정치적 결정을 내릴 때 현존하는 제도라는 규범에 지배받는다. 이는 곧 타당성의 논리(logic of appropriateness)를 말한다.

한편 헌정질서와 관료제와 같은 공적 제도는 역사적 산물로 이러한 제도는 문화적 일체감을 고양한다. 이 점에서 역사적 제도주의와 사회적 제도주의에서 거론하는 제도와 역사는 상호관계를 형성한다. 나아가 양 시각은 모두 제도 내에 내재한 가치와 규범을 인식하여 장기적 관점에서 제도의 가치가 행위자들의 사고에 깊숙이 내재한다. 이와 같이 역사적 제도주의와 사회적 제도주의는 제도와 제도화의 결과에 일정 정도 인식을 공유한다.

셋째, 세 가지 제도적 관점은 모두 결과에 대한 기대논리(logic of consequence)를 전제하고, 행위자들의 행위는 결과에 대한 기대논리로 정당화된다.[782] 결과에 대한 기대논리에 따르면 행위자들은 개인 혹은 집단의 목표에 비추어 최적의 결과를 예측하고 주어진 조건에서 최선의 선택을 취한다. 정치는 협상이나 연합이라는 형태를 빌려 개인의 선호가 조정되어 집단적 행위로 표출되는 것이다. 여기서 개인과 집단 간 합의는 합리적 사고를 통해 미래의 우호적 결과를 기대할 때만 가능하다. 이 경우 행위자들의 합리적 사고에서는 불확실성이라는 변수는 제외된다. 또한 모든 행위자가 합리적 사고를 통해 최선의 결과를 기대하지만 경쟁적 환경에서 상이한 능력에 의해 모두가 최선의 결과를 얻을 수는 없다. 그러므로 정치는 결국 모든 행위자의 선호를 최대한 반영할 수 있는 구조적 조건을 찾는 것이다.

이러한 논리로 유럽연합의 정책과정은 회원국의 이해를 최대한 반영하면서 집단결정의 효율성을 강구하는 방향으로 발전한다. 홀(Peter A. Hall)과 테일러(Rosemary C. R. Taylor)는 사회적 제도주의와 합리적 선택에 따른 제도주의에서는 모두 행위자들이 정치적 결과를 염두에 두며, 행위자의 기대와 선호는 제도적 구조와 불가분의 관계에 있다고 전제한다. 즉, 양 시각에서는 행위자의 기대와 구조와의 관계를 고려한다. 그러나 어떻게 제도변화가 이루어지는가에 대한 물음에서 제도의 경로의존성을 강조하는 역사적 제도주의가 보다 정교한 해답을 제공할 수 있다.783)

한편 역사적 제도주의는 이미 존재하는 제도적 조건에서 행위자의 선택보다는 오랜 시간에 걸쳐 야기된 정치적 결과에 보다 관심을 갖는다. 중요한 사실은 역사적 제도주의는 장기적인 시간에 걸쳐 이루어진 정치과정을 분석하면서 자연스럽게 문화와 최선의 선택에 따른 결과의 기대를 모두 내재한다. 이러한 점에서 역사적 제도주의는 결과에 대한 기대논리에서는 사회적 제도주의와 합리적 선택에 따른 제도주의와 일정 부분 가정을 공유한다.

넷째, 세 가지 제도적 관점에서는 모두 타당성의 논리에 따라 제도에 내재한 정체성과 문화가 행위자의 선택에 주요한 독립변수로 간주된다. 타당성의 논리에 따르면 행위자의 제도적 선택은 합리적 선택에 따른 기대와 이익보다 제도에 내재한 정체성에 보다 깊숙이 영향 받는다. 정치적 행위자는 제도에 내재한 정체성을 배경으로 결과에 대한 기대를 갖고, 이러한 결과는 현존하는 규범과 문화를 반영한 것이다. 따라서 결과에 대한 기대와 타당성의 논리는 서로 배제되는 개념이 아니다.784) 따라서 타당성의 논리는 역사적 제도주의뿐 아니라 문화사회적 구조를 강조하는 사회적 제도주의에서도 주요한 이론적 가정으로 내재한다. 이는 또한 합리적 선택에 따른 제도주의에서도 기본적인 이론적 전체이다.

■ 이론적 의미와 한계

제도적 접근은 다층적 거버넌스 시각과 함께 초국가 제도의 변화에 따른 행위자 간 권력균형과 초국가 기구의 자율성을 강조한다. 또한 양 시각은 유럽위원회의 자율적인 초국가 권한을 전제한다. 역사적 제도주의와 합리적 선택에 따른 제도주의에서는 초국가 제도발전의 결과로 이전보다 제약된 국가의 영향력과 유럽위원회와 사법재판소이 제도화된 기능을 전제한다. 따라서 신제도주의에서는 유럽위원회를 자율권을 갖고 독립적인 선호를 구현하는 행위자로 고려한다. 다층적 거버넌스 이론 역시 국가의 권한제약과 함께 상대적으로 유럽위원회의 독립적 권한을 강조한다.785)

이러한 맥락에서 신제도주의와 다층적 거버넌스 이론은 초국가주의가 제시한 초국가 정치로의 이행 이후, 일상적인 유럽적 정책과정을 설명하는 중범위 이론으로 유용성을 갖는다. 1990년대 이후 제도적 접근 시각에서는 유럽연합의 입법, 정책실행, 유럽사법재판소의 기능을 중심으로 한 사법 시스템 그리고 공동결정의 함정과 제도의 지속성을 들어 통합의 경로의존적 발전에 연구가 집중되었다.786)

한편 제도적 접근 역시 여타 통합이론과 유사한 맥락에서 유럽연합 연구에서 한계점도 갖는다. 폴락에 따르면 신제도주의는 통합이론의 분석적 한계를 보완하지만 경험적 연구에 있어 몇 가지 맹점을 갖는다고 평가하였다. 먼저, 제도적 접근은 대부분 조약과 2차 입법과 같은 공식적 제도를 통해 유럽적 거버넌스를 분석한다. 이에 따라 다층적 거버넌스에서 제기하는 공적, 사적 행위자 간 비공식적 정책네트워크와 상호작용에 대한 실

증적 연구는 찾기 어렵다.[787]

　물론 신제도주의 시각에서 비공식적 제도와 정책네트워크의 역할을 간과하는 것은 아니지만 방법론 측면에서 공식적 제도가 독립변수화하여 검증과 분석이 용이하기 때문이다. 표결 수에 따른 비토포인트(veto point)와 정책과정 단계마다 상이한 참여 행위자의 공식적 권한 등은 변수화가 용이하다. 반면에 초국가 기구 간 비공식적 상호작용이나 정책네트워크에 영향을 미치는 이익집단의 로비와 같은 요소를 측정하고 변수화하는 작업은 상대적으로 어렵고 오류화의 가능성도 내재한다.

　한편 제도적 접근은 내생적인 제도 변화에 대한 분석보다는, 제도 변화를 야기한 외부의 영향과 제도화된 채널에 대한 분석에 집중한다는 비난을 피할 수 없다. 유럽위원회의 기업가형 리더십이나 사법재판소와 유럽의회의 선호와 이들 간 상호작용은 초국가 제도 변화를 야기하는 중요한 동인 중 하나이다. 그럼에도 다수의 제도적 접근을 통한 연구는 제도 변화 요인을 파악이 용이한 회원국 간 정부간협상으로 환원하거나, 초국가 기구를 독립변수가 아닌 개입변수로 상정하여 그 기능에 대한 엄밀한 분석이 결여되었다.[788] 이러한 분석 방향에 의해 제도주의는 단지 정부간협상 이론의 하위이론 혹은 이를 보완하는 시각으로 한정된다는 비판도 존재한다.

2 역사적 제도주의(historical institutionalism)

■ 이론적 배경

역사적 제도주의는 역사적 축적을 통해 사회발전과정을 이해하는 사회과학 이론이며 방법론이다. 여기서 역사적(historical)이라는 용어는 과정으로서 정치발전을 이해한다는 것을 말한다. 또한 제도주의(institutionalism)는 사회적 규범이나 정책을 포함한 제도적 구조를 배경으로 정치과정이 이루어진다는 사실을 내포한다. 즉, 현재의 제도는 역사적 발전과정의 산물이며 이러한 제도는 시간이 경과하면서 제도를 창출한 행위자의 사고와 행위에 영향을 미친다는 논리이다.[789] 그러므로 역사적 제도주의는 합리적 선택에 따른 제도주의와 사회적 제도주의에 비해 보다 거시적인 제도 발전 맥락을 다루며, 시간이 경과하면서 변화하는 제도화 과정과 그 영향에 주목한다.

역사적 제도주의 시각에서는 제도 변화라는 동태적 흐름을 포착하여, 국가의 선호와 통합의 결과가 야기한 부조응에 대한 적실성 있는 설명을 제기한다. 또한 역사적 제도주의는 통합에 참여하는 공적, 사적 행위자들이 다양한 제도적 조건에 구속된다는 사실을 실증적으로 제기한다. 행위자 차원에서는 회원국과 초국가라는 양 수준의 제도적 조건이 어떻게 행위자들의 선호와 정서적 변화를 촉진 혹은 지체하는가를 이해한다.[790] 이러한 이론적 유용성과 별개로 연구의 용이성과 상징성으로 역사적 제도주의를 원용한 경험적 연구는 대부분 1980년대 중반 이후 빈번한 조약 생성과 수정에 따른 초국가 제도와 정책의 발전경로에 집중된다.

■ 이론적 전제: 제도의 속성

▶ 제도의 기능

기구성된 제도는 행위자의 선호와 권한을 특정 짓는다. 따라서 기존 제도를 폐기하거나 변화시킬 동인이 없다면 현존하는 제도는 평형(equilibrium)을 유지하고, 그 변화는 서서히 이루어진다. 역사적 제도주의에서 말하는 제도는 공식적인 규범과 행위규범까지 망라한 포괄적인 제도화이다. 벌머(Simon J. Bulmer)에 따르면 정치적 이해관계 대립은 기존 제도의 조정을 통해 해결할 수 있다. 여기서 제도는 공식적 정부조직과 운영절차는 물론이고, 연성법(soft law)으로 통칭되는 행위자 간 암묵적 행위규범까지 망라한다.[791] 따라서 행위자들의 목적 지향적인 정치적 행위는 헌정질서와 당위성뿐 아니라, 행위규범, 현실인식과 평가 나아가 정체성을 내재한 제도에 영향 받은 것이다.[792]

결국 제도는 규범(norm)과 가치(value)로부터 자유로울 수 없다. 제도에 내재된 규범과 가치는 제도의 기능과 운영에 영향을 미친다. 단적으로 암스테르담조약에 명문화된 유연성(flexibility)이라는 조약문은 유럽적 거버넌스의 다양한 패턴을 결정짓는 규범이다. 단일유럽의정서는 신자유주의 가치를 내재하였고, 마스트리히트조약에는 보충성 원칙(principle of subsidiarity)을 통해 국가의 정체성을 보존한다는 규범이 깊숙이 자리 잡았다.[793] 이와 같이 역사적 제도주의가 제도의 규범을 강조한다는 점에서 신기능주의와 함께 회원국은 초국가 제도에 의해 구속된다는 가정과 초국가 기구의 제도적 권한에 이해를 공유한다고 할 수 있다.[794]

▶ 제도의 발전

올센(Johan P. Olsen)과 마치(James G. March)에 따르면 제도발전은 행위자 간 상호작용과 제도에 대한 해석, 교육과 모방 등 여러 요인들이 일상적으로 반복되면서 점진적으로 이루어진다.795) 따라서 제도는 행위자들의 선호 변화만으로 급진적으로 변화하거나, 행위자들의 선택에 의해 손쉽게 그리고 신속하게 평형점을 찾는 것은 아니다. 제도는 또한 사회적 영향에 반응하거나 행위자들 간 합의만으로 생성되는 것도 아니다. 그러므로 역사적 제도주의 시각에서는 유럽연합의 제도발전을 목적 지향적인 결과로 이해하지는 않는다.

이러한 맥락에서 유럽연합은 정부 간 교섭에서 시작하여 초국가주의 혹은 연방주의로 나아가면서 민주적 정당성을 갖는 정치시스템으로 발전한다는 일방향의 논리가 적용되지 않는다. 다만 이러한 방향으로 제도적 조정이 진행되어 왔다는 사실을 과거로부터의 경로의존적 발전에서 유추할 뿐이다. 역사는 경로의존적으로 발전하면서, 현재의 제도적 성격을 반영할 뿐 아니라 과거의 제도적 발전과정까지 담는다. 즉, 제도는 오랜 시간 진행된 경로의존적 발전의 결과로, 환경변화와 행위자의 선호보다 상대적으로 더디게 변화한다.796)

정치는 규범과 관행을 담은 제도발전에 의해 이루어진다. 제도의 발전은 행위자들이 현재의 정치적 조건에 만족할 뿐 아니라, 제도의 역사적 발전경험을 공유하고 인식할 때 이루어진다.797) 따라서 시간이 경과하면서 제도가 자동적으로 안정화되는 것은 아니다. 동일한 맥락에서 제도개혁은 기성립된 제도 내에서 무엇이 보다 적절한가라는 정치적 인식과 이를 실현할 신념을 갖출 때에만 이루어진다. 여기서 제도개혁은 민주적 정당성을 배경으로 정책결정 능력을 제고하여 통합의 심화를 가져오는 점진적 진화과정이다.798)

제도의 중요성으로 인해 제도변화는 손쉽게 이루어지지는 않는다. 특별히 헌정개혁은 행위자들의 정체성이나 정체의 성격을 변화시키므로 여타 제도보다 변화가 더욱 제약된다.799) 따라서 연방주의 통합을 향한 급진적 사고나 반통합 정서만으로 손쉽게 통합을 지체 혹은 후퇴시킨다는 논리는 타당성이 결여된다.800) 물론 역사적 제도주의 시각이 경로의존성을 이탈한 급진적 혹은 전면적인 제도변화의 가능성을 차단한 것은 아니다. 예외적이고 결정적인 사회경제적 환경변화에 기인에 제도에 내재한 규범과 절차가 전폭적으로 변화되어, 과거의 제도적 유산에 영향을 미칠 수 있다. 한편으로 새로운 제도적 전환도 야기될 수도 있지만 이러한 상황들은 매우 드문 경우이다.801)

▶ 제도적 평형(institutional equilibrium)

폴락(Mark A. Pollack)은 신제도주의 시각은 두 가지의 질문에 해답을 추구한다고 말하였다. 첫째, 어떻게 오랜 기간 제도가 존속하며 제도적 평형(institutional equilibrium)을 이루는가? 둘째, 왜 제도적 평형이 깨지고, 어떻게 제도개혁이 이루어지면서 다시 새로운 제도적 평형이 이루어지는가?802) 이러한 질문에 대해 폴락은 제도적 평형과 그 변화논리를 설명하였다.

이미 만들어진 제도는 행위자 간 선호와 권력의 배분과 같은 여러 요인으로 독립적으로 발전하면서 제도적 평형이 이루어진다. 제도적 평형은 제도가 생성된 이후, 합리적 선택이라는 관점에서 안정된 제도화 과정이 이루어지는 것을 말한다. 그러므로 회원국의 선호가 변화하여도 이미 존재하는 제도가 급격하게 변화하는 것은 아니며, 엄격한 제도적 절차에 따라 점진적으로 변화한다. 유럽연합에서 제도개혁은 곧 조약의 수정이다. 조약수정은 회원국 간 만장일치 표결을 요하므로 특정 회원국이 반대한다면 개혁은 지체되면서 높은 비용을 동반한다. 또한 다수의 회원국이 제도개혁을 원한다고 하여도 조약수정을 위한 정부간회담(IGC) 결과의 불확실성과 높은 거래비용 문제로 쉽게 제도개혁을 취할 수 없다.

그러므로 유럽연합에서 제도개혁은 현존하는 경제사회적 조건과 정치적 영향을 고려하여 매우 신중하게 이루어진다. 만약 여러 회원국이 제도개혁을 원한다면 대개의 경우 만장일치를 요하는 조약수정보다는 다수결 표결이 적용되는 2차 입법 제정을 통한 부분적인 제도적 조정이 취해진다. 이 결과 제도적 구조는 부분적 수정을 통해 안정화되며, 현존하는 제도를 고수하는 보수적 행위자들이 증가한다.[803]

물론 유럽연합에서 조약수정과 같은 전면적 제도변화가 원천적으로 봉쇄된 것은 아니다. 행위자의 선호와 권력균형의 변화, 초국가 정책의 개혁 요구, 신규 회원국의 가입과 정보의 질이 높아지거나 새로운 정보를 가공해야 할 경우 조약수정을 통해 큰 폭의 제도적 조정이 이루어진다.[804] 그럼에도 조약수정 역시 일상화된 정책과정에서 경로의존에 따라 이루어진 제도적 선택이 축적되면서 이루어진 것이다. 그러므로 급진적 제도개혁을 담은 단일유럽의정서와 마스트리히트조약도 결국 과거로부터 점진적으로 진행된 제도적 선택이 집약된 것이다.[805]

폴락은 유럽적 맥락에서 초국가 제도의 발전을 이끄는 독립변수는 회원국 간 협상과 초국가 기구의 의제제안 능력에 기인한 제도적 선택(institutional choice)으로 파악하였다. 구체적으로 조약수정과 같은 초국가 제도개혁은 회원국의 만장일치 표결을 요한다. 따라서 제도개혁은 일종의 정부 간 게임으로 결과에 대한 기대와 동반되는 비용을 고려한 합리적 선택과정이다. 만약 개혁이 요구되면 각 회원국은 결과를 예측하고 다양한 선택 옵션을 준비한다. 이 과정에서 일부 회원국은 비우호적인 결과를 우려하여 조약수정 과정에서 비토권을 행사할 수도 있다. 또한 회원국의 기대와 선호를 조정하는 과정에서 예상보다 높은 거래비용이 발생하거나, 제도개혁이 의도치 않는 결과를 가져올 수도 있다.[806]

단일유럽의정서 체결과정은 이러한 현실을 보여주었다. 단일유럽의정서는 유럽공동체설립조약(TEC)을 수정한 것으로 그 핵심은 정책과정에서 가중다수결 표결 확대와 초국가 기구의 기능 확대이다. 여기서 회원국들의 합리적 선택은 초국가 수준에서 신속한 공동정책 결정과 원활한 정책집행을 위해 다수결 원칙에 따른 합의방식을 확대하는 것이다. 이에 따라 회원국은 시장통합 관련 입법에서 영국을 위시한 몇몇 회원국의 반대를 뒤로하고 가중다수결 표결절차를 도입하였다. 이 과정에서 제도개혁으로 야기될 불확실성을 최소화하기 위해 사회정책 의정서(Protocol on Social Policy)와 같은 보완적 조치를 동반하였다.[807]

한편 가중다수결 표결 도입으로 회원국은 시장통합정책에서 비토권을 상실하였다. 더불어 회원국은 높은 거래비용을 완화하기 위해 유럽위원회에 정책개혁 프로그램을 만들고 회원국 간 조정임무를 수행하는 조율자이며 조정자 기능을 부여하였다. 이에 유럽위원회는 이사회의 위임을 받아 기술입법을 주도하였다. 유럽위원회는 회원국의 공동정책 수용과정에서 모니터링 기능을 강화하고, 필요하다면 사법재판소와 함께 회원국에 직접적인 제재도 가하였다. 이와 같이 단일유럽의정서와 마스트리히트조약 체결과정에서 확인할 수 있듯 유럽위원회의 강화된 제도적 권한과 함께 기업가형 리더십(entrepreneurship)을 확대하여 정책결정 기구간 또 다른 형태의 제도적 평형을 야기한 계기가 되었다.

사회정책의정서(Protocol on Social Policy)

1989년 12월 스트라스부르 유럽이사회에서는 노동자의 사회적 기본권에 관한 헌장(Charter on the Fundamental Social Rights of Workers)을 체결하였다. 본 헌장은 사회헌장(Social Charter)으로 통용되었고, 당시 12개 회원국 중 영국을 제외한 11개 회원국이 서명하였다. 사회헌장은 제도적 구속력이 없는 일종의 선언서이다. 사회헌장 내용은 마스트리히트조약에 대거 내용이 반영되어 1994년 유럽직장평의회(EWC) 설립지침(Council Directive 94/45/EC) 등 유럽연합 차원의 여러 사회정책 입법의 제도적 배경이 되었다.

사회헌장은 마스트리히트조약의 본문에 반영될 계획이었는데 당시 영국 수상 대처(Margaret Thatcher)는 보충성 원칙을 들어 이를 거부하였다. 이에 따라 사회헌장은 마스트리히트조약의 사회정책 부속의정서(Agreement on Social Policy)로 삽입되었고, 영국은 본 의정서에서 선택적 거부권을 획득하였다. 그러나 이후 1997년 암스테르담조약 체결 시 노동당 정부의 토니 블레어(Tony Blare) 총리는 선택적 거부권을 철회하고 동년 본 협정에 서명하였다. 이러한 과정은 사회정책의정서의 효과가 영국의 바람과 선호와 무관하게 중요성을 갖게 되었고, 국내에서 선호 변화를 가져왔다고 해석할 수 있다.

■ 이론구성

　역사적 제도주의는 통합의 목적과 결과를 예시하거나, 복잡한 유럽연합의 운영과정을 총체적으로 설명하는 대이론은 아니다. 역사적 제도주의는 기존의 통합이론과 달리 목적론적 전제를 파기함으로써 현상에 대한 기술을 가능케 하는 일단의 시각이다. 따라서 본 시각은 왜 이러한 경로의 존적인 시스템 발전이 야기되는가에 대한 해답을 제공하는 분석틀은 아니다. 또한 여러 변수를 통해 가정을 만들거나 변수들을 매개하는 방법론이나 모델 역시 아니다.[808] 오히려 본 이론의 목적은 제도적 문제에 대한 가정과 접근을 통해 적실성 있는 연구과제와 방법론을 제기한다는 데서 찾을 수 있다.

　역사적 제도주의 시각에서 보면 제도는 행위자의 선호 변화와 이에 따른 합리적 선택이 수정되는 일련의 과정 속에서 생성된다. 역으로, 행위자들 간 정치적 행위는 기성립된 제도를 배경으로 이루어지며, 이는 과거로부터 연속된 비동기적 행위이다.[809] 이와 같이 제도는 오랜 시간에 걸쳐 형성되면서 행위자들의 전략적 사고에 깊숙이 영향을 미친다. 이러한 가정과 전제는 타당성의 논리(logic of appropriateness)와 경로의존성(path-dependency) 그리고 제도발전에 따른 의도치 않은 결과(unintended consequences)라는 세 가지 전제를 통해 이해할 수 있다.

▶ 타당성의 논리(logic of appropriateness)

　제도는 타당성의 논리(logic of appropriateness)를 내재한다. 행위자들은 자기 충족적 이익 외에도 제도가 부과한 임무와 규범에 지배받는다. 즉, 행위자들의 선택은 명시적 규범, 일상화된 절차 그리고 역사적으로 축적된 형식에 근거한다.[810] 마치와 올센은 타당성의 논리가 규범에 근거한 행위라고 말한다. 행위자들은 타당성의 논리에 의해 공동체의 일원으로 권리와 의무에 대한 자각을 통해 특정한 정체성을 내재한 규범을 따른다. 그러므로 행위자들의 행위는 결국 자신이 갖는 정체성을 특정한 환경에 조화시키는 것이다. 이러한 논리로 정치적 행위자들의 기대와 수용은 사회적 차원에서 구축되고, 널리 알려진 규범 및 관행과 조화를 꾀하게 된다.811)

이러한 타당성의 논리에는 규범, 일상화된 행위, 행위자들의 권리와 의무, 시스템화 된 정책과정과 상호작용 등이 모두 망라된다. 마치와 올센은 행위자들이 공동의 삶과 정체성을 공유하고, 타인을 배려하는 이타적인 사고를 갖도록 규범이 사회적 구속력을 갖는 것이라고 말한다.812) 이러한 맥락에서 행위자들은 공동의 가치와 삶을 공유하고 타인을 배려하는 이성적 존재이다. 이들은 무엇이 자신과 자신이 속한 공동체 내 타인에게 이익이 되는가를 인식하고, 공동체가 규정한 공공선에 준해 행위를 한다.813)

한편 제도적 조정은 법적 구조와 절차의 변화만을 의미하지 않는다. 엄밀하게 말해 제도적 조정이란 두 가지 차원의 변화를 모두 지칭한다. 첫째, 자원의 재분배와 재조직화 과정을 통한 정치적 조직의 변화이다. 둘째, 공동의 신념과 목적과 같은 정치적 이념의 발전이나 재규정화이다.814) 이와 같이 제도와 행위자의 인식이 결합한 타당성의 논리에 의해 정치적 질서가 변화하는데, 이는 자원의 재구성과 재할당뿐 아니라, 행위자들의 선호, 갈망 및 정체성의 변화까지 포함한 총체적 현상이다.815)

이와 같이 제도발전은 공식, 비공식적 규범, 행위자들 간 일상화된 상호작용 패턴과 절차 그리고 행위자의 신념이나 가치와 같은 유무형의 요인들이 모두 타당성을 갖출 때 이루어진다.816) 그러므로 역사적 제도주의에서 말하는 행위자의 선택에서는 합리적 사고에 따른 결과에 대한 기대논리(logic of consequence)보다는 제도화된 규범에 따른 타당성의 논리가 보다 지배적이다. 다만 본 시각에서 결과에 대한 기대논리가 배제되는 것은 아니다.817)

▶ 경로의존성(path dependence)

제도는 경로의존적으로 진화한다. 제도발전이란 초국가 규범이나 헌정질서를 포함하여 통합과정에서 야기된 모든 공식, 비공식적 제도와 관행뿐 아니라, 상호의존적인 경제적 협력과 사회적 네트워크를 모두 포함한다. 이러한 제도와 정책이 만들어진다면 이후 발전 방향도 생성 목적에 준해 발전하며 뒤로 되돌리거나 경로 이탈이 용이하지 않다. 이미 궤도에 진입한 제도와 정책을 되돌리려면 높은 비용이 요구되기 때문이다. 이 경우 차선에서 제도와 정책 방향을 수정할 수 있지만 이 역시 비용과 사회적 저항을 배제할 수 없다.[818] 따라서 경로의존성이란 제도발전과 정책결정이 차선의 수준에서라도 점진적인 진화과정을 밟는다는 것을 의미한다.

기구성된 제도와 정책은 내부에서 새로운 이익에 의해 피느백 되면시 발전해 간다. 이러한 논리로 경로의존성은 경험적 과정으로, 이전의 경험은 현재와 미래로 이어지는 일련의 결과들의 연속선에 있다. 즉, 역사는 과거로부터 발전되어 오면서 당대의 제도적 성격을 반영한다.[819] 그러므로 제도는 행위자의 준거틀이며 공동 목적을 달성케 하는 사회적 구조화이다. 여기서 제도적 발전은 구조적 발전 이외에도 행위자 간 상호인식이 심화되어 공동의 정체성을 형성해 가는 과정 역시 포함한다. 달리 말해 제도발전은 역사적 유산과 행위자들 간 공유된 정체성을 배경으로 이루어진 협상의 결과이다. 따라서 행위자 간 선호대립에 따른 차선의 선택으로 제도가 생성되어도, 시간이 경과하면서 경로의존적 발전을 통해 공고한 제도화 과정이 이루어진다.[820]

이러한 이유는 행위자들이 새로운 문제에 직면할 때 기성립된 제도적 맥락에서 대처 방안을 찾기 때문이다. 이는 행위자들의 선택이 제도적 조건에 준하며, 정책결정 역시 과거로부터 행해진 일련의 결정에 의해 제약된다는 것을 말한다. 따라서 유럽헌법(European Constitution) 논의는 현재의 제도적 구조를 폐기한 것이 아니라, 제도의 재가공을 통한 발전이다.

이 역시 경로의 비약(path jumping)이 아니라 경로의존에 따른 발전과정일 뿐이다.[821]

경로의존적인 제도발전이 야기되는 이유는 제도는 정치, 경제적 변화에 대처하기 위한 정치적 개혁에 비해 상대적으로 견고하며 그 변화는 완만하게 진행되기 때문이다. 여기서 제도의 경로의존성은 제도의 폭(breadth)과 깊이(depth)에 비례하여 점진적으로 이루어진다. 제도의 폭은 특정의 제도가 서로 다른 수준에 있는 제도와 연계되어 있는 정도를 말한다. 따라서 특정 제도가 여러 제도와 중첩되어 있거나 밀접한 관계에 위치한다면, 관련된 여러 제도 역시 동시적인 변화를 요하므로 제도개혁은 상대적으로 어렵다. 한편 제도의 깊이는 제도적 구조가 지배적인 정치적 이념과 패러다임에 영향 받는 정도를 말한다. 그러므로 현존하는 정치적 이념을 반영하는 제도일수록 정치체제에 직접적인 영향을 미치고 제도변화는 상대적으로 어렵다.[822] 결국 제도의 경로의존성은 현실적으로 제도변화가 용이하지 않다는 사실을 말해주며, 이러한 제도개혁의 제약은 세 가지로 요약할 수 있다.

첫째, 기존 제도 내에서 미래에 대한 보상을 고려한 저항이다. 경제학에서는 경로의존성을 증가하는 보상(increasing returns)으로 파악한다. 일단 만들어진 경로가 이익을 낳는다면 미래에도 현재보다 많은 이익을 낳는다는 기대로 새로운 기술과 제도를 쉽게 받아들이지 않는다. 따라서 특정 제도와 정책이 생성되어 이익을 낳았다면 기술진보에 따른 변화에 대응이 지체되고, 경쟁자에 대한 진입장벽이 형성된다. 기술적 문제로 차선의 방안에서 만들어진 규범이 표준화되어 이후 새로운 기술과 규범을 배제하는 예는 키보드 자판배열 QWERTY에서 볼 수 있다. 결국 증가하는 보상에 따른 긍정적인 피드백(positive feedback)이 야기된다면 제도개혁은 난항을 겪게 된다.[823]

둘째, 제도구축을 위한 비용은 제도개혁을 가로막는 또 다른 장애요인이다. 새로운 제도구축을 위한 높은 비용이 유발되고, 제도의 진화과정에서 여러 제도와의 연계성이 증가하면서, 제도개혁 시 연관된 제도 역시 개혁이 동반되므로 또 다른 비용이 유발된다. 따라서 행위자가 제도를 되돌리거나 파기할 경우 매몰비용(sunk costs)을 고려하지 않을 수 없다.[824]

셋째, 만약 제도개혁을 위한 정책과정에 공동결정의 함정(joint-decision trap) 논리가 적용된다면 제도개혁은 더욱더 어렵다. 제도개혁은 만장일치 혹은 준만장일치 합의가 적용되므로 행위자 간 의견조정에 높은 비용을 요하고, 만약 비토권자가 존재한다면 제도개혁은 원천적으로 봉쇄된다.[825]

▶ 의도치 않은 결과(unintended consequences)

경로의존적인 제도발전은 시간이 경과하면서 의도치 않은 결과를 낳을 수 있다. 역사적 제도주의가 제기하는 연구 영역은 제도의 생성(creation)과 운영(operation)으로 양자를 구분해서 이해할 필요가 있다. 제도생성 과정에서는 공공선과 개인의 전략적 목표 간에 불일치 등 여러 제약조건이 존재한다. 따라서 여러 행위자의 선호를 종합한 완화된 수준에서 제도가 생성된다. 그러나 제도가 운영되는 과정에서는 제도에 대한 해석, 제도의 지속성과 제도 내에서 행위자 간 수렴된 선호를 통해 시간이 경과하면서, 제도를 만든 행위자의 의도와 다른 결과가 야기될 수 있다. 여기에서 의도치 않은 결과는 제도의 기능적 문제가 아니라, 경로의존적 제도발전에 따른 결과이다.[826]

피어슨(Paul Pierson)은 여전히 국가의 강력한 주권적 영역에 속하는 사회정책에서도 일부 이슈는 회원국의 선호와 무관한 초국가 제도발전이 이루어졌다고 말한다. 대표적인 이슈는 로마조약에 명기된 남녀 동일 임금, 단일유럽의정서에 의해 가중다수결 표결로 결정되는 사업장 내 보건과 안전규정 그리고 1991년 당시 영국을 제외한 11개 회원국이 체결한 사회정책의정서(Protocol on Social Policy)이다. 본 이슈들은 회원국의 선호와 통제를 넘어 괄목할 제도화가 진척되었다는 공통점을 갖고 이 결과 의도치 않은 결과가 야기된 전형적 사례들이다.[827]

유럽적 맥락에서 경로의존적 제도발전에 따른 의도치 않은 결과는 회원국 정부가 초국가 제도발전을 전적으로 통제할 수 없기 때문에 야기된다. 유럽연합의 회원국 정부는 모두 선거라는 민주적 절차를 통해 구성되므로 선거주기에 민감하게 반응할 수밖에 없다. 이에 따라 회원국들은 선거주기를 의식한 단기적 이해관계에 집착할 수밖에 없고, 이 결과 유럽연합의 장기적인 제도 발전과 공동정책 운영과정을 전적으로 통제하기가 어렵다.[828]

■ 연구과제

역사적 제도주의 시각은 1980년대 말 이후 올센(Johan P. Olsen), 벌머(Simon J. Bulmer) 및 피어슨(Paul Pierson)을 위시한 여러 학자에 의해 단일유럽의정서 이후 공고화된 유럽적 거버넌스에 대한 이해를 도모하기 위해 제기되었다. 올센은 역사적 제도주의 시각을 통한 연구주제 확장에 주력하였다면, 벌머는 신기능주의와 정부간협상 이론이 유럽적 거버넌스의 운영과 정책과정을 명쾌히 포착하지 못한다는 비판에서 새로운 이론적 시각을 모색한 것이다.

벌머는 단일유럽의정서와 마스트리히트조약 체결로 유럽연합은 여러 층에 위치한 정부(multi-tired state)가 공존하는 거버넌스로 전환되었다고 파악하였다. 그는 1990년대 초에 이미 12개 회원국이 모여 이루어지는 유럽연합의 집단적 의사결정은 국내정치 과정과도 유사하다고 주장하였다. 이러한 점을 들어 벌머는 비교공공정치 맥락에서 새로운 분석시각으로 제기된 역사적 제도주의 시각의 적용을 모색하였다.[829] 구체적으로 벌머는 역사적 제도주의 시각을 통해 유럽적 거버넌스의 시스템 변화, 거버넌스 구조, 정책발전 그리고 가치와 규범의 역할이라는 네 가지의 분석대상을 구분하여 논의를 전개하였다.

첫째, 역사적 제도주의 시각에서는 목적론적 통합을 배제하고 통합과정에서 야기된 제도와 행위자 간 관계 양식과 법적, 당위적 차원의 시스템 변화를 설명한다. 단일시장계획의 출범은 이러한 논리로 설명할 수 있다. 단일시장계획은 콕필드백서(Cockfield White Paper)와 이후에 개최된 정부간회담(IGC)만으로 동인을 한정할 수 없다. 역사적 제도주의 시각에서 분석한 단일시장계획의 태동은 콕필드백서뿐 아니라 이전의 두기위원회(Dooge Committee)가 주장한 개혁방안과 이러한 개혁이 관철된 제도적 맥락이다. 이는 곧 유럽공동체에서 축적된 제도적 규범으로 정부간회담의 합의기제와 일괄타협(package deals)과 부가적 보상(side-payments)과 같은 협상논리를 말한다. 나아가 회원국 간 대협상(grand bargains)을 넘어 유럽위원회를 위시한 초국가 기구의 일상화된 규제적 정책이 점진적으로 확장되면서 단일시장계획이 현실에서 구현되었다.[830]

동일한 맥락에서 유럽사법재판소의 판결과 법적 원칙이 입법과정에 적극적으로 수렴되면서 공동체법의 원칙이 되었다. 리스본조약 이전 유럽연합조약(TEU)이 적용되는 2, 3지주 영역과 달리 유럽공동체설립조약(TEC)이 적용되는 제1지주는 공동체법에 구속받았다. 이러한 제도적 기반에 의해 초국가 기구 및 국가뿐 아니라 사적 행위자 간 분쟁 역시 초국가 제도의 원칙 설정에 중요한 배경이 되었다. 전략적 측면에서도 유럽위원회와 사법재판소는 초국가 이해라는 당위성에 주목해 긴밀한 협력을 통해 법적 원칙을 설정하였다. 이러한 맥락에서 역사적 제도주의 시각을 통해 유럽적, 법적 원칙과 입법과정이 조응해 가는 맥락을 이해할 수 있다. 카시스 드 디종 판례(Cassis de Dijon, Case 120/78)로 만들어진 상호인증(mutual recognition)은 사법재판소의 판례가 유럽적 입법원칙으로 수

렴된 대표적 예이다.831)

둘째, 역사적 제도주의 시각에서는 시스템화 된 거버넌스 구조와 능력은 물론이고 거버넌스 내부의 다양한 제도의 속성을 규명한다. 유럽연합에서는 이슈에 따라 상이한 성격을 갖는 정책과정과 거버넌스 레짐(governance regime)이 존재한다. 이러한 유럽적 정책과정과 거버넌스 레짐은 공식적 제도와 비공식적 관행과 압력에 모두 영향 받는다. 단일시장계획은 이사회에서 가중다수결 표결 도입, 공식적 정책과정에 참여하게 된 유럽의회의 영향, 명확한 법적 원칙 그리고 확대된 유럽위원회의 기능이라는 공식적 제도변화에 기인하였다. 한편 단일유럽의정서와 단일시장계획에서는 일괄타협(package deals) 방식이 입법을 위한 비공식적 하위 시스템으로 활용되었다. 또한 글로벌 경제에 대응하기 위해 유럽적 규제를 요구하는 다국적 기업의 요구는 비공식적인 압력과 영향으로 작용하였다.832)

역사적 제도주의 시각은 이러한 이슈에 따른 차별적인 거버넌스 레짐의 생성과 운영에 주목한다. 단일시장계획에 핵심적인 제도적 근거가 된 1989년에 제정된 이사회의 기업합병통제규정(Council Regulation (EEC) No 4064/89)의 적용에서는 산업계의 요구와 달리 회원국 간 만장일치 표결을 요하였다. 그러나 운송정책의 자유화 조치에는 가중다수결 표결이 적용되었고, 항공운송 부분은 사법재판소에 의해 회원국 간 쌍무규제가 불법으로 규정되었다. 이와 같이 유럽연합은 정책 영역마다 상이한 제도적 조정과 발전맥락이 내재한다. 그러나 기존의 통합이론에서는 이러한 양상을 간과하였다는 점에서 역사적 제도주의 시각의 의미가 깊다.

셋째, 역사적 제도주의는 경로의존적인 정책의 발전과정을 분석한다. 대개의 정책은 반복적인 정책과정을 통해 점진적으로 발전한다. 역사적 제도주의 시각에서는 사례연구를 통해 정책연원을 추적하여 선행경험을 도출하고 미래의 정책방향과 정책시행으로 야기될 결과를 예측한다. 더불어 기존 통합이론이 제기한 가정과 역사적인 통합의 발전과정을 연역적으로 설명하고 검증한다. 기존의 정책은 과거로부터 이어진 일련의 활동에 의해 제약받는다. 따라서 기존의 정책이 효력을 상실하거나 새로운 요구에 신속히 대응하지 못해도 내부의 논리에 의해 관성적으로 존속한다. 이와 같이 초기 제도주의자들은 제도적 조정으로 야기되는 높은 비용과 행위자들의 저항을 들어 제도의 변화(change)보다는 지속성(continuity)에 관심을 집중하였다.

공동농업정책(CAP)은 단적인 예로 여타의 공공정책 이슈와 분리되어 독립적인 제도적 맥락에서 정책결정이 이어져 왔다. 공동농업정책은 유럽위원회 내 농업총국(DG AGRI), 농어업이사회(AGRIFISH) 및 이사회 내 농업특별위원회(SCA) 등 여러 행위자들 간 수평적 협력을 통해 결정과 집행이 이루어진다. 이 과정에서 유럽연합 밖의 이익집단인 농업단체위원회(COPA)가 깊숙이 개입한다. 이와 같이 1960년대 초에 구축된 정책과정과 참여 행위자의 권한과 상호작용 패턴은 현재까지도 급격한 변화 없이 유지되고 있다.[833] 1988년 공동농업정책의 재정축소 조치, 1990년대 초 우루과이라운드(Uruguay Round)와 이후 중동유럽 국가의 가입에 따른 개혁조치가 소폭에 그친 것은 이러한 제도의 관성에 따른 것이다.

역사적 제도주의 시각에서도 정부간협상 이론에서의 주장과 유사하게 단일유럽의정서(SEA)가 통합의 분기점이 되었다는 사실을 인정한다. 그러나 그 동인과 결과에 대한 설명은 상이하다. 역사적 제도주의는 단일유럽의정서를 일상화된 통합과정이 축적하여 생성된 제도변화로 이해한다. 그러므로 역사적 제도주의 시각에서는 1983년의 엄숙한 선언(Solemn Declaration), 거슬러 올라가 1974년의 틴더만 보고서(Tindermans Report) 등 제도변화의 연속선에서 단일유럽의정서의 의미를 해석한다.[834]

자유주의 정부간협상 이론에서도 통합역사를 연역적으로 분석한다. 문제는 본 이론이 통합의 독립변수로 상정한 국가 간 주요 협상은 그 결과가 수년을 두고 점진적으로 파급과 영향이 야기된다는 사실이다. 유럽통합은 장기적 프로세스이다. 유럽에서 평화를 이루고 시장을 통합하고 민주적 가치와 권리를 고양하며 국가의 기능을 변화시키고 새로운 안보문제에 대응하는 것은 오랜 시간을 두고 진행되는 정치적 과업이다. 이러한 변화는 국가 간 대협상을 통해 단기간에 해결될 사안이 아니다.[835]

넷째, 역사적 제도주의는 거버넌스에 내재한 규범과 가치를 분석한다. 본 시각은 정책결정과정, 유럽의회의 각종 위원회 구조 및 커미톨로지(comitology) 등 다양한 하위제도 내에서 초국가 기구 간 일상화된 행위규범과 상징을 분석한다. 또한 초국가 기구마다 갖는 고유한 가치와 규범을 분석하고, 이러한 가치와 규범이 축적되면서 야기된 유럽적 정체성을 이해한다. 이를 통해 정책형성과 집행과정에서 드러나지 않는 관행과 이면의 제도적 가치를 분석한다.

일례로 단일시장계획에서 유럽위원회가 절대적 권한을 행사한 것은 명문화된 제도적 권한 이전에 회원국 정부가 자발적으로 프로젝트 성사를 위해 유럽위원회에 정치적 힘을 실어주었기 때문이다.[836] 또 다른 사례로 단일시장계획을 위한 여러 프로그램에서는 신자유주의 경제정책이라는 새로운 규범과 가치가 내재한다. 회원 각국의 국영항공은 오랫동안 경쟁정책에서 배제된 영역이었다. 그러나 단일시장계획 이후 항공시장 자유화는 경쟁정책의 핵심 이슈가 되었다. 이러한 변화는 회원국이 새로운 경제적 변화에 대응키 위해 타당성의 논리(logic of appropriateness)에 따라 기존의 규범과 가치를 새롭게 인식한 결과이다. 따라서 시장통합 프로그램을 담은 체키니보고서(Cecchini Report)는 기존에 콕필드백서(Cockfield White Paper)가 담은 가치와 이상을 정책으로 구현한 것에 불과하다.[837]

> **콕필드백서(Cockfield White Paper)와 두기위원회(Dooge Committee)**
>
> 콕필드백서(Cockfield White Paper)는 1985년 영국 출신 유럽위원회 위원인 콕필드(Francis Cockfield)가 당시 유럽위원회 위원장인 들로르(Jacques Delores)의 요청에 따라 작성한 단일시장 출범을 위한 제도개혁 내용을 담은 보고서이다. 본 백서에는 회원국 간 상호인증(mutual recognition) 확대, 회원국 간 무역장벽 제거와 부가세 조정 등의 내용이 담겨 있다. 유럽위원회는 콕필드백서의 내용을 적극 수용하여 1992년까지 대부분의 내용을 입법화하였다.
>
> 두기위원회(Dooge Committee)는 1984년 당시 아일랜드 상원의원 두기(James Dooge)를 책임자로 하여 출범한 위원회이다. 두기위원회는 유럽의회가 작성한 유럽연합조약안(Draft Treaty on European Union)을 근거로 유럽공동체의 전면적인 제도개혁 방안을 담은 두기보고서(Dooge Report)를 작성하였다. 두기보고서에는 유럽공동체가 정치공동체로 나가야 된다는 점과 이를 위한 개혁방향으로 가중다수결(QMV)의 전면적 확대 등의 내용을 담았다. 두기보고서는 1985년 6월 밀라노 유럽이사회에 제출되어 1986년 단일유럽의정서(SEA) 체결에 큰 영향을 미쳤다.

■ 이론적 설명

▶ 초국가 기구의 자율성과 초국가 제도의 발전

피어슨(Paul Pierson)은 역사적 제도주의를 정부간협상과 신기능주의가 갖는 여러 맹점을 보완하여 통합과정의 이해를 도모하는 시각으로 파악하였다. 유럽통합은 국가 중심 시각이 제기하듯이 국가이익과 국가간협상 논리만으로 이루어지지 않았다. 또한 초국가 기구의 권한과 국가 간 제로섬 논리로 초국가 정부로의 권한이전을 제시하는 신기능주의 시각 역시 통합현상을 왜곡할 수 있다.[838] 이러한 배경에서 피어슨은 역사적 제도주의 시각에서 새롭게 해석하는 초국가 기구의 자율성 및 제도발전과 그 결과를 네 가지로 집약하였다.

첫째, 초국가 기구는 축적된 정치적 자원을 통해 국가의 통제에서 벗어나 자율성을 갖고 독립적인 이익을 추구한다. 유럽위원회는 의제설정(agenda setting) 기능을 통해 유럽의회와 함께 초국가이익을 구현한다. 물론 의제의 최종 결정권한은 이사회가 보유하므로 유럽위원회가 회원국의 선호에 반하는 의제를 제기하는 일은 드물다. 따라서 유럽위원회는 전략적 측면에서 회원국의 선호를 고려하면서, 기업가형 리더십과 패키지 형태의 의제제안을 통해 초국가이익을 최대한 반영한다.[839]

유럽위원회는 또한 정책실행 관리자(process manager)로서 사회적 규정과 같이 여러 행위자의 이해가 엇갈리고 복잡한 기술적 문제가 얽힌 이슈에서, 정책네트워크를 십분 활용하여 효과적인 중재자로 기능한다. 유럽사법재판소 역시 판례법과 법적 권위를 통해 정치적 결정을 헌정화(constitutionalizing)하여 공공선을 구현한다.[840] 또한 일종의 게임의 법칙인 독립적인 유럽적 법적 질서에 의해 초국가 기구와 회원국 정부는 수평적 협력관계를 형성한다. 의제제안에서부터 최종결정까지 이러한 관계는 구조화되어 있다.[841]

둘째, 제도개혁은 점진적으로 진행된다. 제도개혁이나 헌정구조 변화를 꾀하는 정치적 결정은 많은 시간을 들여 다양한 이해관계를 조정해야 한다. 그러나 이러한 정치적 결정을 행하는 정치 엘리트들의 임기는 제한되어 있다. 따라서 선거정치 논리(logic of electoral politics)에 의해 제도개혁은 매우 제한적으로 이루어진다. 많은 경우 정치 엘리트들은 제도개혁과 같은 장기적인 효과를 야기하는 사안보다 임기 중에 가시적 효과를 낳을 수 있는 정치적 결정에 주목한다. 이 결과 제도 및 헌정개혁은 일련의 단기적인 결정이 연속되면서 서서히 시간을 두고 이루어지는 경우가 많다. 이 과정에서 단기적 결정은 정치 엘리트의 사익이 깊숙이 개입되므로, 제도와 헌정개혁은 원래의 의도와 또 다른 방향으로 진행될 개연성이 높다.[842]

셋째, 다양한 행위자들이 참여하는 정책결정과정에서는 여러 변수의 개입과 행위자 간 복잡한 상호작용에 따라 의도치 않은 결과(unintended consequences)를 낳을 수 있다. 유럽연합은 이슈의 밀집(issue density)에 의해 여타의 정치과정보다 더욱 빈번하게 이러한 현상이 야기된다. 정책결정 과정은 이전보다 복잡해지고, 많은 행위자들이 개입하게 되었다. 회원국들은 초국가 정책과 이슈가 증대하면서 시간적 제약과 정책결정에 필요한 정보의 부족이 일상화되었다. 이 결과 전문가와 국내관료 중심의 대리인과 유럽위원회 간 협력을 통한 정책결정이 확대되어 국가의 의도와 다른 정책내용이 산출될 수 있다.

또한 유럽연합에서는 통상의 국제적 레짐과 달리 서로 무관한 이슈를 한데 묶어 정책결정을 행하는 일괄타협이 일반화되어 의도치 않은 결과라는 개연성이 항상 잠복한다. 나아가 정책 간 파급효과에 의해 예측을 벗어난 정책의 발전을 가져왔다. 순수한 경제적 조치도 정치적 행위자가 참여하는 정책네트워크를 통해 결정되면서 정책과 제도발전의 비예측성이 증가하였다.[843]

넷째, 시간이 경과하면서 새로운 정보의 취득이나 징부 내에서 연정구성과 같은 정치적 조정으로 국가의 대외적 선호가 변화할 수 있다. 이러한 국가의 선호 변화는 시간을 두고 점진적으로 진행되므로 특정 시점에서 초기에 의도한 정책 목적으로 환원할 수는 없다.[844]

▶ 유럽적 헌정질서 개혁

역사적 제도주의는 주요한 공적 제도변화에 따른 유럽연합의 헌정질서 변화를 이해하는 시각이다. 유럽적 맥락에서 헌정개혁은 설립조약(Founding Treaties)의 수정이다. 조약수정은 회원국 간 만장일치 합의를 통해 이루어지며, 이후 각 회원국에서 의회 혹은 국민투표를 통한 비준을 요한다. 조약수정은 회원국의 헌정질서와 경제사회적 이해에 직접적 영향을 미친다는 점에서 만장일치 표결이라는 엄격한 조건이 부과된 것이다.

이와 같이 조약수정이 모든 행위자의 동의를 요하므로 이 과정에는 샤르프(Fritz W. Scharpf)가 제기한 바와 같이 공동결정의 함정(joint-decision trap)이 내재한다. 결국 조약이 가결되려면 모든 회원국의 선호를 충족해야 하므로, 조약내용은 필연적으로 기존 제도를 반영하면서 차선의 수준에서 합리성을 강구하는 수준에 머물 수밖에 없다. 따라서 조약과 같이 중요한 제도일수록 그 변화는 경로의존적으로 완만하게 진행된다.

결론적으로 제도는 점진적인 발전을 통해 행위자의 선택을 구속하므로 행위자의 선택은 경로의존성에 지배받는다. 이러한 경로의존성은 현재와 미래의 정책결정이 과거로부터 연속된 상징과 개념으로 연계된 것이다. 따라서 과거로부터 연속된 경로의존성을 고려한다면 특정 이슈에 대한 행위자의 선호와 정책결정이 어떻게 형성되는가를 이해할 수 있다.[845]

경로의존적인 통합과정에는 필연적으로 제도개혁 장벽이 존재한다. 이미 만들어진 제도와 정책에 대하여 일관되고 조직화된 통제를 행하거나, 급진적 변화를 꾀하는 것은 매우 어려운 일이다. 이러한 현상은 국가뿐 아니라 유럽연합에서도 동일하다. 유럽연합에서 가장 즉각적인 제도변화를 야기하는 것은 조약의 수정이지만 그 효과만큼 국가 간 합의도출이 가장 어렵다. 조약을 수정하려면 회원국 간 만장일치 표결과 국내의 비준을 거쳐야 하기 때문이다. 이러한 복잡한 제도개혁 절차로 회원국 간 급진적인 제도개혁에 관한 합의도출은 현실적으로 기대하기 어렵다.

물론 유럽연합은 1970년대에 제기된 이중속도의 유럽(Two-speed Europe), 가변적 지역(variable geometry)과 회원국의 취사선택(Europe à la carte) 등 여러 유연한 통합방식을 강구하여 왔다. 또한 조약에는 일부 회원국에 선택적 거부권(opt-outs) 부여를 명시하여 제도개혁에 따른 저항을 완화하였다. 그러나 이러한 조치들은 조약수정을 위한 추가적 조치에 불과하다. 결국 급진적 제도개혁을 가져올 수 있는 조약수정은 공동결정의 함정(joint-decision trap)에 의해 극도로 제약될 수밖에 없다.[846] 완만한 제도개혁 역시 상응하는 장벽이 존재한다. 초국가 기구와 국가 간 게임의 법칙에 따라 힘의 균형이 이루어지는 정책과정은 제도개혁을 가로막는 보이지 않는 장벽이다.

한편 이전의 통합과정에서는 소요된 거래비용이라는 매몰비용(sunk costs)이 발생하므로, 회원국이 통합을 되돌리거나, 종식시키는 극단적 선택을 취할 여지는 희박하다. 오랜 시간 통합이 진행되면서 회원국은 초국가 제도 및 정책을 수용하기 위하여 많은 시간과 조정비용을 들였다. 그럼에도 만약 회원국이 기존의 경로의존성을 차단하고 새로운 정치질서를 꾀한다면, 새로운 제도구축과 정책시행에 또 따른 비용을 요한다. 이 외에 초국가와 국가 간 상호학습과 조정을 위한 비용과 사회경제적 네트워크 구축에 추가적인 비용이 요구된다.[847]

그러므로 주권을 향유하는 회원국이 조약을 탈퇴할 수는 있지만 동반되는 비용을 고려한다면 이러한 선택을 취하기는 매우 어렵다. 현실적으로 회원국이 취할 수 있는 옵션은 점진적인 제도발전과 조정을 통해 주권을 보존하고 국가이익을 극대화하는 길뿐이다. 이러한 맥락에서 유럽통합 과정은 오랜 시간을 두고 이루어진 점진적인 제도발전의 결과이다.

이와 같이 초국가 기구의 자율성과 제도발전, 의도치 않는 결과, 국가의 선호변화, 제도개혁의 난항과 매몰비용에 따른 완만한 통합진행은 과거로부터 현재까지 경로의존적인 발전이 가져온 결과이다. 그러므로 현재의 제도적 조건과 정책에 대한 이해만으로 통합과정을 명확히 포착할 수는 없다. 이러한 논리로 역사적 제도주의는 제도를 구상하고 만든 행위자의 기대가 시간이 경과하면서 변화하는 동인과 과정 그리고 회원국의 선호 및 권한과 초국가 제도발전의 간극에 대한 분석적 틀을 제공한다.

결론적으로 회원국은 현재의 조건과 선호를 배경으로 정책결정을 행하고 이러한 결정이 축적되면서 의도치 않은 제도의 발전을 가져온다. 또한 회원국의 선호는 시간이 경과하면서 변화하므로 현재의 제도적 조건과 정책이 회원국의 선호와 일치하지 않을 수도 있다. 그럼에도 축적된 통합 과정이 손쉽게 되돌려지거나 경로 이탈적인 발전이 야기되지는 않는다.

이중속도의 유럽(Two-speed Europe)

이중속도의 유럽(Two-speed Europe)은 1975년 당시 벨기에 총리인 틴더만(Leo Tindermans)
이 유럽통합의 방향을 담은 틴더만보고서(Tindemans Report)에서 제시한 개념이다. 틴더만
은 현실적으로 회원국 간 통합에 대한 사고가 다르고 능력의 격차가 존재하므로 통합 선도국
이 앞서 통합심화를 이루고 이후 후발국이 뒤따르는 통합방식을 주장하였다. 이중속도의 유
럽은 통합과정에서 선도국과 후발국으로 양분한다는 사실로 일부 후발국이 불이익을 우려한
반발과 유럽적 정체성 훼손이라는 문제로 오랫동안 논쟁이 되어 왔다. 그러나 1990년대 이
후 회원국 증가와 함께 통합이 가속화되면서 이중속도의 유럽이 여러 부분에서 적용되었다.
경제수렴조건(Economic Convergence Criteria)을 충족하는 회원국이 먼저 경제통화동맹
(EMU)을 도입한 경우와 5개 회원국 간에 체결된 셍겐협정(Schengen Agreement)은 대표적
사례이다.

이중속도의 유럽은 회원국의 취사선택(Europe à la carte)과 가변적 지역(Variable Geometry)
과도 유사한 개념이다. 이러한 개념들은 회원국 간 통합에 대한 각기 다른 시각과 경제사회
적 능력을 고려한 차별화된 통합을 지칭하는 용어들이다. 회원국의 취사선택은 독일 출신 유
럽위원회 위원이었던 다렌도르프(Ralf Dahrendorf)가 1971년에 제기한 개념으로, 회원국은
국내 사정을 고려하여 유럽연합의 공동정책 수용을 취사선택해야 한다는 것이다. 회원국의 취
사선택은 결국 회원국 간 차별적인 정책수용으로 내무사법 분야에서 영국과 아일랜드에 부과
한 선택적 거부권(opt-outs)은 단적인 예이다. 회원국의 취사선택은 단선적 통합방식을 배제하
고 가능한 여러 방안을 취한다는 의미도 담는다. 한편 가변적 지역(Variable Geometry) 역시
회원국의 공동정책과 조치의 차별적 수용을 의미하는 개념으로 회원국의 취사선택과 의미상
의 차이는 없다.

■ 경험적 연구

　역사적 제도주의 시각이 적용된 연구는 가시적 혹은 점진적 제도변화
의 동인과 이러한 제도변화가 야기한 의도치 않는 결과 등 다양한 통합
양상 규명에 원용되었다. 또한 본 시각을 원용한 공동정책 연구는 농업,
예산, 환경 등 오랜 연원을 갖고 점진적인 정책발전이 이루어진 경우와
사회정책과 같이 비교적 짧은 연원에도 큰 파급을 낳은 정책 분야에 집중
되었다.

▶ 단일시장계획: 초국가 정부로의 이행

피어슨(Paul Pierson)을 위시한 여러 학자들은 초국가주의와 역사적 제도주의는 모두 초국가 제도의 경로의존적 발전이라는 가정을 공유한다고 파악하였다. 초국가주의를 내세운 샌드홀츠(Wayne Sandholtz)와 스위트(Alex Stone Sweet)는 정부간협상에서 초국가 정치로 이행하면서 초국가 제도와 정책은 공동체조약과 초국가 기구의 자율성을 배경으로 경로의존적 발전이 이루어진다고 파악하였다. 동시에 양 시각 모두 경로의존적 발전에 따라 회원국이 당초 의도치 않았던 결과의 가능성에도 인식을 같이한다.848)

단일시장계획은 통합역사의 중요한 변곡점으로 자유주의 정부간협상과 초국가주의 시각 모두 이론적 설명의 장이 되었고, 역사적 제도주의 시각에서도 여러 설명이 제기되었다. 역사적 제도주의 시각에서 볼 때 단일시장 출범은 유럽공동체설립조약에 명기된 공동시장(common market) 기능의 재확인이다. 이러한 통합 목적이 조약 체결 후 30여 년 후에 부각된 것은 회원국들이 경제상황 변화에 따른 시장통합의 필요성을 인식하고, 룩셈부르크 타협체제가 야기한 비효율성을 타개할 제도적 변혁을 바랐기 때문이다. 회원국의 변화된 인식에 힘입어 유럽위원회는 정책 실행자(policy-entrepreneur)로서 기능을 회복하고, 이른바 정책의 창(policy window)을 열면서 시장통합계획이 현실화되었다.849)

그러므로 1980년대 중반 시장통합 내용을 다룬 유럽위원회 백서(White Paper: Completing the Internal Market, COM/85/0310 Final)와 이후의 정치적 결정들은 새로운 정치적 협상에서 동인을 찾을 수 없다. 이러한 이유는 정치적 협상은 과거로부터의 경로의존적 발전에 의해 야기된 것이며, 시장통합계획은 이미 유럽공동체설립조약(TEC)에 공동체의 목적으로 명기되어 있는 사항으로, 뒤늦게 회원국들이 본 조약 내용을 재확인한 것일 뿐이다.

시장통합이 진행되면서 당초 유럽위원회가 시장통합계획을 담은 백서에서 언급한 입법사항 이외에도 여러 입법이 만들어졌다. 기업합병통제규정(Merger Control Regulation 4064/89)은 대표적 예이다. 본 규정은 1973년부터 제기되어 왔지만 회원국 간 이해대립으로 유보되어 왔다. 그러나 1992년 단일시장계획이 막바지에 이르자 단일시장계획과 동반하여 유럽 차원에서 기업합병통제 규정이 타당하다는 인식이 팽배하였다. 이에 따라 몇몇 회원국의 반대는 설득력을 잃고 관련 규정이 입법화되었다. 이와 같이 기업합병통제규정은 오랜 기간 이사회의 반대로 입법화가 봉쇄되었으나 경제패러다임의 변화를 반영해 실현된 것이다. 이는 단일시장계획에 포함되지 않았던 사항이지만, 제도적 변화가 행위자들의 인식에 영향을 주어 또 다른 제도발전을 이끌어낸 것이다.

유럽공동체설립조약에 명기된 남녀 동일 임금조항은 1970년대까지 각 국가의 상이한 노동시장 환경으로 법적 효력이 제약되었다. 그러나 1990년대 들어 유럽위원회는 여권신장과 사민주의자들의 지지를 등에 없고 남녀 동일 대우(equal treatment)에 관한 많은 지침(directive)을 제정하였다. 사법재판소 또한 유럽위원회의 정책기조에 맞추어 조약에 근거한 여러 판례를 남겼다. 이에 따라 개별 회원국들은 나름의 선호와 무관하게 남녀 동일 대우에 관련된 사안에서는 초국가 규정을 따르는 것이 일반화되었다.

한편 작업장 내 보건과 안전규정이 단일유럽의정서를 통해 가중다수결 표결이 적용되면서 유럽위원회는 단일유럽의정서 이후 1994년까지 무려 29개에 달하는 관련 지침을 내놓았다. 특별히 본 이슈에서는 단일시장계획과 맞물려 유럽위원회가 주도적 권한을 행사하면서 대부분의 회원국 정책보다 더욱 높은 수준의 규제적 조치를 담았다. 이와 같이 역사적 제도주의에서 제기하는 단일시장계획은 제도의 점진적 진화에 따른 초국가 제도의 발전이며, 이 결과 회원국의 바람과 다른 여러 파급을 가져온 실증적 사례이다.

▶ 공동농업정책의 발전 경로

역사적 제도주의 시각을 견지하는 많은 학자들은 공동농업정책(CAP)은 오랜 기간 재정적, 구조적 위기를 거치면서 경로의존적 발전이 이루어진 대표적 정책으로 파악한다. 공동농업정책은 기능적 효용성이 제약되고 재정적 부담을 가중시키는 원인으로 비판의 대상이 되어 왔지만, 전면적인 개혁이 제약되었던 초국가 정책이다. 학자들은 이러한 원인을 효과적인 통제를 행할 권한의 부재에서 찾았다. 물론 여기서 권한의 소재는 초국가 기구와 회원국 정부이다.

경로의존성이란 일단 만들어진 제도와 정책은 원래 의도한 방향으로 진화하면서 강화된다는 것을 말한다. 즉, 제도가 생성되었다면 제도를 만든 행위자의 통제를 벗어나 경로의존적 진화를 통해 발전하여 외부의 통제와 개혁은 매우 어렵다. 이 결과 시간이 경과하면서 제도를 구축할 때와 상이한 결과를 야기할 수 있다. 공동농업정책은 이러한 제도의 경로의존성을 여실히 보여주는 사례이다.[850]

공동농업정책은 단일의 농업시장 구축과 공동체 예산을 통한 공동재정원칙을 담고 출발하였다. 이른바 만숄츠플랜(Mansholt Plan)에 의해 만들어진 공동농업정책의 정책기조는 1960년대 말에 이르러 농산물 과잉생산에 따른 재정압박에 봉착하였다. 또한 본 정책은 1980년대 이후 역외로부터 불공정무역으로 지목되어 통상정책에 큰 부담을 안겨주었다. 그럼에도 전면적인 개혁조치는 일어나지 않았다.

이러한 이유는 농업단체위원회(COPA)로 대표되는 강력한 이익집단의 압력에 기인한다. 공동농업정책은 정치적 고려와 기술적 문제로 회원국과 초국가 관료로 구성된 커미톨로지 위원회(comitology committee)를 통해 의사결정이 이루어진다. 농업단체위원회는 공고한 결속력과 전문지식을 배경으로 실무적 의사결정이 행해지는 커미톨로지 위원회 내에서 영향력을 행사하였다. 농업단체위원회 소속 위원들은 커미톨로지 위원회 내 공동농업정책을 관장하는 관리위원회(management committee)와 대외무역을 담당하는 규제위원회(regulatory committee) 그리고 유럽연합의 예산이 투입되는 중요한 정책을 다루는 자문위원회(advisory committee) 내에서 압도적인 수적 우위를 점하였다.[851]

이러한 정책과정과 정책의 기술적 속성에 기인해 공동농업정책의 개혁은 이익집단의 저항과 함께 기술적 문제에 봉착할 수밖에 없다. 물론 1983-1984년과 1988년의 예산위기와 1992년 GATT의 우루과이라운드(Uruguay Round)를 계기로 농업 부분에서 급진적인 개혁조치가 행해졌다. 그러나 이는 정책의 점진적인 발전과정에서 누적된 문제점이 일시에 표면화 된 것이며, 개혁내용은 경로의존적인 정책의 진화라는 관점에서 볼 때 크게 일탈한 것은 아니다.[852]

▶ 예산정책의 발전 경로

한편 린드너(Johannes Lindner)와 리베르거(Berthold Rittberger) 등 일부 학자들은 예산정책 역시 오랜 기간 경로의존적 진화에 따라 성격이 변화된 정책으로 지목하였다. 린드너와 리베르거는 1970년과 1975년에 체결한 공동체의 예산조약(Budget Treaty)을 들어 제도생성과 발전논리를 구분하여 제도가 낳은 예기치 않은 결과와 원인을 분석하였다.[853]

1970년 당시 유럽공동체의 예산개혁 과정에서 유럽의회의 권한에 대한 회원국들의 부정적인 시각이 결국 제도생성 과정에서 피할 수 없는 긴장관계를 야기했다. 이에 따라 1970년 제도생성 단계인 예산조약 체결 시 회원국 간 선호경쟁이 극에 달해 조약에는 각 행위자들의 자의적 해석이 가능할 정도로 일반적 원칙만 담았다. 또한 행위자들은 제도적 선택이 야기할 결과를 충분히 인식하지 못해 조약내용은 상당히 모호하였다. 이러

한 모호성은 이후 행위자들이 고유한 선호를 주장하는 근거가 되었다.[854]

조약 체결 후 제도의 운영과정에서 회원국 간 서로 다른 입장으로 이사회는 통일된 입장을 취하지 못하였다. 반면에 유럽의회와 유럽위원회의 선호는 갈수록 수렴화되면서 결국 이들 구 기구가 예산개혁을 주도하게 되었다. 이에 따라 1988년의 합의 시에는 보다 엄격한 제도적 절차와 엄밀한 내용을 명기하여 회원국의 배타적 해석의 여지를 봉쇄하였다. 구체적으로 1988년 예산개혁에서는 1970년대부터 유럽의회가 주장한 유럽공동체의 자체예산(own resources)과 다년예산계획(MFF)이 도입되었다.[855]

물론 1988년 예산계획 이전에 1980년대 초부터 공동농업정책(CAP) 개혁과 재정축소가 선행되었다. 따라서 1988년 예산개혁은 많은 시간과 비용을 지불한 대가이며, 프랑스를 위시한 주요 회원국의 바람과 무관한 점진적인 초국가 제도발전의 결과이다. 즉, 예산정책의 개혁은 제도의 긍정적인 피드백 결과로서, 자체적인 메커니즘 강화(self-reinforcing mechanisms)에 따른 것이다.[856]

■ 이론적 의미

유럽연합 연구에서 역사적 제도주의 시각의 유용성은 초국가 기구와 국가의 변화를 야기하는 제도발전, 신념이나 가치와 같은 비공식적 규범 그리고 제도발전에 대한 행위자들의 사고에 대한 이해의 폭을 넓힌다는 데 있다.

첫째, 역사적 제도주의 시각에서는 광범위하고 다양한 통치 양상에 포섭된 유럽연합을 해석하고 설명하기 위해 법적, 헌정적 규범에 근거한 제도발전의 맥락을 분석한다. 다만 유럽연합은 제도적 운용과 행위자의 권한을 제시한 조약만으로 이루어진 것은 아니다.[857] 따라서 역사적 제도주의는 아직 헌정적 질서로 체계화되지 않았지만, 그 경로로 이행하고 있는 제도의 발전동인과 과정에도 주목한다. 따라서 역사적 제도주의 시각에서의 연구 영역은 행위자들의 신념이나 비공식적 관행, 회합, 유럽연합에 내재한 규범과 상징 등을 망라한 유무형의 요소를 망라한다. 또한 역사적 제도주의 시각에서는 유럽연합의 헌정질서에 포섭된 공적 행위자들뿐 아니라, 통합과정에 개입하는 사회적 행위자들의 권한에도 관심을 갖는다.

둘째, 역사적 제도주의 시각은 국가 내부 시스템과 자치적 권한의 변화를 통해 국가의 재구성을 설명한다. 기존에 전통적인 통합이론은 통합과정에서 국가의 권한 축소 및 확장에 주목하였다. 신기능주의는 통합과정에서 국가의 역동성을 배제하고 초국가 수준의 시스템 전환에 주목하였다. 한편 국가 중심주의 사고에서는 유럽통합을 국가수준에서의 상호작용이 가져온 종속변수로 이해하였다. 그러나 국가들은 기성립된 국내 제도 내에서 초국적 규범을 수용하여 차별화된 형태와 경로를 통해 재가공한다. 따라서 회원국은 특정의 정책과 정책과정에서 각기 다른 응집력을 갖고 통합에 대응한다. 이러한 맥락에서 역사적 제도주의는 보다 중립적 시각에서 각 국가마다 차별화된 초국적 규범의 국내 수용 과정을 경로의존성과 타당성의 논리를 통해 설명한다.[858]

셋째, 역사적 제도주의는 유럽연합의 정책과정이 내적 규범, 경로 및 상징을 통해 국내의 정당구조와 선거시스템과 유사한 논리로 전개된다는 사실에 주목한다. 따라서 역사적 제도주의는 조약의 성립과 입법과정 그리고 사법재판소의 법률 해석 등의 법적, 제도적 맥락을 분석하고, 행위자들이 이러한 구조적 요인에 어떻게 제약받는가를 분석한다.[859] 나아가 역사적 제도주의에서는 구조와 행위자의 관계를 통해 행위자의 권한 및 행위자 간 경쟁 패턴과 권력배분이라는 정치적 관계를 규명한다. 예를 들어 역사적 제도주의는 특정 사례를 분석하면서 먼저 초국가 영역에서 조직화된 정책 흐름과 궤적을 관찰한다. 이를 통해 특정 경로에 의존한 정책

결정이 반복되면서 축적되는 행위자의 이해와 권력관계를 제시한다.[860]

또한 역사적 제도주의 시각에서는 학습효과에서 비롯된 행위자들의 새로운 전략을 예측한다. 이러한 분석을 통해 특정 정책 영역에서 행위자들이 문제 해결 능력을 고양하는 과정과 이를 통해 점진적으로 변화되어 가는 정책과정을 이해한다. 이러한 맥락에서 역사적 제도주의는 유럽통합을 단순히 새로운 조약생성이나 수정의 결과로 환원하지 않는다. 오히려 이러한 조약을 제정키 위한 행위자들 간 협상과 타협 이를 통해 축적되어 가는 상호인식과 변화하는 제도를 통해 통합을 이해한다.

넷째, 역사적 제도주의는 정치적 문화와 같은 가치를 통해 시스템 안정을 꾀하는 행위자들의 사고를 이해한다.[861] 제도 내에 내재하는 암묵적인 규범과 행위 패턴은 정치시스템의 안정화를 가져오는 중요한 요인이다. 보충성 원칙(principle of subsidiarity)의 존중, 비공식적 회합과 표결을 통한 사전 의견조정 및 이사회에서 약소국에 상대적으로 과도한 표결권 부여 등은 시스템 안정을 위한 인식과 조정기제이다. 이와 같이 역사적 제도주의는 비공식적인 규범과 가치를 통해 행위자들의 다중적 정체성과 임무 그리고 문제 해결과정을 분석한다. 이러한 연구 목적에 기인해 역사적 제도주의는 집단적인 의사결정을 위한 유럽연합 내부의 정책네트워크를 이해하는 데도 유용성을 갖는다.[862]

■ 이론적 한계

전통적인 통합이론은 대이론으로서 통합의 동인과 과정 및 결과에 대한 예측을 의도한다. 그러나 역사적 제도주의는 연구과제의 확산과 개별 이슈를 분석키 위한 방법론적 다양성을 제시하는 중범위 이론의 성격을 갖는다. 따라서 본 시각은 특정의 변수를 통해 정치적 과정을 모두 설명하거나 예측하는 일반이론은 아니며, 기존재하는 제도와 이의 발전을 통해 행위자들 간 상호작용을 설명하는 시각으로 한정된다.[863] 기존의 역사적 제도주의 시각에서 제기하는 연구과제는 왜 과거에 행한 결정과 초국가적 제도에 구속받는가? 통합과정에서 왜 의도치 않는 결과가 광범위하게 생성되는가와 같은 제도적 문제에 집중된다.[864]

역사적 제도주의 시각의 유용성은 제도발전 과정을 추적하여 현존하는 제도적 구조와 이러한 구조 내에서 이루어지는 정치과정을 다룬다는 데 있다. 회원국들이 갖는 선호는 이미 그들이 만들고 동의한 초국가 제도와 정부간협상 내용 안에서 이루어지고, 정치적 갈등은 기구성된 제도적 구조 내에서 조정된다. 즉, 회원국은 초국가와 정부 간 수준에서 제도를 만들고 이러한 제도에 의해 구속받는다. 이러한 논리로 역사적 제도주의에서는 제도의 경로의존성과 타당성 논리로 미래의 발전방향과 결과를 예측한다.

문제는 역사적 제도주의는 정치적 이벤트가 야기한 결과보다 정치적 이벤트가 만들어진 제도화 과정의 분석에 초점을 맞춘다는 것이다. 이와 같이 역사적 제도주의는 기술적 설명에 주목한 중범위 이론으로 거시적 정치사회 변화를 설명하는 전통적인 대이론과는 그 목적을 달리한다. 따라서 본 시각은 통합에 대한 연역적인 기술적 설명(story-telling)에 머물러, 이에 따른 태생적인 이론적 한계를 갖는다.[865]

첫째, 정책의 결과를 통해 제도에 구속되는 행위자의 선호를 분석하는 것은 매우 어려운 일이다. 역사적 제도주의 시각에서 볼 때 제도는 행위자의 선택에 대한 명시적인 가이드라인으로 작용한다.[866] 이는 정책과정에서 특정의 제도적 조건에서 특정한 행위 패턴과 결과가 야기된다는 논리로 해석할 수 있다. 그러나 정책의 결과만으로는 행위자들이 제도가 부과하는 구속에 어느 정도 영향을 받았는가를 추론하는 작업은 쉽지 않다. 과연 모든 행위자가 동일한 정도로 이러한 제도에 구속받는가? 각기 다른 행위자들의 선택과 선호에 미치는 제도적 영향을 어떻게 연역 혹은 귀납적으로 증명할 수 있는가에 대한 질문 역시 명쾌한 해답을 얻기 어렵다.

둘째, 역사적 제도주의 시각에서는 단일유럽의정서와 같이 중요한 정치적 조정과 이에 따른 급진적 변화를 포착하는 데는 한계를 갖는다.[867] 통합역사를 돌아보면 제도발전의 경로의존성을 벗어난 조약수정과 사법재판소의 판례는 여러 비예측적인 결과를 낳았다. 단일유럽의정서 체결과 마스트리히트 조약에 명기된 유럽시민권(European Citizenship)과 경제통화동맹(EMU) 출범계획은 경로의존적 제도발전으로 환원할 수 없을 정도로 급진적 내용을 담았다. 특히 사법재판소는 공동체법의 최고성(supremacy)과 직접효력(direct effect) 원칙을 통해 경로의존성을 벗어난 획기적인 제도적 발전을 야기하였다. 이러한 급진적 제도개혁은 원래의 의도와 또 다른 제도발전을 가져오거나 정치적 파급을 야기하였다.[868]

셋째, 사례연구의 제약이다. 역사적 제도주의 시각에서는 공식적인 규범 이외에도 다양한 비공식적 절차와 경로를 제도화 과정의 일부로 고려한다. 그럼에도 역사적 제도주의가 사례연구를 통해 제시하는 제도화는 주로 경성화된 제도로서 공동체법 그리고 제도화된 정책과정이나 규범화된 절차들이다. 실제 역사적 제도주의는 유럽통합 과정에 내재한 비공식적 관행이나 암묵적 상호인식에 대한 구체적 설명을 제기하거나 이를 독립변수화 하지는 못하였다.[869] 샤르프(Fritz W. Scharpf)는 합리적 선택에 따른 제도주의는 복잡한 정치과정을 과잉 단순화하고, 역사적 제도주의와 사회적 제도주의는 경성화된 제도분석에 집중하여, 실제 복잡한 통합과정을 충분히 설명하지 못한다는 비판을 제기하였는데 이는 타당성 있는 지적이다.[870]

넷째, 역사적 제도주의 시각에서 제기하는 타당성의 논리는 행위자의 행위 패턴에 적용할 때 방법론적 문제를 야기할 수도 있다. 행위자의 행위는 개인과 집단적 행위로 구분할 때 서로 상이한 타당성의 논리가 적용될 수 있다. 역사적 제도주의의 유용성을 제기한 마치와 올센은 개인과 집단행위를 명확히 구분하지 않았다. 그러나 이는 매우 중요한 문제이다. 개인이 집단에서 권력을 누리거나 집단의 행위로부터 이익을 얻을 경우 이들은 때때로 자신이 속한 집단의 비도덕적 행위를 용납할 수도 있다.[871] 그러므로 개인과 집단에 동일한 기준의 이성적 행위와 도덕성을 적용할 수는 없다. 특히 국가 간 관계에서는 개인과 집단 간 타당성의 논리는 상이한 내용을 담을 개연성이 높다.

그러므로 역사적 제도주의 시각을 적용한 연구는 먼저 개인과 집단이 각각 갖는 타당성의 논리는 무엇인가? 개인이 갖는 타당성의 논리가 집단에서는 어떻게 단일의 논리로 취합될 수 있는가에 대한 명확한 설명이 선행되어야 한다. 나아가 타당성의 논리를 거론함에 있어 행위동기와 타당성 간의 모순을 직시해야 한다. 회원국의 정치 엘리트는 자신의 정치적 입지를 공고히 하기 위한 방편으로 국가이익 실현이라는 명분을 내세워 유럽통합을 정당화하는 경우가 있다. 또한 일부 회원국은 특별히 외교안보정책에서 인권과 세계평화라는 당위성을 들어 자국의 배타적인 이해를 관철하려 한다. 이러한 사례를 고려할 때 타당성의 논리를 적용한 사례연구에 있어서는 정책결정자들의 행위동인과 타당성 간에 괴리를 극복할 논리적 설명이 전제되어야 한다.

다섯째, 역사적 제도주의에서는 경로의존적인 제도발전을 들어 보다 적절한 목적을 위해 초국가 제도를 바꿀 수 있다는 회원국의 의지를 주요한 변수로 고려치 않는다.[872] 공동체법과 조약의 발전은 정부 간 합의와 초국적 제도의 경로의존적 진화만으로 설명할 수 없다. 따라서 역사적 제도주의 시각을 적용하려면 제도의 경로의존적 발전과 행위자의 선호변화와의 명확한 관계가 설정되어야 한다.

역사적 제도주의 시각에 따르면 행위자는 제도에 구속받는다. 이러한 논리로 초국가 제도발전에 따라 행위자로서 국가의 자율성은 축소될 수밖에 없다. 그러나 카짐(Hussein Kassim)과 메논(Anand Menon)은 역사적 제도주의는 다층적 거버넌스와 유사한 맥락에서 초국가 제도 내에서 국가의 실제적 권한이 과소평가 되었다는 점을 지적하였다. 1980년대 말 이후 일부 회원국은 초국가 정책과정에서 룩셈부르크 타협체제에서 누렸던 정치적 영향력을 발휘할 수 없게 되었다. 그럼에도 1990년대는 회원국이 국가이익을 실현키 위해 조약 체결의 당사자라는 지위를 충분히 활용한 시기였다. 따라서 조약수정을 통한 초국가 제도의 발전은 결국 국가이익의 간접적 실현과정이다.[873]

또한 회원국은 일상적인 정치과정에서도 그들의 선호를 충분히 관철할 수 있다. 회원국은 유럽이사회를 통해 예산을 결정하고 유럽위원회의 권한을 간접적으로 통제하며, 회원국 역시 유럽위원회가 구축한 정책네트워크에 참여하여 의제설정에 영향을 행사한다. 나아가 회원국은 제도화된 정부간협상을 통해 유럽위원회가 전권을 행사하는 초국가 정책에도 간접적인 영향력을 행사한다. 따라서 유럽위원회의 의제제안권은 조건적 권한에 불과하다. 이러한 논리로 회원국과 유럽위원회를 위시한 초국가 기구는 여러 수준에 걸쳐 의존적인 관계에 위치하되, 국가의 기능이 축소된 것은 아니다. 여전히 회원국 정부의 선호와 의지는 초국가 제도발전의 주요한 동력이다.[874]

끝으로, 역사적 제도주의 시각을 통한 경험적 연구에서는 초국가와 국가라는 양 수준에서 이루어지는 제도적 융합에 대한 사례연구가 빈약하다. 역사적 제도주의를 원용한 연구는 크게 초국가와 회원국 수준에서 제도와 정치발전에 대한 연구로 구분된다. 대개의 학자들은 유럽연합의 정책과정에서 초국가 기구라는 대리인의 권한과 선호를 분석하는 데 집중하였다. 반면에 푸트남(Robert Putnam)과 슈미트(Vivien A. Schmidt)와 같은 학자들은 국가 내부의 사회적 압력을 수용한 회원 각국의 고유한 정치경제적 제도발전을 규명하였다. 전자는 주로 지역연구 및 유럽학 그리고 후자는 통상의 국제정치 및 비교정치에서 다루는 연구 영역이다.

문제는 역사적 제도주의 시각에서는 양 수준의 제도가 상호영향을 주면서 발전하는 유럽적 제도발전을 제기하였지만 이를 입증할 사례연구가 충분치 않다는 것이다. 이러한 상황은 결국 역사적 제도주의 시각은 양 수준에서 진행되는 제도발전의 인과성과 상호작용 맥락을 포착하지 못한다는 사실을 반증한다.[875]

피어슨(Paul Pierson)은 대부분의 제도주의 학자들이 거시적 차원에서 제도와 헌정구조 변화에 관심을 기울이면서 서로 다른 층에 위치한 제도적 구조와 이들 양자 간 관계에는 소홀하다는 점을 지적하였다. 단적으로, 유럽연합 내 중소 규모 서유럽 회원국 상당수가 유사한 조합주의적 합의 시스템을 갖고 있다. 이러한 회원국의 제도와 정치과정이 유럽연합의 제도발전에 어떠한 영향을 미치고, 초국가 제도는 어떻게 이들 회원국의 정치경제 구조와 조화를 이루는가에 대한 경험적 연구는 극히 미비하다.[876]

이러한 이유에 대한 여러 추측이 가능하다. 유럽연합 연구에서 역사적 제도주의 시각이 일천한 역사를 갖기 때문이다. 또한 점증하는 회원국 수를 고려한다면 방법론 차원에서 양 수준에서 제도적 교환관계를 분석하는 것이 용이치 않기 때문이다. 그러나 다층적 거버넌스와 초국가주의에서 제기하듯이 유럽통합은 초국가와 국가수준의 정치과정이 융합된 정치과정이다. 역사적 제도주의 시각 역시 이러한 가정을 전제한다는 점에서 특별히 유럽연합 내 중소 규모 국가를 포함한 양 수준에서의 제도적 교환과 영향에 대한 많은 경험적 연구가 뒤따라야 이론적 적실성을 고양할 수 있을 것이다.

사회적 제도주의(sociological institutionalism)

■ 이론적 배경

　사회적 제도주의는 국제관계 수준에서 공식적인 제도뿐 아니라 비공식적인 규범과 협상을 망라한 광범위한 제도적 맥락을 분석하는 시각이다. 역사적 제도주의 시각에서는 광의의 제도적 구조 내에서 행위자들의 세계관과 행위 패턴을 설명한다. 합리적 선택에 따른 제도주의에서는 행위사들이 주어진 제도적 조건에서 최대한의 기능적 사고를 통해 선호를 극대화한다고 가정한다. 반면에 사회적 제도주의 시각에서는 두 개의 제도주의 시각에서 포착하지 못한 제도의 보다 근원적인 사회적 영향을 규명한다.[877]

　사회적 제도주의는 타 제도주의 시각에 비해 유럽연합 연구에서 활용 연역이 짧고 분석대상도 제한적이다. 사회적 제도주의 시각을 유럽연합 연구에 적용한 대표적 학자는 리세(Thomas Risse), 루이스(Jeffrey Lewis) 및 체켈(Jeffrey Checkel) 등이다.[878] 이들은 문화와 정체성과 같은 사회적 요인을 통해 유럽연합을 구성하는 제도의 성격과 이러한 제도의 상대적 자율성에 주목하였다. 이러한 목적에서 연구 영역은 유럽관료의 정체성 및 행정문화 등 특정한 구조 내에서 행위자의 선호와 관계 양식 분석에 집중되었다.[879]

　구성주의 시각 역시 사회적 제도주의와 유사한 가정을 통해 유럽연합 연구에 적용된다. 사회적 제도주의와 구성주의는 모두 국제관계와 특정의 사회관계에서 제도를 독립변수로서 고려한다. 그럼에도 제도적 문제가 어떻게 야기되는가에서 이론적 분기가 이루어진다. 간략히 정리하면 제도적 접근에 따르면 제도는 게임을 위한 공식, 비공식적인 규범이다. 이는 합리적 행위자들이 전략적 목적 달성을 위해 요구되는 목적론적 인식의 준거틀이다.

반면, 구성주의에서 제기하는 제도는 행위자의 목적과 동인뿐 아니라 그들의 선호와 정체성을 특정 짓는 보다 폭넓은 구조적 조건이다. 구성주의 시각에서는 정치적 행위자들이 집단적 방식과 규범에 근거해 행위를 한다는 사회적 구성(social construction)에 관심을 갖는다. 구성주의자들은 행위자의 목적과 이익을 결정하고 구현하는 것은 합리적 사고뿐 아니라, 합의에 이르기 위한 과정까지 포함한다. 따라서 구성주의 관점에서 파악하는 제도는 제도주의 시각보다 깊고 광범위한 존재론적 기반 위에 있다.[880]

그러나 유럽연합 연구에서 구성주의는 합리적 선택에 따른 제도주의와 유사하게 엄밀한 경험적 검증이 동반되지 않는 전이론(meta-theory)으로 고려된다.[881] 모랍칙은 공동체 연구에서 구성주의적 접근의 필요성은 인정되지만, 경험적 연구를 통한 입증 가능한 가정보다 광범위한 해석적 기반 위에 있는 전이론(pre-theory)으로 존재한다고 주장하였다. 따라서 구성주의 시각은 1990년대 국제정치 이론에서 매우 중요한 위치를 점하지만 유럽통합 연구에 적용 역사가 일천하고, 일반화된 연구시각으로 발전하는 과정에 있다고 할 수 있다. 한편 유럽연합 연구에서 구성주의와 사회적 제도주의는 통칭하여 사회적 구성주의(social constructivism)로 통칭되어 양 이론이 뚜렷한 구분 없이 적용되고 있다.

■ 이론적 설명

▶ 제도와 문화

사회적 제도주의는 제도 내에 내재하는 경험적 지식과 문화적 측면을 강조한다.882) 사회적 제도주의에서는 행위자의 행태는 기존재하는 문화적 환경에 깊숙이 영향 받는다고 전제한다. 그러나 이러한 제도적 가정은 합리적 선택에 따른 제도주의와 달리 행위자의 선택 옵션을 억제하는 장애물이 아니다. 오히려 제도는 행위자의 인지적 정향을 보다 풍부하게 하는 자산이다. 행위자들은 공동의 역사적 경험과 인적 네트워크를 통해 거래에 동반되는 비용을 줄이고, 합리적 선택 여지와 그 내용을 확대한다.883)

사회적 제도주의 시각에 따르면 제도는 공식, 비공식적으로 행위자 간 예상과 기대(mutual expectations)를 담고, 제도에 내재한 규범은 사회적 행위자의 기능과 정체성을 규정짓는다.884) 이러한 사회적 규범과 법치는 행위자의 세속적 욕구나 가치보다 더욱 중요한 의미를 갖는다. 제도는 현재와 미래에 있어 행위자와 그들의 이익을 정당화하는 기제이며, 행위자의 정체성과 선호를 결정하는 독립변수이다. 따라서 행위자들은 주어진 제도 내에서 타당성의 논리(logic of appropriateness)에 따라 선호구현을 위한 적절한 행위를 취한다.885)

이러한 전제를 통해 사회적 제도주의 시각에서는 주어진 환경과 구조에서 무엇이 가장 적절한 행위인가? 역으로 이러한 환경과 구조는 행위자의 선택을 어떻게 구속하는가를 규명한다. 여기서 전자의 질문은 행위자의 능동적인 전략과 이익에 초점을 맞춘 반면, 후자는 구조에 종속된 행위 패턴에 주목한 것이다.

한편 사회적 제도주의 관점에서 행위자들은 그들의 정체성과 이익을 충분히 이해하고 이를 실현할 대리인으로서 초국가 기구를 만들었다. 이러한 초국가 기구는 기존 제도 내에서 상호작용을 통해 보다 공고한 제도화로 발전한다. 따라서 행위자가 기존의 제도 밖에서 또 다른 선택을 취할 수 있다는 가정은 원천적으로 성립되지 않고, 행위자의 선택과 선호는 경험적 지식과 문화를 내재한 현존하는 제도적 구조에서 벗어날 수 없다. 이러한 논리로 사회적 제도주의 시각에서 행위자가 갖는 제도적 선택 여

지는 제한적이다.886)

사회적 제도주의는 공식적인 규범뿐 아니라 비공식적인 규범과 문화적 전통 등 광의의 제도적 조건과 이러한 제도에 구속된 행위자의 세계관과 사고를 이해하는 시각이다. 가시적인 제도적 규범과 관행과 달리 문화적 요인은 행위자의 사고에 내면화되어 선택과 선호에 근원적 영향을 미친다. 정치적 이벤트에서도 문화적 규범과 관습적인 상호작용 맥락이 내재한다. 이러한 논리로 서로 다른 제도적 구조에 위치한 행위자 간에는 동질적 인식을 가질 수 없다.

유럽연합에서 경제정책은 이러한 문화적 맥락을 내재한다. 회원국은 신자유주의 정책 혹은 보호주의 기조를 선택적으로 취한다. 사회적 제도주의 시각에서는 이러한 현상을 산업발달 정도나 국제경쟁력과 같은 미시적이며 과도기적 전략으로 설명하지 않는다. 회원국의 산업정책 기조는 오랫동안 누적되어 온 자본주의 전통에 따른 상이한 시각에서 비롯된 것이다.887) 이와 같이 사회적 제도주의 시각에서는 사회에 내재하는 상징, 가치, 신념 및 정체성을 통해 역사적, 문화적 측면의 제도적 특징과 발전과정을 이해한다.

이러한 점에서 사회적 제도주의는 역사적 제도주의와 분석 목적과 영역에서 차이를 갖는다. 역사적 제도주의와 사회적 제도주의는 제도발전과 조정이라는 시각을 공유하지만, 전자가 경로의존적인 제도발전을 강조한 반면, 후자는 이 과정에서 제도의 적법성과 정체성이라는 변수를 고려한다. 이러한 시각이 대비되는 대표적 사례는 터키의 유럽연합 가입협상에 대한 분석이다.

역사적 제도주의 시각에서는 터키의 유럽연합 가입협상은 유럽연합이 과거에 축적된 결정에 영향 받은 경로의존적인 발전과정에서, 이전의 선례와 무관한 결정으로 파악하고 이의 동인을 제기한다. 한편 사회적 제도주의 시각에서 볼 때 유럽통합은 유럽적 정체(polity)가 시간이 경과하면

서 보다 적법한 헌정질서로 발전해 가는 과정이다. 따라서 터키와의 유럽
연합 가입협상은 양측 간 가치와 정체성에서 공통분모를 만들어가는 과
정이다.[888] 즉, 유럽연합과 터키 간 가입협상은 양측 간 전향적인 인식의
변화에 기인하며, 이는 초국가 제도의 발전과 새로운 정치적 규범이 정당
성을 획득하여 진화하는 것이다.

▶ 이형동질화(isomorphism)

회원국 정부와 지방정부는 각각 어떠한 문화적 배경을 통해 초국가 규
범을 수용하는가라는 문제는 그 중요성에도 불구하고 기존의 유럽연합
연구에서 활발히 다루지 않았던 부분이다. 회원국의 초국가 제도와 정책
수용은 국가와 국가 내 하위정부로의 하향식(top-down) 규제부과 역으로,
국가와 국가 내 하위정부의 선호가 초국가 정책과정에 투입되는 상향식
(bottom-up) 접근을 망라한 유럽화(Europeanization)의 다양한 양상을 규
명하는 작업이다.

여기서 사회적 제도주의는 초국가로부터의 압력에 회원국들의 고유한 문
화적 정체성을 배경으로 각기 다른 수용과정과 파급을 분석하는 데 유용하
다. 주목할 점은 사회적 제도주의 시각에서는 서로 다른 체계 특성을 갖는
정치 단위들 간 상호작용을 제시하는 이형동질화(isomorphism) 개념을 적
용하여 여러 수준에서 전개되는 통합 양식을 파악할 수 있다는 것이다.

이형동질화는 초국적 규범과 공동정책의 수용에 따른 회원국 간 영향
의 정도 및 국내의 헌정 및 정치질서에 기인한 차별적 정책수용 경로를
기술하는 설명적 도구이다. 유럽연합과 회원국 간 제도적 이형동질화는
유럽적 공동정책의 목적과 정책범위에 따라 국가 간 정치, 행정, 사회적으
로 매우 다양한 양상을 나타낸다. 이와 같이 이형동질화는 회원국의 헌정
질서에 따라 그 양상은 상이하지만 대부분 다음의 3가지 범주로 귀착된
다. 첫째, 초국가 수준에서 이미 존재하는 국가 간 자원의 의존성을 보다

확장한 강제적 규범의 부과와 이에 따른 회원국의 대응, 둘째, 불확실한 경쟁적 상황에서 비롯된 국내 행위자의 모방적 대응, 셋째, 공통적인 외부 환경에 대응한 회원국의 기능주의적 대응으로 구분할 수 있다.[889]

이와 같이 사회적 제도주의는 이형동질화 개념과 결합하여 각기 다른 회원국에서 공동체법과 2차 입법의 수용 패턴과 파급 그리고 초국가 제도 수용으로 변화되는 규제구조와 문화적 정체성을 분석하는 데 유용한 시각이다. 단적으로 사회적 제도주의와 이형동질화 개념을 통해 초국가 규제가 어떻게 회원국마다 다양한 자본주의 구조와 조합주의 합의방식에 수용되는가? 기존 서유럽 회원국과 사회문화적 차원에서 이질성이 큰 중동유럽 신규 회원국들은 어떻게 유럽연합의 규범에 수용되는가? 이러한 수용과정은 각국마다 어떠한 경로를 통해 진행되는가? 등 광범위한 연구 주제를 제기하고 분석할 수 있다.[890]

■ 이론적용: 연구주제

사회적 제도주의는 구성주의 시각과 함께 1990년대 중반부터 유럽통합 연구에 적용 가능성 논의를 거쳐 2000년대 들어 점진적으로 여러 사례연구에 적용되었다. 그러나 본 시각은 타 제도주의 시각에 비해 경험적 연구의 축적이 일천하다.[891] 국제관계 시각에서 사회적 제도주의는 구조에 의해 구속받는 국가의 정체성과 국가의 대외적 행위 분석에서 원용되었는데, 유럽연합 연구에서는 제도주의에서 비롯된 일단의 미시적인 분석시각으로 고려된다.

구체적으로 사회적 제도주의 시각은 유럽연합의 회원국 확대, 유럽시민권(European citizenship), 신지역주의에 내재한 문화적 정체성 그리고 고전적인 주제인 회원국과 유럽연합과의 관계 등에 단편적으로 적용되었다.

이러한 연구는 모두 1990년대 후반들어 진행된 것으로 구성주의 시각과 뚜렷한 개념 차이 없이 이루어졌다.[892]

사회적 제도주의 시각에서 다루는 연구주제들은 기존에 기능적 접근이나 국가이익 개념을 제시한 국가 중심 시각에서 다루지 않았던 영역들이다.

첫째, 사회적 제도주의는 이형동질화 개념과 결합하여 유럽연합의 민주적 정당성 결핍(democratic deficit) 문제에 개념적 틀을 제공할 수 있다. 1990년대 이후 유럽적 거버넌스에 대한 비판의 중심에는 민주적 정당성 문제가 있다. 유럽연합의 민주주의 문제는 민주적 정체를 갖는 회원국과 제도적 이형동질화의 결여에서 비롯된다. 유럽연합의 초국가 제도화는 국민국가 및 범유럽 시민사회와의 정책조정을 통해 공고화된다. 그러나 유럽연합이 시장장벽 제거에 주력한 소극적 통합(negative integration)에 한정된다면 민주적 정당성 결여는 큰 문제가 되지 않는다. 소극적 통합의 효과는 경제적 이슈에 집중되므로, 기술관료의 전문성을 통한 정책산출의 효율성이 관건으로 투입의 적법성은 중요한 문제가 아니다. 즉, 소극적 통합 단계에서는 산출의 적법성이 관건이다.

그러나 유럽연합은 시장통합 이후 시장보완과 시장기제가 낳은 부작용 완화를 위해 회원국 간 경제사회정책의 조정을 요하는 긍정적 통합(positive integration) 단계에 진입하였다. 이에 유럽연합은 마스트리히트 조약 이후 회원국 간 사회정책 조정을 취하면서, 일부 회원국은 환경과 노동시장정책 등에서 사회적 덤핑(social dumping) 문제를 야기하였다. 긍정적 통합 단계에서는 서로 다른 사회적 가치를 갖는 회원국 간 조화와 조정을 꾀해야 하는데, 시민사회와 사회적 행위자의 참여와 지지가 절대적으로 요구된다. 그리고 이 과정에서는 정책산출의 효율성을 위해서 투입의 적법성이 전제되어야 한다.[893] 따라서 본 단계에서는 유럽적 거버넌스의 민주적 정당성 문제가 표면화될 수밖에 없다.

이러한 맥락에서 왜 유럽연합은 국가와 유사한 정체(polity)로 발전해

가는가? 그리고 서로 다른 사회적 가치와 헌정질서를 어떻게 조화시킬 것
인가? 하는 학문적 질문이 제기된다. 제도에 내재한 문화와 정체성을 강
조하는 사회적 제도주의 시각은 이러한 물음에 답을 찾을 개념적 틀이다.

둘째, 사회적 제도주의는 유럽연합의 동유럽 확장과정에서 제기되는 동
서 유럽 간 정체성과 문화적 차이가 낳은 통합에 대한 다양한 사고와 대
응을 이해할 수 있는 분석적 시각이다. 이 외에도 국가 내 하위정부는 고
유한 지역적 정서를 갖고 상황에 따라 중앙정부와 통합 목적을 달리할 수
있다. 여기서 사회적 제도주의 시각을 통해 지정학적 경계에 따라 상이한
정체성과 문화적 차이를 분석하여 통합의 다양한 사회문화적 양상을 이
해할 수 있다.

대표적 연구는 사회적 제도주의 맥락에서 유럽연합과 북대서양조약기
구(NATO)의 확장에서 초국가 기구와 국가들의 이해관계 변화를 제시한
피어케(K. M. Fierke)와 와이너(Antje Wiener)의 연구이다. 피어케와 와이
너는 1975년 헬싱키 유럽안보협력회의(CSCE)에서 서명한 헬싱키 최종의
정서(Final Act of the Conference on Security and Cooperation in Europe)
를 비롯해 1950년대부터 진행된 양측 간 지속적인 관계를 여러 담화
(speech acts)를 통해 북대서양조약기구와 회원국의 구조적 변화(contextual
change) 및 제도적 이해(institutional interests)의 변화를 분석하였다. 이 외
에도 이들은 탈냉전 이후 기존 회원국과 신규 회원국의 급진적인 내적 변
화요인은 유럽이라는 정체성과 여기에 내재한 규범의 의미를 재확인한
결과로 파악하였다.[894] 이와 같이 사회적 제도주의는 유럽연합과 회원국
양 수준에서 전개되는 선호와 정체성 변화를 설명할 수 있는 분석틀이다.

셋째, 사회적 제도주의 시각을 통해 상이한 경제구조를 갖는 회원국의
초국가 규제 및 정책의 수용 패턴과 파급을 이해할 수 있다. 유럽연합 회
원국은 자본주의 전통과 국가-사회 간 관계의 차이에 기인하여 경제정책
운용과 조합주의 합의방식에서 서로 다른 특징을 갖는다. 회원국마다 상

이한 경제사회 기조는 통합에 대한 시각 차이를 낳고, 초국가 규제에 다양한 대응을 야기한다. 극단적인 경우 회원국 간에는 경제통합 목표와 전략에서 조정을 꾀할 수 없을 정도의 간극 차이를 드러내 통합방식에도 영향을 미친다. 경제통화동맹(EMU) 도입 시 영국의 반감에 따른 취사선택(Europe à la carte)과 같은 차별적인 통합방식 도입은 단적인 예이다.[895]

나아가 사회적 제도주의 시각은 시장통합 이후 회원국 간 상이한 자본주의 전통에 기인한 경제사회적 파급효과를 이해하는 분석틀이다. 기업들은 통합된 시장에서도 여전히 회원국마다 상이한 시장환경과 소비자의 선호를 고려한 차별화된 생산과 마케팅 전략을 취한다. 사회적 제도주의는 각국의 자본주의 시스템이 내재한 문화사회적 측면을 규명하여 경제통합 이후 각국의 노동시장 구조, 기업의 지배구조 및 생산시스템 변화에 대한 이해를 도모할 수 있다.

또한 사회적 제도주의는 사회민주주의 정치체제와 신자유주의에 대한 유럽적 대응 등에서도 의미 있는 분석틀로 적용된다. 회원국 간 유사한 자본주의 전통은 유럽연합이라는 특징적인 경제통합 형태를 만들었다. 미국에 비해 여전히 경직된 회원국의 노동시장 구조는 이러한 유럽적 자본주의 전통을 반영한다. 이러한 배경에서 제도 내에 내재한 전통과 문화를 강조하는 사회적 제도주의 시각을 통해 유럽적 규제규조와 시장구조 변화에 대한 이해를 도모할 수 있다.

■ 이론적 한계

사회적 행위자들의 선호와 행위에는 문화적 배경이 내재한다는 것은 당위적 논리이다. 문제는 이러한 문화적 요인이 행위자의 선택과 선호에 어떠한 범위와 정도로 영향을 미치는가이다. 모든 행위의 근거를 문화와 적법성으로 환원할 경우 이슈와 무관하게 행위자의 선호가 모두 동일한 방향의 결과를 낳을 수 있다. 나아가 사회적 제도주의에서는 행위자의 선호는 좀처럼 변화하지 않는다는 가정을 내포한다. 그러나 마스트리히트조약 체결과정에서 경제화폐동맹(EMU)을 지지하였던 덴마크 정부가 이후 선택적 거부권(opt-outs)을 활용하여 유로화 도입을 거부한 예는 사회적 제도주의 시각에서 설명키는 어렵다.

유사한 맥락에서 서로 다른 문화적 배경을 갖는 제도가 중첩될 경우 정책산출 결과를 어떻게 해석해야 하는가? 논리적으로 유럽연합 회원국이 모두 고유한 국내의 헌정질서와 정치적 선호에 구속되므로 초국가 수준에서 유럽적 정체성을 담은 공동정책의 산출은 원천적으로 제약된다. 이와 같이 사회적 제도주의는 유럽연합 연구에서 일천한 역사로 일종의 개념적 패러다임 수준에 머물러 이론적 가정과 설명틀이 확고하지 않다. 또한 경험적 연구는 타 통합이론에 비해 현저히 미비하다.

한편으로 사회적 제도주의는 유럽연합이 내재한 다양하고 복잡한 제도 분석을 의도한 시각이지만 구성주의와 이론적 차별성이 불분명하다. 물론 통합과정이 고도화되면서 다양한 사회적 요인들이 초국가 제도화 과정에 독립변수로 작용한다는 점은 자명한 사실이다. 이러한 점에서 사회적 제도주의 시각은 잠재적인 유용성을 갖되, 통합연구의 적용을 위해서는 보다 엄밀한 이론적 가정과 사례연구가 뒷받침되어야 한다.

이형동질화(isomorphism)

이형동질화는 상이한 단위가 동일한 환경과 조건에 위치할 경우 유사한 특성으로 변화한다는 의미를 담는다. 이형동질화는 1990년대 이후 유럽화(Europeanization)의 지속적 영향으로 회원국 수준에서 유럽적 목표와 정책이 수렴화되는 현상을 설명하기 위해 원용되었다. 이형동질화 개념에 따르면 유럽연합 회원국들이 동일한 외부의 조건에 지속적으로 영향 받으면서 공동정책 수용과정에서 점진적으로 유사한 제도화로 이행된다. 즉, 유럽연합의 초국적 규제가 확장되면서 회원국 고유의 정치, 사회적 기제가 유럽 차원에서 수렴 및 조화를 이루어 간다는 것이다.

합리적 선택(rational choice)에 따른 제도주의

■ **이론적 배경**

합리적 선택은 경제적 행위자는 이익선호를 극대화한다는 신고전주의 경제학에서 유래한 개념으로, 상호작용을 통해 얻는 보상이라는 게임이론의 가정을 수용하면서 발전하여 왔다. 본 시각에서 제기하는 행위자의 합리적 선택이라는 가정은 여러 사회과학 이론에 기본적으로 내재한 전제이다. 행위자는 기존재하는 구조 내에서 합리적 사고를 통해 최상의 결과를 이끌어내는 완전한 존재이다. 만약 모든 행위자들이 최상의 선택을 행한다면 산출은 극대화된다. 물론 이 경우 행위자들은 구조변화를 의도하지 않는다는 전제가 있어야 한다.

사회과학 영역에서 합리적 선택은 다소의 개념적 차이를 갖는다. 역사적 제도주의에서는 주로 초국가 기구가 부과한 규범 내에서 행하는 합리적 선택을 전제한다. 한편 자유주의 정부간협상 이론에 내재한 합리적 선택은 국내외에서 이익을 조합하고 관철하는 국가라는 행위자의 전제조건이다. 즉, 국내에서 이익조합을 통한 국가이익 규정 나아가 대외적으로 이익관철을 위한 국제적 협상과정은 행위자로서 국가의 합리적 선택을 전제한다.[896]

합리적 선택에 따른 제도주의는 원래 1970년대 미국 정치학계에서 의회의 입법과정과 입법산출 연구로부터 태동하였다. 어떠한 조건에서 의회 내 소위원회의 의제설정(agenda-setting) 권한이 극대화되고, 표결에서 영향력을 극대화할 수 있는가? 의회는 어떠한 구조적 조건에서 행정부를 효과적으로 통제하는가? 등의 질문을 통해 의회민주주의 연구에 활용되었다. 이후 합리적 선택을 포함한 신제도주의는 제도적 평형(equilibrium institutions) 혹은 구조적 평형(structure-induced equilibrium)과 같은 개념을 통해 행위자들 간 상호이익을 도모할 제도적 선택과 이러한 제도의 변화과정을 이해하는 분석틀로 발전하였다.[897]

합리적 선택에 따른 제도주의 시각에서 말하는 제도적 평형이란 행위자들이 상호이익을 도모할 제도적 선택과 이러한 제도가 시간이 경과하면서 변화하고 소멸하는 과정이다.[898] 특별히 합리적 선택에 따른 제도주의에서는 주인-대리인 모델(principle-agent)을 통해 행정부와 법원에 대한 의회의 권한위임과 사후통제에 활발한 연구가 이루어졌다. 이러한 연구에서는 의회의 행정부 통제 시 야기되는 거래비용(transaction costs)을 고려한 권한의 균형이 제시되었다. 이후 본 시각은 정부의 효과적인 제도적 구조와 공공정책 결정에도 적용되었고, 나아가 비교정치와 국제정치에서도 원용되어 자연스럽게 유럽연합 연구에도 도입되었다.[899]

유럽연합 연구에 있어 합리적 선택모델은 제도주의와 결합하여 주로 정책결정과정 분석에 적용되었다. 체벨리스(George Tsebelis)와 가렛(Geoffrey Garrett)은 합리적 행위자 모델을 통해 유럽연합의 정책과정을 분석한 대표적 학자들이다. 이들은 이사회 내에서 회원국의 선호구현을 위한 연합 형성과 이의 결과를 분석해 정책과정에 대한 미시적 이해를 도모하였다.[900] 이 외에도 다수의 학자들이 합리적 선택에 따른 제도주의 시각에서 주인-대리인 모델을 결합해 정책과정에서 유럽위원회를 비롯한 행위자 간 선호구현을 연구하였다.[901]

■ 이론구성

▶ 합리적 선택 가정

합리적 선택에 따른 제도주의는 행위자 간 상호작용 분석을 위한 게임 이론적 가정을 내재한다. 집단 혹은 개인을 포함한 행위자(players)는 상호 작용에서 이익관철을 위한 전략을 구사해 의도한 보상(payoffs)을 이끌어 낸다. 이러한 과정은 행위자가 자기 충족적 이익실현을 위해 이성적이며 합리적 사고를 행한다는 신고전주의 경제학의 실용주의적 인식틀을 내재 한다. 이성적 사고라는 것은 그 개념을 좁히면 타당성의 논리(logic of appropriateness)에 의한 인간의 행위이다. 여기서 타당성의 논리는 현존하 는 제도 내에서 상호 간 용인되는 행위를 말한다.

타당성의 논리에 의해 행위자는 어떠한 선택을 하며 그 결과는 무엇인 가를 규명할 수 있다. 모든 행위자는 주어진 제도 내에서 합리적 선택을 통해 그들의 이익과 보상을 최대화하여 최선의 결과를 얻는다. 중요한 사 실은 행위자는 기존재하는 제도적 조건 내에서 최선의 선택을 행하므로 어느 한 행위자 간 제도적 조건을 바꾸거나, 선택 옵션을 넓힌다는 가정 은 배제된다. 이와 같이 합리적 선택은 공고한 공식적 제도와 타당성의 논리에 따른 행위자의 전략을 통해 이루어진다.

합리적 선택에 따른 제도주의 시각에서는 유럽연합의 정책과정은 행위 자 간에 복잡한 권한배분 관계로 구조화되어 있고, 정책과정에서 행위자 는 권한과 전략의 한계를 인식한다는 가정을 내재한다. 따라서 본 시각에 서는 행위자들이 차선의 환경에서 찾은 최적의 해결책으로 정책과정을 이해한다.[902] 물론 여기서 행위자는 효과적 목적 달성을 위해 구조에 대 한 재평가를 통해 전략을 수정하거나 구조변화를 꾀할 수 있다. 그러나 이러한 변화는 행위자의 선호 변화보다 완만한 속도로 시차를 두고 점진 적으로 진행된다.[903]

▶ 제도적 조건

합리적 선택에 따른 제도주의 시각에서는 기존재하는 제도 내에서 여러 행위자들이 최선의 선택을 한다고 가정한다.[904] 여기서 제도는 행위자의 전략을 가능케 하는 구조와 상황이며, 전략은 게임의 성격을 갖는 규칙 내에서 행위자가 취할 수 있는 최선의 선택이다. 제도는 행위자의 합리적 선택을 결정하는 준거틀로, 제도에 의해 행위자의 선택과 그 결과뿐 아니라 그들이 통제할 수 있는 정보까지 결정된다. 물론 당위적 차원에서 제도는 거래비용을 줄이고 투명성을 제고하여 행위자 간 포지티브썸 게임을 가능케 하는 독립변수이다.[905]

초국가 정책과정은 유럽연합을 구성하는 일단의 구조이다. 이는 유럽위원회가 제안한 규정(regulation)과 지침(directive)에 대한 유럽의회의 독해(reading), 이사회 일반입장(common position) 표명과 최종결정을 포함한 공동결정과정(codecision process)을 말한다. 제도 내에서 행위자는 각기 자신이 획득한 정보와 전략을 동원하여 최대한의 이익을 꾀한다. 만약 이러한 제도적 구조가 변화한다면, 행위자의 전략과 상호작용 패턴 역시 변화하며 또 다른 결과를 낳는다. 환경정책은 1950-60년대 로마조약에 명기되지 않았던 정책이지만 1970년대 회원국 간 합의를 통해 제한된 수준에서 정책이 진행되었다. 이후 단일유럽의정서에 환경정책 시행이 명기되어 공식적 구조 내에서 다루어지면서 정책네트워크가 가장 활발히 구축된 정책이 되었다. 이와 같이 유럽연합의 공식적 제도의 변화로 이슈의 속성도 변화하면서 행위자의 합리적 선택내용도 변화한다.

제도는 시간이 경과하면서 표준화되고 안정화된다. 이에 따라 행위자는 합리적 선택이 야기할 미래의 결과에 대한 보다 현실성 있는 예측이 가능해진다. 또한 행위자들 간 반복된 상호작용으로 이들의 전략과 기대는 정형화되고, 장기적 견지에서 행위자들의 선호와 이해는 균형을 이루어 간다. 이러한 상황이 구현된다면 행위자들은 현존하는 제도에 구속받으면서도 합리적 선택과 선호를 통해 점진적으로 보다 효과적인 제도적 조건을 만들어 갈 수 있다. 이와 같이 합리적 선택에 따른 제도주의는 행위자의 선택과 이들 간 상호작용뿐 아니라 그 결과까지 일관된 시각으로 설명한다.[906)

나아가 합리적 선택에 따른 제도주의 시각에서는 불완전한 정보가 야기한 예기치 못한 결과를 사후의 결과를 통한 귀납적 규명으로, 행위자의 합리적 선택을 가능케 할 새로운 제도적 조건을 제시할 수 있다.[907) 이와 같이 제도를 이해하면 행위자들의 이익과 시스템화 된 상호작용 및 이에 따른 결과를 규명할 수 있다. 물론 이러한 연구는 공식, 비공식적인 제도와 행위자들의 상호작용 패턴에 대한 경험적 연구를 통해 진행된다.[908)

▶ 제도의 기능

제도는 행위자가 취할 수 있는 선택 옵션을 결정하므로, 제도변화가 야기된다면 행위자들의 전략과 선택 역시 변화한다. 만약 서로 다른 제도적 조건이라면 행위자들의 전략과 이에 따른 상호작용과 그 결과 역시 차별화된다. 이러한 논리로 합리적 선택에 따른 제도주의 시각에서는 제도는 행위자의 선택과 제도발전에 어떻게 영향을 미치는가? 변화된 제도 내에서 행위자들의 전략과 선택은 어떻게 변화하는가에 대한 해답을 찾는다.[909) 여기서 합리적 선택에 따른 제도주의는 역사적 제도주의에 비해 보다 엄격하고 안정화된 구조적 조건을 가정한다. 따라서 구조적 조건에 지배받는 행위자의 선택이 상대적으로 제한적이므로, 이들의 전략과 이들 간 상호작용 패턴이 예측 가능한 정도에서 결정된다.[910)

이러한 논리로 본 시각은 조약수정과 경제적 환경변화 등 여러 제도변화가 야기한 행위자의 권한과 선호변화를 이해하고, 정책과정에 적용할 수 있다. 대표적으로 체벨리스(George Tsebelis)는 유럽연합의 공식적 제도를 독립변수로 상정하여 이러한 제도적 조건 내에서 공동체 기구들의 합리적 선택을 연구하였다.[911] 체벨리스의 경우 주 관심 중 하나는 유일한 의제 제안자로서 유럽위원회의 권한이 구조화된 정책과정 내에서 어떻게 영향 받는가이다. 이러한 분석을 위해 체벨리스는 유럽의회의 권한 행사는 물론이고, 회원국과 사회적 행위자를 망라하여 초국가 정책과정에 개입하는 다양한 행위자들의 합리적 선택을 분석하였다.

제도는 조약과 같은 헌정구조만으로 한정되지 않는다. 이 점에서 합리적 선택에 따른 제도주의 시각에서는 사법재판소의 판례나 유럽연합 밖의 정치, 경제적 변화에 따른 비공식적 규범까지 제도로 파악한다.[912] 샤르프(Fritz W. Scharpf)에 따르면 유럽연합에서 조세정책 및 사회안전 시스템은 초국가 수준에서 조정이 제약된다. 만약 초국가 수준에서 합의가 진행되어도 국가 간 정책 이데올로기가 상이할 경우 동일한 공동정책에서도 그 수용전략은 차이를 갖는다. 그러나 이러한 정책에서는 회원국들이 초국가 제도 밖에서도 일괄타협과 같이 비공식화된 관행을 통해 합의를 도출하여 국가 간 공동정책 수용 패턴을 최대한 균등화한다. 이러한 샤르프의 설명과 같이 합리적 선택에 따른 제도주의에서는 비공식적 관계까지 행위자의 전략과 선택을 결정하는 구조적 조건으로 고려한다.[913]

그러나 현실적으로 합리적 선택을 통한 제도주의 시각에서는 변수화의 어려움으로 대부분의 경험적 연구는 공식적 제도와 합의기제 등 정형화된 독립변수만을 취하는 한계를 안고 있다.

■ 이론적 설명: 제도와 행위자의 선택

합리적 선택에 따른 제도주의에서는 회원국과 초국가 기구가 주어진 구조 내에서 전략적이며 기능적 사고를 통해 최대한의 선호를 구현하는 제도적 조건과 과정을 제시한다. 구체적으로 합리적 선택에 따른 제도주의 시각을 통해 진행된 연구는 조약수정에 따른 정책과정 개혁과 이에 따른 초국가 기구의 기능변화, 친통합 기조의 사법재판소 판례의 구현 그리고 공식, 비공식적 제도에 구속받는 행위자의 합리적 선택에 대한 규명 등에 집중되었다.

첫째, 합리적 선택에 따른 제도주의 시각에서는 제도변화가 야기한 행위자의 권한과 상호작용 패턴의 변화 및 그 파급을 분석한다. 유럽연합에서는 조약이라는 제도적 조건에 의해 정책의 성격과 행위자의 권한이 규정된다. 1960년대 중반부터 성립된 룩셈부르크 타협체제(Luxembourg compromise)는 단일유럽의정서 체결 전까지 정책과정을 지배한 비공식적 규범으로 조약과 같은 공식적 규범보다 우위에 있었다. 룩셈부르크 타협체제의 핵심은 모든 회원국이 주권 침해를 가져올 수 있는 사안에 비토권을 인정하여, 이사회에서 만장일치 표결을 일반화한 것이다.[914]

그러나 단일유럽의정서 체결을 통해 조약 목적 복원을 담은 일련의 제도적 조정으로 행위자 간 권한관계는 전면적으로 변화하였다. 이사회에서는 가중다수결 표결이 일반화되었고, 유럽위원회와 유럽의회의 정책결정 기능은 현실화되었다. 이 결과 1980년대 말부터 1990년대 초까지 조약에 명기된 공동시장(common market) 창출을 위한 300여 개의 지침(directive)과 규정(regulation)이 집중적으로 제정되었다.[915]

둘째, 합리적 선택에 따른 제도주의는 조약수정과 같은 헌정구조 변화 이외에도 유럽사법재판소의 판결이 내재한 합리적 선택과 그 영향을 분석하는 데 유용한 시각이다. 1980년대 말 이후 사법재판소의 친통합, 친시장 원칙을 담은 이전의 판례가 공동정책과 정책과정에 구현되면서, 사법재판소는 유럽적 헌정질서의 중심 기구가 되었다.[916]

유럽사법재판소는 1960년대 후반부터 1970년대 전반에 걸쳐 초국가적 성격이 제한된 통합과정에서 국내법에 우선한 공동체법의 우위를 확립하였고, 직접효력(direct effect) 원칙을 통해 회원국을 구속하였다. 특히 사법재판소는 공동시장에 관련된 다수의 판결을 통해 시장참여자와 회원국간 분쟁을 효과적으로 제어하여 경제통합의 전기를 마련하였다. 사법재판소의 판례는 1980년대 후반 이후 유럽의회의 권한 현실화에도 결정적 단서가 되었다. 1979년 상호인증(mutual recognition) 원칙을 구현한 카시스드 디종(Cassis de Dijon, Case 120/78) 판례와 유럽의회의 정책결정 기능을 확인한 아이소글루코스(Isoglucose, ECJ139/79) 판례는 대표적 예이다.

중요한 사실은 이러한 판례가 유럽통합의 침체기인 1970년대에 만들어지고 1980년대 후반부터 적용되었다는 점이다. 이는 단일유럽의정서를 통해 유럽위원회와 유럽의회의 정책결정 기능이 현실화되면서 이전의 제도적 성과를 재확인 한 것으로 이해할 수 있다. 그러나 역설적으로 1980년대 후반 이후 초국가주의가 강화되면서 사법재판소에 대한 정치적 저항이 증대하였다. 단일시장 완성을 위한 입법조치와 신경제(new economy)의 확장과정에서 이러한 예를 확인할 수 있다. 이러한 상황은 이사회에서 가중다수결 표결의 확대에 따른 다양한 국가 선호의 표출만으로 설명할 수 없다. 사법재판소의 판례에 대한 정치적 저항은 경제의 글로벌화로 회원국과 사회적 행위자의 이익이 이전보다 다원화되었기 때문이다.[917]

가렛(Geoffrey Garrett)은 사법재판소 역시 합리적 행위자로 판결에 대한 회원국의 거부를 원천적으로 제어하기 위해 법적 해석은 정치적 맥락에서 이루어진다고 분석하였다. 가렛은 단일시장계획을 들어 유럽사법재판소가 회원국의 대응을 고려한 판결을 행한 사실에 주목하였다.[918] 이러한 친통합, 친시장 내용을 담은 판례는 합리적 행위자로서 사법재판소가 유럽적 목표를 구현하기 위해 초국가 제도화를 고려한 전략적 선택의 결과이다. 이 과정에서 유럽위원회 역시 합리적 선택을 취하는 정치적 행위자로서 사법재판소 지원을 위해 회원국에서 제기될 저항까지 고려하여 이를 봉쇄할 수 있는 제도적 기반까지 강화하였다.

셋째, 합리적 선택에 따른 제도주의 시각에서는 행위자 간 반복된 상호작용에 의해 구축된 관행을 포함한 비공식적 제도에 구속받는 행위자의 전략과 선택을 설명한다. 사법재판소는 1979년 농산물 생산쿼터 문제를 다룬 아이소글루코스 판례를 통해 자문절차(consultation procedure)에서 이사회의 유럽의회로부터의 견해(opinion) 청취를 명시하였다.[919] 본 판례는 룩셈부르크 타협체제로 사문화되었던 유럽의회의 제도적 권한에 대한 논의를 점화시킨 계기가 되었다. 이 결과 단일유럽의정서와 마스트리히트조약 체결을 통해 협력절차와 공동결정절차 도입으로 유럽의회의 권한이 현실화되었다.

그러나 공식적 제도변화만으로 유럽의회의 정책결정 기능 복원을 설명할 수는 없다. 암스테르담조약 체결로 공동결정절차가 일부 변화하여 유럽의회는 정책과정 중 비토권을 행사할 수 있는 절대석 권한을 보유하게 되었다. 그러나 공동결정절차는 차선에서라도 합의를 도출하기 위한 제도이다. 유럽의회는 이러한 제도에 내재한 합의문화와 관행을 인지하고 공동결정과정에서 비토권 행사를 최대한 억제하고 이사회와의 비공식 회합을 통한 차선의 합의에 주력하여 왔다.[920] 이와 같이 비공식화된 규범과 관행 역시 초국가 기구의 합리적 선택과 자율성에 영향을 미치는 독립변수이다.

이러한 논리는 유럽위원회에도 동일하게 적용된다. 유럽위원회는 조약에 명기된 권한 이외에 관행화된 비공식적 기능을 행사하는 합리적 행위자이다. 유럽위원회는 정책과정에서 공식적인 의제제안 기능 이외에도 초국가 기구 간 중재자이며 정보제공자 그리고 사회적 행위자의 이해를 집산하여 표명하는 행위자이다. 이 결과 유럽위원회는 정책네트워크의 허브로 비공식적인 협력을 통해 의제제안에서부터 최종결정 단계까지 정책과정에서 여타 초국가 기구를 압도할 기능을 행사한다.[921]

■ 이론적용

합리적 선택에 따른 제도주의는 정책과정에서 전통적인 국가 간 만장
일치에 준한 합의(consensus) 과정, 이사회 내 가중다수결 표결원리, 초국
가 기구 간 상호작용 그리고 제도적 조건에 따른 유럽위원회와 유럽의회의
기능 분석 등에 많이 원용되었다. 이 외에도 합리적 선택에 따른 제도주의
시각에서는 유럽의회 내 정당그룹 간 연합 및 초국가로의 회원국의 권한이
전 동인 등에도 적용되었으나, 경험적 연구가 충분치 않고 여타 이론과 가
정과 분석내용의 유사성 등으로 일반적 연구주제라고는 할 수 없다.

▶ 정책과정

초기 합리적 선택에 따른 제도주의 시각을 원용한 연구들은 정책과정
에서 경쟁적 관계에 위치한 행위자들 간 권한배분 관계에 주목하였다. 정

책과정 연구는 1980년대 말 이후 자문절차가 기능을 회복하고 협력과 동의절차(cooperation and assent procedure) 및 공동결정절차가 일반적인 입법과정으로 정착되면서 본격화되었다.[922] 본 시각은 주로 공동결정절차내 유럽위원회, 유럽의회 및 이사회 간 상호작용에서 합리적 선택을 통한 결정과 이에 따른 정책산출의 결과를 예측하거나 해석하는 데 집중되었다.

체벨리스는 합리적 선택에 따른 제도주의 시각을 통해 이사회 내에서 가중다수결 가결치 확보를 위한 국가 간 연합형태와 이에 따른 결과를 집중적으로 연구하였다. 체벨리스는 게임이론적 가정을 통해 표결권 확보를 위한 국가 간 연합이 어떠한 구조적 맥락으로 성사되며 그 결과는 무엇인가에 주목하였다. 체벨리스는 특히 가중다수결 표결에서 반대의 입장에 선 비토권자(veto players)의 가결저지를 위한 비토 포인트(vcto points) 도출과정을 상세히 제기하였다. 이러한 체벨리스의 연구는 이사회에서 합의도출에 대한 기술적인 전략과 행위자의 전략적 선택에 대한 정교한 설명을 제기하였다는 점에서 의미가 크다.[923]

한편 일단의 연구자들은 본 시각을 통해 정책결정 기구 간 전략적 상호작용에 대한 다양한 연구결과를 낳았다. 단적으로, 프란치노(Fabio Franchino)는 1987년부터 1998년까지 10여 년간의 2차 입법(secondary legislation) 결과를 분석하여 정책과정에 참여하는 행위자들은 장기적인 견지에서 전략적인 사고를 통해 권한을 행사한다고 결론지었다. 프란치노는 또한 회원국이 커미톨로지(comitology)를 통해 유럽위원회의 초국가성을 제어하는 동인과 과정에도 주목하였다.[924] 역으로, 일부 학자들은 정책과정에서 주인-대리인 모델을 원용하여 대리인인 유럽위원회가 독립적인 이해관계를 추구하면서, 회원국으로부터 자율성을 확대하는 동인과 과정을 분석하였다.

▶ 초국가 기구 간 권한의 균형: 유럽위원회와 유럽의회

일단의 학자들은 유럽위원회와 유럽의회 간 권한의 비대칭성을 제시하는 데 합리적 선택에 따른 제도주의 시각을 적용하였다. 대표적인 연구는 크롬비즈(Christophe Crombez)와 모서(Peter Moser)의 유럽위원회와 유럽의회 간 권한의 비대칭성에 대한 분석이다. 크롬비즈는 유럽연합의 정책과정에 내재한 행위자 간 제도적 평형성(equilibrium)을 들어 유럽위원회의 독립적 권한을 제기하였다. 크롬비즈에 따르면 협력절차와 동의절차 및 자문절차를 위시한 유럽연합의 정책과정은 엄격한 제도적 구조를 통해 진행되지만, 유럽위원회의 실질적 권한은 제도적 기제 이외에 또 다른 요인에 기인한다고 파악하였다. [협력절차는 리스본조약 체결로 폐기되었고, 동의절차는 합의절차(consent procedure)로 변경되었다.]

크롬비즈에 따르면 정책과정에서 타 행위자에 비해 유럽위원회의 권한이 더욱 극대화된 것은 선호간극이 큰 회원국 간 합의를 위한 중재자로 기능하기 때문이다. 역으로, 유럽의회가 공동결정절차에서 행사할 수 있는 비토권은 회원국의 지지를 받기 어려운 명목상의 권한이므로, 상대적으로 유럽위원회에 비해 정책결정 기능이 취약하다. 따라서 조약수정이라는 공식적, 제도적 조정을 통해 유럽의회가 유럽위원회와 동등한 입법권한을 획득하였지만, 정책과정에서는 회원국의 이해를 조정하는 유럽위원회가 보다 큰 영향력을 행사한다.[925]

이러한 논리에 반해 모서(Peter Moser)는 합리적 행위자 모델을 들어 유럽의회의 효과적인 권한을 역설하였다. 모서는 공동결정절차의 2번째 독해(second reading) 과정에서 유럽의회는 이사회의 일반입장(common position)에 대응하여 제도적 차원에서 효과적인 의사관철이 가능하다는 논리를 제기하였다. 따라서 유럽의회 역시 유럽위원회와 함께 조건적 의제제안자(conditional agenda setter)로 위치한다는 논리를 내세웠다. 그러나 모서의 주장은 유럽의회가 갖는 비토권의 비현실성으로 설득력이 결여된다는 것이 전반적 의견이다.926) 이와 같이 합리적 선택을 통한 제도주의 시각에서는 정책과정에서 유럽위원회와 유럽의회의 합리적 선택과 이에 따른 전략과 결과를 여러 관점에서 분석하여 기구 간 권한의 균형 및 비대칭성을 제기하였다.

▶ 기타 연구 영역

유럽의회의 입법과정에서는 각 정당그룹(political groups) 간 제도화된 합의기제가 작동한다. 이에 따라 제도적 관점에서는 유럽의회 내에서 정치적 성향에 따른 좌파와 우파 그룹 간 합의기제 그리고 유럽의회 내 상임위원회(standing committees) 내에서의 입법과정에 대한 연구가 이루어졌다. 이 외에도 체벨리스 등 일부 학자들은 독립적 기능을 갖는 행위자로 사법재판소의 기능 분석에 합리적 선택에 따른 제도주의 시각을 적용하였다.927)

합리적 선택에 따른 제도주의 시각에서는 비용과 이익을 고려한 회원국이 초국가로 권한을 이전하는 동인에도 관심을 갖는다. 본 시각에 따르면 회원국은 통합에 참여하는 일단의 행위자로 거래비용 축소, 정책의 효과적 진행 그리고 공동정책의 집행효과 극대화를 위해 유럽연합으로 정책결정 기능을 이전한다고 파악한다.928) 또한 본 시각에서는 게임이론적 가정을 통해 정부간협상에서 회원국의 제도적 선택(institutional choice)에도 주목하였다. 그러나 이러한 경험적 연구는 국가 중심 시각에서 제기하는 설명과 중첩된다는 점에서 정부간협상이론의 보완적 설명틀로 한정된다고 할 수 있다.

■ 이론적 의미와 한계

합리적 선택에 따른 제도주의는 1990년대에 제기된 여타의 통합이론과 유사한 맥락에서 기존 이론에 대한 비판과 대안적 시각으로 제기되었으며, 고도로 제도화된 유럽적 정책과정에서 행위자들의 선택과 선호를 이해하는 유용한 시각이다.

첫째, 합리적 선택에 따른 제도주의는 초국가 기구 내에서 행위자들의 일상화된 상호작용을 간과한 신기능주의 그리고 초국가 제도를 회원국의 정치적 이해의 종속변수로 설명하는 국가 중심 시각의 반론에서 제기되었다.929) 이러한 사실에서 체벨리스는 합리적 선택에 따른 제도주의는 신기능주의와 정부간협상 이론의 맹점을 극복할 대안적 시각이라고 주장하였다.

신기능주의는 사회적 행위자의 이해와 권한을 강조하며 초국가로의 충성심과 기대 및 정치적 활동의 재설정 과정에 초점을 맞춘다. 정부간협상 이론은 국가만이 통합을 이끄는 행위자로 전제하고 조약수정과 주요한 정치적 결정에서 국가의 선택을 분석한다. 반면에 제도적 접근은 유럽연합의 제도적 구조를 분석하여 왜 제도가 국가이익, 파급효과 및 정체성과 같은 개념보다 중요한 통합의 동력인가를 설명한다.930) 이러한 맥락에서 폴락(Mark A. Pollack) 역시 합리적 선택에 따른 제도주의는 회원국 간 합의를 통해 대리인으로서 초국가 기구에 권한을 위임하고, 이후 초국가 기구의 독립적 기능이 회원국에 영향을 미치는 과정을 분석하는 시각으로 유용성을 평가하였다.931)

둘째, 합리적 선택에 따른 제도주의의 핵심은 이미 성립된 구조라는 독립변수를 통해 정책산출이라는 종속변수를 예측하는 것이다. 본 시각에서는 게임이론적 가정을 통해 공식적 정책과정이나 구조적 조건을 배경으로 이루어지는 초국가 기구 간 전략적 상호작용을 분석한다. 이러한 점에서 합리적 선택에 따른 제도주의는 정치학에서 중요하게 고려하는 공공정책 개혁과 같은 제도적 조정에서 행위자들 간 전략적 협상에 대한 역사적 제도주의의 미비한 설명을 보완하는 시각이라 할 수 있다.932)

한편 유럽연합에서 정책의 산출과정은 비교정치와 유사한 개념적 접근을 보인다. 정당을 배경으로 이루어지는 유럽의회의 선거시스템과 정책과정에서 여러 위원회의 개입과 영향력은 단적인 예이다. 이러한 맥락에서 합리적 선택에 따른 제도주의 시각에서는 공동결정절차와 같이 고도로 제도화된 구조 내에서 초국가 기구들이 합리적 선택을 통해 최적의 산출을 꾀한다고 가정한다. 그러므로 분석의 목적은 공동체 방식(Community method)은 물론이고 정부 간 조정 등 여러 정책과정에서 행위자들의 선호와 행위를 규범화하여 정책산출의 일관된 패턴과 의미를 찾아내는 것이다.933)

이와 같이 합리적 선택에 따른 제도주의는 단선적 가정을 통해 명쾌한 설명력을 제공한다. 하지만 합리적 선택이 갖는 원천적 오류와 여러 개입변수에 의해 설명력의 한계 역시 명확하다.

첫째, 합리적 선택에 따른 제도주의의 명쾌한 분석틀은 역설적으로 이론적 한계이다. 합리적 선택에 따른 제도주의 시각에서의 분석 목적은 정책과정에서 행위자들이 보상을 최대화하기 위해 상호작용하는 일련의 과정과 결과를 설명하는 것이다. 즉, 합리적 선택에 따른 제도주의는 제도적 조건 안에서 행위자의 일반적인 이익과 행위 패턴을 예측하는 것이다. 이러한 분석 목적에 따라 본 시각에서는 여타 독립변수를 고정시키고 개입변수는 배제한다. 만약 변수가 변화한다면 설명할 수 있는 것은 아무것도 없다. 따라서 모든 구조적 조건은 변치 않는다는 가정하에서 행위자의 선호 변화만을 고려한 결과를 도출한다. 이러한 분석방법으로 본 시각에서는 변수화가 가능한 제도적 조건을 가정할 수 없다면, 중요한 연구과제라 하여도 분석대상에서 제외된다.

이와 같이 합리적 선택에 따른 제도주의에서 제기하는 설명은 통계적으로 의미를 갖고 참여한 모든 행위자의 이해관계가 관철될 수 있는 합리적 제도라는 조건에서만 유효하다. 합리적 선택은 공식적 제도와 합리적

이며 보편적인 이성을 가정한다. 그러나 유럽연합 연구에서 이러한 가정을 적용할 수 있는 정치적 과정은 현실적으로 많지 않다. 많은 비공식적 회합과 다수준에 위치한 정부 간 상호작용에 의해 진행되는 정책과정을 고려할 때, 합리적 선택에 따른 제도주의가 실증하는 경험적 연구는 제약될 수밖에 없다.[934]

한편으로 본 시각은 이론적 가설로부터 시작한 연역적 방법을 통해 합리적 선택이 야기한 보편적인 결과를 규명하므로, 행위자의 비규칙적인 행위 패턴이 개입된 제도적 맥락을 설명하거나 결과를 예측할 수는 없다. 단적으로 긴급을 요하는 사안의 경우 회원국들이 유럽연합의 구조 밖에서 정치적 해결을 시도한다면 이론적 설명은 극도로 제약된다. 또한 일탈적 결과에 대한 예측이나 이에 대한 설명력은 제약될 수밖에 없으며, 이러한 점은 일반이론으로서 결정적인 제약점이다.

둘째, 합리적 선택을 저해하는 정보의 불완전성은 태생적인 이론의 한계이다. 가렛(Geoffrey Garrett)과 웽거스트(Barry Weingast)는 원천적으로 불완전한 정보와 거래가 상존하는 공동시장과 같은 구조에서 행위자들의 복잡한 사고를 모두 분석한다는 것은, 이미 이론적 가정에서 모순을 갖는다고 지적하였다. 설령 행위자의 숨겨진 정치적 동인과 표출된 행위 간 조응을 통해 행위자들의 이익동기를 유추해도, 여기서 일탈한 행위와 사건에 대해서는 설명할 수가 없다.[935]

본 시각의 결정적 맹점은 완전한 정보하에서도 의도치 않는 결과가 야기될 경우 설명력이 제약된다는 것이다. 이 경우 귀납적으로 규명된 합리적 선택이 과연 결과를 야기한 동인인가에는 의문이 제기될 수밖에 없다. 의도치 않는 결과는 행위자가 사전에 설정한 목적보다 더 바람직한 결과를 가져왔거나, 그 반대의 경우인데 후자의 경우 귀납적으로 규명된 합리적 선택이 과연 타당한 것인가에는 쉽게 답하기 어렵다.[936]

물론 이러한 상황에 대한 이견도 존재한다. 합리적 선택이란 행위자가 충분한 정보를 갖고 있을 때 가능하다. 그러나 정보의 불완전성은 정치적 상호작용에서 피할 수 없는 현상이다. 역설적으로 이러한 사실로 인해 체벨리스는 합리적 선택에 따른 제도주의는 유용성을 갖는다고 주장하였다. 국가간협상에서 모든 국가가 완전한 정보를 갖고 협상을 행한다면 그 결과는 국가이익의 합리적 조정에 따른 적절한 산출이 될 것이다. 이러한 점에서 합리적 선택에 따른 제도주의는 정부간협상 이론과 결합하여 국가간협상원리를 설명하는 기본적인 설명틀로 기능한다. 체벨리스는 이에 반대로 불완전한 정보하에서 행한 회원국 혹은 초국가 기구의 결정을 통해서는 행위자의 의도와 바람을 넘어 이루어지는 제도발전을 설명할 수 있다는 논리를 전개하였다.937)

셋째, 현실에서 정책결정은 참여하는 행위자가 모두 합리적 선택을 쥐하는 것은 아니라는 점 역시 합리적 선택에 따른 제도주의의 맹점이다. 정책결정 과정에서는 행위자 간 상호이해와 양보가 존재하고, 최악의 결과를 피하기 위한 차선의 합의가 이루어질 수도 있다. 또한 여러 개입변수로 인해 행위자의 원래 선호가 완화될 수도 있다. 일례로 유럽연합에서 공동결정절차와 정부간회담은 다수 행위자의 선호가 여러 단계를 거쳐 재조정된다. 이 과정에서 자연스럽게 협상기술이나, 상호 간 믿음 나아가 역사적 경험과 같은 개입변수가 산출에 영향을 미칠 수밖에 없다.938)

넷째, 합리적 선택에 따른 제도주의는 공식적 규범과 절차 그리고 구조화된 관계만을 가정한다.939) 이러한 논리로 제도에 내재한 문화적 요인과 2차적 제도화(second order institutions)와 같은 비공식적 관행이나 행위자 간 암묵적 인식과 같이 변수화하기 힘든 요인은 배제된다. 또한 본 시각에서 제기한 합리적 선택에는 권력의 중립성을 전제하되, 권력에 내재한 문화적 요소는 중요하게 고려되지 않는다. 따라서 합리적 선택에 따른 제도주의는 행위자 간 상호작용이 축적되면서 야기된 관행과 암묵적 인식과 같은 문화적 요인이 배제되어, 실제 정책과정의 복잡한 상호작용을 모두 포착하지 못한다.

　현실에서 정책과정은 행위자 간 암묵적 인식과 비공식적 제도가 결정적 영향을 미치는 경우가 많다. 유럽연합의 정책과정에서는 이사회의 가중다수결 표결에 선행하여 상주대표부(Coreper)가 유럽위원회 총국(DG)과의 비공식적 합의를 통해 대부분의 사안이 결정된다. 또한 많은 경우 조약 밖에서 행해진 특정 강대국의 정치적 영향력이나 합의에 중점을 둔 양보와 비공식적 합의기제가 결정적 해결책이 되기도 한다.[940) 이러한 여러 이론적 한계로 합리적 선택에 따른 제도주의 시각은 체벨리스와 같은 일부 학자들에 의해 주로 고도로 제도화된 이사회 내 정책과정 분석에 한해 제한적으로 적용되고 있다.

용어

Accession Treaties: 가입조약

Action Committee for Europe: 유럽실행위원회

advisory committee: (커미톨로지) 자문위원회

Agriculture and Fisheries Council (AGRIFISH): 농어업이사회

amalgamated security communities: 융합안보공동체

Arab League: 아랍연맹

assent procedure: 동의절치

Association of Southeast Asian Nations (ASEAN): 동남아시아 국가연합

automatic politicalization: 자동적 정치화

Barre Plan: 바르플랜

Bologna Process: 볼로냐프로세스

Brixit: 브릭시트 (영국의 유럽연합 탈퇴)

Brusselisation: 브뤼셀화

Budget Treaty: 예산조약

Candidate Countries: 가입후보국

Cecchini Report: 체키니보고서

Charter of Fundamental Rights of the European Union: 유럽연합기본권헌장

Cockfield White Paper: 콕필드백서

codecision procedure: 공동결정절차

cohesion policy: 결속정책

Committee of Agricultural Organizations in the European Union (COPA): 농업단체위원회

Committee of Permanent Representatives (Coreper): 상주대표부

comitology: 커미톨로지

comitology committee: 커미톨로지 위원회

Common Agricultural Policy (CAP): 공동농업정책

Common Commercial Policy (CCP): 공동통상정책

Common Foreign and Security Policy (CFSP): 공동외교안보정책

common market: 공동시장

Common Monetary Policy: 공동통화정책

common position: (일반입법절차) 일반입장

Common Security and Defence Policy (CSDP): 공동안보방위정책

Community Acquis / Acquis Communautaire: 공동체의 유산

Community method: 공동체 방식

confederation: 유사연방, 준연방

Conference on Security and Co-operation in Europe (CSCE): 유럽안보협력회의

consent procedure: (특별입법절차) 합의절차

consociationalism: 협의주의

consultation procedure: (특별입법절차) 자문절차

Convention on the Future of Europe: 유럽미래회의

cooperation procedure: 협력절차

Council of Europe (CoE): 유럽평의회

Council of the European Union / Council of Ministers: 이사회

Court of Justice (CoJ) / European Court of Justice (ECJ): 사법재판소 / 유럽사법
재판소

customs union: 관세동맹

Davignon Report: 다비뇽보고서

Declaration on the Future of the European Union: 유럽연합미래선언

democratic deficit: 민주적 결핍

directive: (2차 입법) 지침

direct effects: (공동체법) 직접효력

Directorate General (DG): (유럽위원회) 총국

Directorate General for Agriculture and Rural Development (DG AGRI): (유럽위
원회) 농업총국

Dooge Committee: 두기위원회

Dooge Report: 두기보고서

double majority: 이중다수결

Draft Treaty on European Union: 유럽연합 조약안

Economic and Financial Committee (EFC): 경제재무위원회

Economic Convergence Criteria: (경제통화동맹) 경제수렴조건

Economic and Monetary Union (EMU): 경제통화동맹

Employment Committee: (이사회) 고용위원회

empty chair crisis: 공석위기

enhanced cooperation: 강화된 협력

Euroceptic / Euroscepticism: 유럽회의론

Eurocrat: 유럽관료

Europe à la carte: 회원국의 취사선택

European Atomic Energy Community (Euratom): 유럽원자력공동체

European Central Bank (ECB): 유럽중앙은행

European Citizenship: 유럽시민권

European Coal and Steel Community (ECSC): 유럽석탄철강공동체

European Committee for Electrotechnical Standardization (CENELEC): 유럽전기
전자표준화기구

European Committee for Standardization (CEN): 유럽표준화기구

European Communities (EC): 유럽공동체

European Congress: 유럽각의

European Constitution: 유럽헌법

European Convention on Human Rights (ECHR): 유럽인권협약

European Court of Human Rights (ECHR): 유럽인권재판소

European Defence Community (EDC): 유럽방위공동체

European Economic Community (EEC): 유럽경제공동체

European Employment Strategy (EES): 유럽고용전략

European Food Safety Authority (EFSA): 유럽식품안전기구

European Free Trade Association (EFTA): 유럽자유무역연합

European Higher Education Area (EHEA): 유럽고등교육지역

Europeanization: 유럽화

European Monetary System (EMS): 유럽통화시스템

European Movement: 유럽(연방)운동

European Political Community (EPC): 유럽정치공동체

European Political Cooperation (EPC): 유럽정치협력

European Exchange Rate Mechanism (ERM): 유럽환율메커니즘

European Round Table of Industrialists (ERT): 유럽산업계 원탁회의

European Security and Defence Policy (ESDP): 유럽안보방위정책

European Social Fund (ESF): 유럽사회기금

European Standardisation Organisations (ESO): 유럽표준화기구

European Strategic Program on Research in Information Technology (ESPRIT): 유럽정보통신연구전략프로그램

European Treaties: 유럽조약

Federal Constitutional Court: 독일연방법원

federalism: 연방주의

Final Act of the Conference on Security and Cooperation in Europe: 헬싱키 최종의정서

Foreign Affairs Council (FAC): 대외관계이사회

Fouchet Plans: 푸셰플랜

founding fathers: 통합론자들

Founding Treaties: 설립조약

functional ramification: 기능적 분기

functional spill-over: 기능적 파급

General Affairs Council (GAC): 일반이사회

General Secretariat / Council Secretariat: 이사회사무국

Genscher-Colombo Plan: 겐쇼-콜롬보계획

green paper: 녹서

Hague Summit / Hague Conference: 헤이그회담

Hansetic League: 한자동맹

High Authority: (유럽석탄철강공동체) 고등관청

High Representative of the Union for Foreign Affairs and Security Policy
(HR / HRUFASP): 외교안보정책고위대표
historical institutionalism: 역사적 제도주의
implementing acts: 실행입법
interdependence: 상호의존론
intergovernmentalism: 정부간주의, 정부간협상 이론
Intergovernmental Conference (IGC): 정부간회담
Inter-Institutional Agreements (IIA): 기구 간 합의
International Labour Organization (ILO): 국제노동기구
International Monetary Fund (IMF): 국제통화기금
issue linkages: 이슈 간 연계
joint decision trap: 공동결정의 함정

Justice and Home Affairs (JHA): 내무사법협력

Laeken Declaration: 라켄선언
Latin American Free Trade Association (LAFTA): 라틴아메리카자유무역연합
League of Nations: 국제연맹
Lisbon Recognition Convention: 리스본인증협약
Luxemburg compromise: 룩셈부르크 타협
management committee: (커미톨로지) 관리위원회
Mansholt Plan: 만솔츠플랜
Messina Conference: 메시냐회담
Monnet method: 모네식 통합방식
multiannual financial framework (MFF): 다년예산계획
multi level governance: 다층적 거버넌스
mutual recognition: 상호인증
negative integration: 소극적 통합
neofunctionalism: 신기능주의
Nice Declaration: 니스선언
non-compulsory expenditure: (예산) 비강제지출
North American Free Trade Agreement (NAFTA): 북미자유무역협정

official institutions: (유럽연합) 공식기구

Open Method Coordination (OMC): (정책과정) 개방적 조정

opinion: (2차 입법) 견해

opt-outs: 선택적 거부권

ordinary legislative procedure (OLP): 일반입법절차

Organization for Economic Cooperation and Development (OECD): 경제협력개발기구

Organization of African Unity (OAU): 아프리카연합

own resources: (유럽연합) 자체예산

package deals: 일괄타협

pace dependency: 경로의존성

Paris Agreement: 파리협정

pillar structures: 지주구조

Pleven Plan: 플레방플랜

pluralistic security communities: 다자간안보공동체

policy network: 정책네트워크

Political and Security Committee (PSC): 정치안보위원회

Potential Countries: 예비가입후보국

preliminary ruling: 선결적 판단

primacy / supremacy of EU Law: (공동체법) 최고성

principle of subsidiarity: 보충성 원칙

Protocol on Social Policy / Maastricht Social Policy Agreement (MSPS): (마스트리히트조약) 사회정책의정서

Qualified Majority Voting (QMV): 가중다수결 표결

quasi-federal system: 유사연방 시스템

rational choice institutionalism: 합리적 선택에 따른 제도주의

regional Policy: 지역정책

regulatory agencies: (유럽연합) 규제기구

regulatory committee: (커미톨로지) 규제위원회

Research and Development in Advanced Communications Technologies in Europe

(RACE): 유럽고도정보통신연구개발

Schengen Agreement: 셍겐협정

Schuman Plan: 슈만플랜

secondary legislation: 2차 입법

side payments: 부가적 보상

Single European Act (SEA): 단일유럽의정서

Snake: (통화) 스네이크시스템

social constructivism: 구성주의

Social Protection Committee: (이사회) 사회적 보호위원회

Solemn Declaration / Solemn Declaration on European Union: 엄숙한 선언

Spaak Committee: 스파크위원회

Spaak Report: 스파크보고서

Special Committee on Agriculture (SCA): 농업특별위원회

special legislative procedure (SLP): 특별입법절차

spill-over: 파급효과

Standing Committees: (유럽의회) 상임위원회

Standing Committee on Operational Cooperation on Internal Security (COSI): (이사회) 역내안보운영협력상임위원회

structural fund: 구조기금

sub-national authority (SNA): 국가 내 하위정부

supranationalism: 초국가주의

The Maastricht Treaty: 마스트리히트조약

Tindermans Report: 틴더만보고서

Trade Policy Committee (TPC): 무역정책위원회

(구 113조 / 133조 위원회: Article 113 / 133 Committee)

Trade-related Aspects of Intellectual Property Rights (TRIPS): 무역관련 지적재산권에 관한 협정

Transnational Municipal Networks and Climate Change (TMNs): 기후변화 도시 간 네트워크

Treaty Establishing a Constitution for Europe: 유럽헌법설립조약

Treaty Establishing a European Defence Community: 유럽방위공동체설립조약

Treaty Establishing The European Community (TEC): 유럽공동체설립조약

Treaty Establishing the European Economic Community (TEEC): 유럽경제공동체설립조약

Treaty of Amsterdam: 암스테르담조약

Treaty of Lisbon: 리스본조약

Treaty of Nice: 니스조약

Treaty of Rome: 로마조약

Treaty of Westminster: 웨스트민스터조약

Treaty on European Union (TEU): 유럽연합조약

Treaty on the Functioning of the European Union (TFEU): 유럽연합운영조약

Two-speed Europe: 이중속도의 유럽

Union of Industrial and Employer's Confederations of Europe (UNICE) / BusinessEurope: 유럽경제인연합회

variable geometry: 가변적 지역

Ventotene Manifesto: 벤토테네 선언서

Werner Report: 베르너보고서

Western European Union (WEU): 서유럽동맹

white paper: 백서

World Trade Organization (WTO): 국제무역기구

Zollverein: (독일)관세동맹

참고문헌

단행본

송병준 (2004), 유럽연합의 선택: 통합에서 다층적 통치로의 전환, 서울, 청목출판사.

송병준 (2011), 유럽연합 기구와 시스템, 서울, 높이깊이.

송병준 (2013), 유럽연합의 거버넌스와 공동정책, 서울, 높이깊이.

송병준 (2016), 유럽연합 거버넌스 2, 서울, 높이깊이.

송병준 (2018), 유럽연합 정책결정시스템, 서울, 한국외국어대학교 지식출판콘텐 츠원.

Andersen, Svein S. and Kjell A. Eliassen eds. (2001), Making Policy in Europe, 2nd. ed., London, Sage.

Bache, Ian, Stephen George and Simon Bulmer (2011), Politics in the European Union 3rd., Oxford University Press, 2011.

Balaam, David and Michael Veseth (1996), Introduction to International Political Economy, New York, Pearson Education Limited Prentice-Hall.

Blom-Hansen, Jens (2011), The EU Comitology System in Theory and Practice Keeping an Eye on the Commission?, Palgrave Macmillan.

Bomberg, Elizabeth, John Peterson and Alexander Stubb (2008), The European Union: How Dose It Works, 2nd., Oxford, Oxford University Press.

Carlsnaes, Walter eds. (2002), Handbook of International Relations, London, Sage.

Cini, Michelle ed. (2007), European Union Politics, Oxford, Oxford University Press.

Corbeat, Richard, Francis Jacobs and Michael Shackleton (2011), The European Parliament 8th., London, John Harper.

Crouch, Colin and Wolfgang Streeck eds. (2006), The Diversity of Democracy Corporatism, Social Order and Political Conflict, Colin Crouch, Wolfgang Streeck eds., Cheltenham, Edward Elgar.

Deppe, Frank et al. (2000), "Dimensions of a Critical Theory of European Integration", Forschungsgruppe Europäische Gemeinschaften Studie 13, Marburg, Philipps-Universität Marburg.

Dinan, Desmond (2010), Ever Closer Union: An Introduction to European Integration 4th ed., Colorado, Lynne Rienner Publishers.

Dougherty, James and Robert Pfaltzgraff (1990), Contending Theories of International Relations, New York, Longman.

Eichengreen, Barry and Jeffry Frieden eds. (1999), Forging an Integrated Europe, An Arbor, The University of Michigan Press.

Farrell, Mary eds. (2002), European Integration in the 21st Century, London, Sage.

Guibernau, Montserrat ed. (2001), Governing European Diversity, London, Sage.

Hass, Ernst B. (1958), The Uniting of Europe, Political, Social and Economic Forces, 1950-1957, California, Stanford University Press.

Haas, Ernst B. (1964), Beyond the Nation-State: Functionalism and International Organization, California, Stanford, Stanford University Press.

Heywood, Paul ed. (2002), Developments in West European Politics, New York, Palgrave.

Hooghe, Liesbet et al. (1996), Cohesion Policy and European Integration: Building Multi-Level Governance, Oxford, Oxford University Press.

Hooghe, Liesbet and Gary Marks (2001), Multi-level Governance and European Integration, Lanham, Rowman Littlefield.

Lieber, Robert J. (1972), Theory and World Politics, London, George Allen.

Lodge, Juliet ed. (1989), The European Community and The Challenge of the Future, London, Pinter Publishers.

March, James G. and Johan P. Olsen (1989), Rediscovering Institutions, New York, Free Press.

Mattli, Walter (1999), The Logic of Regional Integration: Europe and Beyond, Cambridge, Cambridge University Press.

McCormick, John (2011), European Union Politics, London, Palgrave Macmillan.

Milward, Alan S. (1992), The European Rescue of the Nation-State, London, Routlege.

Mitrany, David (1966), A Working Peace, Chicago, Quadrangle.

Morgan, Patric M. (1977), Regions Elusive Targets in Theory and Practice, London, Unwin Hyman.

Moravcsik, Andrew (1998), The Choice for Europe: Social Purpose and State Power from Messina to Maastricht, Ithaca, Cornell University Press.

Nelsen, Brent F. and Alexander Stubb eds. (2002), The European Union: Reading on the Theory and Practice of European Integration, 3rd. ed., London, Lynne Rienner.

Neufeld, Mark A. ed. (1995), The Restructuring of International Relations Theory, Cambridge, Cambridge University Press.

Neyer, Jurgen and Antje Wiener (2011), Political Theory of the European Union, 2th., Oxford, Oxford University Press.

Nugent, Neill (2003), The Government and Politics of the European Union, 5th., London, Palgrave.

Nugent, Neill (2010), The Government and Politics of the European Union, 7th., London, Palgrave.

De Schutter, Olivier eds., Government in the European Union, Luxembourg, Office for Official Publications of the European Communities.

Polder, Rene Van den ed., (1994), Lobbying the European Union, London, Longman.

Peterson, John and Michael Shackleton (2002), The Institutions of the European Union, Oxford, Oxford University Press.

Phinnemore, David and Lee McGowan (2002), A Dictionary of the European Union, London, Europa.

Richardson, Jeremy J. ed. (1996), European Union: Power and Policy-making, New York, Routledge.

Rosamond, Ben (2000), Theory of European Integration, New York, Palgrave.

Sandholtz, Wayne and Alec Stone Sweet eds. (1998), European Integration and Supranational Governance, Oxford, Oxford University Press.

Sweet, Alec Stone, Wayne Sandholtz and Neil Fligstein eds. (2001), The Institutionalization of Europe, Oxford, Oxford University Press.

Schutter, Olivier de. eds. (2001), Governance in the European Union, Luxembourg, Office for Official Publications of the European Communities.

Urwin, Derek W. (1991), The Community of Europe: A History of European Integration Since 1945, London, Longman.

Wallace, Helen, Mark A. Pollack and Alasdair R. Young (2010), Policy-Making in the European Union, 6th. ed. Oxford, Oxford University Press.

Wiener, Antje and Thomas Diez eds. (2004), European Integration Theory, Oxford, Oxford University Press.

Wiener, Antje and Thomas Diez eds. (2009), European Integration Theory 2th., Oxford, Oxford University Press.

논문

이호근 (2000), "유럽통합과 사회정책", 한국정치학회보, 34집 3호, 한국정치학회, pp. 275-292.

Aalberts, Tanja E. (2004), "The Future of Sovereignty in Multilevel Governance Europe - A Constructivist Reading", Journal of Common Market Studies, Vol. 42, Iss. 1, pp. 23-46.

Ackrill, Robert and Adrian Kay (2006), "Historical-institutionalist Perspectives on the Development of the EU Budget System", Journal of European Public Policy, Vol. 13, No. 1, pp. 113-133.

Alexandrescu, Mihai (2007), "David Mitrany: From Federalism to Functionalism", Transylvanian Review Vol. XVI, No. 1, pp. 20-33.

Alter, Karen J. Renaud Dehousse and Georg Vanberg (2002), "Law, Political Science and EU Legal Studies: An Interdisciplinary Project?", European Union Politics, Vol. 3, No. 1, pp. 113-136.

Andersen, Svein S. (2003), "'On a Clear Day You Can See the EU' Case Study Methodology in EU Research", Advanced Research on the Europeanisation of the Nation-State, Working Papers 03/16, pp. 1-29.

Ansell Christopher K. et al. (1997), "Dual Networks in European Regional Development Policy", Journal of Common Market Studies, Vol. 35, Iss. 3, pp. 347-376.

Armstrong, Kenneth A. (1998), "Legal Integration: Theorizing the Legal Dimension of European Integration", Journal of Common Market Studies, Vol. 36, No. 2, pp. 156-174.

Arvidsson, Björn (2002), "EU Treaty Reform in Theoretical Perspective. An Empirical Exploration of Liberal Intergovernmentalism and Historical Institutionalism", University of Lund, Center for European Studies, Working Paper No. 20, pp. 1-44.

Aspinwall, Mark (1998), "Globalism, Exit, and Free Social Riders: A Dysfunctional

Integration Theory", European Journal of Political Research, Vol. 33, Iss. 3, pp. 323-346.

Aspinwall, Mark D. and Gerald Schneider (2000), "Same Menu, Separate Tables: The Institutionalist Turn in Political Science and the Study of European Integration", European Journal of Political Research, Vol. 38, Iss. 5, pp. 1-36.

Attina, Fulvio (1998), "Strategies for Democratising the European Union and the Issue of the Election of the President of the Commission", University of Catania Jean Monnet Working Papers 19-98, pp. 1-13.

Auer, Andreas (2005), "The Constitutional Scheme of Federalism", Journal of European Public Policy, Vol. 12, No. 3, pp. 419-431.

Bache, Ian (2000), "Europeanization and Partnership: Exploring and Explaining Variations in Policy Transfer", Queen's University Balfast, Queen's Papers on Europeanization No. 8, pp. 1-24.

Bache, Ian (2008), "Europeanization and multi-level governance: Empirical findings and conceptual challenges", Advanced Research on the Europeanisation of the Nation-State, Working Papers 08/16, pp. 1-33.

Bailey, David J. (2006), "Governance or the Crisis of Governmentality? Applying Critical State Theory at the European Level", Journal of European Public Policy, Vol. 13, No. 1, pp. 16-33.

Banducci, Susan A. et al. (2003), "The Euro, Economic Interests and Multi-level Governance: Examining Support for the Common Currency", European Journal of Political Research, Vol. 42, Iss. 5, pp. 685-704.

Barzelay, Michael and Raquel Galleg (2006), "From "New Institutionalism" to "Institutional Processualism": Advancing Knowledge about Public Management Policy Change", Governance, Vol. 19, Iss. 4, pp. 531-558.

Bauer, Michael W. (2001), "The EU 'Partnership Principle' Revisited? A Critical Appraisal of its Integrationist Potential as a Governance Device Interconnecting Multiple Administrative Arenas", Max Planck Project Group on the Law of Common Goods, Working Papers 01/13, pp. 1-25.

Besson, Samantha (2004), "From European Integration to European Integrity: Should European Law Speak with Just One Voice?", European Law Journal, Vol. 10,

Iss. 3, pp. 257-281.

Benson, David and Andrew Jordan (2008), "Understanding Task Allocation in the European Union: Exploring the Walue of Federal Theory", Journal of European Public Policy, Vol. 15, No. 1, pp. 78-97.

Benz, Arthur and Bunkard Eberein (1998), "Regions in European Governance: The Logic of Multi-Level Integration", European University Institute, Working Paper 98/31, pp. 1-17.

Benz, Arthur and Burkard Eberlein (1999), "The Europeanization of Regional Policies: Patterns of Multi-level Governance", Journal of European Public Policy, Vol. 6, No. 2, pp. 329-348.

Benz, Arthur and Christina Zimmer (2010), "The EU's Competences: The 'Vertical' Perspective on the Multilevel System", Living Reviews in European Governance, 2010-1, pp. 1-31.

Berglund, Sara (2006), "Mass Production of Law. Routinization in the Transposition of European Directives: A Sociological-institutionalist Account", Journal of European Public Policy, Vol. 13, No. 5, pp. 692-716.

Beyers, Jan and Jarle Trondal (2003), "How Nation-States Hit Europe - Ambiguity and Representation in the European Union", European Online Integration Papers 2003-005, pp. 1-21.

Blom-Hansen, Jens (1997), "A 'New Institutional' Perspective on Policy Networks", Public Administration, Vol. 75, Iss. 4, pp. 669-694.

Bogason, Peter and Theo A. J. Toonen (1998), "Introduction: Networks in Public Administration", Public Administration, Vol. 76, No. 2, pp. 205-228.

Bomberg, Elizabeth et al. (1998), "European Union Decision Making: the Role of Sub-national Authorities", Political Studies, Vol. 46, No. 2, pp. 219-235.

Bözel, Tanja A. (1997), "What's So Special About Policy Networks? - An Exploration of the Concept and Its Usefulness in Studying European Governance", European Online Integration Papers 1997-016, pp. 1-31.

Bözel, Tanja A. (1998), "Organizing Babylon - On the Different Conceptions of Policy Networks", Public Administration, Vol. 76, No. 2, pp. 253-274.

Bäzel, Tanja A. and Madeleine O. Hosli (2003), "Brussels between Bern and Berlin: Comparative Federalism Meets the European Union", Governance, Vol. 16,

Iss. 2, pp. 179-202.

Bözel, Tanja A. and Thomas Risse (2001), "Who is Afraid of a European Federation? How to Constitutionalize a Multi-Level Governance System", University of North Carolina at Chapel Hill, Conference Papers, pp. 1-17.

Branch, Ann P. and Jakob C. Ohrgaard (1999), "Trapped in the Supranational-intergovernmental Dichotomy: a Response to Stone Sweet and Sandholtz", Journal of European Public Policy, Vol. 6, No. 1, pp. 123-143.

Brans, Marleen (1997), "Challenges to the Practice and Theory of Public Administration in Europe", Journal of Theoretical Politics, Vol. 9, No. 3, pp. 389-415.

Brca, Grinne de (2005), "Rethinking law in Neofunctionalist Theory", Journal of European Public Policy, Vol. 12, No. 2, pp. 310-326.

Breuer, Fabian (2010), "Between Intergovernmentalism and Socialisation: The Brusselisation of ESDP", European University Institute, Robert Schuman Centre Working Paper 2010/48, pp. 1-25.

Bulmer, Simon J. (1994), "The Governance of the European Union: A New Internationalist Approach", Journal of Public Policy, Vol. 13, No. 4, pp. 351-380.

Bulmer, Simon J. (1997), "New Institutionalism, the Single Market and EU Governance", Advanced Research on the Europeanisation of the Nation-State, Working Papers 97/25, pp. 1-26.

Bulmer, Simon J. (1998), "New Institutionalism and the Governance of the Single European Market", Journal of European Public Policy, Vol. 5, No. 3, pp. 365-386.

Bulmer, Simon J. (2009), "Politics in Time Meets the Politics of Time: Historical Institutionalism and the EU Timescape", Journal of European Public Policy, Vol. 16, No. 2, pp. 307-324.

Buonanno, Laurie and Neil Nugent (2013), "The Area of Freedom, Security and Justice", Policies and Policy Processes of the European Union, Palgrave Macmillan, pp. 226-250.

Burley, Anne-Marie and Walter Mattli (1993), "Europe Before the Court: A Political Theory of Legal Integration", International Organization, Vol. 47, No. 1, pp. 41-76.

Caporaso, James A. (1998), "Regional Integration Theory: Understanding Our Past and Anticipating Our Future", Journal of European Public Policy, Vol. 5, No. 1, pp. 1-16.

Caporaso, James A. et al. (1997), "Does the European Union Represent an n of 1?", ECSA Review Fora, pp. 1-8.

Checkel, Jeffrey T. (1998), "Social Construction and Integration", Advanced Research on the Europeanisation of the Nation-State, Working Papers 98/14, pp. 1-41.

Checkel, Jeffrey T. (2001), "Taking Deliberation Seriously", Advanced Research on the Europeanisation of the Nation-State, Working Papers 01/14, pp. 1-19.

Cherpereel, John A. (2007), "Sub-National Authorities in the EU's Post-Socialist States: Joining the Multi-Level Polity?", Journal of European Integration, Vol. 29, No. 1, pp. 23-46.

Chryssochoou, Dimitris N. (1994), "Democracy and Symbiosis in the European Union: Towards a Confederal Consociation?", West European Politics Vol. 17, No. 4, pp. 1-14.

Chryssochoou, Dimitris N. (1998), Democracy and Integration Theory in the 1990s; A Study in European Polity-Formation", University of Catania Jean Monnet Working Papers 14-98, pp. 1-15.

Chryssochoou, Dimitris N. (2000), "Integration Theory and Treaty Reform: A Consociationalist Approach", University of Exeter, Working Papers 4, pp. 1-25.

Chryssochoou, Dimitris N. (2001), "Polity Dynamics in the European Union: Setting a Normative Framework", Hellenic Foundation for European and Foreign Policy, Occasional Papers OP01.03, pp. 1-17.

Claes, Dag Harald (2002), "Statoil - Between Nationalisation, Globalisation and Europeanisation", Advanced Research on the Europeanisation of the Nation-State, Working Papers 99/12, pp. 1-21.

Coleman, William D. and Anthony Perl (1999), "Internationalized Policy Environments and Policy Network Analysis", Political Studies, Vol. 47, No. 4, pp. 691-709.

Collard-Wexler, Simon (2006), "Integration Under Anarchy: Neorealism and the European Union", European Journal of International Relations, Vol. 12, Iss.

3, pp. 397-432.

Costa, Olivier and Francois Foret (2005), "The European Consociational Model: An Exportable Institutional Design?", European Foreign Affairs Review, Vol. 10, No. 4, pp. 501-516.

Costa, Olivier and Paul Magnette (2003), "The European Union as a Consociation? a Methodological Assessment", West European Politics, Vol. 26, No. 3, pp. 1-18.

Cowles, Maria Green (2003), "Non-state Actors and False Dichotomies: Reviewing IR/IPE Approaches to European Integration", Journal of European Public Policy, Vol. 10, No. 1, pp. 102-120.

Crombez, Christophe (1996), "Legislative Procedures in the European Community", British Journal of Political Science, Vol. 26, No. 2, pp. 199-228.

Dani, Marco (2009), "Constitutionalism and Dissonances: Has Europe Paid Off Its Debt to Functionalism?", European Law Journal, Vol. 15, Iss. 3, pp. 324-350.

Decker, Frank (2002), "Governance Beyond the Nation-state. Reflections on the Democratic Deficit of the European Union", Journal of European Public Policy, Vol. 9, No. 2, pp. 256-272.

Eberlein, Burkard and Dieter Kerwer (2004), "New Governance in the European Union: A Theoretical Perspective", Journal of Common Market Studies, Vol. 42, Iss. 1, pp. 121-142.

Egeberg, Morten (2000), "The Organisational Dimension of Integration in the EU (and Elsewhere)", Advanced Research on the Europeanisation of the Nation-State, Working Papers 00/10, pp. 1-22.

Egeberg, Morten (2001), "How federal? The Organizational Dimension of Integration in the EU (and Elsewhere)", Journal of European Public Policy, Vol. 8, No. 5, pp. 728-746.

Egeberg, Morten (2004), "An Organisational Approach to European Integration: Outline of a Complementary Perspective", European Journal of Political Research, Vol. 43, Iss. 2, pp. 199-220.

Egeberg, Morten and Jarle Trondal (1997), "An Organization Theory Perspective on Multi-Level Governance in the EU", Advanced Research on the Europeanisation of the Nation-State, Working Papers 97/21, pp. 1-20.

Eising, Rainer (2004), "Multilevel Governance and Business Interests in the European Union", Governance, Vol. 17, Iss. 2, pp. 211-246.

Ellinas, Antonis A. and Ezra N. Suleiman (2011), "Supranationalism in a Transnational Bureaucracy: The Case of the European Commission", Journal of Common Market Studies, Vol. 49, Iss. 5, pp. 923-947.

Eppler, Annegret, Lisa H. Anders and Thomas Tuntschew (2016), "Europe´s Political, Social, and Economic (Dis-)integration: Revisiting the Elephant in Times of Crises", Institute for Advanced Studies, Political Science Series. Working Paper No. 143, pp. 1-30.

Eriksen, Erik O. (2003), "The EU and the Right to Self-Government", Advanced Research on the Europeanisation of the Nation-State, Working Papers 03/17, pp. 1-36.

Eriksen, Erik O. and Fossum, John Erik (2000), "The EU and Post-national Legitmacy", Advanced Research on the Europeanisation of the Nation-State, Working Papers 00/26, pp. 1-40.

Eriksen, Erik O. and John Erik Fossum (1999), "The European Union and Post-National Integration", Advanced Research on the Europeanisation of the Nation-State, Working Papers 99/9, pp. 1-31.

Eriksen, Erik O. and John Erik Fossum (2002), "Europe at a Crossroads - Government or Transnational Governance?", Advanced Research on the Europeanisation of the Nation-State, Working Papers 02/35, pp. 1-34.

Evans, Mark and Jonathan Davies (1999), "Understanding Policy Transfer: A Multi-Level, Multi-Disciplinary Perspective", Public Administration, Vol. 77, Iss. 2, pp. 361-386.

Evans, Mark et al. (1999), "Understanding Policy Transfer: A Multi-Level, Multi-Disciplinary Perspective", Public Administration, Vol. 77, No. 2, pp. 361-386.

Fabbrini, Sergio (2013), "Intergovernmentalism and Its Limits: Assessing the European Union's Answer to the Euro Crisis", Comparative Political Studies, Vol. 46, No. 9, pp. 1003-1029.

Falkner, Gerda (2011), "Interlinking Neofunctionalism and Intergovernmentalism:

Sidelining Governments and Manipulating Policy Preferences as Passerelles", Institute for European Integration Research, WP 03/2011, pp. 1-25.

Farrell, Henry and Adrienne Hritier (2005), "A rationalist-institutionalist explanation of endogenous regional integration", Journal of European Public Policy, Vol. 12, No. 2, pp. 273-290.

Fernandez, Ana Mar (2008), "The EU Council Presidency DIlemma: An Historical Institutionalist Interpretation", Cahiers européens de Sciences Po, No. 01/2008, pp. 1-38.

Fierke, K. M. and Antje Wiener (1999), "Constructing Institutional Interests: EU and NATO Enlargement", Journal of European Public Policy, Vol. 6, No. 5, pp. 721-742.

Font, Nuria (2006), "Why the European Union Gave Turkey the Green Light", Journal of Contemporary European Studies, Vol. 14, No. 2, pp. 197-212.

Forster, Anthony (1998), "Britain and the Negotiation of the Maastricht Treaty: A Critique of Liberal Intergovernmentalism", Journal of Common Market Studies, Vol. 36, No. 3, pp. 348-368.

Franchino, Fabio (2000), "Control of the Commission's Executive Functions: Uncertainty, Conflict and Decision Rules", European Union Politics, Vol. 1, No. 1, pp. 63-92.

Franchino, Fabio (2013), "Challenges to Liberal intergovernmentalism", European Union Politics, Vol. 14, No. 2, pp. 324-337.

Garrett, Geoffrey (1992), "International Cooperation and Institutional Choice: The European Community's Internal Market", International Organization, Vol. 46, No. 2, pp. 533-560.

Garrett, Geoffrey (1995), "The Politics of Legal Integration in the European Union", International Organization, Vol. 49, No. 1, pp. 171-181.

Garrett, Geoffrey (1998), "The European Court of Justice, National Governments, and Legal Integration in the European Union", International Organization, Vol. 52, Iss. 1, pp. 149-176.

Garrett, Geoffrey George Tsebelis (1996), "An Institutional Critique of Intergovernmentalism", International Organization, Vol. 50, No. 2, pp. 269-299.

George, Stephen (1994), "Suprnational Actors and Domestic Politics: Integration

Theory Reconsidered in the Light of the Single European Act and Maastricht", Sheffield Papers in International Studies, Vol. 22, pp. 1-22.

Ruggie, John Gerard et al. (2005), "Transformations in World Politics: The Intellectual Contributions of Ernst B. Haas", Annual Review of Political Science, May 2005, pp. 271-296.

Glencross, Andrew (2008), "Altiero Spinelli and the Idea of the US Constitution as a Model for Europe: The Promises and Pitfalls of an Analogy", European University Institute, Robert Schuman Centre Working Paper 2008/02, pp. 1-21.

Glencross, Andrew (2009), "Altiero Spinelli and the Idea of the US Constitution as a Model for Europe: The Promises and Pitfalls of an Analogy", Journal of Common Market Studies, Vol. 47, No. 2, pp. 287-307.

Goldmann, Kjell (2005), "Appropriateness and Consequences: The Logic of Neo-Institutionalism", Governance, Vol. 18, Iss. 1, pp. 35-52.

Greer, Scott L. (2006), "Uninvited Europeanization: Neofunctionalism and the EU in Health Policy", Journal of European Public Policy, Vol. 13, No. 1, pp. 134-152.

Grieco, Joseph M. (1995), "The Maastricht Treaty, Economic and Monetary Union and the Neo-realist Research Programme", Review of International Studies, Vol. 21, pp. 21-40.

Gualini, Enrico (2003), "Challenges to Multi-level Governance: Contradictions and Conflicts in the Europeanization of Italian Regional Policy", Journal of European Public Policy, Vol. 10, No. 4, pp. 616-636.

Haas, Ernst B. and Philippe C. Schmitter (1964), "Economics and Differential Patterns of Political Integration: Projections About Unity in Latin America", International Organization, Vol. 18, No. 4, pp. 705-737.

Hall, Peter A. and Rosemary C. R. Taylor (1998), "The Potential of Historical Institutionalism: a Response to Hay and Wincott", Political Studies, Vol. 46, No. 5, pp. 958-962.

Hallstrom, Lars K. (2003), "Support for European Federalism? an Elite View", Journal of European Integration, Vol. 25, No. 1, pp. 51-72.

Harmsen, Robert (1999), "The Europeanization of National Administrations: A

Comparative Study of France and the Netherlands", Governance, Vol. 12, No. 1, pp. 81-113.

Haas, Ernst, B. (1976), "Turbulent Fields and the Theory of Regional Integration", International Organization, Vol. 30, No. 2, pp. 173-216.

Haas, Ernst B. (1980), "Why Collaborate?: Issue-Linkage and International Regimes", World Politics, Vol. 32, No. 3, pp. 357-405.

Haas, Peter M. (1998), "Compliance with EU Directives: Insights from International Relations and Comparative Politics", Journal of European Public Policy, Vol. 5, No. 1, pp. 17-37.

Harlow, Carol (1999), "Teaching the Political Context of EC Law", European Law Journal, Vol. 5, Iss. 2, pp. 127-134.

Hansen, Lene (1999), "The Myths of Europe: Legitimacy, Community and the 'Crisis'of the EU", Journal of Common Market Studies, Vol. 37, No. 2, pp. 233-249.

Harlow, Carol and Richard Rawlings (2006), "Promoting Accountability in Multi-Level Governance: A Network Approach", EUROGOV Working Papers C-06-02, pp. 1-41.

Harlow, Carol and Richard Rawlings (2007), "Promoting Accountability in Multilevel Governance: A Network Approach", European Law Journal, Vol. 13, Iss. 4, pp. 542-562.

Hay, Colin and Daniel Wincott (1998), "Structure, Agency and Historical Institutionalism", Political Studies, Vol. 46, No. 5, pp. 951-957.

Hayrapetyan, Albert (2020), Federalism, Functionalism and the EU: The Visions of Mitrany, Monnet and Spinelli, E-International Relations, pp. 1-5.

Herrmann, Christoph W. (2002), "Common Commercial Policy After Nice: Sisyphus Would Have Done a Better Job", Common Market Law Review, Vol. 39, No. 1, pp. 7-29.

Hix, Simon (1998), "The Study of the European Union Ⅱ: The 'New Governance' Agenda and Its Rival", Journal of European Public Policy, Vol. 5, No. 1, pp. 38-65.

Hoffmann, Stanley (1966), "Obstinate or Obsolete? The Fate of the Nation-State and the Case of Western Europe", Daedalus, Vol. 95, No. 3, pp. 862-915.

Hoffmann, Stanley (1994), "Europe's Identity Crisis Revisited", Daedalus, Vol. 23, pp. 1-23.

Holzinger, Katharina and Christoph Knill (2002), "Path Dependencies in European Integration: A Constructive Response to German Foreign Minister Joschka Fischer", Public Administration, Vol. 80, Iss. 1, pp. 125-152.

Hooghe, Liesbet (1999), "Consociationalists or Weberians? Top Commission Officials on Nationality", Governance, Vol. 12, Iss. 4, pp. 397-424.

Hooghe, Liesbet and Gary Marks (2001), "Types of Multi-Level Governance", Vienna University of Economics and Business Administration European Online Integration Papers, 2001-011, pp. 1-32.

Hooghe, Lisbet and Gary Marks (2005), "The Neofunctionalists Were (almost) Right: Politicization and European Integration", Webpapers on Constitutionalism and Governance Beyond the State, No. 1/2005, pp. 1-20.

Hunt, Jo (1999a), "The Expression of the European Social Model Through the Medium of Labour Law: An Institutionalist Approach", University of Leeds, Working Papers 99/5, pp. 1-17.

Hunt, Jo (1999b), "Interdisciplinary Approaches to EU Decision-Making Law, Politics and the Multi-Levelled 'Governance Regime'", University of Leeds, Working Papers 99/4, pp. 1-9.

Icoz, Gulay (2011), "Turkey's Path to EU Membership: An Historical Institutionalist Perspective", Journal of Contemporary European Studies, Vol. 19, No. 4, pp. 511-521.

Itzcovich, Giulio (2012), "Legal Order, Legal Pluralism, Fundamental Principles. Europe and Its Law in Three Concepts", European Law Journal, Vol. 18, Iss. 3, pp. 358–384.

Jachtenfuchs, Markus (2001), "The Governance Approach to European Integration", Journal of Common Market Studies, Vol. 39, Iss. 2, pp. 245-264.

Jensen, Carsten S. (2000), "Neofunctionalist Theories and the Development of European Social and Labour Market Policy", Journal of Common Market Studies, Vol. 38, No. 1, pp. 72-92.

Joerges, Christian (2002), "'Deliberative Supranationalism'-Two Defences", European Law Journal, Vol. 8, Iss. 1, pp. 133-151.

Jøstad, Finn Ola (1997), "Interactive Levels of Policy-Making in the European Union Commercial Policy", Advanced Research on the Europeanisation of the Nation-State, Working Papers 97/13, pp. 1-25.

Kassim, Hussein and Anand Menon (2004), "European Integration Since the 1990s: Member States and the European Commission", Advanced Research on the Europeanisation of the Nation-State, Working Papers 04/6, pp. 1-39.

Kay, Adrian (2003), "Path Dependency and the CAP", Journal of European Public Policy, Vol. 10, No. 3, pp. 405-420.

Kelemen, R. Daniel and Susanne K. Schmidt (2012), "Introduction - The European Court of Justice and Legal Integration: Perpetual Momentum?", Journal of European Public Policy, Vol. 19, No. 1, pp. 1-7.

Kelemen, R. Daniel (2003), "The Structure And Dynamics Of EU Federalism", Comparative Political Studies, Vol. 36, No. 1-2, pp. 184-208.

Kelemen, R. Daniel (2006), "Suing for Europe: Adversarial Legalism and European Governance", Comparative Political Studies, Vol. 39, No. 1, pp. 101-127.

Kern, Kristine and Harriet Bulkeley (2009), "Cities, Europeanization and Multi-level Governance: Governing Climate Change through Transnational Municipal Networks", Journal of Common Market Studies, Vol. 47, Iss. 2, pp. 309-332.

Kerremans, Bart (1996), "Do Institutions Make a Difference? Non-Institutionalism, Neo-Institutionalism, and the Logic of Common Decision-Making in the European Union", Vol. 9, Iss. 2, pp. 217-240.

Knodt, Michle (2004), "International Embeddedness of European Multi-level Governance", Journal of European Public Policy, Vol. 11, No. 4, pp. 701-719.

Kohler-Koch, Beate (1999a), "Europe in Search of Legitimate Governance", Advanced Research on the Europeanisation of the Nation-State, Working Papers 99/27, pp. 1-25.

Kohler-Koch, Beate (1999b), "A Constitution for Europe?", Mannheim Center for European Social Research, Working Papers 99/8, pp. 1-21.

Kohler-Koch, Beate (2002), "European Networks and Ideas: Changing National Policies?", Vienna University of Economics and Business Administration European Online Integration Papers, 2002-006, pp. 1-15.

Koslowski, Rey (1999), "A Constructivist Approach to Understanding the European

Union as a Federal Polity", Journal of European Public Policy, Vol. 6, No. 4, pp. 561-578.

KomArek, Jan (2005), "Federal Elements in the Community Judicial System: Building Coherence In The Community Legal Order", Common Market Law Review, Vol. 42, Iss. 1, pp. 9-34.

Koschut, Simon (2014), "Regional Order and Peaceful Change: Security Communities as a via Media in International relations Theory", Cooperation and Conflict, Vol 49, No. 4, pp. 519-535.

Krapohl, Sebastian (2007), "Thalidomide, BSE and the Single Market: An Historical-institutionalist Approach to Regulatory Regimes in the European Union", European Journal of Political Research, Vol. 46, Iss. 1, pp. 25-46.

Hanspeter Kriesi (2006), "Comparative Analysis of Policy Networks in Western Europe", Journal of European Public Policy, Vol. 13, No. 3, pp. 341-361.

Kuhnhardt, Ludger (2001), "Towards Europe 2007. Identity, Institution-Building and the Constitution of Europe", Center for European Integration Studies, Discussion Papers C85, pp. 1-48.

Lebow, Richard Ned (2015), "Karl Wolfgang Deutsch: A Brief Introduction, Deutsch", Security Square Research Paper 01, pp. 1-3.

Leca, Jean (2010), "'The Empire Strikes Back!' An Uncanny View of the European Union. Part II ? Empire, Federation or What?", Government and Opposition, Vol. 45, No. 2, pp. 208-290.

Lenaerts, Koen (2007), "The Rule of Law and the Coherence of the Judical System of the European Union", Common Market Law Review, Vol. 44, Iss. 6, pp. 1625-1659.

Leonardy, Uwe (2010), "Is the European Federation a "Mission Impossible?"", Center for European Integration Studies, Discussion Papers C201, pp. 1-32.

Lewis, Jeffrey (1998), "The Institutional Problem-Solving Capacities of the Council", Max-Planck Institute for the Study of Societies, Discussion Papers 98/1, pp. 1-49.

Lindner, Johannes and Berthold Rittberger (2003), "The Creation, Interpretation and Contestation of Institutions - Revisiting Historical Institutionalism", Journal of Common Market Studies, Vol. 41, Iss. 3, pp. 445-474.

Littoz-Monnet, Annabelle (2010), "Dynamic Multi-Level Governance – Bringing the Study of Multi-level Interactions into the Theorising of European Integration", Vienna University of Economics and Business Administration European Online Integration Papers, Vol. 14, Article 01, pp. 1-20.

Machmilln, Catherine (2009), "The Application of Neofunctionalism to the Enlargement Process: The Case of Turkey", Journal of Common Market Studies, Vol. 47, Iss. 4, pp. 789-809.

Magnette, Paul and Yannis Papadopoulos (2007), "On the Politicization of the European Consociation: A Middle Way between Hix and Bartolini", EUROGOV Working Papers C-08-01, pp. 1-26.

Majone, Giandomenico (1992), "Regulatory Federalism in the European Community", Government and Policy, Vol. 10, pp. 299-316.

March, James G. and Johan P. Olsen (1996), "Institutional Perspectives on Political Institutions", Governance, Vol. 9, Iss. 3, pp. 247-350.

March, James G. and Johan P. Olsen (1998), "The Institutional Dynamics of International Political Order", International Organization, Vol. 52, No. 4, pp. 943-969.

March, James G. and Johan P. Olsen (2005), "Elaborating the "New Institutionalism"", Advanced Research on the Europeanisation of the Nation-State, Working Papers 05/11, pp. 1-28.

Marsh, David and Martin Smith (2000), "Understanding Policy Networks: Towards a Dialectical Approach", Political Studies, Vol. 48, Iss. 1, pp. 4-21.

Marks, Gary (2012), "Europe and Its Empires: From Rome to the European Union", Journal of Common Market Studies, Vol. 50, Iss. 1, pp. 1-20.

Marks, Gary et al. (1995), "European Integration and the State", European University Institute, Working Paper 95/7, pp. 1-39.

Marks, Gary et al. (1996), "European Integration from the 1980s: State-Centric v. Multi-level Governance", Journal of Common Market Studies, Vol. 34, No. 3, pp. 343-378.

Marláry, Janne Haaland (1993), "Beyond Intergovernmentalism: The Quest for a Comprehensive Framework for the Study of Integration", Cooperation and Conflict, Vol. 28, No. 2, pp. 112-208.

Marshall, Adam (2005), "Europeanization at the Urban Level: Local Actors, Institutions and the Dynamics of Multi-level Interaction", Journal of European Public Policy, Vol. 12, No. 4, pp. 668-686.

Mattli, Walter (2000), "Sovereignty Bargains in Regional Integration", International Studies Review, Vol. 2, No. 2, pp. 149-180.

Mattli, Walter (2005), "Ernst Haas's Evolving Thinking on Comparative Regional Integration: of Virtues and Infelicities", Journal of European Public Policy, Vol. 12, No. 2, pp. 327-348.

McGowan, Lee (2007), "Theorising European Integration: Revisiting Neo-functionalism and Testing Its Suitability for Explaining the Development of EC Competition Policy?", Vienna University of Economics and Business Administration European Online Integration Papers, 2007-003, pp. 1-19.

McNamara, Kathleen (1998), "Integrating Left and Right: Studying EU Politics", ECSA Review Fora, pp. 1-8.

Mendez, Fernando (2005), "The European Union and Cybercrime: Insights from Comparative Federalism", Journal of European Public Policy, Vol. 12, No. 3, pp. 509-527.

Menon Anand (2011), "Power, Institutions and the CSDP: The Promise of Institutionalist Theory", Journal of Common Market Studies, Vol. 49, Iss. 1, pp. 83-100.

Merritt, Richard L., Brucem Russett and Roberta Dahl (2001), "Karl Wolfgang Deutsch 1912-1992", The National Academic Press, Biographical Memoirs, Vol. 80, pp. 1-22.

Miller, Gary (2000), "Rational Choice and Dysfunctional Institutions", Governance, Vol. 13, No. 4, pp. 535-547.

Mols, Frank and S. Alexander Haslam (2008), "Understanding EU Attitudes in Multi-Level Governance Contexts: A Social Identity Perspective", West European Politics, Vol. 31, No. 3, pp. 442-463.

Morgan, Roger (2000), "A European 'Society of States' - But Only States of Mind?", International Affairs, Vol. 76, No. 3, pp. 559-574.

Moravcsik, Andrew (1991), "Negotiating the Single European Act: National Interests and Conventional Statecraft in the European Community", International

Organization, Vol. 45, No. 1, pp. 19-56.

Moravcsik, Andrew (1993), "Preferences and Power in the European Community: A Liberal Intergovernmentalist Approach", Journal of Common Market Studies, Vol. 31, Iss. 4. 1, pp. 473-524.

Moravcsik, Andrew (1995), "Liberal Intergovernmentalism and Integration: A Rejoinder", Journal of Common Market Studies, Vol. 33, Iss. 4. 1, pp. 611-628.

Moravcsik, Andrew (1997), "Taking Preferences Seriously: A Liberal Theory of International Politics", International Organization, Vol. 51, Iss. 4, pp. 513-553.

Moravcsik, Andrew (1999a), "Theory and Method in the Study of International Negotiation: A Rejoinder to Oran Young", International Organization, Vol. 53, No. 3, pp. 811-815.

Moravcsik, Andrew (1999b), "A New Statecraftquest? Supranational Entrepreneurs and International Cooperation", International Organization, Vol. 53, No. 1, pp. 267-307.

Moravcsik, Andrew (2005), "The European Constitutional Compromise and the Neofunctionalist Legacy", Journal of European Public Policy, Vol. 12, No. 2, pp. 349-386.

Moser, Peter (1997), "A Theory of the Conditional Influence of the European Parliament in the Cooperation Procedure", Public Choice, Vol. 91, No. 3, pp. 333-350.

Moss, Bernard H. (2000), "The European Community as Monetarist Construction: A Critique of Moravcsik", Journal of Contemporary European Studies, Vol. 8, Iss. 2, pp. 247-265.

Munoz, Jordi et al. (2011), "Institutional Trust and Multilevel Government in the European Union: Congruence or Compensation?", European Union Politics, Vol. 12, No. 4, pp. 551-574.

Müller, Henriette (2012), The Point of No Return Walter Hallstein and the EEC Commission between Institutional Ambitions and Political Constraints, Les Cahiers européens de Sciences Po. n° 03/2012, pp. 1-24.

Neyer, Jörgen (2002), "Discourse and Order - On the Conditions of Governance in Non-Hierachial Multi-Level Systems", Advanced Research on the Europeanisation of the Nation-State, Working Papers 02/09, pp. 1-34.

Nickerton, Chris J., Bastien Irondelle and Anand Menon (2011), "Security Co-operation beyond the Nation-State: The EU's Common Security and Defence Policy", Journal of Common Market Studies, Vol. 49, Iss. 1, pp. 1-21.

Nicoli, Francesco (2019), "Neofunctionalism Revisited: Integration Theory and Varieties of Outcomes in the Eurocrisis", Journal of European Integration, Vol. 42, No. 7, pp. 897-916.

Niemann, Arne (2006), "Explaining Visa, Asylum and Immigration Policy Treaty Revision: Insights from a Revised Neofunctionalist Framework", Webpapers on Constitutionalism and Governance Beyond the State, No. 1/2005, pp. 1-46.

Norheim-Martinsen, Per. M. (2010), "Beyond Intergovernmentalism: European Security and Defence Policy and the Governance Approach", Journal of Common Market Studies, Vol. 48, Iss. 5, pp. 1351-1365.

Nye, Joseph S. (1968), "Comparative Regional Integration: Concept and Measurement", International Organization, Vol. 22, No. 4, pp. 855-880.

Nye, Joseph S. (1970), "Comparing Common Markets: A Revised Neo-Functionalist Model", International Organization, Vol. 24, No. 4, pp. 796-835.

Olsen, Johan P. (2000a), "Organizing European Institutions of Governance, a Prelude to an Institutional Account of Political Integration", Advanced Research on the Europeanisation of the Nation-State, Working Papers 00/02, pp. 1-36.

Olsen, Johan P. (2000b), "How, Then, Does One Get There? An Institutionalist Response to Herr Fischer's Vision of a European Federation", Advanced Research on the Europeanisation of the Nation-State, Working Papers 00/22, pp. 1-20.

Olsen, Johan P. (2002), "The Many Faces of Europeanization", Advanced Research on the Europeanisation of the Nation-State, Working Papers 02/02, pp. 1-43.

Papadopoulos, Yannis (2007), "Problems of Democratic Accountability in Network and Multilevel Governance", European Law Journal, Vol. 13, Iss. 4, pp. 469-486.

Papadopoulos, Yannis (2010), "Accountability and Multi-level Governance: More Accountability, Less Democracy?", West European Politics, Vol. 33, No. 5, pp. 1030-1049.

Papadopoulos, Yannis and Paul Magnette (2010), "On the Politicisation of the European Union: Lessons from Consociational National Polities", West European Politics, Vol. 33, No. 4, pp. 711-729.

Parker, Rachel (2007), "Networked Governance or Just Networks? Local Governance of the Knowledge Economy in Limerick(Ireland) and Karlskrona (Sweden)", Political Studies, Vol. 55, Iss. 1, pp. 113-132.

Peters, B. Guy (2006), "Consociationalism, Corruption and Chocolate: Belgian Exceptionalism", West European Politics, Vol. 29, No. 5, pp. 1079-1092.

Petersen, Nikolaj (1998), "National Strategies in the Integration Dilemma: An Adaptation Approach", Journal of Common Market Studies, Vol. 36, No. 1, pp. 33-54.

Piattoni, Simona (2009), "Multi-level Governance: a Historical and Conceptual Analysis", Journal of European Integration, Vol. 31, No. 2, pp. 163-180.

Pierson, Paul (1993), "When Effect Becomes Cause: Policy Feedback and Political Change", World Politics, Vol. 45, pp. 595-628.

Pierson, Paul (2000), "Increasing Returns, Path Dependence, and the Study of Politics", american Political Science Review, Vol. 94, No. 2, pp. 251-267.

Pollack, Mark A. (1996), "The New Institutionalism and EC Governance: The Promise and Limits of Institutional Analysis", Governance, Vol. 9, Iss. 4, pp. 429-458.

Pollack, Mark A. (1997), "Delegation, Agency, and Agenda Setting in the European Community", International Organization, Vol. 51, Iss. 1, pp. 99-134.

Pollack, Mark A. (2000), "The End of Creeping Competence? EU Policy-Making Since Maastricht", Journal of Common Market Studies, Vol. 38, Iss. 3, pp. 519-538.

Pollack, Mark A. (2001), "International Relations Theory and European Integration", European University Institute, Working Paper 00/55, pp. 1-34.

Pollack, Mark A. (2006), "Rational Choice and EU Politics", Advanced Research on the Europeanisation of the Nation-State, Working Papers 06/12, pp. 1-49.

Pollack, Mark A. (2008), "The New Institutionalisms and European Integration", Webpapers on Constitutionalism and Governance Beyond the State, No. 1/2008, pp. 1-26.

Poloni-Staudinger, Lori M. (2008), "The Domestic Opportunity Structure and Supranational Activity: An Explanation of Environmental Group Activity at the European Union Level", European Union Politics, Vol. 9, No. 4, pp. 531-558.

Popoviciu, Adrian-Claudiu (2010), "David Mitrany and Functionalsim the Beginnings of Functionalism", Revista Română de Geografie Politică, XII, No. 1, pp. 162-172.

Princen, Sebastiaan and Bart Kerremans (2008), "Opportunity Structures in the EU Multi-Level System", West European Politics, Vol. 31, No. 6, pp. 1129-1146.

Puchala, Donald J. (1972), "Of Blind Men, Elephants and International Integration", Journal of Common Market Studies, Vol. 10, No. 3, pp. 267-284.

Puchala, Donald J. (1999), "Institutionalism, Intergovernmentalism and European Integration: A Review", Journal of Common Market Studies, Vol. 37, No. 2, pp. 318-331.

Puetter, Uwe (2012), "Europe's Deliberative Intergovernmentalism: The Role of the Council and European Council in EU Economic Governance", Journal of European Public Policy, Vol. 19, No. 2, pp. 161-178.

Putnam, Robert D. (1988), "Diplomacy and Domestic Politics: the Logic of Two-level Games", International Organization, Vol. 42, No. 3, pp. 427-460.

Radaelli Claudio M. (2000a), "Policy Transfer in the European Union: Institutional Isomorphism as a Source of Legitimacy", Governance, Vol. 13, No. 1, pp. 26-43.

Radaelli, Claudio M. (2000b), "Whither Europeanization? Concept Stretching and Substantive Change", European Online Integration Papers 2000-008, pp. 1-28.

Renner, Stephan (2009), "The Energy Community of Southeast Europe: A Neo-functionalist Project of Regional Integration", Vienna University of Economics and Business Administration European Online Integration Papers, 2009-001, pp. 1-21.

Risse, Thomas (2005), "Neofunctionalism, European identity, and the Puzzles of European Integration", Journal of European Public Policy, Vol. 12, No. 2, pp. 291-309.

Rosamond, Ben (1995), "Mapping the European Condition: The Theory of Integration and the Integration of Theory", European Journal of International Relations, Vol. 1, No. 3, pp. 391-408.

Rosamond, Ben (1999), "Globalization and Multi-Level Governance in Europe", University System of Georgia European Union Center, Working Paper R99-2, pp. 1-24.

Rosamond, Ben (2005), "The Uniting of Europe and the Foundation of EU Studies: Revisiting the Neofunctionalism of Ernst B. Haas", Journal of European Public Policy, Vol. 12, No. 2, pp. 237-254.

Ruggie, John Gerard et al. (2005), "Transformations in world politics: The intellectual contributions of Ernst B. Haas", Annual Review of Political Science, Vol. 8, No. 1, pp. 271-296.

Rynning, Sten (2011), "Realism and the Common Security and Defence Policy", Journal of Common Market Studies, Vol. 49, Iss. 1, pp. 23-42.

Sand, Inger J. (1997), "The Changing Preconditions of Law and Politics - Multilevel Governance and Mutually Interdependent, Reflexive and Competing Institutions in the EU and EEA", Advanced Research on the Europeanisation of the Nation-State, Working Papers 97/29, pp. 1-20.

Sand, Inger J. (1998), "Understanding the New Forms of Governance: Mutually Interdependent, Reflexive, Destabilised and Competing Institutions", European Law Journal, Vol. 4, Iss. 3, pp. 271-293.

Sand, Inger J. (2002), "Changes in the Organization of Public Administration and in the Relations Between the Public and the Private Sectors. Consequences of the Evolution of Europeanisation, Globalisation and Risk Society", Advanced Research on the Europeanisation of the Nation-State, Working Papers 02/04, pp. 1-52.

Sandholtz, Wayne (1993a), "Choosing Union: Monetary Politics and Maastricht", International Organization, Vol. 47, No. 1, pp. 1-39.

Sandholtz, Wayne (1993b), "Institutions and Collective Action: The New Telecommunications in Western Europe", World Politics, Vol. 45, No. 2, pp. 242-270.

Sandholtz, Wayne and Alec Stone Sweet (1999), "European Integration and Supranational

Governance Revisited: Rejoinder to Branch and Ohrgaard", Journal of European Public Policy, Vol. 6, No. 1, pp. 144-154.

Sandholtz, Wayne and John Zysman (1989), "1992: Recasting the European Bargain", World Politics, Vol. 41, No. 1, pp. 95-128.

Sandholtz, Wayne and John Zysman (1991), "Europe as Protagonist", UCAIS Berkeley Roundtable on the International Economy, Working Paper 42, pp. 1-39.

Saurugger, Sabine (2009), "Sociological Approaches in EU Studies", Journal of European Public Policy, Vol. 16, No. 6, pp. 935-949.

Sbragia, Alberta M. (2002), "The Dilemma of Governance with Government", New York University School of Law Jean Monnet Chair, Working Papers No. 03/02, pp. 1-15.

Scharpf, Fritz W. (1988), "The Joint-decision Trap: Lessons from German Federalism and European Integration", Public Administration, Vol. 66, Iss. 3, pp. 239-278.

Scharpf, Fritz W. (1994), "Community and Autonomy Multilevel Policy Making in the European Union", European University Institute, Working Paper 94/1, pp. 1-22.

Scharpf, Fritz W. (1997), "Introduction: the Problem-solving Capacity of Multi-level Governance", Journal of European Public Policy, Vol. 4, No. 4, pp. 520-538.

Scharpf, Fritz W. (2000a), "Institutions In Comparative Policy Research", Max-Planck Institute for the Study of Societies, Discussion Papers 00/3, pp. 1-26.

Scharpf, Fritz W. (2000b), "Notes Toward a Theory of Multilevel Governing in Europe", Max-Planck Institute for the Study of Socities, Discussion Papers 00/5, pp. 1-32.

Schmidt, Vivien A. et al. (1999), "Approaches to the Study of European Politics", ECSA Review Fora, pp. 1-15.

Schmitter, Philippe C. (1970), "A Revised Theory of Regional Integration", International Organization, Vol. 24, No. 4, pp. 836-868.

Schmitter, Philippe C. and Zoe Lefkofridi (2015), "Neo-Functionalism as a Theory of Disintegration", 22nd CES Conference, pp. 1-39.

Schout, Adriaan (2009), "Organizational Learning in the EU's Multi-level Governance System", Journal of European Public Policy, Vol. 16, No. 8, pp. 1124-1144.

Scott, Colin (2002), "The Governance of the European Union: The Potential for Multi-Level Control", European Law Journal, Vol. 8, Iss. 1, pp. 59-79.

Selck, Torsten J. (2005), "Improving the Explanatory Power of Bargaining Models: New Evidence from European Union Studies", Journal of European Social Policy, Vol. 17, No. 3, pp. 371-375.

Selck, Torsten J. (2006), "Conceptualizing the European Union Legislative Process: Some Insight from the Federalist Papers", Journal of European Integration, Vol. 28, No. 2, pp. 121-136.

Selden, Zachary (2010), "Power is Always in Fashion: State-Centric Realism and the European Security and Defence Policy", Journal of Common Market Studies, Vol. 48, Iss. 2, pp. 397-416.

Shore, Cris (2006), "'Government Without Statehood?' Anthropological Perspectives on Governance and Sovereignty in the European Union", European Law Journal, Vol. 12, Iss. 6, pp. 709-724.

Sinnott, Richard (1995), "Integration Theory, Subsidiarity and the Internationalisation of Issues: The Implication for Legitimacy", European University Institute, Working Paper 94/13, pp. 1-24.

Skogstad, Grace (2003), "Legitimacy And/or Policy Effectiveness?: Network Governance and GMO Regulation in the European Union", Journal of European Public Policy, Vol. 10, No. 3, pp. 321-338.

Slapin, Jonathan B. (2008), "Bargaining Power at Europe's Intergovernmental Conferences: Testing Institutional and Intergovernmental Theories", International Organization, Vol. 62, Iss. 1, pp. 131-162.

Smith, Andy (1997), "Studying Multi-level Governance. Examples from French Translations of the Structural Funds", Public Administration, Vol. 75, No. 4, pp. 711-790.

Smith, Mitchell P. (1998), "Autonomy by the Rules: The European Commission and the Development of State Aid Policy", Journal of Common Market Studies, Vol. 36, No. 1, pp. 55-76.

Spendzharova, Aneta B. (2010), "Multi-level Governance of Banking Regulation in the EU: Evidence from Developing Bank Supervision in Bulgaria and Hungary", Journal of European Integration, Vol. 32, No. 3, pp. 249-268.

Spinelli, Altiero and Ernesto Rossi, (2011), Towards a Free and United Europe. A draft Manifesto, Eurostudium3w luglio-settembre 2011.

Stavridis, Stelios (2001), "Confederal Consociation and the Future of the European Union", Hellenic Foundation for European and Foreign Policy, Occasional Papers OP01.09, pp. 1-18.

Stone Sweet, Alec and Wayne Sandholtz (1997), "European Integration and Supranational Governance", Journal of European Public Policy, Vol. 4, No. 3, pp. 297-317.

Sutcliffe, John B. (2000), "The 1999 Reform of the Structural Fund Regulations: Multi-level Governance or Renationalization?", Journal of European Public Policy, Vol. 7, No. 2, pp. 290-309.

Taylor, Paul (1975a), "The Politics of the European Communities: The Confederal Phase", World Politics, Vol. 27, No. 3, pp. 336-360.

Taylor, Paul (1975b), "Intergovernmentalism in the European Communities in the 1970s: Patterns and Perspectives", International Organization, Vol. 36, No. 4, pp. 741-766.

Taylor, Paul (1991), "The European Community and the State: Assumptions, Theories and Propositions", Review of International Studies, Vol. 17, pp. 109-125.

Thorlakson, Lori (2005), "Federalism and the European Party System", Journal of European Public Policy, Vol. 12, No. 3, pp. 468-487.

Thurner, Paul W. and Martin Binder (2009), "European Union Transgovernmental Networks: The Emergence of a New Political Space beyond the Nation-state?", European Journal of Political Research, Vol. 48, Iss. 1, pp. 80-106.

Toonen, Theo A. J. (1998), "Networks, Management and Institutions: Public Administration as 'Normal Science'", Public Administration, Vol. 76, No. 2, pp. 229-253.

Trechsel, Alexander H. (2005), "How to Federalize the European Union … and Why Bother", Journal of European Public Policy, Vol. 12, No. 3, pp. 401-418.

Trondal, Jarle (1999), "Unpaking Social Mechanisms: Comparing Social Constructivism and Organization Theory Perspectives", Advanced Research on the Europeanisation of the Nation-State, Working Papers 99/31, pp.

1-26.

Tsebelis, George (1999), "Institutional Analyses of the European Union", University of California Department of Political Science, Working Papers, pp. 1-11.

Tsebelis, George and Amie Kreppel (1996), "The History of Conditional Agenda-Setting in European Institutions", University of California Center for the Study of Democracy School of Social Sciences, Research Papers, pp. 1-23.

Tsebelis, George and Geoffrey Garrett (1999), "The Institutional Foundations of Supranationalism in the European Union", University of California Los Angels Department. of Political Science, Working Papers, pp. 1-53.

Tsebelis, George and Geoffrey Garrett (2001), "The Institutional Foundations of Intergovernmentalism and Supranationalism in the European Union", International Organization, Vol. 55, No. 2, pp. 357-390.

Vauchez, Antoine (2008), "'Integration-through-Law.' Contribution to a Socio-history of EU Political Commonsense", European University Institute, Robert Schuman Centre Working Paper 2008/10, pp. 1-40.

Verdun, Amy (2013), "Decision-Making Before and After Lisbon: The Impact of Changes in Decision-Making Rules", West European Politics, Vol. 34, No. 6, pp. 1128-1142.

Viola, Donatella M. (2000), "International Relations and European Integration Theory: The Role of the European Parliament", University of Catania Jean Monnet Working Papers 20-00, pp. 1-14.

Wallace, Helen (1999), "Review Section Symposium: The Choice for Europe: Social Purpose and State Power from Messina to Maastricht", Journal of European Public Policy, Vol. 6, No. 1, pp. 155-179.

Walzenbach, Gunter (2010), "Power and Delegation: Positive Political Theory Meets European Governance", International Studies Quarterly, Vol. 12, Iss. 1, pp. 159-163.

Wessels, Wolfgang (1997), "A New Kind of Legitimacy for a New Kind of Parliament - The Evolution of the European Parliament", European Online Integration Papers 1997-006, pp. 1-20.

Wessels, Wolfgang (1998), "Comitology: Fusion in Action. Politico-administrative

Trends in the EU System", Journal of European Public Policy, Vol. 5, No. 2, pp. 209-234.

Wilde, Jaap de (1991), "David Mitrany (1888-1977): Functionalism as Statecraft and Revolt", Saved from Oblivion: Interdependence Theory in the First Half of the Twentieth Century. A Study on the Causality between War and Complex Interdependence, pp. 170-266.

Wincott, Daniel (1995), "Institutional Interaction and European integration: Towards an Everyday Critique of Liberal Intergovernmentalism", Journal of Common Market Studies, Vol. 33, No. 4, pp. 597-609.

Young, Oran (1999), "Comment on Andrew Moravcsik, A New Statecraft? Supranational Entrepreneurs and International Cooperation", International Organization, Vol. 53, No. 3, pp. 805-810.

Zwolski, Kamil (2017), "Wider Europe, Greater Europe? David Mitrany on European Security Order", Journal of common Market Studies, Vol. 55, No. 3, pp. 645-661.

유럽연합 문서 및 인터넷 자료

Dahrendorf Forum (2016), Ralf Dahrendorf and the European Question. https://www.dahrendorf-forum.eu/ralf-dahrendorf-and-the-european-question/ (검색일: 2021년 3월 20일)

European Movement International (2020), Who We Are, History. https://europeanmovement.eu/who-we-are/history/ (검색일: 2020년 9월 22일)

European Union (2010), "Maizena GmbH v Council of the European Communities. Isoglucose-Production quotas", Eur-Lex: The Portal to the European Union Law, Brussels.

European Union (2020), Glossary, Brussels. http://europa.eu/legislation_summaries/glossary/index_en.htm0

Eurostat (2020), First Population Estimates, EU Population in 2020: Almost 448 Million, Newsrelease.

Oxford University Press Online Resource Centres (2020), Jean Monnet, European Union Politics Resource Centre. https://global.oup.com/uk/orc/politics/eu/eupolitics/resources/biographies/monnet/ (검색일: 2020년 9월 22일)

미주

참고문헌은 출판 연도를 달리하여 동일 저자가 다수 있고, 동일 연도에 동일 저자의 저작도 다수 있다. 따라서 문헌 출처 이해를 도모하기 위해 미주에는 저자, 연도(동일 연도 시 알파벳순)를 표기한다.

예1) Simon J. Bulmer, (1994), op. cit., p. 20.

예2) Egeberg, Morten (2001a), op. cit., pp. 27-28.

1) Sergio Pistone (2002), "Altiero Spenelli and the Strategy for the United States of Europe", The european Union: Readings on the Theory and Practice of European Integration, Brent F. Nelsen and Alexander Stubb eds., Boulder, Lynne Rienner, p. 92.

2) Alex Warieigh (2002), "Towards Network Democracy? The Potential of Flexible Integration", European Integration in the 21st Century, Mary Farrell eds., London, Sage, p. 101.

3) John McCormick (2011), European Union Politics, London, Palgrave Macmillan, p. 34 참조.

4) Paul Taylor (1975b), "Intergovernmentalism in the European Communities in the 1970s: Patterns and Perspectives", International Organization, Vol. 36, No. 4, pp. 744-745.

5) Ernst B. Haas (1976), "Turbulent Fields and the Theory of Regional Integration", International Organization, Vol. 30, No. 2, pp. 194-196.

6) Ernst B. Haas (1958), The Uniting of Europe, Political, Social and Economic Forces, 1950-1957, California, Stanford University Press, p. 16.

7) Wayne Sandholtz and John Zysman (1991), "Europe as Protagonist", UCAIS Berkeley Roundtable on the International Economy, Working Paper 42, p. 4.

8) Leon N. Lindberg (2002), "Political Integration: Definitions and Hypotheses", The European Union: Readings on the Theory and Practice of European Integration, Brent F. Nelsen and Alexander Stubb eds. Boulder, Lynne Rienner, p. 151.

9) Robert J. Lieber (1972), "Integration Theory", Theory and World Politics, London, Sage, pp. 39-41.

10) Wayne Sandholtz and John Zysman (1991), op. cit., p. 4 참조.

11) Antje Wiener and Thomas Diez eds. (2009), European Integration Theory 2th., Oxford, Oxford University Press, p. 2.

12) Donatella M. Viola (2000), "International Relations and European Integration Theory:

The Role of the European Parliament", University of Catania Jean Monnet Working Papers 20-00, p. 13.

13) Ben Rosamond (1995), "Mapping the European Condition: The Theory of Integration and the Integration of Theory", European Journal of International Relations, Vol. 1, No. 3, pp. 394-395.

14) Ben Rosamond (2000), Theory of European Integration, New York, Palgrave, p. 8.

15) Katharina Holzinger and Christoph Knill (2002), "Path Dependencies in European Integration: A Constructive Response to German Foreign Minister Joschka Fischer", Public Administration, Vol. 80, Iss. 1, p. 139.

16) Liesbet Hooghe and Gary Marks, (2006), "The Neofunctionalists Were (Almost) Right: Politicization and European Integration", The Diversity of Democracy Corporatism, Social Order and Political Conflict, Colin Crouch, Wolfgang Streeck eds., Cheltenham, Edward Elgar, pp. 205-206.

17) Desmond Dinan (2010), Ever Closer Union: An Introduction to European Integration 4th Ed., Colorado, Lynne Rienner Publishers, pp. 36-38.

18) 송병준 (2016), op. cit., pp. 27-29.

19) Paul Taylor (1975b), op. cit., p. 751.

20) Ernst B. Haas (1976), op. cit., pp. 185-187.

21) James Dougherty and Robert Pfaltzgraff (1990), Contending Theories of International Relations, New York, Longman. pp. 431-432.

22) Dimitris N. Chryssochoou (2001), "Polity Dynamics in the European Union: Setting a Normative Framework", Hellenic Foundation for European and Foreign Policy, Occasional Papers OP01.03, pp. 1-2.

23) Janne Haaland, Marláry (1993), "Beyond Intergovernmentalism: The Quest for a Comprehensive Framework for the Study of Integration", Cooperation and Conflict, Vol. 28, No. 2, p. 185.

24) Fritz W. Scharpf (1997), "Introduction: the Problem-solving Capacity of Multi-level Governance", Journal of European Public Policy, Vol. 4, No. 4, p. 527.

25) Christian Joerges (2002), "'Deliberative Supranationalism'-Two Defences", European Law Journal, Vol. 8, Iss. 1, pp. 139-140.

26) Fritz W. Scharpf (1994), "Community and Autonomy Multilevel Policy Making in the European Union", European University Institute Robert Schuman Centre Working Paper 94/1, p. 3.

27) 송병준 (2016), op. cit., pp. 185-186.

28) Maria Green Cowles (2003), "Non-state Actors and False Dichotomies: Reviewing IR/IPE Approaches to European Integration", Journal of European Public Policy, Vol. 10, No. 1, p. 102.

29) Markus Jachtenfuchs (2001), "The Governance Approach to European Integration", Journal of Common Market Studies, Vol. 39, Iss. 2, p. 249.

30) Thomas Diez and Antje Wiener (2009), op. cit., p. 10.

31) Fritz W. Scharpf (1998), "The Joint-decision Trap: Lessons from German Federalism and European Integration", Public Administration, Vol. 66, p. 271.

32) Wayne Sandholtz and Alec Stone Sweet (1998), "Integration, Supranational Governance, and the Institutionalization of the European Polity", European Integration and Supranational Governance, Wayne Sandholtz and Alec Stone Sweet eds., Oxford, Oxford University Press, pp. 10-11; Maria Green Cowles (2003), op. cit., p. 105.

33) Barry Eichengreen and Jeffry Frieden (1999), "Introduction", Forging an Integrated Europe, Barry Eichengreen and Jeffry Frieden eds., An Arbor, The University of Michigan Press, p. 4.

34) James A. Caporaso, (1998), "Regional Integration Theory: Understanding Our Past and Anticipating Our Future", Journal of European Public Policy, Vol. 5, No. 1, p. 9.

35) Roger Morgan (2000), "A European 'Society of States' -but only States of Mind?", International Affairs, Vol. 76, No. 3, p. 568.

36) Alex Warieigh (2002), op. cit., p. 103.

37) Liesbet Hooghe et al. (1996), Cohesion Policy and European Integration: Building Multi-Level Governance, Oxford, Oxford University Press, p. 18.

38) Christopher K. Ansell et al. (1997), "Dual Networks in European Regional Development Policy", Journal of Common Market Studies, Vol. 35, Iss. 3, p. 348.

39) Peter Bogason et al. (1998), "Introduction: Networks in Public Administration", Public Administration, Vol. 76, No. 2, p. 205, 206, 216.

40) Mark A. Pollack (2004), "The New Institutionalism and European Integration", European Integration Theory, Antje Wiener and Thomas Diez eds., Oxford, Oxford University Press, p. 136.

41) Johannes Lindner and Berthold Rittberger (2003), "The Creation, Interpretation and Contestation of Institutions - Revisiting Historical Institutionalism", Journal of Common Market Studies, Vol. 41, Iss. 3, pp. 446-447 참조.

42) Richard Corbeat, Francis Jacobs and Michael Shackleton (2011), The European Parliament 8th., London, John Harper, p. 232 참조.

43) Hussein Kassim and Anand Menon (2004), "European Integration Since the 1990s: Member States and the European Commission", Advanced Research on the Europeanisation of the Nation-State, Working Papers 04/6, p. 3, 5.

44) Svein S. Andersen and Kjell A. Eliassen (2001), "Introduction: The EU as a New Political System" Making Policy in Europe, 2nd. ed., Svein S. Andersen and Kjell A. Eliassen eds., London, Sage, pp. 9-10.

45) Chris J. Nickerton, Bastien Irondelle and Anand Menon (2011), "Security Co-operation beyond the Nation-State: The EU's Common Security and Defence Policy", Journal of Common Market Studies, Vol. 49, Iss. 1, p. 17.

46) Eurostat (2020), First Population Estimates, EU Population in 2020: Almost 448

Million, Newsrelease 참조.

47) Marco Dani (2009), "Constitutionalism and Dissonances: Has Europe Paid Off Its Debt to Functionalism?", European Law Journal, Vol. 15, Iss. 3, p. 344.

48) Ian Bache, Stephen George and Simon Bulmer (2011), Politics in the European Union 3rd., Oxford University Press, 2011, pp. 212-213.

49) Desmond Dinan (2010), Ever Closer Union: An Introduction to European Integration 4th ed., Colorado, Lynne Rienner Publishers, p. 155.

50) 송병준 (2011), 유럽연합 기구와 시스템, 서울, 높이깊이, pp. 50-51 참조.

51) Antje Wiener and Thomas Diez eds. (2009), op. cit., pp. 10-11.

52) Uwe Puetter (2012), "Europe's Deliberative Intergovernmentalism: The Role of the Council and European Council in EU Economic Governance", Journal of European Public Policy, Vol. 19, No. 2, p. 175.

53) Helen Wallace, Mark A. Pollack and Alasdair R. Young (2010), Policy-Making in the European Union, 6th. ed. Oxford, Oxford University Press, p. 32; Mark A. Pollack (1997), "Delegation, Agency, and Agenda Setting in the European Community", International Organization, Vol. 51, Iss. 1, pp. 103-106.

54) Mark A. Pollack (2010), op. cit., p. 33.

55) Mark A. Pollack (1997), op. cit., pp. 100-101.

56) Ibid., p. 110.

57) Samantha Besson (2004), "From European Integration to European Integrity: Should European Law Speak with Just One Voice?", European Law Journal, Vol. 10, Iss. 3, p. 259.

58) Kenneth A. Armstrong (1998), "Legal Integration: Theorizing the Legal Dimension of European Integration", Journal of Common Market Studies, Vol. 36, No. 2, pp. 159-160.

59) Ibid., pp. 160-161.

60) Amy Verdun (2013), "Decision-Making Before and After Lisbon: The Impact of Changes in Decision-Making Rules", West European Politics, Vol. 34, No. 6, p. 1130.

61) Neill Nugent (2003), The Government and Politics of the European Union 5th, New York, Palgrave. p. 472.

62) Fulvio Attina (1998), "Strategies for Democratising the European Union and the Issue of the Election of the President of the Commission", University of Catania Jean Monnet Working Papers 19-98, p. 2.

63) Wallace, Helen Wallance, Mark A. Pollack and Alasdair R. Young (2010), op. cit., pp. 28-29.

64) Murray Forsyth (2002), "The Political Theory of Federalism: the Relevance of Classic Approach", The European Union: Readings on the Theory and Practice of European

Integration, Brent F. Nelsen and Alexander Stubb eds., Boulder, Lynne Rienner, p. 209.

65) Michael Burgess (2007), "Federalism and Federation", European Union Politics, Michelle Cini ed., Oxford, Oxford University Press, p. 81.

66) David Benson and Andrew Jordan (2008), "Understanding Task Allocation in the European Union: Exploring the Walue of Federal Theory", Journal of European Public Policy, Vol. 15, No. 1, p. 78.

67) Ernst B. Haas (1958), op. cit., p. 16; Antje Wiener and Thomas Diez eds. (2009), op. cit., p. 2.

68) Donald J. Puchala (1972), "Of Blind Men, Elephants and International Integration", Journal of Common Market Studies, Vol. 10, No. 3, p. 277.

69) Karl W. Deutsch et al. (1957), Political Community and the North Atlantic Area, Princeton, Princeton University Press. p. 5를 James Dougherty and Robert Pfaltzgraff (1990), op. cit., p. 434에서 재인용.

70) James A. Caprraso and Alan L. Pelowski (1975), "Economic and Political Integration in Europe: A Time-Series Quasi-Experimental Analysis", American Political Science Review Vol. 65, No. 2, pp. 421-422를 James Dougherty and Robert Pfaltzgraff (1990), op. cit., p. 434에서 재인용.

71) Gary Marks (2012), "Europe and Its Empires: From Rome to the European Union", Journal of Common Market Studies, Vol. 50, Iss. 1, pp. 3-4.

72) Joseph S. Nye (1968), "Comparative Regional Integration: Concept and Measurement", International Organization, Vol. 22, No. 4, p. 858.

73) Antje Wiener and Thomas Diez eds. (2009), op. cit., p. 3.

74) Morten Egeberg (2004), "An Organisational Approach to European Integration: Outline of a Complementary Perspective", European Journal of Political Research, Vol. 43, Iss. 2, p. 206.

75) Antje Wiener and Thomas Diez eds. (2009), op. cit., pp. 17-18.

76) Neill Nugent (2010), The Government and Politics of the European Union, 7th., London, Palgrave, p. 436 참조.

77) Ben Rosamond (2000), op. cit., p. 7.

78) Ben Rosamond (2007), "New Theories of European Integration", European Union Politics, Michelle Cine ed., Oxford, Oxford University Press, p. 118.

79) Morten Egeberg (2001), "How federal? The Organizational Dimension of Integration in the EU (and Elsewhere)", Journal of European Public Policy, Vol. 8, No. 5, p. 729.

80) Ian Bache (2000), "Europeanization and Partnership: Exploring and Explaining Variations in Policy Transfer", Queen's University Balfast, Queen's Papers on Europeanization, No. 8, p. 4.

81) Arthur Benz and Bunkard Eberein (1998), "Regions in European Governance: The

Logic of Multi-Level Integration", European University Institute, Working Paper 98/31, pp. 1-2.

82) Dimitris N. Chryssochoou (2001), op. cit., pp. 1-2; Svein S. Andersen and Kjell A. Eliassen (2001), op. cit., pp. 9-10.

83) Neill Nugent (2010), op. cit., p. 420.

84) Sergio Fabbrini (2013), "Intergovernmentalism and Its Limits: Assessing the European Union's Answer to the Euro Crisis", Comparative Political Studies, Vol. 46, No. 9, p. 1004.

85) Mitchell P. Smith (1998), "Autonomy by the Rules: The European Commission and the Development of State Aid Policy", Journal of Common Market Studies, Vol. 36, No. 1, pp. 56-57.

86) Neill Nugent (2010), op. cit., pp. 419-420.

87) Neill Nugent (2010), Ibid., p. 430 참조.

88) Morten Egeberg (2001), op. cit., p. 728.

89) Helen Wallace, Mark A. Pollack and Alasdair R. Young (2010), op. cit., pp. 26-27.

90) Claudio M. Radaelli (2000b), "Whither Europeanization? Concept Stretching and Substantive Change", Vienna University of Economics and Business Administration European Online Integration Papers 2000-008, p. 6; George Tsebelis (1999), "Institutional Analyses of the European Union", University of California Department of Political Science, Working Papers, p. 8.

91) Morten Egeberg (2001), op. cit., p. 2.

92) Mark A. Pollack (2001), "International Relations Theory and European Integration", European University Institute, Working Paper 00/55, p. 1.

93) Mark D. Aspinwall and Gerald Schneider (2000), "Same Menu, Separate Tables: The Institutionalist Turn in Political Science and the Study of European Integration", European Journal of Political Research, Vol. 38, Iss. 5, pp. 24-25.

94) Deppe, Frank et al. (2000), "Dimensions of a Critical Theory of European Integration", Forschungsgruppe Europäische Gemeinschaften Studie 13, Marburg, Philipps-Universität Marburg, pp. 84-85.

95) Svein S. Andersen (2003), "'On a Clear Day You Can See the EU' Case Study Methodology in EU Research", Advanced Research on the Europeanisation of the Nation-State, Working Papers 03/16, p. 9, 11.

96) Ibid., pp. 14-15.

97) Ibid., p. 6.

98) Ibid., pp. 1-2.

99) James A. Caporaso, et al. (1997), "Does the European Union Represent an n of 1?", ECSA Review Fora, pp. 3-4.

100) Jeffrey T. Checkel (2001), "Taking Deliberation Seriously", Advanced Research on

the Europeanisation of the Nation-State, Working Papers 01/14, pp. 1-2.

101) Paul Pierson (1998), "The Path to European Integration: A Historical-Institutionalist Analysis", European Integration and Supranational Governance, Wayne Sandholtz and Alec Stone Sweet eds., Oxford, Oxford University Press, p. 27.

102) Svein S. Andersen (2003), op. cit., p. 5.

103) Ibid., p. 7.

104) Paul Pierson (1998), op. cit., p. 28.

105) Svein S. Andersen (2003), op. cit., pp. 10-14.

106) Paul Pierson (1998), op. cit., p. 28.

107) Michael Burgess (2007), op. cit., p. 71.

108) Ibid., p. 70, 72.

109) Ludger Kuhnhardt (2001), "Towards Europe 2007. Identity, Institution-Building and the Constitution of Europe", Center for European Integration Studies, Discussion Papers C85, Germany, p. 25.

110) Sergio Pistone (2002), op. cit., p. 92.

111) Robert J. Lieber (1972), op. cit., pp. 39-41.

112) Murray Forsyth (2002), op. cit., p. 195.

113) Andreas Auer (2005), "The Constitutional Scheme of Federalism", Journal of European Public Policy, Vol. 12, No. 3, p. 420 참조.

114) Rey Koslowski (1999), "A Constructivist Approach to Understanding the European Union as a Federal Polity", Journal of European Public Policy, Vol. 6, No. 4, p. 563 참조.

115) European Movement International (2020), Who We Are, History 참조.

116) Ernst B. Haas (1958), The Uniting of Europe: Political, Social, and Economic Force 1950-1957, Stanford University, Stanford, pp. 27-28.

117) Oxford University Press Online Resource Centres (2020), Jean Monnet, European Union Politics Resource Centre 참조.

118) Andrew Glencross (2008), "Altiero Spinelli and the Idea of the US Constitution as a Model for Europe: The Promises and Pitfalls of an Analogy", European University Institute, Robert Schuman Centre Working Paper 2008/02, p. 8 참조.

119) Altiero Spinelli and Ernnesto Rossi (2002), "The Ventotene Manifesto", The European Union: Readings on the Theory and Practice of European Integration, Brent F. Nelsen and Alexander Stubb eds. Boulder, Lynne Rienner, pp. 3-6.

120) Altiero Spinelli and Ernesto Rossi, (2011), Towards a Free and United Europe. A draft Manifesto, Eurostudium3w luglio-settembre 2011, pp. 96-97.

121) Altiero Spinelli and Ernnesto Rossi (2002), op. cit., p. 4.

122) Michael Burgess (2007), op. cit., pp. 78-79.

123) Sergio Pistone (2002), op. cit., p. 92, 97.

124) Ibid., pp. 93-94.

125) Ibid., pp. 91-92.

126) Ibid., pp. 94-95.

127) Andrew Glencross (2008), op. cit., p. 2.

128) Sergio Pistone (2002), op. cit., pp. 95-96.

129) Ibid., p. 97.

130) Andrew Glencross (2009), Altiero Spinelli and the Idea of the US Constitution as a Model for Europe: The Promises and Pitfalls of an Analogy, Journal of Common Market Studies, Vol. 47, No. 2, p. 288 참조.

131) Torsten J. Selck, (2006), "Conceptualizing the European Union Legislative Process: Some Insight from the Federalist Papers", Journal of European Integration, Vol. 28, No. 2, p. 124.

132) Murray Forsyth (2002), op. cit., pp. 197-198.

133) Robert Schuman (2002), "The Schuman Declaration", The European Union: Reading on the Theory and Practice of European Integration, 3rd. ed., Brent F. Nelsen and Alexander Stubb eds., London, Lynne Rienner, p. 14.

134) Henriette Müller (2012), The Point of No Return Walter Hallstein and the EEC Commission between Institutional Ambitions and Political Constraints, Les Cahiers européens de Sciences Po. n° 03/2012, p. 9.

135) David Phinnemore and Lee McGowan (2002), A Dictionary of the European Union, London, Europa, p. 340.

136) Neill Nugent (2010), op. cit., p. 423.

137) Helen Wallace, Mark A. Pollack and Alasdair R. Young (2010), op. cit., pp. 28-29.

138) Fernando Mendez (2005), "The European Union and Cybercrime: Insights from Comparative Federalism", Journal of European Public Policy, Vol. 12, No. 3, p. 509.

139) R. Daniel Kelemen (2003), "The Structure And Dynamics Of EU Federalism", Comparative Political Studies, Vol. 36, No. 1-2, p. 184.

140) Ben Rosamond (2000), op. cit., p. 148.

141) Murray Forsyth (2002), op. cit., pp. 208-209.

142) Neill Nugent (2010), op. cit., pp. 423-424.

143) Yannis Papadopoulos (2007), "Problems of Democratic Accountability in Network and Multilevel Governance", European Law Journal, Vol. 13, Iss. 4, p. 479 참조.

144) Michael Burgess (2007), op. cit., p. 75.

145) Neill Nugent (2010), op. cit., pp. 424-425.

146) Torsten J. Selck, (2006), op. cit., p. 123.

147) Alexander H. Trechsel (2005), "How to Federalize the European Union … and

Why Bother", Journal of European Public Policy, Vol. 12, No. 3, p. 403.

148) John McCormick (2011), op. cit., pp. 36-38.

149) Ibid., p. 39.

150) Paul Taylor (1975a), "The Politics of the European Communities: The Confederal Phase", World Politics, Vol. 27, No. 3, pp. 343-344 참조.

151) Michael Burgess (2007), op. cit., p. 73.

152) Paul Taylor (1975a), op. cit., pp. 343-344.

153) Neill Nugent (2010), op. cit., p. 426.

154) Paul Taylor (1975a), op. cit., p. 346.

155) Ibid., p. 340.

156) Ibid., p. 342.

157) Ibid., pp. 356-358.

158) Ibid., p. 348, 351.

159) Ibid., p. 348, 352.

160) Katharina Holzinger and Christoph Knill (2002), op. cit., p. 138.

161) Tanja A. Bäzel and Madeleine O. Hosli (2003), "Brussels between Bern and Berlin: Comparative Federalism Meets the European Union", Governance, Vol. 16, Iss. 2, p. 179.

162) Lars K. Hallstrom (2003), "Support for European Federalism? an Elite View", Journal of European Integration, Vol. 25, No. 1, p. 51 참조.

163) Andreas Auer (2005), op. cit., p. 427.

164) Ibid., p. 428.

165) Lori Thorlakson (2005), "Federalism and the European Party System", Journal of European Public Policy, Vol. 12, No. 3, p. 482 참조.

166) Uwe Leonardy (2010), "Is the European Federation a "Mission Impossible?"", Center for European Integration Studies, Discussion Papers C201, pp. 13-14 참조.

167) Arthur Benz and Christina Zimmer (2010), "The EU's Competences: The 'Vertical' Perspective on the Multilevel System", Living Reviews in European Governance, 2010-1, p. 10.

168) Helen Wallace, Mark A. Pollack and Alasdair R. Young (2010), op. cit., p. 29 참조.

169) Simon Koschut (2014), "Regional Order and Peaceful Change: Security Communities as a via Media in International relations Theory", Cooperation and Conflict, Vol 49, No. 4, p. 522, 527.

170) Karl W. Deutsch et al. (2002), "Political Community and the North Atlantic Area", Brent F. Nelsen and Alexander Stubb eds., Boulder, Lynne Rienner, pp. 122-123.

171) Ibid., p. 144.

172) Ibid., pp. 142-143.

173) Thomas Risse (2005), "Neofunctionalism, European identity, and the Puzzles of European Integration", Journal of European Public Policy, Vol. 12, No. 2, p. 293.

174) Richard Ned Lebow (2015), "Karl Wolfgang Deutsch: A Brief Introduction, Deutsch", Security Square Research Paper 01, p. 2.

175) Karl W. Deutsch et al. (2002), op. cit., p. 435.

176) Ibid., p. 129.

177) James Dougherty and Robert Pfaltzgraff (1990), op. cit., p. 455.

178) Karl W. Deutsch et al. (2002), op. cit., pp. 128-129.

179) Ibid., pp. 131-132.

180) Patric M. Morgan (1977), Regions Elusive Targets in Theory and Practice, London, Unwin Hyman, p. 215.

181) Richard Ned Lebow (2015), op. cit., p. 3.

182) Ibid., p. 3.

183) Karl W. Deutsch et al. (2002), op. cit., p. 123.

184) Ibid., p. 127.

185) Ibid., pp. 133-141.

186) Ibid., pp. 127-128.

187) James Dougherty and Robert Pfaltzgraff (1990), op. cit., p. 436.

188) Patric M. Morgan (1977), op. cit., p. 217.

189) Simon Koschut (2014), op. cit., p. 519.

190) Richard L. Merritt, Brucem Russett and Roberta Dahl (2001), "Karl Wolfgang Deutsch 1912-1992", The National Academic Press, Biographical Memoirs, Vol. 80, p. 8, 12.

191) Simon Koschut (2014), op. cit., p. 526.

192) Andrew Moravcsik (1997), "Taking Preferences Seriously: A Liberal Theory of International Politics", International Organization, Vol. 51, Iss. 4, p. 534 참조.

193) Steve Smith (1995), "Reflectivity and International Relations Theory", The Restructuring of International Relations Theory, Mark A. Neufeld ed., Cambridge, Cambridge University Press, p. 4.

194) Jaap de Wilde (1991), "David Mitrany (1888-1977): Functionalism as Statecraft and Revolt", Saved from Oblivion: Interdependence Theory in the First Half of the Twentieth Century. A Study on the Causality between War and Complex Interdependence, p. 171.

195) Kamil Zwolski (2017), "Wider Europe, Greater Europe? David Mitrany on European Security Order", Journal of common Market Studies, Vol. 55, No. 3, p. 649.

196) Antje Wiener and Thomas Diez eds. (2009), op. cit., pp. 7-8.

197) David Mitrany (1966), A Working Peace, Chicago, Quadrangle, p. 28.

198) Walter Mattli (1999), The Logic of Regional Integration: Europe and Beyond, Cambridge, Cambridge University Press, pp. 21-22.

199) Ian Bache, Stephen George and Simon (2011), op. cit., p. 5.

200) Alex Warieigh (2002), op. cit., p. 111.

201) Adrian-Claudiu Popoviciu (2010), "David Mitrany and Functionalsim the Beginnings of Functionalism", Revista Română de Geografie Politică, XII, No. 1, p. 166.

202) David Mitrany (2002), "A Working Peace System", The European Union: Readings on the Theory and Practice of European Integration, Brent F. Nelsen and Alexander Stubb eds., Boulder, Lynne Rienner, pp. 100-101.

203) Ian Bache, Stephen George and Simon (2011), op. cit., p. 5.

204) David Mitrany (2002), op. cit., pp. 101-102.

205) Mihai Alexandrescu (2007), "David Mitrany: From Federalism to Functionalism", Transylvanian Review Vol. XVI, No. 1, p. 27.

206) Albert Hayrapetyan (2020), Federalism, Functionalism and the EU. The Visions of Mitrany, Monnet and Spinelli, E-International Relations, p. 2.

207) David Mitrany (2002), op. cit., p. 108.

208) Jaap de Wilde (1991), op. cit, p. 182.

209) Alex Warieigh (2002), op. cit., p. 101.

210) David Mitrany (2002), op. cit., p. 118.

211) Kamil Zwolski (2017), op. cit., p. 649.

212) David Mitrany (2002), op. cit., pp. 99-100.

213) Ibid., pp. 114-116.

214) Mihai Alexandrescu (2007), op. cit., p. 25.

215) James Dougherty and Robert Pfaltzgraff (1990), op. cit., p. 432.

216) David Mitrany (2002), op. cit., p. 118.

217) Jaap de Wilde (1991), op. cit., p. 170.

218) Henry Farrell and Adrienne Hritier (2005), "A rationalist-institutionalist explanation of endogenous regional integration", Journal of European Public Policy, Vol. 12, No. 2, p. 274.

219) David Mitrany (2002), op. cit., p. 110.

220) Ibid., pp. 108-109.

221) Ernst Haas (1964), Beyond the Nation-State: Functionalism and International Organization, Stanford, Stanford University Press, pp. 10-11.

222) David Mitrany (2002), Ibid., pp. 101-102.

223) Ibid., pp. 111-112.

224) Ibid., pp. 112-113.

225) Ibid., p. 116.

226) Jaap de Wilde (1991), op. cit., pp. 196-197.

227) Ibid., p. 171.

228) Ibid., p. 177.

229) James Dougherty and Robert Pfaltzgraff (1990), op. cit., p. 459.

230) Ibid., p. 459.

231) Walter Mattli (1999), op. cit., p. 23.

232) Ludger Kuhnhardt (2001), op. cit., p. 10.

233) Richard Sinnott (1995), "Integration Theory, Subsidiarity and the Internationalisation of Issues: The Implication for Legitimacy", European University Institute, Working Paper 94/13.

234) Ben Rosamond (2005), "The Uniting of Europe and the Foundation of EU Studies: Revisiting the Neofunctionalism of Ernst B. Haas", Journal of European Public Policy, Vol. 12, No. 2, p. 238.

235) Roger Morgan (2000), op. cit., p. 563.

236) David Mitrany (2002), op. cit., pp. 101-102.

237) Ernst B. Haas (1964), op. cit., pp. 49-50 참조.

238) Walter Mattli (1999), op. cit., p. 23.

239) Catherine Machmilln (2009), "The Application of Neofunctionalism to the Enlargement Process: The Case of Turkey", Journal of Common Market Studies, Vol. 47, Iss. 4, p. 790.

240) Philippe C. Schmitter (1970), "A Revised Theory of Regional Integration", International Organization, Vol. 24, No. 4, pp. 845-846.

241) Lisbet Hooghe and Gary Marks (2005), "The Neofunctionalists Were (almost) Right: Politicization and European Integration", Webpapers on Constitutionalism and Governance Beyond the State, No. 1/2005, pp. 13-14.

242) Antje Wiener and Thomas Diez eds. (2009), op. cit., p. 14 참조.

243) Ben Rosamond (2005), op. cit., p. 240.

244) Ernst B. Haas (1976), op. cit., pp. 175-178.

245) Ernst B. Haas (1964), op. cit., p. 21.

246) Ernst B. Haas (2002), "The Uniting of Europe", The European Union: Readings on the Theory and Practice of European Integration, Brent F. Nelsen and Alexander Stubb eds. Boulder, Lynne Rienner, p. 145, 147.

247) Ernst B. Haas (1964), op. cit., pp. 23-24 참조.

248) Ibid., p. 7.

249) Walter Mattli (1999), op. cit., p. 23.

250) James Dougherty and Robert Pfaltzgraff (1990), op. cit., pp. 438-439.

251) ibid., p. 438.

252) John Ruggie Gerard et al. (2005), "Transformations in world politics: The intellectual contributions of Ernst B. Haas", Annual Review of Political Science, Vol. 8, No. 1, p. 279.

253) James A. Caporaso (1998), op. cit., pp. 3-4.

254) Ernst B. Haas (1958), op. cit., p. 7.

255) Leon N. Lindberg (2002), op. cit., p. 154.

256) Walter Mattli (2005), "Ernst Haas's Evolving Thinking on Comparative Regional Integration: of Virtues and Infelicities", Journal of European Public Policy, Vol. 12, No. 2, p. 329.

257) James A. Caporaso (1998), op. cit., pp. 8-9.

258) Helen Wallace, Mark A. Pollack and Alasdair R. Young (2010), op. cit., p. 18.

259) Stephan Renner (2009), "The Energy Community of Southeast Europe: A Neo-functionalist Project of Regional Integration", Vienna University of Economics and Business Administration European Online Integration Papers, 2009-001, p. 20.

260) Arne Niemann (2006), "Explaining Visa, Asylum and Immigration Policy Treaty Revision: Insights from a Revised Neofunctionalist Framework", Webpapers on Constitutionalism and Governance Beyond the State, No. 1/2005, p. 8.

261) Wayne Sandholtz and Alec Stone Sweet (1998), op. cit., pp. 5-7.

262) Walter Mattli (1999), op. cit., p. 24.

263) Ben Rosamond (2005), op. cit., p. 241.

264) James Dougherty and Robert Pfaltzgraff (1990), op. cit., p. 433.

265) Andrew Moravcsik (2005), "The European Constitutional Compromise and the Neofunctionalist Legacy", Journal of European Public Policy, Vol. 12, No. 2, pp. 351-352.

266) Ernst B. Haas (2002), op. cit., pp. 147-148.

267) Bomberg Elizabeth, John Peterson and Alexander Stubb (2008), The European Union: How Dose It Works, 2nd., Oxford, Oxford University Press, p. 11.

268) Ernst B. Haas (2002), op. cit., p. 147; Susan A. Banducci et al. (2003), "The Euro, Economic Interests and Multi-level Governance: Examining Support for the Common Currency", European Journal of Political Research, Vol. 42, Iss. 5, p. 687.

269) Simon Bulmer (2009), "Politics in Time Meets the Politics of Time: Historical Institutionalism and the EU Timescape", Journal of European Public Policy, Vol. 16, No. 2, p. 312 참조.

270) Derek W. Urwin (1991), The Community of Europe: A History of European

Integration Since 1945, London, Longman, p. 77.

271) Ibid., p. 438.

272) Hass, Ernst B. (1958), op. cit., pp. 291-292 참조.

273) Walter Mattli (1999), op. cit., pp. 26-27.

274) Thomas Risse (2005), op. cit., p. 296.

275) Carsten S. Jensen (2000), "Neofunctionalist Theories and the Development of European Social and Labour Market Policy", Journal of Common Market Studies, Vol. 38, Iss. 1, p. 74.

276) Neill Nugent (2010), op. cit., p. 431.

277) James Dougherty and Robert Pfaltzgraff (1990), op. cit., p. 439.

278) Erik O. Eriksen and John E. Fossum (1999), "The European Union and Post-National Integration", Advanced Research on the Europeanisation of the Nation-State, Working Papers 99/9, p. 10.

279) James Dougherty and Robert Pfaltzgraff (1990), op. cit., pp. 439-440.

280) Carsten S. Jensen (2000), op. cit., pp. 73-74.

281) Ernst B. Haas (1980), "Why Collaborate?: Issue-Linkage and International Regimes", World Politics, Vol. 32, No. 3, p. 372.

282) Ernst B. Haas (2002), op. cit., p. 145; Ernst B. Haas (1958), op. cit., p. ⅩⅣ.

283) Carsten S. Jensen (2000), op. cit., p. 75.

284) Ernst B. Haas (2002), op. cit., p. 149.

285) Walter Mattli (2005), op. cit., pp. 329-330.

286) Ernst B. Haas (1958), op. cit., p. ⅹⅹⅹⅲ.

287) Wayne Sandholtz and Alec Stone Sweet (1998), op. cit., p. 5.

288) Ernst B. Haas (1958), op. cit., p. 9.

289) Ernst B. Haas (1976), op. cit., pp. 201-204.

290) Ibid., p. 199.

291) Ibid., p. 173, 178.

292) Ibid., p. 184.

293) Ibid., p. 204.

294) Ibid., pp. 181-185, 193-194.

295) Ibid., pp. 193-194.

296) Ibid., pp. 194-196.

297) Ibid., pp. 185-187.

298) James Dougherty and Robert Pfaltzgraff (1990), op. cit., p. 442.

299) Catherine Machmilln (2009), op. cit., p. 791.

300) Lisbet Hooghe and Gary Marks (2005), op. cit., p. 4.

301) Philippe C. Schmitter (1970), op. cit., pp. 845-846.

302) Francesco Nicoli (2019), "Neofunctionalism Revisited: Integration Theory and Varieties of Outcomes in the Eurocrisis", Journal of European Integration, Vol. 42, No. 7, p. 897.

303) Ibid., pp. 898-899.

304) Philippe C. Schmitter and Zoe Lefkofridi (2015), "Neo-Functionalism as a Theory of Disintegration", 22nd CES Conference, p. 3.

305) Leon N. Lindberg (2002), op. cit., pp. 154-155.

306) Ibid., pp. 155-156.

307) Ibid., p. 157.

308) Ibid., pp. 159-160.

309) Ibid., p. 161.

310) Gerda Falkner (2011), "Interlinking Neofunctionalism and Intergovernmentalism: Sidelining Governments and Manipulating Policy Preferences as "Passerelles"", Institute for European Integration Research, WP 03/2011, p. 6.

311) James Dougherty and Robert Pfaltzgraff (1990), op. cit., p. 433, 455.

312) Ibid., pp. 447-448.

313) Joseph S. Nye (1968), op. cit., pp. 855-856.

314) James Dougherty and Robert Pfaltzgraff (1990), op. cit., pp. 443-445.

315) Ibid., p. 445.

316) Annegret Eppler, Lisa H. Anders and Thomas Tuntschew (2016), "Europe's Political, Social, and Economic (Dis-)integration: Revisiting the Elephant in Times of Crises", Institute for Advanced Studies, Political Science Series. Working Paper No. 143, p. 7.

317) Joseph S. Nye (1968), op. cit., pp. 860-861.

318) James Dougherty and Robert Pfaltzgraff (1990), op. cit., pp. 445-446.

319) Ibid., p. 446.

320) Andrew Moravcsik (2005), op. cit., p. 353.

321) Walter Mattli (2005), op. cit., p. 331.

322) Lee McGowan (2007), "Theorising European Integration: Revisiting Neo-functionalism and Testing Its Suitability for Explaining the Development of EC Competition Policy?", Vienna University of Economics and Business Administration European Online Integration Papers, 2007-003, p. 5.

323) Ben Rosamond (2000), op. cit., pp. 68-70; Ben Rosamond (2007), op, cit., p. 119.

324) Carsten Stroby Jensen (2000), op. cit., pp. 75-76.

325) David Balaam and Michael Veseth (1996), "The European Union: The Economics

and Political of Integration", Introduction to International Political Economy, New York, Pearson Education Limited Prentice-Hall., pp. 238-239.

326) Harvey Amstrong (1989), "Community Regional Policy", The European Community and the Challenge of the Future, Juliet Lodge ed., London Longman, pp. 167-185.

327) Elizabeth Bomberg, John Peterson and Alexander Stubb (2008), op. cit., p. 11 참조.

328) Giandomenico Majone (1996), "A European Regulatory State?", European Union: Power and Policy-Making, Jeremy J. Richardson ed., New York, Routledge, pp. 266-267.

329) Ibid., pp. 266-267.

330) Lene Hansen (1999), "The Myths of Europe: Legitimacy, Community and the 'Crisis'of the EU", Journal of Common Market Studies, Vol. 37, No. 2, p. 239.

331) Robert Harmsen (1999), "The Europeanization of National Administrations: A Comparative Study of France and the Netherlands", Governance, Vol. 12, No. 1, p. 84.

332) Vivien A. Schmidt et al. (1999), "Approaches to the Study of European Politics", University of Pittsburgh, European Community Studies Association, ECSA Review Fora, pp. 1-2.

333) Paul Pierson (1998), op. cit., p. 29.

334) Ibid., pp. 35-37.

335) Alec Stone Sweet and Wayne Sandholtz (1997), "European Integration and Supranational Governance", Journal of European Public Policy, Vol. 4, No. 3, pp. 308-309.

336) Carsten Strby Jensen (2000), op. cit., pp. 78-82.

337) Ibid., pp. 78-82.

338) Ibid., pp. 88-89.

339) Giandomenico Majone (1992), "Regulatory Federalism in the European Community", Government and Policy, Vol. 10, p. 304 참조.

340) Ruggie, John Gerard et al. (2005), op. cit., p. 277.

341) Neill Nugent (2010), op. cit., pp. 431-432.

342) Dimitris N. Chryssochoou (2001), op. cit., pp. 3-4.

343) Neill Nugent (2010), op. cit., p. 443.

344) Alec S. Sweet and Wayne Sandholtz (2002), op. cit., p. 216.

345) Stone Sweet, Alec and Wayne Sandholtz (1997), op. cit., p. 300.

346) Paul W. Thurner and Martin Binder (2009), "European Union Transgovernmental Networks: The Emergence of a New Political Space beyond the Nation-state?", European Journal of Political Research, Vol. 48, Iss. 1, p. 81 참조.

347) Wayne Sandholtz and Alec Stone Sweet (1998), op. cit., p. 9.

348) Stone Sweet, Alec and Wayne Sandholtz (1997), op. cit., pp. 300-301.

349) Wayne Sandholtz and Alec Stone Sweet (1998), op. cit., p. 3.

350) Ibid., pp. 2-3.

351) Ann P. Branch and Jakob C. Ohrgaard (1999), "Trapped in the Supranational-intergovernmental Dichotomy: a Response to Stone Sweet and Sandholtz", Journal of European Public Policy, Vol. 6, No. 1, pp. 123-124.

352) Wayne Sandholtz and Alec Stone Sweet (1998), op. cit., p. 6.

353) Carsten S. Jensen (2000), op. cit., pp. 74-75.

354) Stone Sweet, Alec and Wayne Sandholtz (1997), op. cit., pp. 301-302.

355) Wayne Sandholtz (1993a), "Choosing Union: Monetary Politics and Maastricht", International Organization, Vol. 47, No. 1, pp. 2-3.

356) Wayne Sandholtz (1993b), "Institutions and Collective Action: The New Telecommunications in Western Europe", World Politics, Vol. 45, No. 2, p. 245, 268.

357) Wayne Sandholtz and Alec Stone Sweet (1998), op. cit., p. 7.

358) Wayne Sandholtz and John Zysman (1991), op. cit., p. 8.

359) Wayne Sandholtz and Alec Stone Sweet (1998), op. cit., p. 12.

360) Ibid., p. 4.

361) Wayne Sandholtz and Alec Stone Sweet (1999), "European Integration and Supranational Governance Revisited: Rejoinder to Branch and Ohrgaard", Journal of European Public Policy, Vol. 6, No. 1, p. 145.

362) Wayne Sandholtz and Alec Stone Sweet (1998), op. cit., pp. 12-13.

363) Wayne Sandholtz (1993b), op. cit., pp. 246-247.

364) Wayne Sandholtz and Alec Stone Sweet (1998), op. cit., pp. 12-14.

365) Ibid., p. 6.

366) George Tsebelis and Geoffrey Garrett (2001), "The Institutional Foundations of Intergovernmentalism and Supranationalism in the European Union", International Organization, Vol. 55, No. 2, pp. 359-362.

367) Carsten S. Jensen (2000), op. cit., pp. 72-92.

368) Andrew Moravcsik (1999b), "A New Statecraftquest? Supranational Entrepreneurs and International Cooperation", International Organization, Vol. 53, No. 1, p. 293.

369) Stone Sweet, Alec and Wayne Sandholtz (1997), op. cit., pp. 257-260.

370) George Tsebelis and Geoffrey Garrett (2001), op. cit., pp. 361-362.

371) Wayne Sandholtz and Alec Stone Sweet (1998), op. cit., p. 5.

372) Wayne Sandholtz and John Zysman (1989), "1992: Recasting the European Bargain", World Politics, Vol. 41, No. 1, pp. 98-99.

373) Ibid., p. 294.

374) Wayne Sandholtz and Alec Stone Sweet (1998), op. cit., pp. 1-2, 11.

375) Wayne Sandholtz and John Zysman (1989), op. cit., p. 99 참조.

376) Ibid., pp. 16-17.

377) Ibid., p. 15.

378) Ibid., p. 12.

379) Alec Stone Sweet and Wayne Sandholtz (1997), op. cit., p. 299.

380) Wayne Sandholtz and Alec Stone Sweet (1998), op. cit., p. 2.

381) Ibid., pp. 16-19.

382) Andrew Moravcsik (1999), op. cit., pp. 268-269.

383) Ben Rosamond (2000), op. cit., pp. 126-127.

384) Wayne Sandholtz and Alec Stone Sweet (1998), op. cit., p. 11.

385) 스위트와 샌드홀츠는 유럽연합의 규범과 기구를 지칭할 때 유럽공동체로 표기한
다. 따라서 본 책 역시 이들 저자의 저작을 인용할 경우 원전 내용을 반영한다.

386) Wayne Sandholtz and Alec Stone Sweet (1998), op. cit., p. 10.

387) Ibid., p. 10.

388) Ibid., pp. 10-11.

389) George Tsebelis and Geoffrey Garrett (1999), "The Institutional Foundations of
Supranationalism in the European Union", University of California Los Angel
Department of Political Science, Working Papers, pp. 8-10.

390) Geoffrey Edwards (1996), "National Sovereignty vs Integration? The Council of
Ministers", European Union: Power and Policy-Making, Jeremy J. Richardson ed.,
New York, Routledge, p. 143.

391) Neill Nugent (2010), op. cit., pp. 431-432.

392) Wayne Sandholtz and Alec Stone Sweet (1998), op. cit., pp. 11-14.

393) Ibid., p. 14.

394) Mark A. Pollack (1998), "The Engines of Integration? Supranational Autonomy and
Influence in the European Union", European Integration and Supranational Governance,
Wayne Sandholtz and Alec Stone Sweet eds., Oxford, Oxford University Press, pp.
229-232.

395) Wayne Sandholtz and Alec Stone Sweet (1998), op. cit., p. 15.

396) Ibid., p. 15.

397) Ibid., p. 15.

398) Neil Fligstein, and Jason McNichol (1998), "The Institutional Terrain of the European
Union", European Integration and Supranational Governance, Wayne Sandholtz and
Alec Stone Sweet eds., Oxford, Oxford University Press, pp. 63-65, 75-77.

399) Wayne Sandholtz and Alec Stone Sweet (1998), op. cit., p. 16.

400) Ibid., pp. 17-18.

401) Wayne Sandholtz (1993a), op. cit., p. 2.

402) Ibid., p. 3.

403) Ibid., p. 3.

404) Wayne Sandholtz (1993b), op. cit., p. 268.

405) Wayne, Sandholtz, (1993a), op. cit., pp. 19-23.

406) Ibid., pp. 23-26.

407) Ibid., p. 33.

408) Wayne Sandholtz and John Zysman (1991), op. cit., p. 3.

409) Wayne Sandholtz and John Zysman (1989), op. cit., p. 108.

410) Frank Deppe et al. (2000), op. cit., p. 83.

411) Wayne Sandholtz and John Zysman (1989), op. cit., p. 100.

412) Wayne Sandholtz and John Zysman (1991), op. cit., p. 15.

413) Wayne Sandholtz (1993b), op. cit., p. 242.

414) 송병준 (2016), op. cit., pp. 414-415 참조.

415) Wayne Sandholtz and John Zysman (1989), op. cit., p. 117.

416) Wayne Sandholtz (1993b), op. cit., p. 243.

417) Donald J. Puchala (1999), "Institutionalism, Intergovernmentalism and European Integration: A Review", Journal of Common Market Studies, Vol. 37, No. 2, pp. 320-321.

418) Wayne Sandholtz (1993b), op. cit., pp. 261-262.

419) Wayne Sandholtz (1998), "The Emergence of a Supranational Telecommunications Regime", European Integration and Supranational Governance, Wayne Sandholtz and Alec Stone Sweet eds., Oxford, Oxford University Press, pp. 135-136.

420) Wayne Sandholtz and Alec Stone Sweet (1998), op. cit., p. 9.

421) Stone Sweet, Alec and Wayne Sandholtz (1997), op. cit., p. 300 참조.

422) Mark A. Pollack (2008), "The New Institutionalisms and European Integration", Webpapers on Constitutionalism and Governance Beyond the State, No. 1/2008, pp. 7-8.

423) Johan P. Olsen (2000b), "How, then, Does One Get There? An institutionalist Response to Herr Fischer's Vision of a European Federation", Advanced Research on the Europeanisation of the Nation-State, Working Papers 00/22, p. 13.

424) Alec Stone Sweet, Neil Fligstein and Wayne Sandroltz (2001), "The Institutionalization Of European Space", The Institutionalization of Europe, Alec Stone Sweet, Wayne Sandholtz and Neil Fligstein eds. Oxford, Oxford University Press, p. 16.

425) Christoph W. Herrmann (2002), "Common Commercial Policy After Nice: Sisyphus Would Have Done a Better Job", Common Market Law Review, Vol. 39, No. 1, pp. 13-15.

426) Ibid., pp. 13-15.

427) Frank Deppe et al. (2000), op. cit., p. 85.

428) Scott L. Greer (2006), "Uninvited Europeanization: Neofunctionalism and the EU in Health Policy", Journal of European Public Policy, Vol. 13, No. 1, pp. 136-137 참조.

429) Helen Wallace, Mark A. Pollack and Alasdair R. Young (2010), op. cit., p. 32.

430) Mark A. Pollack (1997), op. cit., pp. 100-101.

431) 송병준 (2004), 유럽연합의 선택, 서울, 청목출판사, p. 53.

432) Mark A. Pollack (1997), op. cit., p. 106.

433) Ibid., p. 110.

434) Ibid., pp. 103-106.

435) Ibid., p. 116.

436) Ibid., p. 124.

437) Jens Blom-Hansen (2011), The EU Comitology System in Theory and Practice Keeping an Eye on the Commission?, Palgrave Macmillan, p. 23.

438) Mark A. Pollack (1997), op. cit., pp. 104-115; Mark A. Pollack (2000), "The End of Creeping Competence? EU Policy-Making Since Maastrich", Journal of Common Market Studies, Vol. 38, Iss. 3, p. 522 참조

439) Wolfgang Wessels (1998), "Comitology: Fusion in Action. Politico-administrative Trends in the EU System", Journal of European Public Policy, Vol. 5, No. 2, p. 211 참조.

440) Mark A. Pollack (1997), op. cit., p. 115.

441) Ibid., p. 117.

442) Ibid., pp. 117-118.

443) Ibid., p. 140.

444) Ibid., p. 101.

445) Helen Wallace, Mark A. Pollack and Alasdair R. Young (2010), op. cit., p. 33.

446) Antoine Vauchez (2008), "Integration-through-Law.' Contribution to a Socio-history of EU Political Commonsense", European University Institute, Robert Schuman Centre Working Paper 2008/10, p. 1.

447) Erik O. Eriksen (2003), "The EU and the Right to Self-Government", Advanced Research on the Europeanisation of the Nation-State, Working Papers 03/17, p. 2.

448) Eriksen, Erik Oddvar and John Erik Fossum (2002), "Europe at a Crossroads - Government or Transnational Governance?", Advanced Research on the Europeanisation of the Nation-State, Working Papers 02/35, p. 22.

449) Anne-Marie Burley and Walter Mattli (1993), "Europe Before the Court: A Political Theory of Legal Integration", International Organization, Vol. 47, No. 1, pp. 43-44.

450) Ibid., p. 45.

451) Ibid., pp. 42-43.

452) Karen J. Alter, Renaud Dehousse and Georg Vanberg (2002), "Law, Political Science and EU Legal Studies: An Interdisciplinary Project?", European Union Politics, Vol. 3, No. 1, pp. 113-114.

453) Carol Harlow (1999), "Teaching the Political Context of EC Law", European Law Journal, Vol. 5, Iss. 2, pp. 128-129.

454) Giulio Itzcovich (2012), "Legal Order, Legal Pluralism, Fundamental Principles. Europe and Its Law in Three Concepts", European Law Journal, Vol. 18, Iss. 3, p. 360.

455) Grinne de Brca (2005), "Rethinking law in Neofunctionalist Theory", Journal of European Public Policy, Vol. 12, No. 2, p. 312.

456) Daniel Kelemen, R. (2006), "Suing for Europe: Adversarial Legalism and European Governance", Comparative Political Studies, Vol. 39, No. 1, pp. 104-105.

457) Grinne de Brca (2005), op. cit., p. 313.

458) Grinne de Brca (2005), op. cit., p. 315.

459) Carol Harlow (1999), op. cit., p. 129.

460) Antoine Vauchez (2008), op. cit., p. 3.

461) Arthur Benz and Christina Zimmer (2010), op. cit., p. 6.

462) Jan KomArek (2005), "Federal Elements in the Community Judicial System: Building Coherence In The Community Legal Order", Common Market Law Review, Vol. 42, Iss. 1, p. 10.

463) Geoffrey Garrett (1995), "The Politics of Legal Integration in the European Union", International Organization, Vol. 49, No. 1, p. 171, 173.

464) Geoffrey Garrett (1998), "The European Court of Justice, National Governments, and Legal Integration in the European Union", International Organization, Vol. 52, Iss. 1, pp. 149-150.

465) Koen Lenaerts (2007), "The Rule of Law and the Coherence of the Judical System of the European Union", Common Market Law Review, Vol. 44, Iss. 6, p. 1625, 1627.

466) George Tsebelis and Geoffrey Garrett (1999), op. cit., pp. 12-14.

467) Antoine Vauchez (2008), op. cit., p. 9.

468) Giulio Itzcovich (2012), op. cit., p. 359.

469) R. DanieJ KeJemen and Susanne K. Schmidt (2012), "Introduction – The European Court of Justice and Legal Integration: Perpetual Momentum?", Journal of European Public Policy, Vol. 19, No. 1, p. 4.

470) Helen Wallace, Mark A. Pollack and Alasdair R. Young (2010), op. cit., p. 33.

471) Walter Mattli (1999), op. cit., p. 29.

472) Gary Marks et al. (1995), "European Integration and the State", European University Institute, Working Paper 95/7, pp. 5-6.

473) Roger Morgan (2000), op. cit., p. 561.

474) Mark Aspinwall (1998), "Globalism, Exit, and Free Social Riders: A Dysfunctional Integration Theory", European Journal of Political Research, Vol. 33, Iss. 3, pp. 326-327 참조.

475) Stephen George (1994), "Suprnational Actors and Domestic Politics: Integration Theory Reconsidered in the Light of the Single European Act and Maastricht", Sheffield Papers in International Studies, Vol. 22, p. 18.

476) Ruggie, John Gerard et al. (2005), op. cit., p. 273.

477) Helen Wallace, Mark A. Pollack and Alasdair R. Young (2010), op. cit., p. 19 참조.

478) Alan S. Milward (1992), The European Rescue of the Nation-State, London, Routlege, p. 12.

479) Nikolaj Petersen (1998), "National Strategies in the Integration Dilemma: An Adaptation Approach", Journal of Common Market Studies, Vol. 36, No. 1, pp. 35-36.

480) Puchala, Donald J. (1999), op. cit., pp. 318-319.

481) Stelios Stavridis (2001), "Confederal Consociation and the Future of the European Union", Hellenic Foundation for European and Foreign Policy, Occasional Papers OP01.09, pp. 8-9.

482) Stanley Hoffmann (2002), "Obstinate of Obsolete? The Fate of the Nation-State and the Case of Western Europe", The European Union: Readings on the Theory and Practice of European Integration, Brent F. Nelsen and Alexander Stubb eds. Boulder, Lynne Rienner, pp. 166-169.

483) Ibid., pp. 166-169.

484) Ibid., p. 875, 897.

485) Ibid., p. 874.

486) James Dougherty and Robert Pfaltzgraff (1990), op. cit., p. 457.

487) Stanley Hoffmann (2002), op. cit., pp. 166-169.

488) Ibid., pp. 166-169.

489) Stanley Hoffmann (1994), "Europe's Identity Crisis Revisited", Daedalus, Vol. 23, pp. 1-2, 22-23.

490) Gary Marks et al. (1995), op. cit., pp. 4-8.

491) Morten Egeberg (2000), "The Organisational Dimension of Integration in the EU (and Elsewhere)", Advanced Research on the Europeanisation of the Nation-State, Working Papers 00/10, p. 2.

492) Stanley Hoffmann (2002), op. cit., pp. 173-174.

493) Ibid., p. 170.

494) Ibid., p. 164, 171.

495) Paul Pierson (1998), op. cit., p. 32.

496) Liesbet Hooghe and Gary Marks (2001), Multi-level Governance and European Integration, Lanham, Rowman Littlefield, pp. 2-5 참조.

497) Janne Haaland, Marláry (1993), op. cit., p. 371.

498) Jeffrey Lewis (1998), "The Institutional Problem-Solving Capities of the Council", Max-Planck Institute for the Study of Societies, Discussion Papers 98/1, p. 5.

499) Stanley Hoffmann (2002), op. cit., pp. 171-173.

500) Donald J. Puchala (1999), op. cit., pp. 323-324.

501) Carsten S. Jensen (2000), op. cit., pp. 75-78.

502) Finn Ola Jøstad (1997), "Interactive Levels of Policy-Making in the European Union Commercial Policy", Advanced Research on the Europeanisation of the Nation-State, Working Papers 97/13, p. 4.

503) Stanley Hoffmann (2002), op. cit., p. 174.

504) Ernst B. Haas (1976), op. cit., p. 184; Paul Taylor (1975a), op. cit., p. 336.

505) Paul Taylor (1975a), op. cit., p. 741.

506) Ibid., p. 742.

507) Dahrendorf Forum (2016), Ralf Dahrendorf and the European Question.

508) Paul Taylor (1975a), op. cit., pp. 743-744.

509) Simon Collard-Wexler (2006), "Integration Under Anarchy: Neorealism and the European Union", European Journal of International Relations, Vol. 12, Iss. 3, p. 400.

510) Paul Pierson (1998), op. cit., pp. 32-33.

511) Joseph M. Grieco (1995), "The Maastricht Treaty, Economic and Monetary Union and the Neo-realist Research Programme", Review of International Studies, Vol. 21, pp. 22-23.

512) Geoffrey Garrett (1999), "The Transition to Economic and Monetary Union", Forging an Integrated Europe, Barry Eichengreen and Jeffry Frieden eds., An Arbor, The University of Michigan Press, p. 41.

513) Christian de Boissieu and Jean Pisani-Ferry (1999), "The Transition to Economic and Monetary Union", Forging an Integrated Europe, Barry Eichengreen and Jeffry Frieden eds., An Arbor, The University of Michigan Press, p. 26.

514) Sten Rynning (2011), "Realism and the Common Security and Defence Policy", Journal of Common Market Studies, Vol. 49, Iss. 1, p. 36.

515) Zachary Selden (2010), "Power is Always in Fashion: State-Centric Realism and the European Security and Defence Policy", Journal of Common Market Studies, Vol. 48, Iss. 2, p. 398.

516) Simon Collard-Wexler (2006), op. cit., p. 423.

517) Zachary Selden (2010), op. cit., p. 398, 406.

518) Donald J. Puchala (1999), op. cit., p. 320.

519) Barry Eichengreen and Jeffry Frieden (1999), op. cit., pp. 5-6.

520) Paul Pierson (1998), op. cit., p. 28.

521) Ibid., pp. 29-30.

522) Paul Taylor (1975a), op. cit., pp. 763-764.

523) Ibid., p. 754.

524) Annabelle Littoz-Monnet (2010), "Dynamic Multi-Level Governance – Bringing the Study of Multi-level Interactions into the Theorising of European Integration", Vienna University of Economics and Business Administration European Online Integration Papers, Vol. 14, Article 01, pp. 14-15.

525) Garrett, Geoffrey George Tsebelis (1996), "An Institutional Critique of Intergovernmentalism", International Organization, Vol. 50, No. 2, p. 269 참조.

526) Paul Taylor (1975a), op. cit., pp. 755-756.

527) Ben Rosamond (2007), op. cit., p. 119.

528) Per. M. Norheim-Martinsen (2010), "Beyond Intergovernmentalism: European Security and Defence Policy and the Governance Approach", Journal of Common Market Studies, Vol. 48, Iss. 5, p. 1353, 1356.

529) Fabian Breuer (2010), "Between Intergovernmentalism and Socialisation: The Brusselisation of ESDP", European University Institute, Robert Schuman Centre Working Paper 2010/48, p. 1, 8.

530) Hanspeter Kriesi (2006), "Comparative Analysis of Policy Networks in Western Europe", Journal of European Public Policy, Vol. 13, No. 3, p. 344; Laurie Buonanno and Neil Nugent (2013), "The Area of Freedom, Security and Justice", Policies and Policy Processes of the European Union, Palgrave Macmillan, pp. 228-229.

531) Anthony Forster (1998), "Britain and the Negotiation of the Maastricht Treaty: A Critique of Liberal Intergovernmentalism", Journal of Common Market Studies Vol. 36, No. 3, pp. 347-365.

532) Björn Arvidsson (2002), "EU Treaty Reform in Theoretical Perspective. An Empirical Exploration of Liberal Intergovernmentalism and Historical Institutionalism", University of Lund, Center for European Studies, Working Paper, No. 20, p. 11.

533) Fabio Franchino (2013), "Challenges to Liberal intergovernmentalism", European Union Politics, Vol. 14, No. 2, p. 324.

534) Bernard H. Moss (2000), "The European Community as Monetarist Construction: A Critique of Moravcsik", Journal of Contemporary European Studies, Vol. 8, Iss. 2, p. 249.

535) Helen Wallace (1999), "Review Section Symposium: The Choice for Europe: Social Purpose and State Power from Messina to Maastricht", Journal of European Public Policy, Vol. 6, No. 1, p. 156.

536) Andrew Moravcsik (1998), The Choice for Europe: Social Purpose and State Power from Messina to Maastricht, Ithaca, Cornell University Press, p. 498.

537) James A. Caporaso et al. (1997), op. cit., p. 5; Andrew Moravcsik (1993), "Preferences and Power in the European Community: A Liberal Intergovernmentalist Approach", Journal of Common Market Studies, Vol. 31, Iss. 4. 1, p. 478.

538) Andrew Moravcsik (1995), "Liberal Intergovernmentalism and Integration: A Rejoinder", Journal of Common Market Studies, Vol. 33, Iss. 4. 1, p. 620.

539) Jan Beyers and Jarle Trondal (2003), "How Nation-States Hit Europe - Ambiguity and Representation in the European Union", European Online Integration Papers 2003-005, p. 2.

540) Peter M. Hass (1998), "Compliance with EU Directives: Insights from International Relations and Comparative Politics", Journal of European Public Policy, Vol. 5, No. 1, p. 23.

541) Antonis A. Ellinas and Ezra N. Suleiman (2011), "Supranationalism in a Transnational Bureaucracy: The Case of the European Commission", Journal of Common Market Studies, Vol. 49, Iss. 5, p. 925.

542) Andrew Moravcsik (1995), op. cit., pp. 615-616.

543) Donald J. Puchala (1999), op. cit., p. 327.

544) Ibid., p. 327.

545) Andrew Moravcsik (1999a), "Theory and Method in the Study of International Negotiation: A Rejoinder to Oran Young", International Organization, Vol. 53, No. 3, p. 812.

546) Wayne Sandholtz and Alec Stone Sweet (1998), op. cit., pp. 6-7.

547) Andrew Moravcsik (1993), op. cit., pp. 488-491.

548) Lori M. Poloni-Staudinger (2008), "The Domestic Opportunity Structure and Supranational Activity: An Explanation of Environmental Group Activity at the European Union Level", European Union Politics, Vol. 9, No. 4, p. 534.

549) Neill Nugent (2010), op. cit., p. 433.

550) Jeffrey T. Checkel (1998), "Social Construction and Integration", Advanced Research on the Europeanisation of the Nation-State, Working Papers 90/14, p. 6.

551) Johan P. Olsen (2002), "The Many Faces of Europeanization", Advanced Research on the Europeanisation of the Nation-State, Working Papers 02/02, pp. 9-10.

552) Stelios Stavridis (2001), op. cit., p. 7.

553) Gary Marks et al. (1995), op. cit., p. 3.

554) Roger Morgan (2000), op. cit., p. 564.

555) Claudio M. Radaelli (2000b), op. cit., pp. 9-10; Mark A. Pollack (2001), op. cit., p. 11.

556) Bomberg Elizabeth, John Peterson and Alexander Stubb (2008), op. cit., p. 11.

557) Andrew Moravcsik (1993), op. cit., p. 480.

558) Helen Wallace (1999), op. cit., pp. 155-156.

559) Gary Marks et al. (1995), op. cit., p. 8.

560) Walter Mattli (2000), "Sovereignty Bargains in Regional Integration", International Studies Review, Vol. 2, No. 2, pp. 167-175.

561) Jonathan B. Slapin (2008), "Bargaining Power at Europe's Intergovernmental Conferences: Testing Institutional and Intergovernmental Theories", International Organization, Vol. 62, Iss. 1, p. 132.

562) Walter Mattli (2000), op. cit., pp. 167-175.

563) Gary Marks et al. (1995), op. cit., pp. 5-6.

564) Andrew Moravcsik (1998), op. cit., pp. 63-66.

565) Ibid., pp. 54-55.

566) Jeffrey Lewis (1998), op. cit., p. 5.

567) Anthony Forster (1998), "Britain and the Negotiation of the Maastricht Treaty: A Critique of Liberal Intergovernmentalism", Journal of Common Market Studies, Vol. 36, Iss. 3, p. 350 참조.

568) Ibid., pp. 358-360.

569) Maria Green Cowles (2003), op. cit., p. 104.

570) Andrew Moravcsik (1993), op. cit., pp. 480-482 참조.

571) Putnam, Robert D. (1988), "Diplomacy and Domestic Politics: the Logic of Two-level Games", International Organization, Vol. 42, No. 3, p. 430, 460.

572) Helen Wallace, Mark A. Pollack and Alasdair R. Young (2010), op. cit., p. 20.

573) Bernard H. Moss (2000), op. cit., p. 247.

574) Helen Wallace, Mark A. Pollack and Alasdair R. Young (2010), op. cit., p. 20.

575) Andrew Moravcsik (1993), op. cit., pp. 475-476.

576) Anthony Forster (1998), op. cit., p. 349.

577) Andrew Moravcsik (1999b), op. cit., p. 286.

578) Andrew Moravcsik (1999), op. cit., pp. 288-291.

579) Andrew Moravcsik (1991), "Negotiating the Single European Act: National Interests and Conventional Statecraft in the European Community", International Organization, Vol. 45, No. 1, pp. 34-36.

580) George Tsebelis (2001), op. cit., pp. 76-77.

581) Andrew Moravcsik (1999), op. cit., p. 273.

582) Ibid., pp. 269-275.

583) Ibid., p. 284.

584) Torsten J. Selck (2005), "Improving the Explanatory Power of Bargaining Models:

New Evidence from European Union Studies", Journal of European Social Policy, Vol. 17, No. 3, p. 373 참조.

585) Kathleen McNamara (1998), "Integrating Left and Right: Studying EU Politics", ECSA Review Fora, p. 2.

586) Oran Young (1999), "Comment on Andrew Moravcsik, "A New Statecraft?" Supranational Entrepreneurs and International Cooperation", International Organization, Vol. 53, No. 3, p. 806.

587) Garrett, Geoffrey George Tsebelis (1996), op. cit., p. 272.

588) Rene Van den Polder (1994), "Lobbying for the European Airline Industry", Lobbying the European Union, Rene Van den Polder ed., London, Longman, pp. 103-122.

589) Neill Nugent (2010), op. cit., p. 433.

590) Daniel Wincott (1995), "Institutional Interaction and European integration: Towards an Everyday Critique of Liberal Intergovernmentalism", Journal of Common Market Studies, Vol. 33, No. 4, p. 601.

591) Gary Marks et al. (1995), op. cit., pp. 10-11.

592) Helen Wallace, Mark A. Pollack and Alasdair R. Young (2010), op. cit., p. 21 참조.

593) Andrew Moravcsik (1999), op. cit., pp. 281-282.

594) Vivien A. Schmidt et al. (1999), op. cit., pp. 1-2.

595) Wayne Sandholtz and Alec Stone Sweet (1998), op. cit., p. 26.

596) Neill Nugent (2010), op. cit., p. 433.

597) Gary Marks et al. (1995), op. cit., p. 8.

598) Jonathan B. Slapin (2008), op. cit., p. 134.

599) Finn Ola Jøstad (1997), op. cit., p. 18.

600) Olivier Costa and Paul Magnette (2003), "The European Union as a Consociation? a Methodological Assessment", West European Politics, Vol. 26, No. 3, p. 2.

601) Guy Peters, B. (2006), "Consociationalism, Corruption and Chocolate: Belgian Exceptionalism", West European Politics, Vol. 29, No. 5, p. 1084.

602) Inger J. Sand (1998), "Understanding the New Forms of Governance: Mutually Interdependent, Reflexive, Destabilised and Competing Institutions", European Law Journal, Vol. 4, No. 3, p. 285.

603) Paul Magnette and Yannis Papadopoulos (2007), "On the Politicization of the European Consociation: A Middle Way between Hix and Bartolini", EUROGOV Working Papers C-08-01, p. 5.

604) Neill Nugent (2010), op. cit., p. 426.

605) Ibid., p. 426.

606) Dimitris N. Chryssochoou (1994), "Democracy and Symbiosis in the European Union: Towards a Confederal Consociation?", West European Politics, Vol. 17, No. 4, pp.

3-4.

607) Paul Taylor (1991), "The European Community and the State: Assumptions, Theories and Propositions", Review of International Studies, Vol. 17, pp. 126-127.

608) Neill Nugent (2010), op. cit., p. 425.

609) Paul Taylor (1991), op. cit., p. 109.

610) Ben Rosamond (2000), op. cit., p. 148 참조.

611) Dimitris N. Chryssochoou (1994), op. cit., pp. 2-3.

612) Beate Kohler-Koch (1999b), "A Constitution for Europe?", Mannheim Center for European Social Research, Working Papers 99/8, p. 6.

613) Dimitris N. Chryssochoou (1994), op. cit., pp. 2-4.

614) Olivier Costa and Paul Magnette (2003), op. cit., pp. 3-5, 11.

615) Ben Rosamond (2000), op. cit., p. 149.

616) Olivier Costa and Francois Foret (2005), "The European Consociational Model: An Exportable Institutional Design?", European Foreign Affairs Review, Vol. 10, No. 4, p. 504.

617) Liesbet Hooghe (1999), "Consociationalists or Weberians? Top Commission Officials on Nationality", Governance, Vol. 12, Iss. 4, p. 415.

618) Dimitris N. Chryssochoou (2000), "Integration Theory and Treaty Reform: A Consociationalist Approach", University of Exeter, Strategies of Civic Inclusion in Pan-European Civil Society, Working Papers 4, pp. 20-21.

619) Cris Shore (2006), "'Government Without Statehood?' Anthropological Perspectives on Governance and Sovereignty in the European Union", European Law Journal, Vol. 12, Iss. 6, p. 715.

620) Jordi Munoz et al. (2011), "Institutional Trust and Multilevel Government in the European Union: Congruence or Compensation?", European Union Politics, Vol. 12, No. 4, p. 553; Frank Decker (2002), "Governance Beyond the Nation-state. Reflections on the Democratic Deficit of the European Union", Journal of European Public Policy, Vol. 9, No. 2, p. 260.

621) Fulvio Attina (1998), op. cit., p. 2.

622) Stelios Stavridis (2001), "Confederal Consociation and the Future of the European Union", Hellenic Foundation for European and Foreign Policy, Occasional Papers OP01.09, pp. 10-11.

623) Dimitris Chryssochoou (2000b), op. cit., pp. 3-6.

624) Olivier Costa and Paul Magnette (2003), op. cit., pp. 3-5.

625) Yannis Papadopoulos and Paul Magnette (2010), "On the Politicisation of the European Union: Lessons from Consociational National Polities", West European Politics, Vol. 33, No. 4, pp. 720-721.

626) David J. Bailey (2006), "Governance or the Crisis of Governmentality? Applying

Critical State Theory at the European Level", Journal of European Public Policy, Vol. 13, No. 1, p. 22.

627) Liesbet Hooghe et al. (1996), op. cit., p. 18.

628) Ben Rosamond (2000), op. cit., p. 110.

629) Ibid., p. 110.

630) John McCormick (2011), op. cit., p. 33.

631) Mark Evans and Jonathan Davies (1999), "Understanding Policy Transfer: A Multi-Level, Multi-Disciplinary Perspective", Public Administration, Vol. 77, Iss. 2, p. 363.

632) John B. Sutcliffe (2000), "The 1999 Reform of the Structural Fund Regulations: Multi-level Governance or Renationalization?", Journal of European Public Policy, Vol. 7, No. 2, pp. 290-291.

633) Annabelle Littoz-Monnet (2010), op. cit., p. 2.

634) 이호근 (2000), "유럽통합과 사회정책", 한국정치학회보, 34집 3호, 한국정치학회, p. 281, 286.

635) Annabelle Littoz-Monnet (2010), op. cit., p. 4.

636) Liesbet Hooghe and Gary Marks (2001), op. cit., p. 2; Ian Bache (2008), "Europeanization and multi-level governance: Empirical findings and conceptual challenges", Advanced Research on the Europeanisation of the Nation-State, Working Papers 08/16, p. 7.

637) Liesbet Hooghe and Gary Marks (2001), op. cit., p. 6, 8.

638) Christopher K. Ansell et al. (1997), op. cit., p. 348.

639) Tanja E. Aalberts (2004), "The Future of Sovereignty in Multilevel Governance Europe - A Constructivist Reading", Journal of Common Market Studies, Vol. 42, Iss. 1, p. 24.

640) Liesbet Hooghe and Gary Marks (2001), op. cit., p. 3.

641) Ibid., pp. 3-4.

642) Liesbet Hooghe and Gary Marks (2001), "Types of Multi-Level Governance", Vienna University of Economics and Business Administration European Online Integration Papers, 2001-011, p. 6.

643) Young Jong Choi and James A. Caporaso (2002), "Comparative Regional Integration", Handbook of International Relations, Walter Carlsnaes ed., London, Sage, p. 490.

644) Helen Wallace, Mark A. Pollack and Alasdair R. Young (2010), op. cit., pp. 34-36.

645) Inger J. Sand (2002), "Changes in the Organization of Public Administration and in the Relations between the Public and the Private Sectors. Consequences of the Evolution of Europeanisation, Globalisation and Risk Society", Advanced Research on the Europeanisation of the Nation-State, Working Papers 02/04, pp. 21-22.

646) Alberta M. Sbragia (2002), "The Dilemma of Governance with Government", New York University School of Law, Jean Monnet Chair, Working Papers No. 03/02, p. 6.

647) Gary Marks et al. (1995), op. cit., pp. 26-27.

648) Gunter Walzenbach (2010), "Power and Delegation: Positive Political Theory Meets European Governance", International Studies Quarterly, Vol. 12, Iss. 1, p. 161.

649) Wolfgang Wessels (1997), "A New Kind of Legitimacy for a New Kind of Parliament - The Evolution of the European Parliament", European Online Integration Papers 1997-006, p. 10.

650) Fritz W. Scharpf (1998), op. cit., p. 245.

651) Ibid., pp. 254-258.

652) Dmitris N. Chryssochoou (1998), "Democracy and Integration Theory in the 1990s; A Study in European Polity-Formation", University of Catania Jean Monnet, Working Papers 14-98, pp. 2-3.

653) Erik O. Eriksen and John Erik. Fossum (2000), "The EU and Post-National Legitimacy", Advanced Research on the Europeanisation of the Nation-State, Working Papers 00/26, p. 3.

654) Claudio M. Radaelli (2000b), op. cit., pp. 1-2.

655) Dimitris N. Chryssochoou (1998), op. cit., p. 2; Johan P. Olsen (2000a), "Organizing European Institutions of Governance, a Prelude to an Institutional Account of Political Integration", Advanced Research on the Europeanization of the Nation-State, Working Papers 00/02, pp. 1-3.

656) John McCormick (2011), op. cit., pp. 32-33 참조.

657) Andy Smith (1997), "Studying Multi-level Governance. Examples from French Translations of the Structural Funds", Public Administration, Vol. 75, No. 4, p. 713.

658) Yannis Papadopoulos (2010), "Accountability and Multi-level Governance: More Accountability, Less Democracy?", West European Politics, Vol. 33, No. 5, p. 1031.

659) Adam Marshall (2005), "Europeanization at the Urban Level: Local Actors, Institutions and the Dynamics of Multi-level Interaction", Journal of European Public Policy, Vol. 12, No. 4, p. 671.

660) Carol Harlow and Richard Rawlings (2007), "Promoting Accountability in Multilevel Governance: A Network Approach", European Law Journal, Vol. 13, Iss. 4, p. 545.

661) Alberta M. Sbragia (2002), op. cit., p. 6.

662) Liesbet Hooghe and Gary Marks (2001), op. cit., pp. 2-3.

663) Enrico Gualini (2003), "Challenges to Multi-level Governance: Contradictions and Conflicts in the Europeanization of Italian Regional Policy", Journal of European Public Policy, Vol. 10, No. 4, p. 619.

664) Simon Hix (1998), "The Study of the European Union Ⅱ: The 'New Governance' Agenda and Its Rival", Journal of European Public Policy, Vol. 5, No. 1, p. 39.

665) Morten Egeberg and Jarle Trondal (1997), "An Organization Theory Perspective on Multi-Level Governance in the EU", Advanced Research on the Europeanisation of the Nation-State, Working Papers 97/21, p. 3.

666) Neill Nugent (2010), op. cit., p. 427.

667) Jörgen Neyer (2002), "Discourse and Order - On the Conditions of Governance in Non-Hierachial Multi-Level Systems", Advanced Research on the Europeanisation of the Nation-State, Working Papers 02/09, p. 3.

668) Frank Mols and S. Alexander Haslam (2008), "Understanding EU Attitudes in Multi-Level Governance Contexts: A Social Identity Perspective", West European Politics, Vol. 31, No. 3, pp. 442-443.

669) Rainer Eising (2004), "Multilevel Governance and Business Interests in the European Union", Governance, Vol. 17, Iss. 2, p. 211.

670) Ibid., p. 437.

671) Arthur Benz and Burkard Eberlein (1999), "The Europeanization of Regional Policies: Patterns of Multi-level Governance", Journal of European Public Policy, Vol. 6, No. 2, p. 342.

672) 송병준 (2013), 유럽연합의 거버넌스와 공동정책, 서울, 높이깊이, pp. 190-191.

673) Ben Rosamond (1999), "Globalization and Multi-Level Governance in Europe", University System of Georgia, European Union Center, Working Paper R99-2, p. 5.

674) Montserrat Guibernau (2001), "Introduction: Unity and Diversity in Europe", Governing European Diversity, Montserrat Guibernau ed., London, Sage, p. 29.

675) Liesbet Hooghe and Gary Marks (2001), op. cit., pp. 10-12.

676) Ibid., pp. 10-12.

677) Jrgen Neyer (2002), op. cit., p. 6.

678) Michael W. Bauer (2001), "The EU 'Partnership Principle' Revisited? A Critical Appraisal of its Integrationist Potential as a Governance Device Interconnecting Multiple Administrative Arenas", Max Planck Project Group on the Law of Common Goods, Working Papers 01/13, pp. 3-4.

679) Beate Kohler-Koch (2002), "European Networks and Ideas: Changing National Policies?", European Online Integration Papers 2002-006, p. 2.

680) Alberta M. Sbragia (2002), op. cit., p. 6.

681) William D. Coleman and Anthony Perl (1999), "Internationalized Policy Environments and Policy Network Analysis", Political Studies, Vol. 47, No. 4, p. 701.

682) Ibid., p. 702.

683) Tanja A. Bözel and Thomas Risse (2002), "Who is Afraid of a European Federation? How to Constitutionalize a Multi-Level Governance System", University of North Carolina at Chapel Hill, European Union Center, Conference Papers, pp. 1-4.

684) Fritz W. Scharpf, (2000), "Institutions In Comparative Policy Research", Max-Planck Institute for the Study of Societies, Discussion Papers 00/3, pp. 9-11.

685) Liesbet Hooghe and Gary Marks (2001), op. cit., p. 3.

686) Andy Smith (1997), op. cit., p. 712.

687) Arthur Benz and Bunkard Eberein (1998), op. cit., pp. 1-2.

688) European Union (2020), Glossary, Brussels.

689) Michle Knodt (2004), "International Embeddedness of European Multi-level Governance", Journal of European Public Policy, Vol. 11, No. 4, p. 703.

690) Sebastiaan Princen and Bart Kerremans (2008), "Opportunity Structures in the EU Multi-Level System", West European Politics, Vol. 31, No. 6, p. 1133.

691) Michle Knodt (2004), op. cit., p. 703.

692) Simona Piattoni (2009), "Multi-level Governance: a Historical and Conceptual Analysis", Journal of European Integration, Vol. 31, No. 2, p. 166.

693) Hussein Kassim and Anand Menon (2004), op. cit., p. 10.

694) Gary Marks, et al. (1996), "European Integration from the 1980s: State-Centric v. Multi-level Governance", Journal of Common Market Studies, Vol. 34, No. 3, p. 342.

695) Ibid., pp. 354-356.

696) Gary Marks, et al. (1996), op. cit., pp. 365-367.

697) Kenneth A. Armstrong (1998), op. cit., pp. 150-151.

698) Ben Rosamond (2000), op. cit., p. 111.

699) Liesbet Hooghe (1996), op. cit., pp. 5-18.

700) Aneta B. Spendzharova (2010), "Multi-level Governance of Banking Regulation in the EU: Evidence from Developing Bank Supervision in Bulgaria and Hungary", Journal of European Integration, Vol. 32, No. 3, p. 251 참조.

701) Gary Marks et al. (1996), op. cit., pp. 372-373.

702) Antje Wiener and Thomas Diez eds. (2009), op. cit., p. 10 참조.

703) Colin Scott (2002), "The Governance of the European Union: The Potential for Multi-Level Control", European Law Journal, Vol. 8, Iss. 1, p. 62.

704) Burkard Eberlein and Dieter Kerwer (2004), "New Governance in the European Union: A Theoretical Perspective", Journal of Common Market Studies, Vol. 42, Iss. 1, p. 122.

705) Simon Hix (1998), op. cit., pp. 41-48.

706) Dimitris N. Chryssochoou (1998), op. cit., p. 2.

707) Vivien A. Schmidt et al. (1999), op. cit., p. 349.

708) Christopher K. Ansell et al. (1997), op. cit., p. 349.

709) Theo A. J. Toonen (1998), "Networks, Management and Institutions: Public Administration as 'Normal Science'", Public Administration, Vol. 76, No. 2, pp. 229-230; Tanja A. Bözel (1998), "Organizing Babylon - On the Different Conceptions of Policy Networks", Public Administration, Vol. 76, No. 2, p. 253.

710) Mark A. Pollack (1996), "The New Institutionalism and EC Governance: The Promise

and Limits of Institutional Analysis", Governance, Vol. 9, Iss. 4, p. 453.

711) Fritz W. Scharpf (2000b), "Notes Toward a Theory of Multilevel Governing in Europe", Max-Planck Institute for the Study of Socities, Discussion Papers 00/5, p. 6.

712) Bomberg Elizabeth, John Peterson and Alexander Stubb (2008), op. cit., pp. 11-13.

713) Tanja A. Bäzel (1997), "What's So Special About Policy Networks? - An Exploration of the Concept and Its Usefulness in Studying European Governance", Vienna University of Economics and Business Administration European Online Integration Papers, 1997-016, pp. 10-11 참조.

714) Bomberg Elizabeth, John Peterson and Alexander Stubb (2008), op. cit., pp. 11-13.

715) Enrico Gualini (2003), op. cit., p. 617 참조.

716) Tanja A. Bözel (1998), op. cit., p. 262.

717) Theo A. J. Toonen (1998), op. cit., pp. 229-230.

718) Tanja A. Bözel (1998), op. cit., p. 256.

719) Andrew Dunsire and Christopher Hood (2001), "Proceduralisation and the UK Public Administration Reform", Government in the European Union, Olivier De Schutter eds., Luxembourg, Office for Official Publications of the European Communities, p. 88.

720) Tanja A. Bäzel (1997) op. cit., pp. 3-4.

721) Tanja A. Bözel (1998), op. cit, pp. 259-260.

722) Ibid., p. 261.

723) Peter Bogason and Theo A. J. Toonen (1998), "Introduction: Networks in Public Administration", Public Administration, Vol. 76, Iss. 2, p. 209; Theo A. J. Toonen (1998), "Networks, Management and Institutions: Public Administration as 'Normal Science'", Public Administration, Vol. 76, Iss. 2, pp. 236-237.

724) Tanja A. Bözel (1998), op. cit., p. 254.

725) Neill Nugent (2010), op. cit., p. 439; Tanja A. Bäzel (1997) op. cit., p. 1.

726) Carol Harlow and Richard Rawlings (2006), "Promoting Accountability in Multi-Level Governance: A Network Approach", EUROGOV Working Papers C-06-02, pp. 5-6; Rachel Parker (2007), "Networked Governance or Just Networks? Local Governance of the Knowledge Economy in Limerick(Ireland) and Karlskrona (Sweden)", Political Studies, Vol. 55, Iss. 1, p. 116.

727) Kristine Kern and Harriet Bulkeley (2009), "Cities, Europeanization and Multi-level Governance: Governing Climate Change through Transnational Municipal Networks", Journal of Common Market Studies, Vol. 47, Iss. 2, pp. 309-310.

728) Paul Heywood (2002), "Executive Capacity and Legislative Limits", Developments in West European Politics, Paul Heywood ed., New Work, Palgrave, pp. 155-156.

729) David Marsh and Martin Smith (2000), "Understanding Policy Networks: Towards a Dialectical Approach", Political Studies, Vol. 48, Iss. 1, pp. 5-7.

730) Tanja A. Bözel (1998), op. cit., p. 262.

731) Jens Blom-Hansen (1997), "A 'New Institutional' Perspective on Policy Networks", Public Administration, Vol. 75, No. 4, p. 676, pp. 678-680, 683-684.

732) Tanja A. Bözel (1998), op. cit., p. 262.

733) Christopher K. Ansell et al. (1997), op. cit., p. 354, 357.

734) Tanja A. Bözel (1997), op. cit., p. 10.

735) Neill Nugent (2010), op. cit., p. 439.

736) Schout Adriaan (2009), "Organizational Learning in the EU's Multi-level Governance System", Journal of European Public Policy, Vol. 16, No. 8, p. 1128.

737) Ian Bache (2008), op. cit., p. 10.

738) Claudio M. Radaelli (2000b), op. cit., pp. 2-3.

739) Mark Evans et al. (1999), "Understanding Policy Transfer: A Multi-Level, Multi-Disciplinary Perspective", Public Administration, Vol. 77, No. 2, p. 363.

740) William D. Coleman and Anthony Perl (1999), op. cit., p. 694.

741) Beate Kohler-Koch (2002) op. cit., p. 4.

742) Elizabeth Bomberg et al. (1998), "European Union Decision Making: the Role of Sub-national Authorities", Political Studies, Vol. 46, No. 2, p. 229.

743) John A. Cherpereel (2007), "Sub-National Authorities in the EU's Post-Socialist States: Joining the Multi-Level Polity?", Journal of European Integration, Vol. 29, No. 1, p. 23.

744) Christopher K. Ansell et al. (1997), op. cit., p. 356.

745) Ibid., p. 349, 357.

746) Grace Skogstad (2003), "Legitimacy And/or Policy Effectiveness?: Network Governance and GMO Regulation in the European Union", Journal of European Public Policy, Vol. 10, No. 3, p. 321.

747) Ibid., pp. 321-322.

748) Beate Kohler-Koch (2002), op. cit., pp. 2-3.

749) Christopher K. Ansell et al. (1997), op. cit., p. 357.

750) Ben Rosamond (2000), op. cit., p. 123.

751) Marleen Brans (1997), "Challenges to the Practice and Theory of Public Administration in Europe", Journal Of Theoretical Politics, Vol. 9, No. 3, pp. 393-394.

752) Jeremy J. Richardson (1996), "Policy-making in the EU", European Union: Power and Policy-Making, Jeremy J. Richardson ed., New York, Routledge, pp. 4-5.

753) Mark A. Pollack (2004), op. cit., p. 136.

754) Bart Kerremans (1996), "Do Institutions Make a Difference? Non-Institutionalism, Neo-Institutionalism, and the Logic of Common Decision-Making in the European Union", Vol. 9, Iss. 2, p. 219.

755) Simon J. Bulmer (1998), "New Institutionalism and the Governance of the Single European Market", Journal of European Public Policy, Vol. 5, No. 3, p. 368.

756) Neill Nugent (2010), op. cit., p. 437.

757) Mark D. Aspinwall and Gerald Schneider (2000), op. cit., p. 2.

758) James G. March and Johan P. Olsen (1998), "The Institutional Dynamics of International Political Order", International Organization, Vol. 52, No. 4, p. 948.

759) Ibid., p. 946.

760) Bulmer J. Simon (1998), op. cit., p. 369.

761) Mark A. Pollack (1996), op. cit., p. 452.

762) Hussein Kassim and Anand Menon (2004), op. cit., pp. 5-6.

763) Neill Nugent (2010), op. cit., p. 438; Michael Barzelay and Raquel Galleg (2006), "From "New Institutionalism" to "Institutional Processualism": Advancing Knowledge about Public Management Policy Change", Governance, Vol. 19, Iss. 4, p. 532.

764) Bomberg Elizabeth, John Peterson and Alexander Stubb (2008), op. cit., p. 12.

765) James G. March and Johan P. Olsen (2005), "Elaborating the "New Institutionalism"", Advanced Research on the Europeanisation of the Nation-State, Working Papers 05/11, p. 5.

766) Ibid., p. 5.

767) James G. March and Johan P. Olsen (1998), op. cit., p. 948.

768) Mark D. Aspinwall and Gerald Schneider (2000), op. cit., pp. 4-5.

769) Ibid., p. 5, 22.

770) Mark A. Pollack (2004), op. cit., pp. 137-138.

771) Colin Hay and Daniel Wincott (1998), "Structure, Agency and Historical Institutionalism", Political Studies, Vol. 46, No. 5, p. 954.

772) Neill Nugent (2010), op. cit., p. 438.

773) Mark A. Pollack (2008), op. cit., p. 4.

774) Mark D. Aspinwall and Gerald Schneider (2000), op. cit., p. 8.

775) Gulay Icoz (2011), "Turkey's Path to EU Membership: An Historical Institutionalist Perspective", Journal of Contemporary European Studies, Vol. 19, No. 4, p. 513.

776) Jean, Leca (2010), "'The Empire Strikes Back!' An Uncanny View of the European Union. Part II? Empire, Federation or What?", Government and Opposition, Vol. 45, No. 2, p. 209.

777) Ibid., p. 1.

778) Jeffrey T. Checkel (1998), op. cit., pp. 3-4.

779) Mark D. Aspinwall and Gerald Schneider (2000), op. cit., pp. 5-6; Bulmer J. Simon (1994), "The Governance of the European Union: A New Internationalist Approach", Journal of Public Policy, Vol. 13, No. 4, p. 356.

780) Mark D. Aspinwall and Gerald Schneider (2000), op. cit., p. 5.

781) Ibid., pp. 5-6.

782) Bart Kerremans (1996), op. cit., p. 218.

783) Peter A. Hall and Rosemary C. R. Taylor (1998), "The Potential of Historical Institutionalism: a Response to Hay and Wincott", Political Studies, Vol. 46, No. 5, p. 958, 960.

784) James G. March and Johan P. Olsen (1998), op. cit., pp. 949-952; Peter A. Hall and Rosemary C. R. Taylor (1998), op. cit., p. 958.

785) Hussein Kassim and Anand Menon (2004), op. cit., p. 5.

786) Mark A. Pollack (2008), op. cit., p. 5.

787) Mark A. Pollack (1996), op. cit., p. 453.

788) Ibid., pp. 453-454.

789) Paul Pierson (1998), op. cit., pp. 29-30, 34.

790) Jeffrey T. Checkel (2001), op. cit., p. 5.

791) Simon J. Bulmer (1998), op. cit., p. 355.

792) James G. March and Johan P. Olsen (1996), "Institutional Perspectives on Political Institutions", Governance, Vol. 9, Iss. 3, pp. 247-249, 259.

793) Simon J. Bulmer (1998), op. cit., p. 368.

794) George Tsebelis and Amie Kreppel (1996), "The History of Conditional Agenda-Setting in European Institttions", University of California, Center for the Study of Democracy School of Social Sciences, Research Papers, p. 4, 6.

795) James G. March and Johan P. Olsen (1996), op. cit., p. 257.

796) James G. March and Johan P. Olsen (1998), op. cit., p. 959.

797) James G. March and Johan P. Olsen (1996), op. cit., p. 256.

798) Katharina Holzinger and Christoph Knill (2002), op. cit., p. 144.

799) Johan P. Olsen (2000b), op. cit., p. 5.

800) Beate Kohler-Koch (1999a), "Europe in Search of Legitimate Governance", Advanced Research on the Europeanisation of the Nation-State, Working Papers 99/27, p. 3.

801) Ana Mar Fernandez (2008), "The EU Council Presidency Dilemma: An Historical Institutionalist Interpretation", Cahiers européens de Sciences Po, No. 01/2008, p. 6.

802) Mark A. Pollack (1996), op. cit., p. 437.

803) Mark A. Pollack (1996), op. cit., pp. 437-439.

804) Ibid., pp. 438-439.

805) Ibid., pp. 439-450.

806) Ibid., p. 429, pp. 434-435, 439.

807) Ibid., p. 429, pp. 434-435, 439.

808) Adrian Kay (2003), "Path Dependency and the CAP", Journal of European Public Policy, Vol. 10, No. 3, p. 252.

809) Jeffrey T. Checkel (1998), op. cit., pp. 3-16.

810) Simon J. Bulmer (1997), "New Institutionalism, the Single Market and EU Governance", Advanced Research on the Europeanisation of the Nation-State, Working Papers 97/25, p. 14.

811) James G. March and Johan P. Olsen (1998), op. cit., pp. 949-952; James G. March and Johan P. Olsen (2005), op. cit., p. 8.

812) James G. March and Johan P. Olsen (1996), op. cit., p. 253.

813) Ibid., p. 249, 253.

814) Johan P. Olsen (2002), op. cit., p. 5.

815) Johan P. Olsen (2000b), op. cit., p. 2.

816) Jo Hunt (1999a), "The Expression of the European Social Model Through the Medium of Labour Law: An Institutionalist Approach", University of Leeds, Center for the Study of Law in Europe, Working Papers 99/5, p. 3.

817) James G. March and Johan P. Olsen (1996), op. cit., pp. 251-252.

818) Paul Pierson (2000), "Increasing Returns, Path Dependence, and the Study of Politics", American Political Science Review, Vol. 94, No. 2, pp. 251-267.

819) Dag Harald Claes (2002), "Statoil - Between Nationalisation, Globalisation and Europeanisation", Advanced Research on the Europeanisation of the Nation-State, Working Papers 02/34, p. 12.

820) Katharina Holzinger and Christoph Knill (2002), op. cit., p. 139.

821) Ibid., p. 126.

822) Ibid., pp. 141-142.

823) Anand Menon (2011), "Power, Institutions and the CSDP: The Promise of Institutionalist Theory", Journal of Common Market Studies, Vol. 49, Iss. 1, p. 87.

824) Simon Bulmer (2009), op. cit., pp. 310-311.

825) Sebastian Krapohl (2007), "Thalidomide, BSE and the Single Market: An Historical-institutionalist Approach to Regulatory Regimes in the European Union", European Journal of Political Research, Vol. 46, Iss. 1, pp. 30-31.

826) Johannes Lindner and Berthold Rittberger (2003), op. cit., pp. 446-447.

827) Paul Pierson (1998), op. cit., pp. 50-56.

828) Helen Wallace, Mark A. Pollack and Alasdair R. Young (2010), op. cit., p. 23.

829) Simon J. Bulmer (1998), op. cit., p. 351, pp. 352-353.

830) Simon J. Bulmer (1994), op. cit., pp. 377-378.

831) Ibid., pp. 373-374.

832) Ibid., pp. 379-380.

833) John Peterson and Michael Shackleton (2002), The Institutions of the European Union, Oxford, Oxford University Press, p. 362.

834) George Tsebelis and Amie Kreppel (1996), op. cit., p. 4, 6.

835) Simon Bulmer (2009), op. cit., p. 311.

836) Simon J. Bulmer (1994), op. cit., p. 372, pp. 374-376, 381-382.

837) Ibid., p. 372, pp. 374-376, 381-382.

838) Paul Pierson (1998), op. cit., pp. 34-43.

839) Ibid., pp. 35-37.

840) Ibid., pp. 35-37.

841) Ibid., pp. 43-44.

842) Ibid., pp. 38-39.

843) Ibid., pp. 39-41.

844) Ibid., pp. 41-42.

845) Jo Hunt (1999a), op. cit., p. 3.

846) Paul Pierson (1998), op. cit., pp. 44-45.

847) Ibid., pp. 45-47.

848) Wayne Sandholtz and Alec Stone Sweet (1998), op. cit., p. 19.

849) Sebastian Krapohl (2007), op. cit., p. 29.

850) Anand Menon (2011), op. cit., p. 86.

851) Adrian Kay (2003), op. cit., pp. 409-412.

852) Ibid., p. 413, 415, pp. 417-418.

853) Johannes Lindner and Berthold Rittberger (2003), op. cit., pp. 455-467.

854) Ibid., pp. 455-467.

855) Ibid., pp. 455-467.

856) Robert Ackrill and Adrian Kay (2006), "Historical-institutionalist Perspectives on the Development of the EU Budget System", Journal of European Public Policy, Vol. 13, No. 1, p. 116, pp. 123-124.

857) Simon J. Bulmer (1997), op. cit., p. 7.

858) Robert Harmsen (1999), op. cit., pp. 85-86.

859) Björn Arvidsson (2002), op. cit., p. 12.

860) Jo Hunt (1999b), "Interdisciplinary Approaches to EU Decision-Making Law, Politics and the Multi-Levelled 'Governance Regime'", University of Leeds, Center for the Study of Law in Europe Working Papers 99/4, p. 2.

861) Simon J. Bulmer (1997), op. cit., pp. 14-15.

862) Morten Egeberg (2000), op. cit., pp. 5-6.

863) Robert Harmsen (1999), op. cit., p. 106.

864) Mitchell P. Smith (1998), op. cit., pp. 56-67.

865) Simon J. Bulmer (1994), op. cit., p. 382.

866) Mark D. Aspinwall and Gerald Schneider (2000), op. cit., p. 10.

867) Sand, Inger-Johanne (1997), "The Changing Preconditions of Law and Politics - Multilevel Governance and Mutually Interdependent, Reflexive and Competing Institutions in the EU and EEA", Advanced Research on the Europeanisation of the Nation-State, Working Papers 97/29, p. 4.

868) Inger J. Sand (1998), op. cit., p. 277.

869) Andy Smith (1997), op. cit., p. 711.

870) Vivien A. Schmidt et al. (1999), op. cit., p. 1.

871) Goldmann, Kjell (2005), "Appropriateness and Consequences: The Logic of Neo-Institutionalism", Governance, Vol. 18, Iss. 1, p. 42.

872) Mark D. Aspinwall and Gerald Schneider (2000), op. cit., p. 16.

873) Hussein Kassim and Anand Menon (2004), op. cit., pp. 25-27.

874) Ibid., pp. 25-27.

875) Paul Pierson (1993), "When Effect Becomes Cause: Policy Feedback and Political Change", World Politics, Vol. 45, pp. 595-628.

876) Ibid., pp. 595-628.

877) Helen Wallace, Mark A. Pollack and Alasdair R. Young (2010), op. cit., p. 22.

878) Neill Nugent (2010), op. cit., p. 439; Mark A. Pollack (2004), op. cit., p. 139.

879) Svein S. Andersen (2003), op. cit., p. 17.

880) Bomberg Elizabeth, John Peterson and Alexander Stubb (2008), op. cit., p. 13.

881) Helen Wallace, Mark A. Pollack and Alasdair R. Young (2010), op. cit., p. 24.

882) Mark D. Aspinwall and Gerald Schneider (2000), op. cit., p. 8.

883) Ibid., pp. 24-25.

884) Sara Berglund (2006), "Mass Production of Law. Routinization in the Transposition of European Directives: A Sociological-institutionalist Account", Journal of European Public Policy, Vol. 13, No. 5, p. 699.

885) Mark A. Pollack (2004), op. cit., p. 139.

886) Mark D. Aspinwall and Gerald Schneider (2000), op. cit., p. 9.

887) Ibid., p. 9.

888) Nuria Font (2006), "Why the European Union Gave Turkey the Green Light", Journal of Contemporary European Studies, Vol. 14, No. 2, pp. 197-198 참조.

889) Claudio M. Radaelli (2000a), "Policy Transfer in the European Union: Institutional Isomorphism as a Source of Legitimacy", Governance, Vol. 13, No. 1, pp. 37-38.

890) Mark D. Aspinwall and Gerald Schneider (2000), op. cit., p. 20.

891) Sabine Saurugger (2009), "Sociological Approaches in EU Studies", Journal of European Public Policy, Vol. 16, No. 6, pp. 935-936.

892) Mark D. Aspinwall and Gerald Schneider (2000), op. cit., p. 19.

893) 송병준 (2004), 유럽연합의 선택: 통합에서 다층적 통치로의 전환, 서울, 청목출판사, pp. 217-219.

894) K. M. Fierke and Antje Wiener (1999), "Constructing Institutional Interests: EU and NATO Enlargement", Journal of European Public Policy, Vol. 6, No. 5, pp. 725-736.

895) Mark D. Aspinwall and Gerald Schneider (2000), op. cit., p. 20.

896) Lori M. Poloni-Staudinger (2008), op. cit., p. 534 참조.

897) Helen Wallace, Mark A. Pollack and Alasdair R. Young (2010), op. cit., p. 21.

898) Mark A. Pollack, (1997), op. cit., p. 100.

899) Mark A. Pollack (2004), op. cit., p. 138.

900) Mark A. Pollack (2008), op. cit., p. 5 참조.

901) Ibid., p. 9.

902) Mark D. Aspinwall and Gerald Schneider (2000), op. cit., pp. 20-21.

903) George Tsebelis (1999), op. cit., p. 4.

904) Vivien A. Schmidt et al. (1999), op. cit., pp. 5-6.

905) Ben Rosamond (1999), op. cit., p. 16.

906) Fritz W. Scharpf (2000a), "Institutions In Comparative Policy Research", Max-Planck Institute for the Study of Societies, Discussion Papers 00/3, p. 7.

907) George Tsebelis (1999), op. cit., pp. 8-9.

908) Vivien A. Schmidt et al. (1999), op. cit., p. 4.

909) Peter A. Hall and Rosemary C. R. Taylor (1998), op. cit., p. 960.

910) Ben Rosamond (1999), op. cit., p. 16.

911) George Tsebelis (1999), op. cit., pp. 4-5.

912) Mark A. Pollack (2001), op. cit., p. 7.

913) Vivien A. Schmidt et al. (1999), op. cit., p. 9.

914) 송병준 (2018), 유럽연합 정책결정시스템, 서울, 한국외국어대학교 지식출판콘텐츠원, p. 99 참조.

915) Vivien A. Schmidt et al. (1999), op. cit., p. 5.

916) George Tsebelis and Geoffrey Garrett (2001), op. cit., p. 358.

917) George Tsebelis (1999), op. cit., p. 5.

918) Geoffrey Garrett (1992), "International Cooperation and Institutional Choice: The European Community's Internal Market", International Organization, Vol. 46, No.

2, pp. 538-559.

919) European Union (2010), "Maizena GmbH v Council of the European Communities. Isoglucose- Production quotas", Eur-Lex: The Portal to the European Union Law, Brussels.

920) 송병준 (2004), op. cit., pp. 385-387.

921) Mark A. Pollack, (1997), op. cit., p. 101.

922) Helen Wallace, Mark A. Pollack and Alasdair R. Young (2010), op. cit., p. 31.

923) Mark A. Pollack (2006), "Rational Choice and EU Politics", Advanced Research on the Europeanisation of the Nation-State, Working Papers 06/12, p. 6 참조.

924) Fabio Franchino (2000), "Control of the Commission's Executive Functions: Uncertainty, Conflict and Decision Rules", European Union Politics, Vol. 1, No. 1, p. 64.

925) Christophe Crombez (1996), "Legislative Procedures in the European Community", British Journal of Political Science, Vol. 26, No. 2, pp. 221-224.

926) Peter Moser (1997), "A Theory of the Conditional Influence of the European Parliament in the Cooperation Procedure", Public Choice, Vol. 91, No. 3, p. 342, pp. 345-348.

927) Mark A. Pollack (2006), op. cit., p. 6.

928) Neill Nugent (2010), op. cit., p. 439.

929) Mark A. Pollack (2001), op. cit., p. 7.

930) Vivien A. Schmidt et al. (1999), op. cit., p. 4.

931) Mark A. Pollack, (1997), op. cit., p. 101.

932) Michael Barzelay and Raquel Galleg (2006), op. cit., p. 534.

933) Mark A. Pollack (2001), op. cit., p. 14; Jarle Trondal (1999), "Unpaking Social Mechanisms: Comparing Social Constructivism and Organization Theory Perspectives", Advanced Research on the Europeanisation of the Nation-State, Working Papers 99/31, pp. 9-10.

934) Mark D. Aspinwall and Gerald Schneider (2000), op. cit., p. 23.

935) Jeffrey T. Checkel (1998), op. cit., pp. 5-7.

936) Gary Miller (2000), "Rational Choice and Dysfunctional Institutions", Governance, Vol. 13, No. 4, p. 538, 543.

937) Vivien A. Schmidt et al. (1999), op. cit., p. 6.

938) Anthony Forster (1998), op. cit., pp. 360-364.

939) Mark D. Aspinwall and Gerald Schneider (2000), op. cit., p. 11.

940) Ibid., p. 15.

송병준

한국외국어대학교 국제관계학과 박사
한국외국어대학교 국제지역연구센터 HK+ 연구교수

▶ 주요 저서
· 『유럽연합 거버넌스 2』, 2016, 높이깊이
· 『유럽연합 정책결정시스템』, 2018, 한국외국어대학교 지식출판콘텐츠원
· 『조약으로 보는 유럽통합사』, 2016, 통합유럽연구회, 높이깊이 (공저)
· 『통합과 갈등의 유럽연합』, 2017, 높이깊이 (공저)
· 『유럽 언론에 나타난 한국의 이미지』, 2017, 한국학중앙연구원 (공저)
· 『한-EU 관계론』, 2019, 한국외국어대학교 지식출판콘텐츠원 (공저)
· 『중소기업의 중동부유럽 진출을 위한 거시환경 분석』, 2019, 대외경제정책연구원 (공저)
· 『동유럽 공산정권의 붕괴와 체제전환』, 2021, 동유럽발칸연구소, 인문과 교양 (공저)

유럽통합이론
Theories of European Integration

초판인쇄 2021년 8월 20일
초판발행 2021년 8월 20일

지은이 송병준
펴낸이 채종준
펴낸곳 한국학술정보㈜
주소 경기도 파주시 회동길 230(문발동)
전화 031) 908-3181(대표)
팩스 031) 908-3189
홈페이지 http://ebook.kstudy.com
전자우편 출판사업부 publish@kstudy.com
등록 제일산-115호(2000. 6. 19)

ISBN 979-11-6603-496-1 93340